深圳大学 | 管理学院
SHENZHEN UNIVERSITY | COLLEGE OF MANAGEMENT

赋能教学，创新育人

Energized Teaching　Innovative Education

深圳大学管理学院教学研究文集⑩

主　编：于素敏

副主编：潘彩云　蔡志焕

中国经济出版社
CHINA ECONOMIC PUBLISHING HOUSE
·北京·

图书在版编目（CIP）数据

赋能教学，创新育人：深圳大学管理学院教学研究文集．10／于素敏主编．--北京：中国经济出版社，2023.12

ISBN 978-7-5136-7605-2

Ⅰ．①赋… Ⅱ．①于… Ⅲ．①高等学校-教学研究-文集 Ⅳ．①G642.0-53

中国国家版本馆 CIP 数据核字（2023）第 246452 号

策划编辑　姜　静
责任编辑　王西琨　马伊宁
责任印制　马小宾
封面设计　任燕飞设计工作室

出版发行　中国经济出版社
印 刷 者　北京艾普海德印刷有限公司
经 销 者　各地新华书店
开　　本　787mm×1092mm　1/16
印　　张　21.25
字　　数　430 千字
版　　次　2023 年 12 月第 1 版
印　　次　2023 年 12 月第 1 次
定　　价　98.00 元
广告经营许可证　京西工商广字第 8179 号

中国经济出版社　**网址** www.economyph.com　**社址** 北京市东城区安定门外大街 58 号　**邮编** 100011
本版图书如存在印装质量问题，请与本社销售中心联系调换（联系电话：010-57512564）

序言

党的二十大报告指出，教育、科技、人才是全面建设社会主义现代化国家的基础性、战略性支撑。建设教育强国，龙头是高等教育。高校作为培养高素质人才的重要阵地，承担着为党育人、为国育才的时代重任。教育部实施一流本科专业和一流本科课程的建设计划，推动高校人才培养和教学模式发生深刻变革，呈现思政教育引领、跨学科知识融合、理论与实践紧密结合的课程体系和教学特征，以信息化、数字化和智能化为基础的新型教育生态正在形成。创新育人方式、利用现代数字技术赋能教学等，成为高等教育教学改革的重要议题。

深圳大学管理学院现有5个本科专业，工商管理、信息管理与信息系统、人力资源管理、市场营销4个专业为国家一流本科专业建设点，电子商务为广东省一流本科专业建设点。学院主动适应经济社会发展的新变化、高等教育改革的新趋势和人才培养目标的新要求，始终重视本科教学工作，持续推进课程建设、教学方法改革和教学模式创新，积极推动信息技术与学科专业建设的融合发展，不断提升人才培养质量，在人才培养模式、课程体系设计、教学管理机制等方面进行有益的探索和有效的改革，形成了一系列教育教学成果。

组织撰写教学研究文集是深圳大学管理学院始终坚守教学工作重要地位和坚持教育教学研究的具体体现和持续行动，每两年出版 1 辑，目前已经连续出版 10 辑。本辑出版恰逢深圳大学建校 40 周年，它是深圳大学管理学院教师关于教育教学的经验和教训的最新总结，是他们对管理教育、人才培养、自身发展等方面的感受、认识和思考。本辑主题为“赋能教学，创新育人”，旨在引导教师从跨学科视角创新管理知识，探索一流专业建设与一流课程教育特色，设计教学课堂内容与实践工具，挖掘创新实践能力原动力，贯穿课程思政于管理教育求知中，融合学生工作与人才培养，等等，并进行深入探讨和思想争鸣。

管理学院全体教师将始终坚持以学生成长为中心，推动教育教学改革创新，坚守教育初心，永葆教育情怀，一起为心之所向的教育事业奉献智慧和热情。

本书编写组

2023 年 10 月

深圳大学

目录 CONTENTS

第一篇　教学思想指引

第二篇　思政融合路径

第三篇　专业特色建设

第四篇　改革赋能教学

第五篇　创新育人思考

第一篇

教学思想指引

管理学院国际化建设探索研究

陈星宇　张欣烨

（深圳大学管理学院市场营销系）

【摘要】随着全球化的加速发展，高等教育对于国际化的需求日益迫切。在高校国际化发展进程中，管理学院始终以建立国际化一流商学院为目标。本文旨在分析管理学院在国际化建设过程中所面临的问题，并提供相应的对策建议与思路，以推动学院国际化交流建设。本文首先指出管理学院国际化建设过程中存在的问题，其次探讨管理学院国际化建设路径，最后对管理学院国际化建设提供探索性建议。

【关键词】国际化建设；路径探究；探索性研究；对策与建议

一、引言

习近平总书记曾在高等教育如何培养一流人才方面做出重要指示：要坚持把立德树人作为根本任务，把服务国家作为最高追求，把学科建设作为发展根基，把深化改革作为强大动力。对于高校而言，学科建设不仅是建设一流大学的基础性工程，更体现了一所高校的发展水平与综合实力。而打造国际化学院在创新型人才培养、促进行业科技进步、服务区域经济和社会发展等方面也发挥着极其重要的作用[1]。建设国际化学院不仅有助于提升高校学科建设水平、培育创新型市场营销人才，更是企业发展壮大的重要保证。

深圳大学管理学院一直致力于建设国际化一流商学院，目前学院已通过国际商学院促进协会（The Association to Advance Collegiate Schools of Business，AACSB）国际认证，在国际化交流建设、国际化人才建设、国际化课程建设和国际化学生培养方面取得了一定成就。在国际化交流建设方面，学院积极与海外知名院校加强合作，有丰富的国际化交流经验；在国际化人才建设方面，管理学院已建设了一支具有国际化影响力的师资队伍，并提供多样化的国际交流与合作机会，国际学术影响力不断增强；在国际化课程建设方面，不断提高教学标准，与国际标准看齐，增加国际化课程比例；在培养国际化学生方面，大力推进学位项目国际化进程，为留学生招生宣传工作提供支持与保障。

然而，在管理学院国际化建设过程中，仍存在一些问题与不足，包括课程体系不完善、缺乏国际化办学经验以及缺乏国际化视野等常见问题。针对以上问题，本文将从学院国际化交流建设、人才国际化建设、国际化课程建设与国际化学生培养三个方面探讨管理学院未来国际化发展的措施。

二、管理学院国际化建设存在问题分析

（一）学院国际化交流建设方面

目前管理学院在与国外知名高校建立友好合作关系方面的选择相对有限，需要进一步拓展合作伙伴的选择与合作范围。同时在实际交流过程中存在教师互派和学分互认的机制不完善等问题，对学院国际化交流进展产生一定阻碍。此外，管理学院在引进短期特聘教授方面缺乏有效机制和渠道，引进机制较不完善，影响了引进国际知名高校教授的数量和质量。

在国际化办学改革方面，管理学院缺乏与国外高校的合作办学经验，无法充分借鉴国外先进的教学模式和管理经验，影响了教学水平的提升。除此之外，尽管管理学院意识到实践导向的重要性，但在国际化办学过程中还存在一定的脱离实践的现象。例如，缺乏与国际企业的深入合作，这可能影响学生的实际能力培养。如何加大教学实践力度，进一步推动国际化交流是亟待解决的问题之一。

（二）人才国际化建设方面

目前管理学院虽已建立了一支具有国际视野的师资队伍，但在师资人才建设方面仍存在不足。首先，学院在招聘策略上缺乏灵活性，未能通过国际顶级学术会议宣传等方式拓展海外招聘渠道，吸引卓越的国际化教师人才。其次，由于引进机制不完善，导致部分专业缺乏具有国际视野和丰富科研经验的知名学者担任学科学术带头人，限制了学院国际化发展的引领力和学术影响力。再次，学院缺乏对教师在国际期刊发表高质量论文、担任学术职务和积极参与学术交流的支持与奖励机制，在一定程度上影响教师的工作积极性，不利于推进国际化师资人才建设。复次，学院对于中青年教师的激励机制不够完善，对中青年教师参加国际学术会议、访学和与海外高校的交流合作支持力度不足，限制了教师的国际交流和学习国外教学与科研经验的机会，影响教师工作主动性和积极性。最后，学院的国际化视野培养机制还不够完善，缺乏完善的教师培养提升计划和出国进修制度，限制了教师的业务能力与国际化视野的提升，以及教师的教学和跨文化沟通能力的提高。

（三）国际化课程建设与国际化学生培养方面

在国际化教学方面，学院在专业课程设置、教学资料、教学手段以及考核方式等方面与国际标准还存在较大的差距。目前，学院缺乏足够的国际化大型开放式网络课程（Massive open Online Courses，MOOC）课程供学生选择，限制了学生获取国际化教育资源的机会。学生培养方案中的国际化课程比例较低，学院部分课程与国际商学院的培养模式存在差距。同时，学院缺乏对国际交流和竞赛的重视，限制了学生的发展

和进入国际舞台的机会。除此之外，全英课程建设力度还有待加强，国际化专业课程的开设仍较有限，不利于提升学生的对外交流能力。

在学生国际化交流方面，管理学院缺乏联合项目，限制了学生参与联合硕士或博士交流项目的机会，对提升学生的国际竞争力造成一定影响，也未能形成完整的留学生招生宣传和支持方式，对留学生招生宣传工作存在一定影响。

三、管理学院国际化路径探究

为了应对学院建设国际化、专业化、实践化的挑战，管理学院应坚持立德树人，全面深化管理学院教学改革。

（一）优化学院各专业结构，提高办学质量

在办学过程中，学院应紧跟国际发展趋势，与时俱进，强化优势专业，突出深圳大学身处大湾区人才聚集地的地域优势。在课程创办方面，根据现实需要，开设丰富多样的国际化课程。在课程内容设置方面，应尽量涵盖管理类专业的各个方面，使学生更全面地掌握国外课程中专业的知识和技能。学院还应根据自身的资源与环境条件打造特色国际化课程，在对国际创新人才需求市场进行调查研究的基础上，分析自身优势，为特色专业建设打下基础。学院应确立国际化专业建设目标，根据现实情况开展多样的国际化课程，例如国际商务与贸易、国际市场营销、国际管理和国际创新创业等课程。同时，学院应建立健全国际化教学质量保障体系，建立校院两级教学质量报告制度，保障国际化教学质量。

（二）注重学生发展，强化国际化实践教学

管理学院各专业重要的特点之一是注重实践操作能力。因此，学院应提供多样化的国际实践课程，为学生营造良好的实践环境与实践机会。学院可以借助地域优势，与海内外各大知名企业和高科技公司达成合作，建设海外实践基地，为学生提供海外实习机会，让学生接触并了解真实的国际市场环境，理解市场运作规律，运用所学知识解决真实的企业发展问题。此外，积极鼓励学生参加各类国际创新创业大赛，以赛代练。在小组毕业设计选题方面，引入企业在拓展海外市场中遇到的问题，强化学生的实践能力，提升国际化调研水平。

（三）培养综合素质强的国际型创新创业人才

学院充分发挥深圳中国特色社会主义先行示范区的科技产业优势，积极与海内外优秀企业开展合作，创建海内外人才培养基地，为学生提供实习实践的平台。在建设一流专业、培养国际型人才的过程中，不仅应重视对学生国外课程理论知识的教学，还应鼓励学生积极参与国际社会科学实践[2]。人才的培养不仅需要专业知识，还需要具备良好的沟通能力、国际团队合作能力与创新能力等。管理学院在培养综合人才的过程中，应注重培养学生的综合素质，加强实践能力的培养，培养综合素质强的国际

型创新创业人才。

（四）加强国际化教师队伍建设

管理学院应引进有丰富实践经验和研究能力的海内外教师，同时加强年轻教师国际化素质培养，提高师资队伍质量，建立一支高国际化水平的师资队伍。具体而言，首先，管理学院应完善海外人才引进与培养制度，围绕学科发展建设，实施高层次海外人才引进培养计划与一流科研团队培养计划，推动学院国际化建设的发展。其次，在提升教师的理论与实践方面，学院应定期组织教师参与海外市场研究和咨询项目，提高教师的国际化专业水平和教学能力。支持教师赴海外高校访学，学习国外教学与科研经验。最后，学院应加大海外人才引进力度，引进具有丰富教学经验的教师，提高管理学院国际师资力量。打造具有国际竞争力的高层次人才队伍，将学科推向国际前沿。

（五）大力推进学院与知名外企的合作

目前，管理学院已与多家知名海外企业和高科技公司达成合作，为学生开展各式各样的校园比赛，组织学生参与企业实践项目，提高学生的实践经验水平和专业能力。此外，学院还可以邀请海外优秀企业家来校讲学，让学生深入了解国际企业，感受真正的企业家精神。深入了解企业、探索企业问题是帮助学生进行职业规划以及提升学生实践能力的重要措施。在教学过程中，教师应积极引领学生深入挖掘企业在开拓国际市场及运营管理过程中存在的问题，运用专业知识为企业国际化难题寻求解决方案，同时将所得经验和解决方案撰写成教学案例，提升学生解决实际问题的能力。

四、管理学院国际化建议与落地构想

（一）大力推进国际化学院建设进程

学院应积极开展国际交流合作。借助 AACSB 认证成功的东风，与国外知名高校开展合作办学，建立健全对外开放办学体系。引进各国的留学生，促进教学与文化方面的国际交流。在进行国际交流的同时，加强中外合作办学项目实施，培养国际化高层次人才，深化与国际著名大学和研究机构的交流合作，全面提升高校办学的国际化水平。

实施教师互派，加强国际学术交流与合作。学院可以与国外高水平大学进行合作办学、共建研究机构，开展联合培养和学生交流项目，提高专业学科的国际化程度。加强学院国际化定位与落地，围绕“湾区一流国际化商学院”的特色定位，以国际化标准完善学生培养体系，以加快商学院毕业生协会（The Business Graduates Association，BGA）国际认证过程，提高国际化办学水平。

（二）国际化人才引进与教师提升保障

师资队伍的国际化水平是实现课程国际化的重要保障之一。教师作为课程的执行者，对专业课程体系构建起着关键作用。因此，管理学院应组建一支融合本土化和国际化视野的师资队伍，为一流市场营销专业提供保障。为此，学院应制定灵活的招聘政策。通过参与管理学领域各学科的顶级会议（如 AOM、AMA、Informs、Marketing Science)，进行全球范围的招聘，建立健全优秀海外人才引进体系，吸引有国际视野和实践经验的专业人士加入教师队伍，提升师资队伍的教学水平。设立“伯乐奖”，鼓励教师推荐具有国际视野的青年科研人才。学院应大力支持并积极承办国际化区域高端论坛，定点吸引湾区人才，与国际市场营销研究中心或合作研究机构保持密切联系，分享国际化的资源与教学经验。

管理学院应鼓励教师在国际顶级期刊发表文章，为在国际学术组织任职的教师提供奖励。对担任国际期刊的主编、副主编和编委，以及在国际学术期刊上发表高质量论文的教师提供支持和奖励，以此提高教师学术研究积极性，推进学院一流市场营销专业建设。

提升教师国际化学术交流与国际化能力。学院应鼓励教师参加管理学领域的顶级会议和论坛，推荐赴海外高校访学，学习先进的国际市场营销知识，同时梳理、研究本土的市场营销发展情况，构建具有中国特色的教学框架。通过教师出国进修与教师学术交流等制度，提高教师实践教学能力，为课程体系增添国际化的理念和研究成果，从而为课程构建提供优质的师资力量。

（三）推进国际化学生交流项目质量提升

管理学院应寻求与北美、欧洲及我国港澳名校建立合作伙伴关系，并开设联合硕士及博士培养项目、增加交流项目，鼓励学生在国外学习一学期或一年。进一步提高学生的英语表达、口语交际能力，同时开阔学生国际视野、培养批判性思维，提升学生的国际化竞争力。

学院应加强留学生招生宣传工作。学院应为留学生提供全面的学术和生活支持，例如学习指导、语言培训和文化适应辅导等，并创建留学生交流平台。通过开展国际化融合教学的方式，提供高水平的国际课程教学。

五、结语

在深圳大学国际化发展中，管理学院定位于建设成为国际化一流商学院。学院应以全球化的观点和国际的视野融入世界高水平大学办学体系参与国际合作与竞争，并在其中不断打造核心竞争力，真正建设成为国内乃至世界知名大学。本文总结了管理学院在国际化建设过程中所面临的问题，并提供了相应的对策建议与思路。从国际化的角度出发，在推动学院国际化交流建设、国际化师资人才建设、国际化课程建设和学生培养方面提供了见解。未来学院可以在注重专业课程设置、师资队伍建设、实践机会提供、科研创新、国际合作和综合素质培养等方面做出努力，培养更多具有国际竞争力的市场营销专业人才。学院还应集中并利用现有资源，加快推进高校一流学科建设步伐，提升学科整体实力和影响力。

参考文献

［1］宋浩，李梦娥，李伯虎．“双一流”视域下高校一流学科建设路径的研究：以行业特色高校为例［J］. 大学教育，2021（8）：4-8.

［2］司汶．双一流背景下高校特色学科协同建设路径研究［J］. 科教导刊，2023（16）：1-3.

新时代创新创业人才培养研究

王 红 刘 春 牛 奔

（深圳大学管理学院管理科学系）

【摘要】在高校多层面多渠道投入与努力下，创新创业教育取得了一定成效，但整体创新创业精神和能力的培养仍处于中下水平。据此，本文对新时期高校学生创造力的内涵进行了探讨，并对创造性人才培养的必要性、重要性进行了分析。同时，对新时期高校学生创造力的现状进行了分析，指出了其中存在的关键问题，并提出了相应的对策措施。最后，通过对高校校园建设背景下的几个大学生的创业案例进行分析，以期从中获得一定的启示。

【关键词】新时代；大学生；创新创业

一、新时代大学生创新创业意识概述

（一）创新意识的内涵

《韦氏词典》将“创新”一词解释为两种含义：第一，新东西、新概念的引入；第二，革新。在《新华字典》中，创新被解释为：“抛弃旧的，创造新的[1]。”在经济发展领域，美国经济学家约瑟夫·熊彼特[2]曾将创新解释为：“创新其实就是建立新的生产函数，简单说，也就是实现生产条件与生产要素的一种前所未有的新组合，并且引入生产体系。”这一观念一经提出，便受到众多专家学者的认同，并有了进一步的发展。有些人把创新看作对新环境的一个适应的过程，它主要是指当组织的内外环境突然改变的时候，人们对新环境的一个认可的过程。在思政课上，我们曾学过创新的概念：“创新是指在充分尊重事物的本质属性和客观规律的基础上，人们根据一定的目标，积极主动地对已有的事物进行改造和改变，从而创造出新的事物，并使其更好地与社会发展相适应的开创性过程。”

通过在思政课上所学到的知识，首先，我们认识到，创新的主体是人。而且，要从现实出发，充分发挥自己的主观能动性，与当今社会的现实需求进行有效结合，尊重事物发展的客观规律，决不能盲目地脱离现实，否则，创新就会失去意义。其次，创新是一项需要大量实践的工作，一定要坚持将理论和实际结合起来的原则，只有不断探索和试验，我们才能找出那些已经不适应时代发展的陈旧的东西，并进行持续的改革，从而创造新东西，让它们更好地为社会服务。归根结底，创新的本质就是对旧的东西进行批评与改变，利用扬弃的原理，继承与发扬旧的优点，改造与改变旧的不足，以更好地适应当前的发展。

（二）创新意识的重要性

21 世纪，高质量创新型人才已经成为决定一个国家竞争力的重要因素。在当今的世界格局中，一个国家或民族要想立于不败之地，绽放光芒，必须有创新。当前，我国人工智能的发展让企业的生产技术效率有了质的提升，在新的时代，我们需要进行变革和创新，要引导大学生将创新创业意识融入血液中[3]。

习近平总书记曾提到，广大青年一定要勇于创新创造。创新是民族进步的灵魂，是一个国家兴旺发达的不竭源泉，也是中华民族最深沉的民族禀赋，正所谓“苟日新、日日新、又日新”[4]。现在，创新无疑已成了全球发展的主题。当代大学生是中国最富有朝气和活力的知识阶层，他们是国家高质量创新人才的重要后备力量，是建设创新型国家的主力军，是中华民族的中流砥柱，关系到民族未来的命运。《中华人民共和国高等教育法》中明确规定，培养社会责任感、具有创造精神和实践能力的高级专门人才是高等教育的任务。目前，部分高校仍以教材为主，教学方式比较单一，不利于学生创新能力的培养。新时代大学生的创新意识的培养，可以增强其逻辑思辨能力和创新实践能力，提高其综合素质，有利于其全面发展。

（三）培养新时代创新人才的必要性

1. 落实立德树人教学任务的基本要求

在激烈的市场竞争中，大学生的创新和创业能力应当成为他们必备的素质。首先，大学教育要落实“立德树人”的根本任务，培养出“德、智、体、美、劳”全面发展的优秀人才，而要实现这一目标，就需要学生具备创新、创业的基本素养。在中国经济社会迅速发展的今天，加强大学生的创新创业素质教育已成为当务之急。立德树人在大学教育中具有举足轻重的地位，对于培养社会主义事业的建设者和接班人起着至关重要的作用，是大学教育的核心。其次，创新创业是德、智双育的重要组成部分，在不确定的社会环境下，大学生必须具有较强的逻辑思辨能力，以及较强的创造型和实践性，才能更好地满足社会的发展需求。要适应新时代的需要，高校应该强化对大学生的创新创业教育，积极进行大学生创新创业能力的培养。

2. 适应社会就业严峻形势的重要手段

2014 年 9 月，在达沃斯论坛上，时任总理李克强提出“大众创业、万众创新”，旨在增强大众创新创业意识，实现大众创业[5]。当前，我国高校毕业生就业形势严峻，一些大学生由于找不到合适的工作，在家“啃老”，给家庭造成了很大的负担。传统的就业模式和行业岗位的供需关系已经发生了改变，出现很多大学生在毕业后，工作与自己专业不匹配的现象，这就需要使学生具有更强的就业能力。在此背景下，大学生创新创业能力的培养成为当前大学生面临的一个重要课题。随着经济和社会的不断发展，新型企业层出不穷，新兴产业和创新型企业对具备创新和创业能力的人才需求日益增加。大学生的创新创业能力，能够让他们更好地适应新产业发展的需求，进而提升他们的就业机会。具有创新创业能力的学生，表现出独特的逻辑思辨能力和创新实践能力，不容易被社会发展所淘汰，是企业特别重视的人才。因此，提升大学生的创新创业能力，能够让他们在选举中脱颖而出，从而获得更多的就业机会。

3. 全面提高个人素质的现实要求

提升企业的创新创业能力，既是企业、个人发展的需要，也是提升企业整体素质的需要。21 世纪的大学生，需要具备创新创业的素质，才能更好地适应飞速发展的社会。首先，本文从理论知识、实践技能、个人素质三个层面，对高校学生的综合素质进行了调查。通过理论知识的学习和技能的实践，大学生可以获得专业知识和技能，对当今市场商业模式设计等与创新创业相关的知识和方法有更多了解。通过对大学生的思维能力和团队合作能力的培养，提升大学生的综合素质。其次，鼓励大学生进行创新创业，既能拓宽他们的眼界，又能培养他们的主动性和创造性。在参加创新创业项目、创新培训等实践活动的过程中，大学生可以接触到各个领域中的知识和经验，学习从新的角度思考问题。本文从理论和实践两个方面阐述了高职院校实践教学的必要性与可行性。增强大学生的创新创业意识，对提升大学生的综合素质具有重要意义。在教育教学中，要强化创新意识和责任意识，帮助大学生树立正确的人生观、价值观，增强社会责任感。当前，我国经济与社会发展急需创新与创业的人才。提升大学生创新创业的质量，既符合时代发展的需要，又能拓展个人的职业发展空间。

二、新时代大学生创新现状及存在问题

（一）学生创新意志不坚定

简单地说，创新意志就是创新主体即人在创新实践中，及时克服困难、克服挫折、清除道路上的障碍，从而完成整个创新实践的心理过程。当代大学生是祖国建设的栋梁之才，他们应该不怕苦、不怕累，勇于创新、勇于探索、勇于实践。在和身边的学生交谈中，发现大部分学生都知道，在这个时代，想要拥有立足之地，唯一的办法就是不断地创新，但真正能坚持下来的却是寥寥无几。在大多数学生看来，创新是一个非常艰难的过程，就算自己有一腔热血，付出了无数的努力，也未必能取得成功。因此，他们非常惧怕困难，这也就造成了一些学生由于担心失败，而失去了创新的动力。

（二）国家创新政策不完善

国家的创新政策和机制，是一国的指南针。我国非常支持大学生的创新发展，也

出台了许多相关政策，希望将我国建设成一个创新能力十足的现代化强国，打好中华民族伟大复兴的基石。但是，目前我国的高校毕业生就业政策还不健全，有许多不足之处：首先，“全国创新竞赛”较少，造成“只有名校才出高才生”的假象，这会极大打击大学生的自信心，削弱他们的创造性；其次，各种创意竞赛的奖金制度缺乏吸引力；最后，创新范围太小，要想成为一个强大的现代化国家，就必须在所有的领域都进行创新。当前，国家在电子信息科技类领域创新较多，而在理论类、农林类、工程类等其他领域创新较少，这对许多大学生的自信心造成了很大的影响。

（三）难以获得系统的创新创业指导

一般来说，高校都会通过基础课的学习，培养大学生的创新创业意识，并邀请专家进行专题讲座，进行创新创业启蒙。但是，从2020年初到2022年末，我国大学的教学模式已经从传统的线下向线上过渡，线上与线下的结合已经成为大学中应用最为广泛的一种教学方式。然而，目前在线上开展“创新创业”课程教学的资源还相对匮乏。并且，大多数高校都是采用学生独立学习、教师答疑解惑的模式，所以，师生之间缺乏互动，难以调动学生的积极性[6]。再者，很多创新的试验都需要校内设备支持，无法在线完成，所以，很多创新的试验也就无从下手了。虽然现在新冠疫情暂时解除了，线下的教学也重新开始，但是这两年来，新冠疫情导致创新创业比赛一直处于停滞不前的状态，想要追上，就必须加快速度。

（四）创新创业服务机制不完善

要提高大学生的创新创业能力，必须动员全社会的力量，学校不仅要对学生进行创新创业的理论教育，还要为大学生与实践基地、政府、企业之间搭建一座桥梁。对高校而言，创新创业最终的目标是落地执行，为当地服务，这就要求创新者对当地实际环境及创新创业政策有充分的了解。当前高校对大学生创新创业教育的“桥梁”作用还不能完全发挥出来，难以对全体大学生进行有效的教育。与此同时，对学生来说，他们想要进行创新，首先依靠的就是学校。然而，在大学的基层教学单位中，对某些文科专业的重视程度特别低，能够提供给学生的资源非常有限，他们无法找到适合自己的创新创业项目。

（五）指导教师重视度不足

大学生创造力离不开优秀师资的引领。这就对领导创新创业团队的老师提出了更高的要求，需要他们在开展创新创业项目之前，想好有效的对策，带领学生们将所学的知识转化为实践。当前，我国高校很少按照专业的特点，为每个学院配备专职的创新创业导师，大多数指导老师都是辅导员，更多的是对学生进行管理。此外，教师的指导方式也较为单一，较多的是开设分享会和一些仅限于课堂上的活动，缺乏企业参观、生产实践等与行业相关的环节，不能突出专业的特点。

（六）项目难以实施落地

从我国创新创业的现状来看，大部分的创业项目是通过高质量的比赛来获得成功的。创业比赛为学生们提供了新的思维方式，为他们将来的实践落地奠定了理论基础。但现实中，许多创新创业大赛在结束之后，找不到合适的实践路径，缺乏人力、财力、合适的实施方案等，导致难以实现成果的转化和落地。我们应该认识到，参与创新创业大赛的最终目标是成功落地，大赛的结束应该是创业的开始，而不是终点。所以，高校应该构建和健全专门的实践体系，寻找一条能够成功孵化出优秀项目的道路，将竞赛的成果转化为实际的生产力。

三、加强新时代大学生创新行为的举措

（一）提升大学生创新意识

有好奇心是人的天性。首先，自孩子出生起，父母就是孩子最亲近的人，父母的一举一动都会极大影响孩子成长。父母要从小培养孩子的好奇心，让他们在力所能及的情况下去探索，不要压抑。著名作家巴尔扎克曾说过：“打开所有科学的钥匙都必定是问号，生活中的伟大智慧大概也都在于凡事都问个为什么。”[7]

进入大学后，要营造良好的校园文化氛围。如果在学校里能够营造出一种有师生支持、有经费、有装备的环境，我想，学生也会很乐意去创新。在教学过程中，教师应积极引导学生参与讨论，适当留出创新的空间。此外，还可以利用一系列活动，如对成功的创业案例进行宣传策划、开展创新创业大赛等，来营造出一种大学生自主创新的氛围，从而让更多的学生参与到创新发展中来。

同时，学生要培养一颗积极向上、坚定的心，在遇到困难和挫折时不会轻易放弃。要明白一个道理，努力的事情不一定会成功，但从中获得的经验教训，会让自己将来有更大的作为。

（二）完善创新竞赛机制

首先，要增加竞赛次数。对大学生而言，全国范围内开展的创新竞赛还很少，目前国内已有较为成熟的“互联网+”“全国挑战杯”“全国大学生数学建模大赛”等，但这些都还不够完善，亟须通过开展更多的比赛提高大学生的创新热情和积极性。其次，要健全创新创业竞赛的奖惩制度，参加竞赛就意味着要投入大量的时间、精力，而且要承担因竞赛失败而导致的“满盘皆输”的精神压力。因此，我们更有必要改进奖惩制度，增加创业经费，以此来吸引大学生参加创新创业竞赛。对于学生，他们更在意的是综合成绩、奖学金、荣誉、升学、就业等。学校可以制定创新创业比赛的不同级别的加分制度，这些分数可以辅助加综测，也可以折算成推荐免试攻读研究生的加分，这样才能更好地吸引学生参加创新创业比赛。

（三）加强系统性的创新创业指导

大学生的创新创业理论应该涵盖所有的学生，让所有对创新创业有兴趣的学生都可以参加与创新创业大赛中来，不要因为没有足够的资源和信息，而丧失了他们的热情。要根据学生的专业、年龄、知识水平等特点，对其进行针对性的辅导。张存位认为“大学生创新教育”课程对培养学生的创造精神、创造能力具有十分重要的作用[8]。

大一期间，一方面，可以进行创新创业普遍性教育，开设创新创业必修课，将创新创业课程建设与通识教育课程有机结合在一起，促进大学生创新创业意识的开发和培养[9]；另一方面，可以进行创新创业问卷调查，筛选出在了解创新创业机制的前提下仍对创新创业感兴趣的学生。对于大二的同学，可以开展关于创新创业的针对性培训，将重点放在指导的针对性和有效性上，还可以开设选修课，学习创业知识、企业管理知识等内容，开展思维培训，筛选出对创新创业有浓厚兴趣的学生。同时，积极参加各校举办的各类竞赛，以获得竞赛经验。对于已有较多创新创业经历的大三或大四学生来说，他们应该把重点放在怎样参与更有意义的竞赛和怎样把理论应用到实践中来。

（四）完善创新创业服务机制

国家已经制定了一系列的扶持政策，以促进大学生的创新创业。但是，因为政府和校园之间存在着一种不畅通的沟通机制，大学生对相关优惠政策的认识不足，比如创业补贴、低息贷款、大赛奖励等，这也导致了学生在创新创业初期，很难获得帮助与支持，最终不了了之。一方面，政府要给大学生一定的自由发挥空间，尽可能地对他们有利，为他们的创新创业做好保驾护航工作；另一方面，政府也要为大学生提供各种项目的资源和专用的设施设备，与学校合作，对学生展开高质量的培训，并鼓励地方企业走进校园，设立一个专业的实习基地，促进产、教、学的融合，使项目真正落地[10]。

对于学生来说，与学校打交道的次数总是最多的，从学校的角度来说，一是学校应该加强与当地政府、企业的联系，增强对信息的敏感性，并将最新的政策、项目信息传递给学生。二是学校要及时整合各种社会资源，主动与当地可以投资的公司取得联系，设立一个创新创业基金，与当地的税务部门和财政部门保持紧密的关系，这样才能更好地帮助学生。三是成立一个专业的创新创业部门，现在不少学校都成立了双创中心，但效果不大，只是一个“摆设”。学院要对双创部的每一名成员进行严格的训练，只有通过了训练，才能正式入职，并且要配备一名全职教师，更好地为学生服务。

（五）建设高素质教师团队

好的创新创业课程对老师学习范围、思考问题的逻辑方式、社会阅历、创新创业大赛指导经验等都提出了极高的要求，教师授课水平的优劣在很大程度上决定了培养出来的学生的质量。应加强学校教师队伍建设，引进国内外优秀人才，聘请有丰富创新创业经历的教师到学校指导。尤其对于那些社会经验不足、年龄较小的学生，学校应该以专业特点和实践基地的优势为基础，邀请校内外专家、企业导师和创业成功的校友企业家，以分享会的形式进行交流。摒弃传统的授课方式，抛开老师与学生的关系，以朋友形式相处，与学生进行有效互动交流，激发大学生的创业热情。

（六）完善创新创业实践体系

有了专业的创新创业团队和导师，接下来要考虑的就是怎样把理论运用到实际当中。当前，许多国外大学都非常重视实践教学，充分发挥学校教师的优势，加强对项目的理论研究和成果转化[11]。首先，要发挥高校的各种优势，建立专业化的实习基地，为创业项目的落地创造一个良好的环境。在这个过程中，可以通过校方与企业家的合作来引导项目的实施，使项目的实施更加规范化。其次，大学生创新创业最大的困难就是融资，可以从政府和校友那里得到一些支持。此外，还应邀请杰出的校友和企业家到学校来，为学生们提供资金和技术方面的支持，并鼓励企业与学校进行合作。

四、基于校园建设下的大学生创新创业实例

在校园文化建设中，大学生的创新创业实例对学生来说是最有启发性的，可以让学生最直观地感受到创业带来的好处，以此来提升学生的整体素质，为未来的创新创业奠定坚实的基础。在学校文化的构建中，成功的创新创业事例可以给学生带来更多的实践体验和启发，下面就是几个在校大学生创新创业实例。

案例一："集智"服务平台

小李同学发现，在校园里，很多大学生没课期间喜欢待在寝室，到饭点就直接点外卖，不少同学甚至抱怨外卖不能到寝。除此之外，他还发现在教学楼经常有同学需要笔、纸，但小卖部距离教学楼较远，这也让很多学生产生抱怨。极具创新创业头脑的小李同学从这些事件中看到了商机，开发了一个"集智"小程序，招募成员组成了集智团队，成员分工合作，一部分同学专门进行外卖跑腿服务，一部分同学专门备货。集智团队提供的服务主要有：在各大教学楼建立自助集智点，备上笔、纸、信笺本、自助雨伞（用完后主动归还）等物品，需要的同学主动扫码付钱；提供外卖跑腿服务，同学可在集智小程序上进行点单，跑腿同学将餐食送到寝室；在学校租借一个房间，根据同学的建议，售卖水果、雪糕等，购买金额到一定数量，可免费配送至寝室。

案例二：线上教育平台

在充满文化氛围的校园里，某大学生利用自己的专业知识和创新能力，开创了一个线上教育平台，平台主要提供各学科的学习资源，帮助学生提升自己的学习成绩。该平台通过与学院合作，邀请各专业老师和专业优秀的同学入驻平台，在日常学习生活中，往该平台上传一些优秀的资源，并提供在线互动和答疑服务，供同学们学习和参考。该平台一方面可以帮助大学生取得优异成绩，另一方面又可以帮助乐于创新创业的学生有所成就，项目能予以落地。

案例三：二手“跳蚤”交易市场

大学生是最大的购物人群，在许多情况下，他们经常会出现不理智的购物行为[12]。商家通过微博、小红书、抖音等平台的推广，吸引大学生消费。当他们的热情消退之后，就会感到后悔，因为他们实际上并不需要该物品。这个时候，二手交易平台的作用就体现出来了。可建立一个专门用于校内二手交易的平台，学生可将自己的闲置物品拿过来，也可以在平台上购买。建立一个专职团队，每天固定一个课外时间进行交易，保证效率。

案例四：耕读实践教育

如今国家出台了很多关于耕读教育的政策，小学、中学、大学也陆续对耕读教育重视起来，不少学校都开设了耕读实践课程。创业团队可与指导老师商量租一块学校周边的土地作为实践基地。并在征得学校同意后，在学校定期组织开展的团党组织生活会结束后，由负责人带领全体同学到耕读实践基地开展耕读教育活动。团队提前联系好农学方面的专家，为大家讲解理论知识，同时可邀请该土地周围耕作的农民教大家如何进行耕作。在果实成熟后，由团队带领大家共同采摘并进行售卖，让大家感受到丰收的喜悦。该项目一方面可以帮助大家了解农业的基本理论知识，通过实践让大家感受到粮食的来之不易；另一方面也能让创业团队的同学成功地将理论转化为实践，感受到创新创业的魅力。

五、结语

现如今，我国经济得到了大幅发展，综合国力和世界地位得到了大幅提高。但我国想要保持稳中有进的增速，还需进行更深层次的创新。新时期的大学生是国家创新型人才的主力后备军，因此，加强他们的创新意识，并为他们的创新提供相应的保障措施就显得非常重要。政府应加大对大学生创新创业的扶持力度，加大比赛力度，加大对大学生的资助力度；建立政府与高校间的信息交流渠道，及时了解高校的最新政策，为高校提供各种资源，尽量为高校解决经费困难；高校要结合自己的专业特点，配置专门的导师，并设立专门的导师团队来指导学生的创新创业工作。最后可根据校园建设下的一些创新创业实例挖掘灵感，从校园本身出发，更能激发起大家创新创业的热情。

参考文献

[1] 韩作黎．新华字典［M］．北京：商务印书馆，1980：121.

[2]［美］约瑟夫·阿洛伊斯·熊彼特．经济发展理论［M］．何畏，等译．北京：商务印书馆，1990：10.

[3] 肖峰．人工智能时代“工作”含义的哲学探析——兼论“软工作”的意义与“工作哲

学”的兴起［J］. 中国人民大学学报，2018，32（5）：122-129.

［4］习近平. 在同各界优秀青年代表座谈时的讲话［N］. 人民日报，2013-05-05（1）.

［5］刘瑜，白冰，荀雨恬，等. 双创热潮下大学生创新创业能力现状及提升途径［J］. 中国管理信息化，2020（3）.

［6］林燕茵，陈昕，谢嘉泳，等. 大学生创新创业教育存在的问题、影响因素及对策［J］. 太原城市职业技术学院学报，2022（9）：125-127.

［7］王荣. 新疆高校大学生创新意识培养探析［D］. 乌鲁木齐：新疆大学，2010：32.

［8］张存位. 开设“大学生创新教育”课程的做法与思考［J］. 创新与创业教育，2011，2（5）：84-86.

［9］孙宇，王树伟，阮伟航，等. 应用型本科院校土建类大学生创新创业实践模式研究［J］. 西部素质教育，2018，4（11）：159-160.

［10］张广秋，周建伦. 我国高校创新创业教育模式研究［J］. 继续教育研究，2022（11）：67-71.

［11］薛珊. 迈向全球化：丹麦高校创业教育发展探究［J］. 中国人民大学教育学刊，2019（3）：83-96.

［12］张楠，杨菊，侯诗睿，等. 高校大学生网购消费行为研究［J］. 数码世界，2020（6）：269.

以 AACSB 认证为契机推进商学院战略管理

王燕华[1]　张瑞娜[2]

（1. 深圳大学管理学院人力资源管理系；　2. 深圳大学管理学院外事办公室）

【摘要】 本文通过分析 AACSB 国际认证产生的历史背景、内在价值和国际影响力，针对中国商学院发展的主要特征和不足，阐释 AACSB 国际认证对中国商学院战略管理发挥的积极作用，提出了一些值得借鉴的管理模式，并以深圳大学为例，进一步说明通过 AACSB 认证能够实现商学院战略变革。

【关键词】 国际商学院促进协会（AACSB）；国际认证；商学院；战略管理

一、AACSB 国际认证的前世今生

AACSB 成立于 1916 年，是一个由商学院、社团等机构组成的非营利组织，它致力于提高和促进工商管理学和会计学高等教育水平，是工商管理和会计学专业学士、硕士、博士等学位项目的国际认证机构。其发起成员包括哈佛大学、宾夕法尼亚大学、哥伦比亚大学、达特茅斯学院、纽约大学、美国西北大学、耶鲁大学、加州大学伯克利分校、芝加哥大学、伊利诺伊大学等。在商科领域的国际三大认证机构 AACSB、EQUIS（欧洲质量改进体系）和 AMBA（工商管理硕士协会）中，AACSB 资格最老、含金量最高、通过难度最高，迄今获得 AACSB 认证的商学院被视为全球前 5%的商学院。

（一）诞生于美国效率革命的浪潮

19 世纪末，美国工业化进程推动资本不断积累和技术快速进步，旧的管理方法无法适应新的要求，必然需要在管理上有重大突破以提高生产效率。20 世纪初泰勒的科学管理理论诞生，其核心目的是提高生产效率。他的研究专注于实现管理的系统化和高效性，即先寻求执行一项任务最高效的路径，然后再培训所有的员工通过这种路径去完成此项任务。泰勒的科学管理理论坚持竞争原则，在生产过程中给每一个人的动作建立一个评价标准，随着每个人的工作达标，工人的进取心也不断提高，生产效率也必然提高。据此，所谓的“效率专家”（Efficiency Experts）在各个行业中逐渐涌现出来，他们不仅如雨后春笋般渗透到了整个商业社会，民间还出现了非政府组织来评估商业活动和商学活动，尤其是高等教育领域开始借鉴绩效管理的理论和方法对高校进行绩效管理[1]。此外，社会上还出现一些关于学校校园环境脏乱差的报道，美国教

育心理学家李·约瑟夫·克伦巴赫（Lee Joseph Cronbach）对此开展了如何提高学校管理效率的研究。一方面，科学管理、绩效管理理论和思想开始影响高校的内部管理；另一方面，受到商业界影响，这一时期美国教育评估制度逐渐萌芽，由教育改革家和学校委员会推动，将学生的考试成绩作为比较学校办学质量和效率的评估依据。正是在绩效管理和教育评估萌芽的双重背景之下，AACSB 这一评估商科教育的非政府组织于 1916 年在美国诞生了。

（二）成功将企业管理理念运用于商学院管理

早期的美国大学多由神职人员掌管，南北战争之后，随着大学获得的社会捐赠越来越多，商人和银行家逐渐替代神职人员进入大学董事会，但是早期美国大学并没有商学学科，甚至没有一门与商业有关的课程。真正把商业作为课程并以培养高级商业人才为目的的标志事件是 1881 年宾夕法尼亚大学沃顿商学院的建立，它是美国第一所建在大学内的商学院。在此后的 20 年间，美国大学的商学院进入高速发展时期，达特茅斯学院、哈佛大学、加州大学伯克利分校、芝加哥大学、威斯康星大学等多所知名大学陆续开始设置商学院，大批优秀商学院毕业生成为商界精英，商学院之间的竞争也日益明显。为了规范商学院管理，提高商学院办学质量和管理效率，促进大学与商界的密切联系，1916 年 AACSB 正式成立。

作为最早成立的商学院认证机构，AACSB 最大的贡献是把企业管理理念引入商学院管理中。AACSB 认为，商业环境正经历着深刻变革，对高等教育和业界都产生了巨大影响。商学院想要在竞争激烈的市场环境中发展出具有自身特色和保持高质量的教育服务，必须贴近市场，与企业接轨，需要像企业组织一样具有明确的战略定位，发展自身优势，并持之以恒实施战略和评估战略，通过持续改进实现战略目标。AACSB 遵循商业世界的一些普适性原则，将使命导向、道德与诚信、社会影响力（Societal Impact）、同行评估、持续改进、合议共治、敏捷性、全球化思维、多元化和包容性等价值灵活运用于商学院管理，为商学院发展提供了一套良好的评估方法。AACSB 于 1919 年颁布了商学认证标准，1980 年颁布了会计学项目的标准。1991 年 AACSB 全体成员通过了与使命相联系的认证标准和评估考察团评估程序。最近的标准分别是 2003 年标准、2013 年标准和 2020 年标准。标准更新主要体现在大的板块归类和具体指标的条目数方面，但仍遵循 AACSB 最初的认证理念，即使命驱动（mission-driven）[2]。

（三）成就全球最佳商学院认证体系

进入 21 世纪以来，高等教育质量问题已经成为全世界各国高等教育发展中备受关注的主题之一。尤其在高等教育发展水平最高的美国，高等教育认证制度相对成熟，而专业认证是其重要的组成部分。AACSB 作为工商管理类专业认证，是全球顶级的商学院认证，代表着全世界商学院的最高成就。在全球三大商科认证体系中，AACSB 成立时间最早，AMBA 和 EQUIS 分别成立于 1967 年和 1997 年；从认证时长上看，AACSB 取得认证平均需5~7年，EQUIS取得认证需1~2年，AMBA取得认证平均需要2年；从认证组织架构上看，AACSB有相对完善的各类委员会从事不同认证阶段的工作，如下设的预审委员会（PAC）、会计学认证委员会（ACC）、初审委员会（IAC）、认证资格保持委员会（MAC）、认证质量委员会（AQC）、认证协调委员会（ACC）及候选委员会（CC）七个委员会分别负责不同阶段、不同内容的认证工作。从参与主体上看，AACSB参与认证的高校遍布全球，在数量上和名校比例上远远高于参与EQUIS和AMBA的高校。

综上，从认证经验、规模体系和参与成员构成来看，AACSB认证均优于其他两项商科国际认证，这也是商学院把AACSB认证看作商学院最高荣誉的原因。

二、我国商学院管理的主要特征

（一）决策模式行政化

我国商学院（这里指中国大陆公立学校的商学院和经管类学院）管理模式与所有中国大陆高校管理模式没有本质上的差异，都属于具有中国特色的高校管理体制和运作模式，自上而下的权力运作和资源分配是其共同特点。由于计划经济体制对高校的长期影响，我国商学院呈现行政权力主导型的决策模式[3]。这必然要求商学院的招生、人才培养模式、课程大纲、培养方案等必须依据国家教育主管部门的工作安排进行部署，接受教育部和相关行政机构的教学评估和学科评估。同时，无论是组织评估人员、审核评估方案，还是批准评估结论，以及接受处理高等学校对评估工作及评估结论的申诉，都直接体现了国家高等教育最高权力机构的意志，评估指标体系也较少涉及高校外部利益相关者（比如企业雇主、毕业生等）的信息。

这种以行政权力主导的决策模式和评估方式影响了商学院的自主决策权和自我评估能力，导致商学院管理缺乏战略意识，无法形成自己的特色，定位不清，目标不明，只能盲目跟着上面的“指挥棒”走。科技进步和经济发展不断推动着商业理论迭代更新，商业管理实践也在塑造大批符合时代发展的商业管理人才，这一切的关键源于始终不渝的创新。综观国际上知名的成功商学院管理，无一不是以独立、创新为其管理理念和行动宗旨。而行政权力主导的决策模式在一定程度上妨碍了商学院的自主创新能力的形成和发挥。

（二）战略管理意识薄弱

战略管理是现代化管理理念的重要组成部分，指的是企业以实现战略目标而开展的一系列管理活动。就企业发展的计划、模式、定位等层面而言，企业战略管理指的是企业基于时代特征，及所处的市场环境制定的适应自身发展情况的目标，并通过实施和评估战略来验证目标的达成情况。战略管理的制定、实施和评估是一项长期工程，同时也会受到企业领导经营理念、观点以及对风险的敏锐程度等相关因素的影响。

在战略制定上，由于我国商学院普遍采取行政权力主导的决策模式，这就决定了商学院在制定学院战略规划时，更多考虑的是教育部下达的指令和文件，较少考虑到对学院使命、战略、价值观和未来发展真正有意义的计划。

在战略实施中，我国商学院财务拨款主要依据政府和学校拨款，这又在一定程度上制约了商学院基于自身目标在财务战略上对主要使命相关的战略举措进行财力支持。

在战略评估上，传统的教育评估更多强调国家计划和政府指令，缺乏主动适应社会经济需要的能力和机制。

缺乏战略管理意识的商学院管理一定是缺乏合理自我定位、目标模糊、缺乏特色的商学院管理，必然造成千校（院）一面的局面。

（三）缺乏纠错意识和持续改进的机制

不断发展的外部世界要求现代商学院明确自身定位，秉持可持续发展理念，推动教学质量、教师资质、影响力等方面的持续更新和进步。我国商学院受到传统高等教育管理体制的定式思维影响，习惯于根据国家计划或政府指令开展工作，接受被动评估。因为没有自身组织定位和目标设定，商学院管理必然存在盲目性，各项教学、科研、服务社会的工作必然难以按照学院目标进行目标分解和落实分工，责权不明确导致纠错能力弱，更谈不上持续改进。

在国内没有专门商学院评估的情况下，更多是采用一般的学科评估对商学院进行评估，这很难体现商学院与商界紧密联系、培养商界精英、专注于严谨的商业分析等商科教育特色，也就很难从评估中发现商学院管理中的独特问题，导致评估难以实现“发现问题、持续改进”的宗旨。

此外，用一般的学科评估对商学院进行评估，难以推进商学院形成主动适应社会经济需要的能力和机制，在很多方面存在着突击性、应对性和被动性的特征。一旦评估活动结束，相关测评和检查工作也会终止，缺乏持续性和长效机制，评估成为走过场的短期行为。

（四）商学院特色不明显

目前我国商学院传统教育评估并没有形成专门的评估标准，比如工商管理专业与其他专业共用一套评估标准，这难以体现工商管理专业的特色性[3]。并且同一套评估标准涵盖多种不同层次的学校类型，由于各专业所在高校的历史起点、学科构成、财政资源等方面有很大的不同，使得各校追求的目标不可能完全一致，而且实现目标的方法、途径、手段以及达成目标的程度各不相同，它们在不同阶段、不同层次、不同环节和不同领域都有各自的最佳及最优，因此将它们纳入同一标准进行评估显然不合理。这不仅难以体现出评估的科学性，还抑制了国内商学院的个性化发展，忽视了国内商学院的办学特色。

三、以战略为核心的 AACSB 认证对中国商学院管理的积极影响

参与并通过国际认证既是国内商学院提高国际影响力的重要一环，也是国内商学院进行特色发展的必要手段。要了解 AACSB 认证强调的核心元素，首先要分析 AACSB 认证标准的模块及具体指标。认证标准是指为了保证人才培养的质量，使认证对象达到应有的基本要求而做出的一系列硬性指标与规定。认证标准是 AACSB 认证体系的内核，是指导专业发展的准绳，也是确保认证的科学性与公正性的基础，对维护 AACSB 认证质量起着至关重要的作用。对照认证标准，商学院既可以清楚认识到自身的特色和优势，也可以看到问题和不足，有针对性开展专业建设，为改进教学和提高质量奠定基础。

在 AACSB 认证标准中，“战略管理与创新”是第一大模块，首先提出战略规划是因为 AACSB 认为稳健的战略计划是 AACSB 认证商学院成功的基础。这是同行评审小组审查的首批文件之一，旨在确定认证主体的使命、目标是什么、打算如何实现这些目标，以及领导层将如何分配资源来实现学校的目标。2013 年认证标准[4]中其余三类模块“参与者”“学与教”“学术与专业活动”都是围绕着第一大模块的实施展开的，如表 1 所示。

表 1　AACSB 认证标准的模块及具体指标

模块	具体指标
战略管理与创新	标准 1：使命、影响和创新 标准 2：智力贡献，影响与使命的一致 标准 3：财务资源分配
参与者	标准 4：学生入学、升学与职业发展 标准 5：师资与配备 标准 6：师资管理与支持 标准 7：行政人员参与配备
学与教	标准 8：课程管理与学习保障 标准 9：课程内容 标准 10：师生互动 标准 11：学位项目教育水平、结构与等效性 标准 12：教学效果
学术与专业活动	标准 13：学生学术与专业实践参与 标准 14：高管教育 标准 15：师资资格与参与

（一）避免千校一面，凸显商学院各院特色

AACSB 标准中，“战略管理与创新”模块的最大特点就是“围绕使命”，参与认证的院校需要量体裁衣，对自身做出准确的定位和判断，制定出合理的使命和战略，并且要求所有的参与者（教师、员工、学生等）理解使命。学院的各种资源和努力都应当围绕学院的使命而展开，无论是学院的招生政策、师资考核，还是各个学位教学的

评估，都要求体现与学院使命的一致性。

按照AACSB的相关解释，商学院的使命可以是广泛多样的，但必须彰显高品质、积极影响力和创新等核心要素。近年来通过认证的国内院校都有着鲜明的使命描述，例如，上海大学悉尼工商学院的使命："培养具有国际视野的全面发展的商科人才，以应用型的商科研究服务于上海和国际经济发展"，突出了以下要素：国际化——"国际视野"、商科实践——"应用型"、区域元素——"上海和国际"、社会服务与贡献——"服务于经济发展"，从中可以看出地域性、创新、影响力和社会服务等特色元素。

（二）做实商学院战略管理

一所商学院要通过AACSB认证，除了使命以外，还需要有明确的战略规划和发展目标，并以目标导向的理念推进机构发展。这种理念改变了商学院的决策机制，使资源配置流程更加明晰高效，不会因为人为因素而轻易改变。在2013年AACSB标准中，"战略管理与创新"模块主要评价学院是否有清晰恰当的定位，是否有明确的预期结果和发展目标，是否有实现使命和目标的战略规划，包括使命、智力贡献、财务战略三个方面。

学院应设有与其使命、预期结果和战略相匹配的持续改进和创新机制，做出与其使命、预期结果和战略相匹配的智力贡献，对商科和管理的理论、实践和教学产生影响。这促使参与认证的商学院，根据对自身优劣势和外部环境、威胁等的分析，通过与利益相关人共同讨论并制定出学院的使命、愿景、价值观，并在描述的基础上做出《战略规划报告》（通常五年期），依照战略规划具体执行战略目标。值得注意的是，AACSB要求商学院自身为每个战略目标设定定性或者定量的参考系数，并在每年度的《战略执行报告》中对系数是否达标做出进一步措施或者改进计划，以不断完善战略目标。这个设定参考系数的指标为商学院落实战略管理提供了可执行标准，也让商学院战略管理更加科学、高效。

（三）持续改进的闭环系统

AACSB持续改进评估周期为5年，是一个围绕"参与—创新—影响"开展的综合性评估，包括提出评估/申请启动评估、撰写并提交持续改进评估报告、同行评议小组入校实地考察、宣布评估结果等过程。同行评议小组从外部的视角对学院实现其使命和预期成果的行动计划、成绩和进步进行评价。在持续改进评估开展的前两年，认证院校应提出持续改进评估申请。

持续改进评估报告不是标准对标准（standard-by-standard）的评估，而是从战略管理和创新、参与者、学与教、学术和专业活动四大认证指标模块和商学院所处环境对认证学院的发展进行自评。在持续改进评估报告中，认证院校应总结和证明学院在参与、创新和影响三个领域的持续改进情况；对商学院运行的环境进行境况分析，如影响商学院使命和运行的历史、国家和地区因素，学院在声誉、资源、赞助者和支持者方面的相对优势和劣势，学院未来发展面临的内部和外部挑战，提高学位教育质量面临的机遇；分析在上次同行评议小组考察中存在问题上取得的进步。这是一个源于使命、终于使命的无限循环的闭环过程。

（四）自上而下与自下而上相结合的路径

AACSB战略规划过程采用“自上而下”与“自下而上”相结合的逻辑。比如，在制定学院使命时，商学院首先成立战略计划委员会（Strategic Planning Committee），自上而下地引导学院使命、愿景、价值观的制定。战略计划委员会成员通过内部讨论，结合学院的自身背景和优势、外部的环境等，提炼出符合自身发展、符合认证宗旨的使命元素，比如，“社会责任”“实干”“管理创新”等，从而制定出学院包括使命、愿景、价值观的战略初稿。

但这仅仅是第一步，学院的战略发展规划同时引入利益相关者的高度参与，前期的战略计划委员会小组会议不仅有院领导参会，还有系主任、教师代表、学生代表等的旁听和参与。从利益相关者，如企业雇主、教师、行政人员、学生参与到学院使命的制定、修改、确认的过程，使参与者真正意识到学院的使命是与学生和教师以及学院教学、科研和社会贡献密切相关的，从而从内在更加认可和关注学院的内核，并为学院的发展做出努力。

（五）自我评估和同行评估相结合的评估方式

分析AACSB认证程序特点不难发现，不同于国内普遍实施的教学质量评估，AACSB认证评估主要采用自我评估（Self Evaluation）与同行评估（Peer Review）相结合的方式[5]。

自我评估是指学院根据AACSB认证标准进行自我评估，并形成书面的自评报告。AACSB认证非常强调学院的自我评估，无论是预认证过程的认证计划、战略计划、首次认证的自评报告还是维持认证期间的年度报告，学院都需要根据AACSB认证标准进行自我评估并生成书面报告。自我评估不仅可以使学院通过严格的自我分析达到自我改进的目的，同时也为同行评估提供了基本材料。

同行评估则是由同行领域的专家在认证标准的基础上，对商学院进行判断。在AACSB认证过程中，预认证阶段的顾问、首次认证和保持认证资格阶段的同行评估考察团的成员都是由学院和AACSB共同选择，他们大多由高校的教师、企业的领导组成，不仅拥有专业的知识，还具备丰富的经验，对于学院的各个工作环节都非常在行。

这种认证模式对国内传统的商学院教育质量认证来说是一种挑战。自我评估和同行评估的结合更侧重商学院在AACSB认证过程当中的主动性和积极性、参与度和创新性，也体现了同行领域专业视角的补充。这种内外结合模式的一个优势是，自我评估生成的书面评估和同行评估形成的实地评估相结合既能够有效避免评估过程中弄虚作假现象，又加强了评估者与被评估者之间的沟通和了解。

四、AACSB 认证全方位推进商学院战略变革——深圳大学管理学院的经验

（一）准确定位学院战略

第一步，成立委员会。在 2017 年 2 月启动认证资质申请之后先后成立了战略计划委员会、教学指导委员会（Teaching Instruction Committee）、教学质量保障委员会（AOL Committee）等。

第二步，战略计划委员会开会并制定出使命、愿景、价值观。2018 年初，学院成立战略计划委员会并先后召开了 5 次专门会议，收集各方意见，反复调整、改进战略定位，之后发送到教师微信群投票，最终确定了学院的愿景、使命、价值观。在形成初步的表述的基础上，于 2018 年 6 月由全体教职员工投票通过，正式确立学院使命、愿景和价值观。

第三步，根据愿景、使命、价值观里面的关键元素，做出学院战略规划（Strategic Plan）。根据战略规划制定出战略目标（Strategic Goals），深圳大学管理学院（简称深大管院）2019—2024 年根据战略规划共制定出四大类战略目标，包含 15 个战略子目标，其中包括学院以使命为趋向的教学、科研、社会服务、学生发展等几大战略目标。

第四步，制定学院《战略执行报告》（*Executive Summary*），为每个战略目标设定定性或者定量的参考系数，并在每年度的《战略执行报告》中对系数是否达标制订进一步措施或者改进计划，以不断完善战略目标。

第五步，根据上一年是否达到战略目标，调整战略规划，并再次审视学院愿景、使命、价值观与学院战略步骤是否匹配。如果匹配，继续执行战略规划和制定下一年战略目标，如果不匹配，调整战略目标。深大管院战略管理路径见图 1。

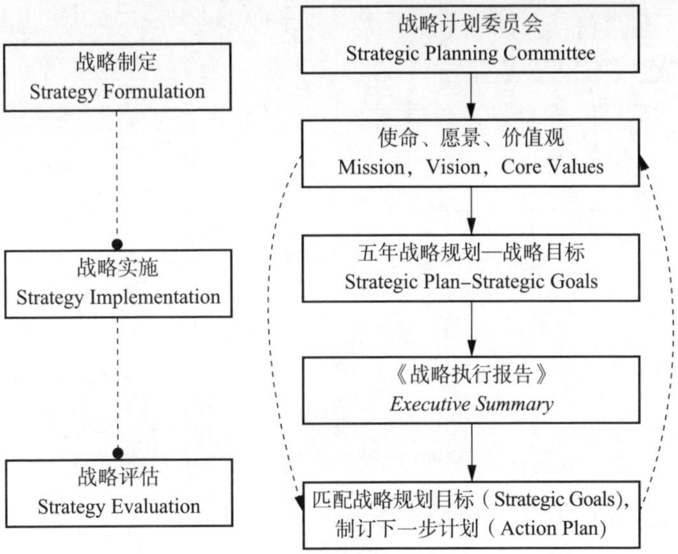

图 1　深大管院战略管理路径

（二）优化课程设置和学习目标

AACSB 商科认证除了强调战略计划战略定位建设外，还强调认证学院加强质量保障体系（Assurance of Learning，AOL）建设，将课程管理和学习效果作为质量保障和持续改进的重要抓手。课程管理服务于学院使命，认证学院应采用齐全、系统的流程决定和修订每一个学位项目的培养目标，设计、开展和改善课程以实现培养目标，证明学位教育的培养目标已有效实现。根据 AOL 标准实施总体原则要求（如图 2 所示），深圳大学管理学院 AOL 整体围绕学院使命进行指标分解，无论分解到哪里，始终都要检验它与使命的一致性；任何课程改变一定基于 AOL 测评结果（Improvement Based on the Result of AOL Assessment），例如删减课程、改变培养方案（Curriculum）等。AOL 的标准实施步骤如下：

（1）确定测评哪些课程（一般选能较好体现战略的核心课、专业必修课）；

（2）根据战略定位确立课程的学习目标（LG）和学习子目标（LO）；

（3）编制课程地图（Curriculum Map），确定课程特点/目标（Traits）和测评量规（Rubrics）（如 Case Study、Oral Presentations、Thesis、Final Exams 等）；

（4）同一课程组的教师根据课程的特点制定统一的测评量规。

图 2　AOL 标准实施总体原则

AOL 实施效果：经过两年，深大管院成功实施了 AOL 测评，并达到了第一轮和第二轮闭环，学院已经测量了所有课程项目中的所有学习目标，并根据评估结果进行了课程改进和培养方案的修订。AOL 的整体实施使得学院的课程设置除了遵循教育部的有关修订标准外，还形成了一套根据学院使命驱动的学生培养方案的修订流程。

（三）以战略为目标合理配置师资

AACSB 规定，学院师资（Faculty Qualification，FQ）的部署应与学院的使命、预期成果和战略相一致。在尊重学院发展自主性和多样性的前提下，强调与商界建立密切联系，确保商科教育及时跟进行业发展需求和变化。比如以是否具有从业经验和博士学位为依据，AACSB 认证将商学院教师分为学术型从业人员（Scholarly Practitioners，SP）、教学型从业人员（Instructional Practitioners，IP）、学者型学术人员（Scholarly Academics，SA）和实践型学术人员（Practice Academics，PA）。SA 是指五年内获得研究型博士学位、从事学术科研的教师；PA 是指具有博士学位、具备多年专业工作经历（实践、咨询及其他专业活动）的教师；IP 是指来自业界、具有多年丰富专业实践经历的教师；SP 是指来自业界、具有多年专业实践经历、大量参与学术活动的教师。AACSB 2013 年标准规定，商学院在整体人员和每个项目里，都应至少拥有 40%的 SA 类教师，60%的 SA、PA 和 SP 类教师，90%的 SA、PA、SP 和 IP 类教师，即其他类型的教师不能超过 10%[2]。

深大管院从 2018 年开始制定教师资质分类标准，在对专任教师的分类上面，学院意识到不同的商学院可以根据自身状况比较灵活地实施不同的分类方法和标准。因为学院的使命里有强调“社会贡献”“实干型管理”等，学院尤其在对 PA 和 IP 的细分上充分讨论他们在管理实践方面的贡献，准确界定哪些是卓有成效的管理实践。学院注重教师的管理实践，对教师带领学生企业参访和进行疫情下的公益讲座，参与国内外研讨会，并发表主旨演讲提供定向财力支持，从而在很大程度上使得 PA 和 IP 类型的教师才能得到充分发挥。SA 和 SP 类教师也同样被鼓励进行管理实践。

另外，AACSB 认证强调师资背景的多元化，鼓励认证学院引进具有多种学术和职业背景的教师参与教学和科研，为商科教育跟进商业学术前沿和实践、持续改进提高提供重要保障。深大管院在各系和各项目师资分配上关注各个教师课时量的均衡分配，在近三年招聘中注重新教师的多元化背景和国际化师资的引进，注重全英授课课程教师的专业化定期培训，这些举措都从根本上保证了学院优质师资的多元化和持续发展。

（四）社会影响力提升

AACSB 认为，商学院的社会影响力应当从广泛意义上反映使命和战略，保持动态变化。学院要有收集和评估影响力的框架和方法，注重高质量的投入、产出过程，创造对研究理论、教学和实践产生积极影响力的智力贡献，并表明自身对学术界和社会正在发挥促进作用。学院可以从教学、科研、社会服务、高管教育、研究中心等几大方面展示自身影响力。

深大管院围绕使命要素，如“社会责任”“创新创业”和“服务湾区”提高社会影响力，其对社会影响的承诺符合其战略目标。

1. 通过创新人才培养模式提高社会影响力

深大管院依托粤港澳大湾区区位优势，积极探索与高技术企业开展项目合作。比如，与金蝶开展了产学合作模式，金蝶云特色班由业界专家直接授课，引导业界深度参与培养过程，旨在培养云管理、大数据、人工智能等领域的企业专才，指导学生研究和解决业界发展的实际问题。此外，深大管院于 2021 年开展华南地区首个医疗管理方向 MBA 硕士研究生培养，联合深圳大学附属华南医院，合作培养应用型医疗管理人才。通过培养优秀的高层次管理人才，提高毕业生的区域影响力。

2. 通过搭建跨学科科研平台提高社会影响力

学院在学术科研上力求与政府或机构合作成立优质科研平台、研究中心。例如：与盐田区人民政府共建深圳国际海事研究院，不断壮大深圳市盐田区海洋经济产业，全力创建全球海洋中心城市核心区，为深圳打造全球海洋中心做出贡献。

3. 通过服务地方经济提高社会影响力

扶贫是联合国 17 个可持续发展目标（SDGs）之一。学院把此项举措列为 2022 年战略规划重点发展对象。旨在为粤港澳大湾区周围欠发达地区的发展提供更好的服务和解决方案，帮助当地经济振兴和产业优化转型。举措包括与深圳周边县区政府单位建立帮扶项目；成立“扶贫”科研小组；组织扶贫募捐；组织志愿支教服务；等等。

总之，在 7 年漫长的 AACSB 认证过程中，深圳大学管理学院从准确定位并确立战略目标，优化课程设置和学习目标，到以战略为目标合理配置师资，通过高质量的投入、产出过程，逐渐增强教学、科研、社会服务等方面的社会影响力，努力成为粤港澳大湾区最具影响力的管理学院和企业家摇篮。

参考文献

［1］黄艳，奥德丽·比尔兹利．美国教育评估的起源和发展历史回顾［J］．高教发展与评估，2014，30（4）：84-92.

［2］AACSB International. 2020 Interpretive Guidance AACSB Business Accreditation［EB/OL］.［2023-06-12］. https：//www. aacsb. edu.

［3］郭广生．完善教学评估体系，确保本科教学质量［J］．中国高教研究，2005（4）：6-9.

［4］AACSB International. Eligibility Procedures and Accreditation Standards for Business Accreditation［EB/OL］. 2023. https：//www. aacsb. edu.

［5］庄丽君．美国商学院促进协会的商科认证研究［J］．高教发展与评估，2019，35（2）：93-99.

浅议管理学教学科研中的科学主义取向

——从涂尔干的教育思想说起

肖　俊

（深圳大学管理学院人力资源管理系）

【摘要】涂尔干是20世纪著名社会学家，现代社会学的奠基人之一。涂尔干除了在社会科学研究领域成绩卓著外，在教育思想上也有独到见解，并在他的著作中进行了系统阐述。涂尔干的教育思想主要表现为科学教育和人文教育的平衡，认为大学的教育目标是培养有修养的大学生。当前我国管理学科的教学中普遍存在科学主义倾向，忽视了人文修养的培养。涂尔干的教育思想对完善管理学科的知识结构和教学模式具有参考意义。

【关键词】涂尔干；管理学科；科学主义；唯科学主义

1902年，社会学家涂尔干被任命为法国教育家、巴黎大学教授比松的助理，并于1906年正式接替比松。在巴黎大学教授教育科学期间（1904—1905年），涂尔干为当时法国“大中学校教师资格考试”考生讲授法国教育史。随后，讲稿被整理成《教育思想的演进》一书，该书成为社会史研究领域一部重要著作。当时社会学还未能成为大学的一门课程，是涂尔干通过讲授教育科学把社会学带进大学的殿堂。

19世纪末20世纪初，绝大部分人文领域的学者是百科全书式的学者。他们接受了欧洲传统人文主义的熏陶，在人文知识领域大都有相当了得的造诣；同时又受到文艺复兴之后经验主义方法的影响，对科学知识、科学方法也有浓厚兴趣，也很关心科学影响下人文与社会科学学术研究的发展趋势。涂尔干讲的教育主要针对的是中等教育（相当于普通大学教育），他花了许多篇幅说明传统教育如何走向衰退，科学思维对于当时大学生来说是如何的重要。不过他并未一味颂扬科学的决定性胜利，也没有彻底否定传统人文教育的价值。以我国大学的现状作为对照，涂尔干的教育思想中有两个比较重要的方面在今天看来仍有继续探讨的价值。第一个方面是关于人文教育与科学教育的关系，第二个方面是合格的大学生应具有哪些修养。第一个议题实际上是百余年来一直争论不休的问题，即人文主义与科学主义的关系。第二个议题浅层次是讨论大学生培养目标，深层次讨论的是大学的理念，即是否需要检讨当前高等教育中的科学主义（及其具体形态功利主义、实用主义）倾向。

一、大学人文教育与科学教育不可偏废

19 世纪中叶至 20 世纪初，科学技术进入快速发展的时代，工业经济对教育开始产生直接影响。大学与社会的关系自然是涂尔干关心的核心议题。在涂尔干看来，科学教育进入大学不仅是必然的，而且越来越重要。涂尔干在讲座中指出，文艺复兴之后科学进入大学经历过一个艰难的过程，直至 19 世纪末才在大学的知识殿堂里站稳脚跟。他认为大学（法国的）应该以包容的心态接纳科学，西方大学里保守的人文主义传统需要顺应时代而做出改变。大学延续人文教育的同时也要发展科学教育。涂尔干指出，科学是对人文教育的有价值的补充，两类教育之间有着密切的连带关系，“自然科学帮助我们更好地理解了人类；而且，对于人事的研究不仅本质上是不可或缺的，还是对于世界的研究的一项必要准备”。[1]

当今中国大学教育的情形与 20 世纪初欧美国家大学教育的情形正相反。20 世纪初欧美大学中依然是博雅教育居主流，科学教育的内容不仅是次要的，而且得不到足够的尊重。牛津、剑桥这些世界著名大学里选择人文学科的学生比例远超过选择科学技术专业学生的比例。二战前后，受实用主义思潮的影响，加上工业经济的刺激，美国大学科学技术类专业受到越来越多的重视和欢迎。大学里理工类课程占比越来越重，专业分化越来越细。但是到了 20 世纪 50 年代，医学领域率先反思专业分化太细的后果，引起美国高等教育一次深刻的自我反省和改革。60 年代之后，大学大多实行通识教育改革，绝大部分大学转向人文与科学并重的教育模式，在一定程度上纠正了专业分科过早、过细的弊病。

中国当前高等教育的情形恰恰相反。大学越来越注重科学技术知识的实用性。在办学理念上主张大学要更深刻地参与改革开放与社会经济全面发展的进程，注重科学研究成果的转化，注重技术知识转化与校办产业收益。大学要以专业化的精神为社会提供更多、更全面的服务，注重毕业生就业率与专业的关联性，鼓励大学生的创新创业精神。在专业设置上，分科早、分科细，理工类专业在大学中的比重越来越大。人文学科的教学与研究越来越不受重视，大学生普遍存在人文修养不足的问题。虽然前些年对过度专业化的现象有所反省，推行通识教育课程改革，但是本科生所接受的教育仍然突出专业性。大学在对外宣传上不是强调专业实力与特色，就是列举多个著名校友来证实办学效果如何好、如何成功。大学在办学上所呈现的科学主义、实用主义、实效主义和功利主义流弊已经受到越来越多的批评。

20 世纪自然科学和社会科学之所以有长足发展，与学术界对科学主义的反省有莫大的关联性。经验方法与理性方法一样都是哲学史上的思维传统，只不过随着科学研究的兴盛，经验方法逐步取代了理性方法的统治地位，科学成为一种崇拜，对科学的信仰发展成为科学主义思潮和科学主义意识形态，极为深刻地影响了 19 世纪以来的哲学社会科学流派，并深刻地改变了国家政治经济制度、国际关系、组织与社会形态以

及人的基本思维模式。

什么是科学主义？它有什么危害？郭颖颐在他那本著名的书中引述了欧文的解释①："科学的一般有限原则能被不正当地推广和转换。这里，经验原则变成经验公理：任何信念如未被科学证实便不值得尊重；科学方法是达到真理的唯一方法。数量原则被转换成物质公理：物质实在是唯一的实在；科学方法是能测量它的唯一有效方法。机械性原则变成机械性预先假设：只有机械性行为的知识才是实在的知识。进步原则发展成一种乐观的观点，即认为人类的所有成就沿直线方式前进，科学本身在未来将自我完善。……这种形成科学遗产的文化预先假设很容易就被转变成唯科学主义的教条。经验主义便成为科学即是全部真理的教条；物质性假定变成否定性精神实在和价值客观性的教条；机械性预先假设变成否定自由之实在性的决定论；最后，进步原则披上了乌托邦的外衣，希望通过科学及其自身进化完善来保证未来社会。"[2]欧文对科学主义的认识是深刻而全面的，他不仅指出了科学研究方法与知识论上的机械化、教条化，而且警示科学新乌托邦主义对未来政治社会的影响。科学主义经历了实证主义、逻辑实证主义、逻辑经验主义、科学实在论几个阶段，但本质上仍然坚持科学主义立场。如果说 19 世纪中叶到 20 世纪中叶是科学主义从兴盛到全盛的时代，那么 20 世纪中叶以来几乎所有的思想领域和社会实践领域都在反省和修正科学主义的后果。

中国高等教育发展受到的影响是多方面的，民国初受德国教育思想的影响，改革开放之前主要是受苏联的影响，改革开放之后逐渐受到美国教育的影响。在中国当下的具体场景里，科学主义与儒家实用理性传统结合，李泽厚说："中国的实用理性主义有与实用主义相近的一面，即重视真理的实用性、现实性，轻视与现实认识与生活实用无关的形而上学的思辨抽象和信仰模式，强调所谓'道在伦常日用之中'。"[3]在大学的办学理念上，侧重实用性的功利倾向毋庸赘言。这种偏重实用性的教育理念灌注到大学的专业设置，在每年的招生简章里都有明确的展现。长期偏重实用性的结果是忽视基础研究，以致我国在基础研究领域长期处于落后状态，而教育主管部门对此视若无睹。直至近十年来，强大的市场需求推进了计算机技术的创新，一系列智能化创新技术催生了新经济新业态迅猛发展。市场需要强大的算法和各种新材料来持续推动智能技术创新，由此而推动高校加强数学、物理、化学等基础学科的研究投入。

早在民国初，在当时民族主义"国富民强"意识的影响下，中国学者就显示出对科学的强烈兴趣。任鸿隽在《科学》杂志上撰文说："一切兴作改革，无论工商兵农，乃至政治之大，日用之细，非科学无以经纬。"[4]在这种强烈的民族富强意识之下，对科学表现出特别浓厚的兴趣，因为科技可以在比较短的时间里使中国改变贫困落后的局面。在社会政治领域，西方各种社会政治思潮都在中国有一定的影响，特别主张用

① 对科学主义的批评很多，有的来自科学主义内部，著名的如波普尔；大多来自外部，著名的如米塞斯、哈耶克等。相关文献很多，恕不一一列举。

科学方法使社会进步。民国初学术界爆发的“科玄论战”最终是“科学派”占据了舆论的上风，可见当时中国社会对科学的积极态度。尤其达尔文生物进化论对中国思想界影响深远，进化主义思潮成为当时主流社会意识形态。直至今天，我们进化主义思潮中的科学主义内涵仍缺乏足够的反省，以至于大学教材、教师的知识结构中科学主义仍占据很大比重。

二、教育要培养语言、科学、历史三重修养

涂尔干不仅肯定了当时科学进入大学的趋势，而且在学术上肯定了科学所具有的理解力，以及人类理性在理解经验世界方面所展现的能力。但是涂尔干也注意到一个问题，即当时的中等教育存在着逻辑训练的不足现象。他认为，对于那些刚刚从经院哲学中走出来的中等教育机构中的教师和学生都需要了解科学方法论。科学方法论不应只局限在哲学课上，应与各门具体科学的教学相联系：“一方面，只有实际从事科学研究的人，才具备向别人讲清楚这门科学所使用的丰富的必要能力。另一方面，要想让学生们真正地理解这种方法，就只有让他们看到它的实际运用过程，在向他们说明这种方法的同时运用它，训练学生们亲自去实践它、采用它。因此，得靠教授这种科学科目的教师讲授自己使用的方法，支撑这些方法的推理过程，以及它们所依据的那些原则。”[1]

涂尔干认为科学方法论中的推理能力训练非常有必要，他说：“人们越来越倾向于把人的领域看成是一块自然的领域，当然有它的独有的特征，但这就好像生物领域和物理领域、化学领域相比较有它的独有特征一样，和其他自然领域服从同意的基本法则……如果说人的现实和所有其他现实没什么两样，那么要想发现它的法则，就不能只是转向我们的内心，寻求内在的中介，做一些演绎的推论。相反，必须以观察外部世界中的事物统一的方式来观察它，也就是说，从外部观察它。我们必须去做实验，必须利用归纳，或者说，如果在实践中不可能进行严格意义上的实验方法，我们就必须设法确立客观的比较，能够发挥同样逻辑的功能。”[1]

涂尔干指出在未来科学方法必将越来越重要，“虽然关于物质的自然的研究和关于人的自然的研究之间依然被一条鸿沟所分割，但这条鸿沟现在无非是注定要消失的残余。有朝一日人们会认为，如果想要教育出一位历史学家或语言学家，而不首先对他进行自然科学方面的入门学习，是一种十足的失误。这样的日子不久就会到来，我们也必须力争加快它到来的步伐”，有鉴于此，涂尔干指出，学校“有必要采取和科学家对待事物一样的态度，我们必须在公立中学里训练我们的孩子养成这种对待人世的根本态度。对于所有真正人文教育来说，一种严肃的科学教育似乎都是不可或缺的前提条件”。[1] 自然科学的意义就在于可以帮助我们更好地理解人类自身，这是涂尔干一再强调的立场和观点。

涂尔干并非一味推崇科学方法，他从欧洲教育思想发展史中获得的启示是：在发展科学教育的同时也不能对人文教育有所偏废。他说：“实际上，从实证科学的实践获

得中浮现出来的逻辑训练并不是自足的。它还得以其他更基本的东西作为前提，这种东西要从另一种来源去寻找……这就要求在科学方面的教育之前就必须开始一整套另外的教育，并且在开始科学教育之后，还必须有许多年同时进行这两种教育。”如何弥合自然状态下的自发思维和反思、自律、自觉的逻辑思维之间的鸿沟呢？他认为需要借助语言。他说：“是语词把种种区辨引入了纵横交错的种种表象，因为语词是互不相连的，有它确定的个体存在，有它明确的界限。我们想要借助语词来表述自觉的观念，就必须将它们一一分离开来。我们必须驱散笼罩着自己思维的那种天然的模糊，把组成这种思维的各个元素一一拆解出来。从某种意义上说，语言是对思维的一种暴力；它去除了思维的天然属性，肢解了思维，因为它用互不连续的术语来表述本质上相互连续的东西。”[1]

因此在教育上，需要突出语言训练：“如果我们认为是语言把明确性和逻辑组织引入了我们的思维，那么，要想让孩子养成习惯，以逻辑的方式区辨和组织自己的想法，语言学习显然就是最好的方法。通过让他考虑各种语词、意义和语法形式，我们可以最好地训练他以清晰的方式去思考，也就是说，把握思想的各种要素的关联。这一点正是语言训练所提供的最大贡献，在我们的课程里依然发挥着相当大的作用。”[1]当然，重视语言学习并不是要回到古典语言学习。涂尔干在演讲中承认语言学习有助于训练逻辑，但他也指出了欧洲大学里仍旧沿袭学习拉丁文、希腊文文学历史的弊端。他说：“我们需要的不是古典散文翻译所要求的那种按部就班的逻辑分析，而是诉诸严格意义上的逻辑分析方面的反复练习……最具有启发意义的，莫过于让孩子们理解一个命题是怎么提出来的，句子是怎么写出来的，它所保护的那些要素彼此又是怎么联系在一起的……我们应当通过反复的练习，在孩子们身上培养这种理解；不管怎么说，重复本身不会使智力的练习变得单调乏味。简单来说，文法的修养如果得到正确的理解，就应当恢复它曾经在我们的学校里占据的位置，这种位置它已经丧失很久了。”[1]涂尔干之所以强调语言训练的重要性，是因为语言在精神生活中扮演了特殊角色，可以“养成清晰的思想的习惯，是学习科学的一个前提要求，因此，文体方面的训练对于科学教育的重要性，显然不逊于所谓‘文学’教育。正因为这样，文体的学习，也就是文法与语言的学习，构成了所有教育的共同基础”。[1]

涂尔干反对按照笛卡尔式理性主义去培养学生，涂尔干说：“我们的目标肯定不是把我们每一个学生都培养成完美的多面手，而是在他们每一个人身上培养出全面的理性能力。被拔得最高的那种人文主义，在波尔罗亚尔、奥拉托利会及其仿效者那里的笛卡尔式人文主义，就是以塑造理性为己任的；但那是一种数学家的理性，只会以简单化、理念化的形式看待事物，把人化简成清晰的思维，把世界化简成它的几何形式。”[1]理想的教育应该是怎样的呢？涂尔干说我们不是彻底否定笛卡尔的理性主义，而是要培养一种新型理性主义，能够面对万事万物的复杂性，“我们再也不能将简单的观念组合错认为整体的现实，必须更真切地感受到现实的无限丰富性，必须理解到我们所能做到的对于现实的思考，只能是缓慢的、渐进的，并且始终是不完善的”。中等教育的目标应当是培养全面发展的人，为此，需要培养三重修养，即语言的修养、科学的修养和历史的修养。[1]这些言论说明涂尔干已经意识到专门化教育的后果，或者说意识到科学教育所隐含的去人文主义的弊端。

回到中国高等教育的现实场景，我们的大学教育中是否需要重申涂尔干所提倡的“三重修养”理念？要讨论这个问题，首先需要搞清几个前提：在高校中谈大学生修养有没有必要？当前大学生应该具备什么样的修养？实际状况又如何？

我们知道，一般情况下，谈论大学生修养的主要是大学生思想品德的管理人员和高校中研究大学生心理与行为的教学科研人员。大部分从事具体学科教学的老师不怎么关心大学生修养这类问题。而且那些谈论大学生修养的论文多半集中于道德品质和人格，几乎不会将修养与大学生的知识结构联系起来。而涂尔干所说的“三重修养”指的是学生的知识结构上所展现的格调，不是个人德行或者人生智慧。如果承认大学教育中应重视大学生的修养，那么培养大学生修养的职责就不能只由党团组织来承担，教学人员也应当承担起责任来。党团组织负责大学生的思想品德教育，教学人员负责大学生的知识构造、理性能力与道德常识的学习，以提升大学生的“多重修养”。

对于当今的大学生来说，涂尔干的“三重修养”是不是一种合适的“修养”结构？时代不同，理念差别肯定存在。涂尔干提倡“三重修养”是希望培养知识结构上最理想的大学生，他的理念有着浓重的时代背景。语言的修养、科学的修养和历史的修养分别对应的是三种知识脉络：语言对应的是逻辑与文法，科学对应的是新知识学习和新方法训练，历史对应的是人文知识基础。这一理念体现了涂尔干本人既是一位人文传统深厚的文史大家，也是一位勇于探索新科学新方法的社会科学专家；既是一位百科全书式的人物，也是一位在专业领域颇有造诣的学者；是一位从综合性向专业性过渡的标志性人物。在这种时代背景下，他提出既重视人文教育也重视科学教育的理念也就毫不奇怪。

对我国当前的大学生来说，涂尔干的“三重修养”还有没有意义？答案是肯定的。当前大学生普遍接受的是专业化教学，知识结构上各有偏颇。教师和学生普遍仅将知识学习与工作、就业以及职业发展相联系，考虑的是实用目的而不是修养。涂尔干“三重修养”一个方面的意义，就是使教师和学生都能认识到知识与修养的关系，认识到教育的目的应该不仅限于知识学习，而是人格培养。知识是修养的基础，文理知识的综合有助于培养有健全人格的人。这也说明目前大学开设的通识教育课程以及文理科学分选修的相关规定是有合理性依据的，只是还没有从根本上改变专业化问题。那么当前大学生究竟应该具备什么样的修养？人格教育方面有很多文献可以参考，恕不赘言，本文仅从涂尔干的“三重修养”来说，“三重修养”已经涵盖了大学生知识修养的全部。语言学习可以培育言说的逻辑能力和文法修养，特别是写文章、做科研都是必不可少的。科学学习可以培养理性思维习惯，使学生能既注重理论的逻辑性也注重经验的基础性，而不是排斥理性演绎去做彻底的经验主义者。历史学习对于很多学科都很重要，特别是社会科学学科，大量的历史材料都是值得研究的经验材料，有助于了解知识的系统性、脉络性，扎实的史学基础是成为一个好学生、好学者的重要基础。当今大学生如果要想破除专业化的魔障，想在知识上提升修养，不妨从文学、历史（含科学史）、哲学中汲取养分。在高校教育理念上，也应从“三重修养”中获得灵感，改革课程体系，消解学科专业化的弊端。

三、管理学科教学中的科学主义倾向

当前学术界对于管理学教学科研中的唯科学主义取向关注的不多，反思和批评的就更少了。当然，有不少人会认为这个批评不对。温和点的会说这样的批评“太无聊”。因为大部分教师接受过规范的管理科学学术训练，他们一直在从事管理学的教学和科研，学术成果丰硕。这么丰硕的学术成果，当然是对其科学研究及其方法运用的肯定。尤其是在方法上，都是严格按照定性研究、定量研究的学术规范来从事的。不同意不接受所谓的“唯科学主义”的指责也是理所当然。

近年学术界不少人主张“本土化”，似乎大提“本土化”就一定能实现学术超越。实际“本土化”是个没有多少学术意义的提法，如果认同学术无国界这个基本原则就能够轻松击溃所谓“本土化”的“图谋”。我们有很多领域做得很好，在少数自然科学领域里已经世界领先。然而，做得好的原因不是本土化，而是在现代学术共同基础以及信息时代共享环境下通过努力做出的成就。也就是说，绝大部分学术研究是在全球共有的知识系统里进行的，是严格遵循现代学术规范进行的，所做出的理论贡献都是在前人基础上完成的，绝不是在学术“孤岛”里闭门造车。所谓共享，即成果一经公开发表，就成了可以共享的“文献”，研究者就成了后来者眼里的“前人”。

自 20 世纪初诞生以来，管理学经历了多次重大理论上的革命。能够促发管理学自身理论革命的，是深植于西方人文社会科学中的怀疑精神。这些“革命”之所以发生，主要来自两方面的传统：笛卡尔式理性主义的怀疑精神和培根式经验主义。笛卡尔式理性主义的哲学思想的要旨是强调人的自主思考能力，是对经验哲学及神秘主义的进一步祛魅，他特别注重数理逻辑在思维中的作用。培根式经验主义的哲学思想核心是强调知识来自感官经验。笛卡尔和培根的知识论都体现了古希腊以来西方哲学史上对真理不懈追求的精神。

无疑，20 世纪以来管理学的发展都来自管理学家们对真理的不懈追求。如今，管理学科在高校中的地位如日中天，几乎与曾经大热的经济学、法学平起平坐。然而，中国的管理学似乎丧失了怀疑精神，丧失了笛卡尔式的理性精神，在彻底经验主义的道路上越走越远。这种现象就是郭颖颐所指的“唯科学主义”，形象点说，就是被“科学范式”笼罩了。管理学教学中科学主义的表现与后果见表 1。

表 1　管理学教学中科学主义的表现与后果

教学表现	教学后果
教材中对科学主义的推崇	偏重经验、工具理性，缺乏想象力
教学中的案例运用太多	缺乏整体思维能力，理论素养差

续表

教学表现	教学后果
本科和硕士论文选题绝大部分选择“实证研究”	理论基础差，规范研究能力差
突出专业性	阅读局限于专业范围 公民教育不足，缺少社会情怀，缺乏人文素养，缺乏辨别是非的能力
只擅长工具方法	工程思维、量化思维，逻辑能力差

科学是人类文明的重要组成部分，批评“唯科学主义”不是否定科学，而是警示科学理性在一切领域放大的后果。我们从事管理学教学与科研的人，都应当对此有所了解。科学史本身说明科学具有一种“扩张主义”① 本能特征，[5] 在追求真理的“面具”下鼓吹一切知识必须符合科学原理，将一切非科学知识列为“不科学的”而加以排斥和否定。科学本身所张扬的工具理性渗透到社会政治领域，试图将一切社会活动变成可以预测、计算、控制的行为，将工程美学当作唯一的美学。如果我们在日常教学中不注意这些危害，就会将这些包含危害性的知识传授给学生。在科研活动中，如果没有对科学主义的警惕，就会自觉沿袭和维系既有范式下的知识结构，也就不会有“革命”的冲动。于是，教材的编写者、教师、科研工作者和学生共同构成了一个庸俗的工具主义和保守的教条主义堡垒。

在中国当前的教育环境下，涂尔干的理念尚未过时。研究教育学的人肯定知道涂尔干对现代教育的重要性，但研究管理学科的人中能够了解其重要性的并不多。涂尔干人文教育和科学教育并重的理念，对我国高等教育还是很有意义的。问题是，现今高校日常教学中太偏重“科学教育”，极大地忽视了人文教育，尤其在管理学科教学中，时时处处都感受到浓烈的“科学主义”的味道。无论是从科研发展，还是培养大学生健全人格角度来说，适当的警惕和反省都是非常有必要的。涂尔干的“三重修养”的提法，对完善当前高校公共课程、改变专业主义取向是有意义的。

参考文献

[1] 涂尔干．教育思想的演进［M］．上海：世纪出版集团，上海人民出版社，2006：358-365.

[2] 郭颖颐．中国现代思想史中的唯科学主义［M］．南京：江苏人民出版社，1995：18-19.

[3] 李泽厚．中国现代思想史论［M］．天津：天津社会科学院出版社，2000：150.

[4] 任鸿隽．“解惑”［J］．科学，1915（1）：6.

[5] 魏屹东．科学主义，我们究竟该如何理解［J］．科学技术与辩证法，2004（6）：5-9.

① 斯马特对扩张主义做了解释：“扩张主义在假定能够被使用的科学理论和发现范围内，直接或间接地引用证据来支持关于社会政治（道德、政治、审美、宗教）的价值，这种努力的结果是扩张科学的界限，以便包括价值问题，至少暗含价值问题。”

数智时代背景下研究生课程教学改革思考与探索

——以“创新创业研讨”课程为例*

冯元粤[1]　贺　珊[2]　杨翩翩[3]　杨葱葱[4]

（1. 深圳大学管理学院管理科学系；2. 深圳大学大湾区国际创新学院；
3. 深圳大学管理学院市场营销系；4. 东莞理工学院经济与管理学院应用经济系）

【摘要】数智时代的到来给高等教育带来了新的挑战和重要机遇，数智技术的快速发展，对研究生教学也提出了更高要求。研究生教学改革是适应时代需求、提高教育质量、推动产教融合的重要举措，促进数智技术与研究生课程融合创新是深化新时代教育改革的必然选择。本文以“创新创业研讨”课程为例，基于数智教学发展背景，探讨了目前研究生课程教学现状与问题，提出了数智化赋能课程教学改革路径建设，并对未来发展提供进一步优化方向，为研究生课程教学改革提供参考和思路。

【关键词】数智时代；研究生培养；课程教学改革；创新创业

一、引言

随着数智时代的到来，数智技术的快速发展和广泛应用对各行各业都产生了深远影响，并且数智技术对人们的认知结构、思维能力也提出了宽口径、交叉融合等新要求。未来数智技术将成为中国发展的新引擎，数智经济将成为经济的新动力，数智人才将成为中国社会的新需求，数智化教育改革将成为中国教育的新趋势[1]。

在此背景下，高等教育面临着新的挑战和机遇。研究生教育在高等教育中占有重要地位，是培养创新人才和高水平专业人才的重要途径，也是推动国家和社会发展的重要力量。数智技术的迅速发展对研究生课程教学提出了严峻的挑战，传统的研究生培养模式很难与社会人才需求相适配。如何从国家和社会事业发展的全局角度进行研究生课程教学改革，以适应数智时代的需求和挑战，培养出数智时代所需的复合型人才，是高校亟须解决的问题。

“创新创业研讨”课程是深圳大学大湾区国际创新学院研究生培养方案中的重要课程。本文以笔者所任教的“创新创业研讨”课程为例，对数智时代背景下研究生课程教育改革进行思考与探索，通过分析数智教学发展背景以及课程教学的现状和问题，

---

* 本研究的出版得到了 2021 年度广东省研究生教育创新计划项目（项目编号：2021SFKC074）的资助。

提出数智化赋能课程教学改革的路径以及未来进一步优化的方向。本文旨在为数智时代背景下研究生课程教学改革提供一些建议，以促进研究生的创新能力和实践能力的全面发展。

二、数智教学发展背景

（一）数智赋能教育教学

数智技术对教育资源价值标准和教学模式形态进行了重构。利用数智技术手段可获得数智资本、数智管理技术、数智教学工具等全新教学要素。在数智融合的驱动下，教育智能体、教育智脑以及“5G+AI+全息技术”课堂等数智教育工具的出现，为教学改革和发展提供了有力的支持。数智化资源和教学工具是高校教学从外延式发展向内涵式发展迈进的创新力量，为教学领域提供了多样化的选择[1]。数智时代呼唤高校教育以物联网、大数据、人工智能等为代表的新一代信息技术与教育模式深度融合，以更加全面、有力地赋能教育教学[2]。对于学生，应用数智技术可以提供更个性化、互动性强、实践性强的学习资源，促进学生的智慧结构生成，赋能学生智慧全面发展[3]；对于教师，应用数智技术可以发现学生学习行为模式，个性化地设计教学内容和学习路径，赋能“智能+教师专业发展”[4]；对于管理者，应用数智技术可以获取教学规律，评价教学结果，赋能新时代教育评价变革[5-6]。

（二）数智赋能创新创业

数智时代是人类有史以来影响最大的技术转型期，其创造的数智机会和影响力是互联网影响力的 5 至 10 倍[7]。面对大数据、人工智能、物联网等新兴技术的战略布局和大力推进，数智技术与传统行业的融合发展正加快推动技术的进步、效率的提升、产业的变革和新生产力的变革[8]。数智时代背景下，创新创业发展成为新发展阶段的重点[9]。通过多元、开放、立体、及时的数智技术，整合利用社会资源来支持和推动创新创业活动，创新创业者可以更好地把握市场机遇、提高业务运营效率、优化决策和促进合作，在竞争激烈的市场环境中获得竞争优势，实现可持续发展和创新创业的成功。

三、课程教学现状与问题分析

（一）数智技术发展迅速，教学内容增多

随着数智技术的迅速发展，新的技术和应用不断涌现，与创新创业相关的教学内容在不断更新和丰富，教学内容需要及时跟进这些新的技术和应用。数智技术的发展涵盖了大数据、物联网、人工智能、云计算等多个新兴领域，这些数字与智能技术知识和技能对研究生的培养具有重要意义。而当前“创新创业研讨”课程多以案例教学为主，涉及知识更多在案例内容本身，教学活动也是围绕案例所展开的。由于上课的

课时和授课方式的局限性，导致教师在课堂上无法深入讲解，也无法与学生探究研讨课程知识点；导致学生对知识点的掌握只限于表面，无法深入理解和灵活应用[10]。在数智时代背景下，为应对当今研究生人才培养的需求，亟须大量新内容、新技术、新方法融入创新创业研讨课程的教学中。

（二）课程教学模式传统，教学资源匮乏

“创新创业研讨”课程的教学模式使用的还是传统的讲授式教学，教师在课堂上扮演着主导角色，通过讲授重要知识点、解答问题来传授知识给学生，而后安排学生讨论创新创业案例。这种教学模式在创新创业研讨课程中有一定局限性，研究生的培养更需注重创新能力、创造性思维和实践能力。而学生在这种模式下往往被动接受知识，缺乏主动思考和实践的机会，它在一定程度上限制了学生的主动参与和创造性思维的发展。并且这种模式可能导致学生对知识的理解和应用能力不足。因此，教学模式的改革成为“创新创业研讨”课程教学改革中亟待解决的问题之一。

此外，该课程的教学资源主要是教材和学校图书馆馆藏资源，学生仅需依靠教材及馆藏图书中的相关资料学习，完成研讨相关的问题即可。在创新创业的实践方面，没有为学生提供一个分析问题、解决问题的创新创业的实践机会。学生对创新创业的理解可能不够深刻，在课堂互动讨论后往往只是知其然，不知其所以然。学生难以完整理解和建立创新创业的系统知识体系，实践教学的整体效果不佳。总而言之，创新创业研讨课程的教学资源较为匮乏，学校没有相应的实践资源来进行实践教学，这影响了课程教学的质量和效果。

（三）课程期末考核形式陈旧，过程考核方式单一

目前大多数研究生课程的期末考核形式是以个人或小组为单位完成一篇课程论文，这种考核形式较为陈旧，学生往往会在期末仓促地拼凑材料和撰写论文以应付考核[11]。在“创新创业研讨”课程开设的早期，课程考核形式即是以个人研究计划为主。这种考核方式虽注重考察学生对相关知识的掌握程度和文献阅读能力，但是却忽略了学生综合能力、创新思维能力和实践应用能力的培养。由于课时数量和授课方式的限制，学生缺乏更多主动思考和创新创业实践的机会。然而，对于研究生而言，需要具备更强的综合能力，如解决问题能力、实践创新能力以及团队合作能力，陈旧的期末考核方式或许并未能够全面地提高学生的这些能力。

除了期末考核形式的问题，该课程的过程考核方式相对而言也比较单一。现有过程考核方式主要是要求学生以小组为单位阅读及汇报文献，这种方式虽然看似合理，但仍然十分单一，无法全面地评估学生的学习效果，也无法激发学生的学习兴趣和主动性。随着研究生课程改革的推动，现代教育开始探索更多的考核方式和评价方法，鼓励学生通过实践和探究来展示自己的学习成果，提升自己各方面的能力。因此，课程考核形式和考核方式的改革也是研究生课程教学改革中亟须关注的问题。

四、数智化赋能课程教学改革路径建设

（一）丰富教学内容，开发数智创新内容

数智时代背景下，物联网、人工智能、云计算等技术的迅速发展深刻地改变着人们生活方式和思维方式。物联网的兴起使得各种设备和传感器能够相互连接和通信，为各行各业带来了新的机遇和挑战；人工智能已经在各个领域得到广泛应用，如自然语言处理、图像识别、智能推荐等；云计算的发展则使数据的存储和处理变得更加便捷和高效。数智技术的迅速发展使得“创新创业研讨”课程的教学内容不断增多。因此，在创新创业研讨课程内容改革中，教师增加了研究生需要学习和掌握的与数智技术相关的知识和应用，以适应数智时代的发展需求。教师也在不断更新课程内容，以确保研究生的培养质量和竞争力。

一方面，在“创新创业研讨”课程中引入实际数智技术相关案例和行业应用知识，将抽象的概念和实际问题联系起来，将数智技术相关内容与创新创业紧密结合，增加课程内容的丰富性和新颖性，帮助学生更好地理解和应用与数智技术相关的知识。

另一方面，通过邀请相关行业的专业人士开设讲座讲解他们在工作中如何应用数智创新技术以及分享一些实际案例。通过实践经验分享，帮助学生掌握数智技术的创新应用场景和方法，学习如何运用数智技术创新性地解决实际问题，并激发他们对数智创新的兴趣。

提供多样化的知识，丰富课程教学内容，帮助学生全面了解创新创业的概念、案例和实践，使学生能够掌握创新创业所需的核心知识和技能。开发数智创新内容，引入前沿的数智创新知识，学生可以深入了解当前数智时代的商业环境，并掌握利用数智创新手段进行创新和创业。例如，学习如何分析市场数据，利用大数据技术来预测趋势和发现商业机会，或者学习如何运用人工智能算法来优化产品设计和服务。

通过以上对授课内容的改革尝试，突出学生的主体地位，立足于对学生价值观的塑造，着眼于对学生综合能力、实践创新能力、分析解决问题能力的培养[12]。

（二）改革教学模式，拓展数智实训资源

研究生教育是高等教育的重要组成部分，采用科学合理的教学模式可以提高教学质量，培养高层次、应用型的研究生人才。“创新创业研讨”课程教学模式紧密结合实际需求，并与社会需求相适应，注重培养学生的学习创新能力、实践能力和解决问题的能力，使学生能在实际学习工作中灵活运用所学知识。教师在“创新创业研讨”授课过程中根据丰富的教学内容，应采取混合式教学模式，如图 1 所示。混合式教学模式旨在充分调动学生学习的自觉性和主动性，激发学生学习的兴趣，鼓励学习积极思考、主动发现、分析解决实际问题，培养学生的创新和批判性思维。

行为修正式教学，以教师为中心，直接授课，让学生掌握数智技术与创新创业的

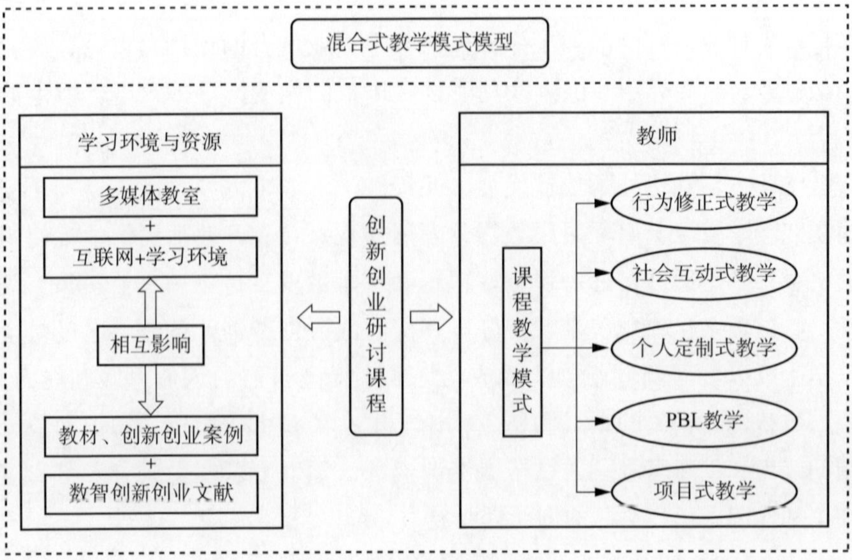

图1 混合教学模式模型

基本原理、理论、方法，要求学生自主地发现问题、解决问题，修正自己原先的认识。

社会互动式教学，教师把一些富有启发性的数智创新创业问题或者现实案例编成思考题，引导学生讨论及辩论；或让学生自己动手查找资料、准备案例、进行案例讲解、角色扮演、社会调研。

个人定制式教学，以学生为中心，通过课后的自学辅导及课堂上的头脑风暴、课堂会议思维导图、启发式教学等多种方式实现个性化教育模式定制。如在讲授“数据驱动的创新管理与决策”模块时，在课堂上给出案例，让学生运用课堂所学知识来解决案例中提出的问题，让学生掌握和运用智能化的技术和手段以优化企业创新管理与运营决策。

PBL（Problem-Based Learning）教学，即基于问题的教学模式，它是 Barrows 教授依据建构主义教学理论提出的基于问题学习的教学理念，通过直接呈现问题、进入问题情境开展学习，特别适用于搭建问题体系[13-14]。PBL 的特点在于以问题为导向、教学的重心从教师转为学生。在 PBL 教学模式中，首先提出专业理论或实践相关的问题，针对问题学生组建小组，开展自主、探究式学习，而后进行总结，形成小组报告共同讨论。教师的角色不再是传授知识的主导者，而是充当学习的指导者和促进者。在 PBL 教学过程中注重培养学生的问题解决能力、批判思维能力、实践创新能力和自主学习能力。“创新创业研讨”课程中，教师通过 PBL 教学模式与传统讲授教学模式结合使用，有效激发学生的学习兴趣和动力，提高学生的综合素质[15-16]。

项目式教学，就是教师与学生共同实施一个完整的、具有实际价值的数智创新创业相关项目。如在讲授“数据科学和数据驱动的创新管理与决策”模块时，组织学生阅读数据挖掘应用的相关文献，在课堂汇报所阅读文献的研究思路，再运用某种数据挖掘方法开展研究，最终形成论文。在讲授“数字化创业管理”模块时，组织学生开展小型模拟数字创业项目的前期工作，包括数字创业机会的识别与讨论、商业计划书设计、模拟创业者自我介绍演讲，以及项目宣传单的发放，等等，培养学生数字创业的实践能力。

随着数字化、信息化技术快速发展，课程教学资源也需要不断丰富与更新。课程在理论与实践教学资源上需要紧跟数智化发展步伐。首先，教师提供学生使用数据分析工具的机会，学生通过实际操作更好理解和利用数据支持创新创业决策。其次，教师组织学生参访数字化独角兽企业，分析真实的数智创新创业案例。通过对企业案例的学习，学生可以学习到创新创业的成功经验，提高自己的创业思维和能力。最后，设计一些与数智创新相关的项目和任务，让学生在实践中应用所学知识和技能，培养解决问题的能力和创新思维。通过拓展实训资源，学生可以在实践中学习和应用创新创业的知识和资源，提高自己的创新创业能力。

（三）多样考核方式，完善考核评价机制

传统的教学考核方式不利于学生的综合能力、创新思维能力和实际应用能力的培养，无论是从内容还是形式，都不适合数智时代背景下高层次人才培养的需求，考核形式亟须改革。因此，在创新创业研讨课程中，采用了多样化的考核方式来完善考核评价机制。

在过程性考核方面，除了要求学生阅读并汇报文献，还加入了辩论赛、知识竞赛、小组案例讨论等灵活多样的考核方式。

在期末考核方面，在原有个人研究计划的基础上，增加了教学案例撰写这一可选的形式。具体来说，就是要求学生组成团队，选择一个在创新创业领域中具有突出成就和影响力的企业收集一手或二手资料数据，基于数据对企业的创新或创业历程进行回顾与总结，并撰写教学案例，在课程结课之前进行案例成果的分享。在撰写案例过程中，学生需要收集和整理大量信息并从中提取关键点，对企业案例中体现出来的创新创业策略、过程和决策进行分析，并将复杂信息和分析结果以清晰、准确和逻辑严谨的方法表达出来。学生可以深入了解创新创业实践，发现问题的本质和关键因素，并提出有价值的观点和见解，这有助于培养学生学术研究能力、分析能力、写作能力、创新思维和团队合作能力等综合性的能力。

五、反思与展望

（一）元宇宙数智赋能实践空间建设

实践教学平台是提供学生与实际工作环境接轨的教育手段、是培养应用型人才的重要场所。数智时代背景下，元宇宙成为一个重要的研究领域，因其将数字技术与实际应用相结合，可以创设多样性、全方位、沉浸式的教育情境，增强学生学习的临场

感和沉浸感，为教育教学提供了全新的学习和创新实践环境，成为教育实践发展的新方向[17]。

“创新创业研讨”课程需要理论知识的学习，更需要实践的训练。课程实践以及相关研究中可以利用数智技术、企业数智平台、商业数据资源，在元宇宙数智教学空间中开发具有实操性的应用场景、实战项目模拟课程。例如元宇宙模拟操作类课程、元宇宙创新创业计划实操项目等。元宇宙提供的实践空间可以根据学生的不同需求定制场景，并建立不同的模拟创业公司、经营机制、业务操作等，真正实现校企同频共振[1]。元宇宙数智教学空间不仅可以深度重建具有不同学习特征的学生的学习过程，帮助学生依据个性化学习需要，实现个性化泛在学习；而且可以为学生提供一个虚拟实践空间进行创新创业项目的模拟和实践，获取丰富的资源和工具支持。学生在虚拟实践空间中学习和掌握相关的知识和技能，培养创新创业能力和团队合作精神。

（二）产教融合助力课程实践机会提升

产教融合、校企合作是高等教育发展的必然要求。企业和高校进行有机结合，通过产业界的资源和实践经验，为学生提供实践机会和解决实际问题的场景和资源。在“创新创业研讨”课程中，产教融合可以助力课程实践机会的提升。首先，通过与企业合作，高校可以获取真实的数据和案例，为学生提供更具实践性的教学内容和真实的创新创业项目案例。同时，数智化的教学资源和平台为学生提供了更广泛的实践机会，培养学生的实践能力和创新能力。其次，学生可以通过实地考察企业，了解创新创业环境和挑战，获取实践经验和行业动态，拓宽视野，提高实践能力。最后，学生可以通过课内的实习实训，在企业的实际工作和项目实践中了解企业的运作和管理。产教融合的教学模式可以使学生在课程中获得更多的实践机会，有效地提升学生的学习效果和实践能力，培养具备数智思维和技术应用能力的研究生人才。

参考文献

[1] 张铭睿，吴安康. 数智化赋能高校“双创”人才培养路径与实践研究 [J]. 就业与保障，2023 (1)：133-135.

[2] 赵珏，张胜，樊国伟. 数智校园中大数据可视化技术赋能教育管理 [J]. 现代教育技术，2022，32 (11)：67-75.

[3] 王星，李怀龙. 智慧课堂赋能学生智慧发展的动力机制与运行逻辑 [J]. 现代教育技术，2021，31 (11)：5-11.

[4] 冯晓英，郭婉瑢，黄洛颖. 智能时代的教师专业发展：挑战与路径 [J]. 中国远程教育，2021 (11)：1-8，76.

[5] 刘邦奇，袁婷婷，纪玉超，等. 智能技术赋能教育评价：内涵、总体框架与实践路径 [J]. 中国电化教育，2021 (8)：16-24.

[6] 宋乃庆，郑智勇，周圆，等．新时代基础教育评价改革的大数据赋能与路向［J］．中国电化教育，2021（2）：1-7.

[7] 黄天航，李晶，冯晶，等．“块数据”在智慧城市建设及治理中的理论内涵、构建思路与应用机制［J］．城市发展研究，2022，29（5）：26-31.

[8] 熊峰，周增逵．数智时代高职创新创业育人生态系统建构［J］．中国高等教育，2021（22）：59-61.

[9] 黄志坚．数智时代粤港澳大湾区创新创业发展的体制机制改革研究［J］．产业创新研究，2023（13）：18-21.

[10] 李成．基于 OBE 理念的研究生课程教学改革实践——以数字支持设计理论及应用课程为例［J］．高教学刊，2022，8（36）：142-145.

[11] 冉旭华，闻晓波．关于研究生课程教学改革的思考［J］．科技风，2023（17）：61-63.

[12] 许元栋，张霞，郭丽红．地方高校“双一流”创建背景下研究生课程教学改革的思考与实践——以河南工业大学工业催化原理课程为例［J］．河南教育（高等教育），2023（7）：54-56.

[13] 李东，张英涛，宋颖慧，等．“基于问题的学习”及其在计算机组成技术教学中的应用［J］．计算机教育，2011（22）：43-46.

[14] 刘超，宋欢．基于 PBL 问题体系建构及情景创设研究［J］．电气电子教学学报，2016，38（6）：70-73.

[15] 郑姣琳．PBL 教学法支撑下的医学研究生教学改革［J］．高教学刊，2021，7（20）：143-146+151.

[16] 田勇，常艳，李建华．探讨 PBL 教学模式在医学教学改革中的应用分析［J］．科技风，2021（6）：41-42.

[17] 伍国华，梁珊珊．元宇宙赋能在线教育发展的挑战及促进策略研究［J］．教育信息技术，2023（Z2）：3-7.

深圳大学“预聘—长聘”制教师组织承诺的调查研究

丁夏齐　黄思琪

（深圳大学管理学院人力资源管理系）

【摘要】本研究对深圳大学部分“预聘—长聘”制教师及编制内教师进行了组织承诺方面的问卷调查，根据人口统计学特征比较教师的组织承诺差异并分析讨论了差异的可能原因，最后提出提高高校教师，特别是“预聘—长聘”制教师组织承诺水平的一些建议。

【关键词】高校教师；“预聘—长聘”；非升即走；组织承诺

一、引言

“预聘—长聘”制是一种基于合同聘用关系的高校人事管理制度。该制度针对新入职的高校教师，设置预聘期，并配套以“非升即走”的制度设计[1]。

既往研究发现该制度对新教师有一定的激励作用，但也有负面影响，例如，对新教师工作任务产生影响，新教师“重科研轻教学”，倾向短期研究，产生“形式科研”“效益科研”等“学术功利”思想，承担任务较多，造成了新教师工作时长增加、工作压力加大、牺牲生活投入工作、组织忠诚度降低、成为弱势群体、职业安全受到挑战和学术身份呈现“符号性”的适应者等影响[1-2]。

组织承诺是成员对所属组织的目标和价值观的认同，以及衍生出的积极内心感受，是影响组织成员绩效的重要因素[3]。它作为一种心理纽带联结着教师和高校，体现了教师对学校的心理依恋。教师的组织承诺水平的高低关系到教师能否高效完成工作、对教学心怀责任感，关系到教师是否愿意与学校共同进退、荣辱与共，关系到学校的办学质量和声誉。教师的组织承诺水平一定程度上可以体现其工作满意度、工作敬业度、工作绩效水平、离职倾向等指标，能够从较为宏观的角度反映出教师内心对所属组织的态度以及客观的校师关系状况[4]。

对高校教师组织承诺的研究是组织承诺理论在高等教育领域的运用。2022 年 1 月在 CNKI 检索中主题包含“教师组织承诺”的研究成果共 434 项，包含“高校教师组织承诺”的研究成果共 192 项。总体而言，高校教师组织承诺的研究较其他群体组织承诺的研究出现更晚。大多数教师组织承诺的研究来自企业组织承诺的概念、理论、测量工具和研究思路，而聚焦“预聘—长聘”制教师的研究偏少。2022 年 1 月在 CNKI

检索中同时包括“预聘—长聘”和“组织承诺”主题的论文仅1项[5]。可见，关于高校“预聘—长聘”制教师组织承诺的研究领域相对空白，值得进一步探讨。本研究欲以深圳大学为例，调查高校“预聘—长聘”制教师的组织承诺状态，推动完善这一制度。

二、调查设计

（一）调查工具

综合采用《高校教师组织承诺问卷》等已发表文献的研究工具为蓝本[6-8]，编制了本研究的调查问卷。问卷分为教师个人基础信息和教师组织承诺量表两个部分。个人信息包括性别、年龄、婚姻、学历学位、聘期、学科、职称、校龄共8道题项。教师组织承诺量表分为感情承诺、持续承诺、规范承诺3个维度共23道题项，采用Likert 5点计分法，1~5分依次代表非常不同意到非常同意。量表整体信度为0.947，各维度信度分别为0.944、0.709、0.931。

（二）调查对象

以深圳大学在职的“预聘—长聘”制教师及部分编制内教师为调查对象，采取便利抽样的方式，于2022年3月发放网络调查问卷，收回有效问卷“预聘—长聘”制教师114份，编制内教师41份。样本人口统计学特征分别是：年龄分布为30~50岁，在本校任职年限为3~10年，具体分为第一个预聘期（3年以内）、第二个预聘期（3~6年）、长聘期（7~10年）。男性教师约占六成，女性教师约占四成。教师所在的学科包含了理工科类、文科类、艺术体育类。博士学位教师占绝大多数，硕士学位教师仅存在于艺术体育类专业。职称包括助理教授、副教授、教授。

三、调查结果

（一）深圳大学“预聘—长聘”制教师组织承诺水平

参与调查的114名“预聘—长聘”制教师的组织承诺在总体及各维度上都呈现中等偏下的水平，低于编制内教师。其中，规范承诺得分最高，其次是感情承诺，持续承诺得分最低（见表1）。

表1 “预聘—长聘”制教师和正式编制教师的组织承诺比较

变量名	“预聘—长聘”制教师 $n=114$		正式编制教师 $n=41$		t值	p值
	M	SD	M	SD		
感情承诺	2.792	0.860	3.980	0.334	−8.588	0.000***
持续承诺	2.519	0.687	4.106	0.258	−14.240	0.000***
规范承诺	3.219	1.017	4.057	0.295	−5.178	0.000***
总体组织承诺	2.832	0.748	4.033	0.164	−10.124	0.000***

注：***、**、*分别代表1%、5%、10%的显著性水平，下同。

造成这一结果的原因可能如下：

其一，"预聘—长聘"制教师科研压力繁重。作为经济特区，深圳经济位于全国前列。深圳高度重视研发投入、产业创新以建成现代化国际化创新型城市，因此高校任重道远。此外，《深圳市教育发展"十四五"规划》中明确指出要支持深圳市现有高校建成高水平综合性大学、世界一流研究型大学以及高水平大学。高校的实力很大程度上取决于科研成果，而"预聘—长聘"制教师承担着绝大多数的科研重任。教师科研成果直接挂钩职业晋升，"非升即走"制度给教师带来的科研压力大和缺乏职业安全感的双重压力，削弱了教师的个人成就感和对高校的认同感。

其二，教职外部竞争加剧导致教师的职业不确定性提高。高学历人才的不断涌现致使高校教职供需沦为买方市场，学术圈内卷化进一步加剧在职教师的危机感，导致"预聘—长聘"制教师的职业不确定性提高，组织承诺水平降低。

其三，生活负担和薪资福利待遇存在差距，职业性价比下降。高校教师学位一般为博士，作为通常意义上的高知、社会精英仍面临着住房、子女教育资源等生活压力。当教师的薪资福利与其面临的科研重任、生活压力不对等时，教师会对生活和工作产生消极情绪。此外，"预聘—长聘"制教师群体内部的薪酬福利待遇的结构化差异也容易造成部分教师对学校的不满。

其四，高校青年教师职业起步相对同龄人较晚，职业初期对个人职业发展定位模糊，信心不足，会挫伤教师的自我效能感和成就感。中年教师若不能晋升留校则会面临职业转换困难、家庭负担重等后顾之忧。

（二）人口统计学特征在"预聘—长聘"制教师组织承诺各维度上的差异比较

在比较了"预聘—长聘"制教师和编制内教师组织承诺的差异后，本研究又针对"预聘—长聘"制教师，在多个人口统计学变量上分组进行了组织承诺水平的差异比较。其中，"学历学位"因博士占绝大部分，未作分类比较。

1. 性别

不同性别的"预聘—长聘"制教师的感情承诺、规范承诺、总体组织承诺呈现显著差异，女性得分明显高于男性，这与以往研究的结论一致。男性教师和女性教师在持续承诺上的差异不显著。

其一，女性教师的感情承诺较高，主要由于女性教师对于学校的认同感、亲近程度更高。从女性的性格特征层面分析，女性更容易与同事建立深厚的人际关系，在工作环境中发展友谊。其二，社会因女性身心特质而施加给女性的就业压力也体现在了高校女教师身上。以深圳高校为例，尽管未有声明表示教师招聘更倾向于男性，事实却是具备相同能力和资质的女博士应聘教职，通常会因自身年龄、婚育等尴尬处境而遭受一定程度的就业歧视。可以说，在科研圈竞争逐渐白热化的大环境下女性获得一份教职是来之不易的。地处创新高地的深圳高校有着强有力的政府财政扶持，众多高新企业合作投资，吸引了无数高学历人才，因此能斩获深圳高校的教职绝非易事。鉴于更高的跳槽成本和风险，女性教师会更珍惜这份工作，因而对就职高校有着更强的依赖性和归属感（见表2）。

表2　女性教师和男性教师的组织承诺比较

性别	感情承诺		持续承诺		规范承诺		总体组织承诺	
	M	SD	M	SD	M	SD	M	SD
女性	3.115	0.672	2.500	0.624	3.748	0.828	3.120	0.595
男性	2.584	0.907	2.531	0.729	2.879	0.985	2.647	0.780
t值	3.361		−0.286		4.888		3.425	
p值	0.001***		0.775		0.000***		0.001***	

2. 年龄

“预聘—长聘”制下工作不确定性的焦虑和预聘期教师的年龄焦虑、家庭生命周期带来的压力相撞，致使预聘期教师普遍缺乏职业安全感。

在通常的高校教师组织承诺调查中，教师年龄与组织承诺的关系大致呈正相关。在本次对“预聘—长聘”制教师调查中，40~50岁教师的组织承诺在各维度和总体得分上低于30~40岁教师，但差异不显著（见表3）。这可能与参与本次调查的40~50岁教师多为男性，博士学位，理工科，非已婚状态，处于预聘期，校龄3~6年有关。事业好坏是社会评判不惑之年男性的重要标准。40岁以上的预聘期男性教师，其事业在某种程度上仍属于不稳定的初期阶段，未来能否晋升到长聘期仍存在风险，因此工作变动的可能性更大。此外，后文在职称差异上的数据分析中，发现在40~50岁预聘期教师中，副教授组织承诺明显高于讲师，也一定程度上反映了以上观点。

表3　不同年龄教师的组织承诺比较

年龄	感情承诺		持续承诺		规范承诺		总体组织承诺	
	M	SD	M	SD	M	SD	M	SD
30~40岁	2.808	0.870	2.541	0.668	3.221	1.027	2.846	0.756
40~50岁	2.364	0.315	1.917	0.289	3.167	0.770	2.457	0.276
t值	1.015		1.798		0.107		1.024	
p值	0.312		0.075*		0.915		0.308	

3. 婚姻

参与调查的教师中已婚教师占比约66%，未婚教师占比约29%，离异教师占比约5%。不同婚姻状态的教师的组织承诺差异不显著。已婚教师的组织承诺得分总体上高于未婚教师。已婚教师和离异教师的生活阅历更加丰富，经济负担较重，重视生活与职业的稳定，对就职的高校有着更高的依赖性和组织承诺水平。未婚教师整体上更年轻，多数教师在职业初期尚未形成成熟的自身定位和职业规划，他们对于自我价值的追求更盛，辞职的后顾之忧相对较小，因而与高校的情感联结较弱，更容易选择跳槽（见表4）。

表4 不同婚姻状态教师的组织承诺比较

婚姻	感情承诺		持续承诺		规范承诺		总体组织承诺	
	M	SD	M	SD	M	SD	M	SD
未婚	2.636	0.779	2.414	0.576	3.066	1.003	2.690	0.683
已婚	2.874	0.894	2.557	0.730	3.281	1.054	2.898	0.790
其他	2.606	0.692	2.611	0.735	3.278	0.524	2.783	0.433
F值	1.038		0.581		0.530		0.915	
p值	0.357		0.561		0.590		0.403	

4. 聘期

已获得长聘和编制的教师组织承诺各维度得分显著高于仍处在预聘期内的教师得分。预聘期教师在待遇上和长聘期、编制内教师存在差距，此外职业发展前景不明朗，个人职业定位尚且模糊，导致他们对职业产生一定的失落感和不安全感，与学校的情感联结较弱，因而组织承诺水平较低（见表5）。

表5 不同聘期教师的组织承诺比较

聘期	感情承诺		持续承诺		规范承诺		总体组织承诺	
	M	SD	M	SD	M	SD	M	SD
预聘期	2.684	0.749	2.533	0.703	3.132	0.964	2.761	0.690
长聘期	3.927	1.149	2.367	0.477	4.133	1.162	3.574	0.955
t值	−4.803		0.507		−3.139		−3.523	
p值	0.000***		0.613		0.002***		0.001***	

5. 学科

不同学科教师的总体组织承诺得分和各维度得分的差异不显著。在数值上，艺术体育类教师的总体组织承诺得分最高，其次是理工科类的教师，文科类教师的总体组织承诺得分最低。艺术体育类教师的工作强度和科研压力相对低于理工科教师和文科教师，使得他们能够更好协调工作与生活，工作满意度较高，对学校的亲切感、认同感更强，组织承诺水平在三者中最高（见表6）。

相比文科类专业，理工科类专业更容易产出科研成果，因此理工科教师相对文科教师更容易晋升长聘。每一期预聘期教师考核后，理工科教师获得长聘名额的比例更大。在学科与职称的交叉分析中可以看出，理工科教师评选上副教授和教授的数量明显多于文科类教师。故理工科教师，尤其是长聘期的理工科教师对学校的认同感、归属感更强，组织承诺水平高于文科教师。

由于学科特性，文科教师在“预聘—长聘”制度下处于相对弱势。他们在论文发表难度、科研经费、政策支持、待遇奖励等方面的不利直接影响工作前景，造成其工作满意度降低，产生失落感、不公平感，因而对学校的情感联结较弱。

表 6　不同学科教师的组织承诺比较

学科类别	感情承诺		持续承诺		规范承诺		总体组织承诺	
	M	SD	M	SD	M	SD	M	SD
文科类	2. 585	0. 675	2. 378	0. 611	3. 234	0. 798	2. 700	0. 592
理工科类	2. 884	0. 934	2. 581	0. 723	3. 215	1. 125	2. 891	0. 817
艺术体育类	3. 136	0. 193	2. 750	0. 118	3. 083	0. 118	3. 022	0. 092
F 值	1. 698		1. 248		0. 022		0. 892	
p 值	0. 188		0. 291		0. 979		0. 413	

6. 职称

职称高低和组织承诺水平高低大致呈正相关。教授组织承诺得分最高，其次是副教授，助理教授的组织承诺水平相对最低。职称较低的教师对职业前景信心不足，一般校龄较短，对学校的情感联结较弱（见表 7）。

表 7　不同职称教师的组织承诺比较

职称	感情承诺		持续承诺		规范承诺		总体组织承诺	
	M	SD	M	SD	M	SD	M	SD
助理教授	2. 684	0. 773	2. 502	0. 659	3. 150	0. 938	2. 758	0. 700
副教授	3. 477	1. 130	2. 694	0. 997	3. 611	1. 498	3. 308	0. 949
教授	4. 182	0. 129	2. 583	0. 118	4. 417	0. 354	3. 826	0. 123
F 值	5. 307		4. 011		5. 689		3. 783	
p 值	0. 006***		0. 021**		0. 004***		0. 026**	

7. 校龄

校龄 7~10 年的教师的组织承诺水平显著高于校龄 3~6 年的教师，这与既往研究结论一致。教师校龄越长，组织承诺水平越高。其一，教师在与学校的长期相处中情感逐渐深厚，对学校的认同感、归属感更强，愿与学校荣辱与共。其二，校龄 7 年以上的“预聘—长聘”制教师一般已进入长聘期，事业道路基本定型，教职稳定，一般情况下不愿也没有必要跳槽。其三，校龄 7 年以上的“预聘—长聘”制教师在学术成长空间、身体素质和精力、科研竞争力等方面与年轻的教师存在差距，科研成果产出的竞争力相对下降。

校龄 3 年以下的教师正处于预聘期初期，对于新的工作和职业环境怀有欣喜和感恩之情，对于职业发展有着较大的热情和信心，校龄 3~6 年的教师面临着晋升留校的考核压力以及较大的科研压力，因而组织承诺水平相对低于校龄 3 年以下的教师（见表 8）。

表 8　不同校龄教师的组织承诺比较

校龄	感情承诺		持续承诺		规范承诺		总体组织承诺	
	M	SD	M	SD	M	SD	M	SD
3 年以下	2.985	0.507	2.713	0.751	3.056	0.775	2.932	0.413
3~6 年	2.713	0.865	2.470	0.675	3.218	1.042	2.781	0.769
7~10 年	4.864	0.064	3.333	0.571	4.833	0.236	4.457	0.031
F 值	7.389		2.372		2.838		5.461	
p 值	0.001***		0.098*		0.063*		0.005*	

四、讨论和总结

本研究虽然不是一个实证范式的研究，调查对象也局限于深圳大学，样本量偏小，未能进行一些复杂的统计分析和假设检验，但能在一定程度上证明“预聘—长聘”制的确降低了编外教师对就职高校的组织承诺水平。在各人口统计学影响因素中，女性教师组织承诺水平高于男性教师，30~40 岁教师高于 40~50 岁教师，已婚和离异教师高于未婚教师，长聘期和编制内教师显著高于预聘期教师，理工科和艺术体育类教师高于文科类教师，教授、副教授高于助理教授，校龄 7~10 年的教师高于校龄 3 年以下、3~6 年的教师。

“预聘—长聘”制教师整体上组织承诺水平低的主要原因在于预聘制教师缺乏职业安全感，其次还有身份差异导致的不公平感[1-2]。教育部门应当逐步推动“预聘—长聘”制的完善和变革。高校应当改善其人事管理制度，创造公平公正、积极向上、良性竞争的政策制度和组织环境。通过各种方式弱化编制内外差别，让“预聘—长聘”制教师切身感受到被重视。通过身份认同和价值观引导，增强“预聘—长聘”制教师的主人翁意识。

推进“破五唯”改革、人才体制机制改革。从根本上化解“预聘—长聘”制中存在的主要矛盾，推进制度改革。打破“唯论文”的考核形式[9]，创新岗位类型并分类评价，设置“教学专长型教授”，对教学研究型岗位取消或减少科研成果数量指标，为教师留校创设更多可能。发展代表性成果评价，为成就突出的教师提供“绿色通道”，减少科研成果等量化指标的限制，跨级提至高级职称评审员评审，促进科研顺应国家战略发展。

创新评价方式，重视“同行评议”。在调查过程中，有些高校教师反映考核中存在不公平竞争的现象，例如考核标准模糊，领导层各有盘算，造成权力依附、行政主导化等现象，削弱了晋升考核的客观性。为建立更加客观公正的考核制度，应当坚持以

“同行评议”为基础的考核制度，强化校外评审、专家评审，同时落实自主评审，将评审权适度下放给高校并加强对高校评审权的监督。评审还应包括个人述职、实践操作、成果展示等多层次的评价形式。调整考核指标，针对不同学科特点，制定不同的考核标准，建立人才分类分层评价体系，减小预聘制教师群体内部的结构化差异[9]。

高校建设坚持科学发展理念，放宽过于严苛的考核标准。一些 985 高校的考核指标，几乎是变相要求入围教师在 30 岁左右的年纪拥有准院士般的学术影响力，不符合教师学术道路发展的科学规律，不利于教师科研事业的健康发展，给教师心理健康造成负面影响。而高校内正式编制的资深教师，享受着更好的待遇，目前的科研能力逐渐被青年教师拉开差距。高校应当弱化编制内外差别，适当减轻预聘制教师的考核压力，适当放宽硬性考核指标，弱化数量评价指标，强化质量评价指标，重视科研成果、教学任务的质量。建立全面科学的评价体系，为高校发展秉持更加长远的科学的眼光[9]。

落实标准化与人性化相结合的福利分配制度，为预聘制教师提供多样化福利待遇。将福利分配制度化，指标标准化，使之有据可循，同时充分考虑教师个性化的福利需求，例如住房补贴、住房分配、子女教育等方面。提供更好的生活保障、更多样化的福利缩小“预聘—长聘”制教师与正式编制教师之间的待遇差距[1-2]。

完善流出机制，探索教职转岗方案。从根本上减轻预聘制教师的职业不安全感，高校应当增加长聘名额，在无法放宽名额情况下，应当为教师考虑其他岗位，增加其他岗位的编制，例如行政岗位，探索“非升即转”方案，并将其制度化，为预聘制教师提供工作选择和职业保障，同时可以提高学校行政管理人员素质、提升管理水平。加强高校与独立学院的合作，尝试安排未通过考核的教师分流到其他学校[1-2]。

此外，从组织承诺各维度来讲，为了提高“预聘—长聘”制教师的感情承诺，学校应当加强情感投资和人性化管理。积极组织创办各种文娱活动来加强教师团队建设，增强教师团队凝聚力，活跃教师之间、师生之间的关系；营造更加浓厚的文化氛围，使师生切实感受到积极向上的校园氛围、厚德尚能的学术氛围；对教师采用更加人性化的管理方式，为教师创造更加舒适、先进的工作环境，关怀教师的工作生活及职业成长，体谅教师工作压力和困境，积极为教师解决工作上的问题。

提高“预聘—长聘”制教师的持续承诺，应当在薪酬、激励等方面下功夫。更加重视薪酬制度的公平性，弱化编制内外教师在福利待遇方面的差异，优化绩效评价激励机制；加大资金投入，加强校企合作，为教师科研项目提供资金支持，满足教师的工作生活需求。

提高“预聘—长聘”制教师的规范承诺，应当加强对教师的价值观引导。重视职前培训，例如以老教师“带教”的方式塑造新教师的职业价值观；开展讲座、论坛等文化活动，潜移默化培养教师对学校的认同感、归属感。加强教师道德规范建设和约束机制[5]。

本研究从组织承诺角度调查分析“预聘—长聘”制对教师的影响，并提出了一些提高教师组织承诺水平的管理思路，有助于帮助“预聘—长聘”制教师摆脱困境，促进高校人事体制优化。

参考文献

[1] 朱玉成．高校“预聘—长聘制”改革的风险研判及破解路径［J］．教师教育研究，2021，33（1）：6.

[2] 黄文武．大学教师“非升即走”制度安排的利弊分析［J］．江苏高教，2020（6）：89-96.

[3] 吕智宇，LV，Zhi-yu，等．组织承诺理论研究——定义、测量与影响因素［J］．价值工程，2017，36（11）：4.

[4] 孙建，孙宏伟，胡青．高校教师组织承诺探析［J］．人力资源管理（学术版），2009（8）：3.

[5] 谢心怡，郭二榕，张辉．预聘期青年教师的组织认同与组织承诺研究——基于某高水平研究型大学的分析［J］．中国高教研究，2021（12）：7.

[6] 辛妙菲．高校教师组织承诺问卷的编制及信效度检验［J］．心理技术与应用，2019，7（6）：14.

[7] 杨辉．重庆市高校体育教师组织承诺现状调查分析［J］．重庆工商大学学报（自然科学版），2018，35（4）：6.

[8] 秦卫斌．安徽省高校教师组织承诺研究［J］．铜陵学院学报，2019，18（5）：5.

[9] 人力资源和社会保障部，教育部．关于深化高等学校教师职称制度改革的指导意见［Z］．2020.

第二篇

思政融合路径

从经济逻辑到社会逻辑：思政赋能经济管理课程的探索*

韦 夏[1] 杨 诚[2]

（1. 深圳大学管理学院市场营销系； 2. 清华大学深圳国际研究生院 ）

【摘要】本文提出了“思政赋能，从经济逻辑拓展到社会逻辑”的教学模式。初步阐释了该教学模式的内涵、逻辑和方法，并以价格管理的课程为例，总结和介绍实践经验，以期为经济管理类课程的思政建设提供有益借鉴。

【关键词】课程思政；经济管理；经济价值；社会价值

一、引言

在全球进入第四次工业革命的当下，人们日益体会到了信息技术、新能源、人工智能、5G 等一系列颠覆性技术对社会形态和生活方式的影响。教育系统教什么、培养什么样的人、如何培养人等问题，同样处在社会变革的风口浪尖上。教育的目的是传授知识、激发灵感、提升人格。而学生求学的目的不只是掌握谋生工具、学会参与社会竞争的技能，更是要发展成为思想健全、人格稳定、对祖国社会主义建设有价值的人。教育若要真正回归人本，老师也应当不断提升自己，从教书匠转型为教育者，重在帮助学生认清自我、健康成长。

对于经济管理类的课程来说，由于逐利是核心的商业目标，就导致了大多数课程的底层逻辑主要是经济逻辑，即关于如何达成“经济人”（主体可以是自然人或企业）的“利益/效用最大化”的学问。通常地，经济学分析不考虑社会因素，很多社会和文化的假定隐含在偏好和约束之中[1]。但是，人不仅是“经济人”，还是“社会人”，有追求公平正义、实现社会价值的“道德面向”。在企业运行逻辑中，社会逻辑往往是现实中强有力的推手，例如，企业对外如何平衡与各个社会群体的关系、实现企业社会责任、符合商业伦理，对内如何激励员工、形成健康的企业文化，运营过程中如何遵循社会规范、创造社会价值，等等。事实上，市场无法逃避地、持续不断地、多方面地受到人类意识系统和可变的社会关系的塑造。所有的经济学推论说到底也都是社会性的；市场和超经济的社会文化因素之间不但不是对立的，而且是彼此共生、相互依存、演进发展的。

---

* 本研究得到深圳大学教学改革研究项目（项目编号：JG2022130）的支持。

因此，将社会价值作为核心目标和约束变量引入商学院课堂之中，是一个自然而然的、不为思政教育而实为思政教育的课程发展的应有之义。本文提出，经济管理的课程需要丰富其教学逻辑，调整其教学内容体系以及方法体系，帮助学生改变思维方式、开阔视野和多角度看问题。这也呼应了孙其昂的观点："思政课的社会逻辑除了顶层意义的意识形态性质，还将思政课与社会文化连接起来，思政课建设及教学实践受到现实社会文化的影响。"[2]

本文以价格机制的教学为例，探索高校教师如何通过在经济管理课程里引入社会逻辑的讨论来达到思政教育的效果。"价格"作为"看不见的手"，价格机制是微观经济学、定价管理等经济管理课程的核心理论体系之一。市面上常见的价格相关教材通常围绕经济逻辑展开、追求盈利目标，而且大多是西方学者的专著，以西方主流的工商业价值观为主导。如何将我国的核心价值观融入课堂设计，结合我国国情特色的道德观念和思想意识观念，去思考企业定价背后的社会学逻辑，是很大的挑战。

二、将社会逻辑引入经济管理课程的总体思路

"思政赋能，从经济逻辑拓展到社会逻辑"的教学模式，以启发学生对商业活动背后的社会价值的重新审视和思考为目标，以提高学生的逻辑思辨能力为路径——不仅培养学生掌握企业定价背后的经济逻辑，更要掌握其社会逻辑和人本主义的管理逻辑。具体来说主要包括两个方面：

第一，在教学内容上，将社会文化规范、道德规范和企业的非营利性目标等社会逻辑引入课堂，在课堂内容上补充课本以外的、基于人文价值的、有中国市场特色的案例材料和理论知识。由于价值判断是企业定价决策的基本起点，可以把公正、法治、爱国、诚信、友善的社会主义核心价值观融入价值判断中，通过和学生一起分析讨论定价过程判断商品的价和值的构成和来源，引导学生从更高阔的家国格局和更长远的历史维度去思考企业在定价过程中如何在经济效益和社会效益中做取舍、如何处理内外矛盾的一系列准则和方法。通过考察经济和非经济因素之间的互动，特别是市场（或价格）与人的价值（或社会价值）之间的互动，例如讨论和思考在经济学角度"无用"，但在情感上、社会意义上"无价"的物品和观念，来阐明社会价值是如何影响商业运营的，以此将社会目标体现在价格管理的分析框架之中。

第二，在教学方法上，注重培养学生的逻辑思辨能力、探析企业定价的底层逻辑，包括经济逻辑、社会逻辑和管理逻辑。把道德观念和思想观念融入课堂教学中，要基于对学生的理解和尊重，对授课内容和形式加以创新，充分发挥课堂教学的现场化、社交性、实时性的特点，带着学生一起去思考和探究社会文化因素对价值重新定义所起的作用。在课程形式上加入学生报告和讨论的环节。把定价从商业利益层面扩展到定价的情、理、法的层面，把企业目标从经济效益扩展到和社会效益相结合，并启发学生思考企业家的社会使命和个人的价值观定位。

总之，在经济管理课程的讨论中不仅应当关注经济效益，还要进一步讨论社会效益，包括个人价值和企业价值如何在社会、国家乃至文化、世界范围层面得到彰显和实现。教师可通过在经济管理课程里引入社会逻辑的讨论来达到思政教育的效果。

三、将社会逻辑引入经济管理课程的实施方法

接下来，以笔者在深圳大学管理学院的本科课程“定价管理”、清华大学深圳国际研究生院的研究生课程“能源经济学”为例，阐述“思政赋能，从经济逻辑拓展到社会逻辑”的教学模式是如何实施的。

首先，在课程的总体设计上，将思政元素有机融入课前、课中、课后的课程教学全过程，设置专业知识传授和思想品德培养的双重教学目标，深挖“价格机制”各章节内容的思政要素，制定带有思政内容的课程标准、课程计划，并增添和充实含有德育的实践案例，将思政教育融入课堂教学，形成每章都有德育内容，兼有具体的德育实例。课题组设计了在教学中课程思政点的融入方式和教学方法，以及预期达到的效果，举例如表 1 所示。

表 1　价格管理课程思政点的融入设计

授课内容	课程思政融入点	融入方式与教学方法	预期成效
价格和价值	讨论价值的多元化，特别是社会价值和无形的精神价值，建立社会价值观导向的商业观。 教学目标：认识到定价作为一个价值实现机制，既包括经济价值，也体现了社会价值	讨论给某一个具体商品定价溢价有哪些方式。学生参与讨论，教师进行产品的多层次价值理论、马斯洛需求层次理论的讲解	旨在让学生认识到商品价值构成的多元性和丰富性，关注商品负载的除了经济价值之外还有社会价值，特别是体现公正、法治、爱国、诚信、友善等社会主义核心价值观的企业产品和服务，可以提升消费者体验，为产品提升溢价
消费者的价格心理	发起关于真善美的讨论。企业行为包括商业化、定价、用金钱衡量某些事物的价值的方式，会如何影响该事物的价值。 教学目标：掌握定价不但是一个价值传递机制，其本身还是一个社会价值创造机制	以亚马逊按客户数据进行差异化定价、海底捞宣布因疫情压力涨价、王菲演唱会“黄牛票”等案例引发学生参与讨论，教师将定价作为一个价值创造机制进行分析，包括定价方式可能从哪些方面创造价值、可能从哪些方面贬损价值	旨在让学生了解企业商业化行为底层的道德逻辑。让学生意识到并想明白商业运营的做法本身就传递了社会价值观，企业在价值观的引领下是可以有所作为的。培养学生的人文情怀。启发学生认识到企业的社会使命是根植于基本的价值之上，而基本的价值则离不开真善美的底层需求
价格和企业战略	讨论企业社会责任的必要性和重要性。企业的市场地位越高，责任越大，不但要考虑商业目标，也要兼顾社会目标。定价方案作为企业和消费者沟通的关键环节，如何彰显企业的价值观导向。 教学目标：认识到企业作为价值创造主体，可通过定价机制去创造和实现经济价值与社会价值	从 The Bodyshop 公司、维多利亚的秘密等伦理价值观的品牌，以及李宁等“国潮”品牌崛起的定价战略开始，引发学生参与讨论，教师通过讲解人类的价值观罗盘理论、文化层次理论，分析文化观和社会规范对企业制定价格战略带来的影响	旨在启发学生思考企业担当社会责任可以从哪些方面产生竞争优势，包括对外的消费者对企业差异化印象的产生，以及对内的企业内部员工对企业的认同等。引导学生从更高阔的家国格局和更长远的时间维度去思考企业如何通过承担社会责任建立企业护城河

续表

授课内容	课程思政融入点	融入方式与教学方法	预期成效
企业定价的财务分析	分析企业如何把社会责任放到战略性高度，把相关投入作为一种长期性投资，及效果如何体现在企业财务报表中。 教学目标：了解企业如何通过价格机制去创造社会价值并获得财务回报	以滴滴打车的平台定价系统、特斯拉的财务表现等案例引发学生参与讨论，教师从企业财务决策的角度分析定价策略，分析企业的社会价值如何体现在财务成长指标上	旨在让学生了解企业如何通过承担社会责任、实现社会价值而“获益”，以实现品牌资本和文化资本的提升。启发学生思考企业的本质是通过利他来实现基业长青的观念

接下来，以一次典型的课堂设计为例，展示具体的实施过程。教学步骤包括：

第一步，在课前，如上一节课的课程结束时，向学生提出要思考的现象案例和问题，案例包括经典的或当下热点的价格价值观冲突事件，例如腾讯视频在 VIP 会员的基础上增加 VVIP 可以吗？深圳市儿童乐园能否设置付费免排队游玩通道？并提示学生通过阅读哪些课外材料进行提前思考。

第二步，要求学生在课前阅读课本对应的相关章节和阅读材料——《哈佛商业评论》发表的论文《定价掘金术》（*Pricing to Create Share Value*）（关于企业定价的社会价值），自主学习，撰写读书报告。读书报告包括阅读报告内容，包含两个部分：①理解内容。对文章的内容进行总结和提炼。②批判性思考。可以是对相关理论的应用、质疑、批判和扩展等。包括这个理论还可以解释其他什么现象，即生活中的定价故事（How），为什么这样做会有用或没用（Why），什么情况下有用/没用（When），企业/我自己的哪些行为可以用这个理论改进（For myself）等。

第三步，课堂上老师对现象背后隐藏的理论的讲解——例如人类的价值观罗盘理论、中国的家国文化观、公平正义理论。包括四个步骤：①提问题，结合论文中的“研究背景和研究问题”，就管理现象提出问题，让同学们思考和讨论得失优劣及理由；②谈原因，用论文提出的理论框架、作用机制分析“为什么”，着重在“反直觉”的部分；③讲条件，进一步让同学们思考同样的做法往不同方向发展的条件是什么；④做引申，对理论进行延伸和扩展应用。通过这样“理论导向加刻意练习”的训练，学生的逻辑思维能力会得到很好的训练，不但学会了知识，还逐步掌握了严谨思考问题的方法和途径，而且可以很好地激发他们的学习兴趣[3]。有助于学生自然而然地理解和内化价值观。

第四步，学生在课堂参与讨论和分享。学生分组轮流负责当周的主题汇报，结合当周的阅读文献和章节主题，选定某家公司（或两家公司作对比）的定价问题或策略进行分析。学生无论是否负责当周汇报，都被鼓励分享自己的新知心得。课前写的阅读报告也是课堂分享的重要素材。通过教师讲授、小组报告、个人分享、阅读报告分享、教师反馈，学生得以对关键理论进行反复、刻意、有深度的练习，获得很好的思维训练和学习效果。

第五步，学生在课后撰写当周的课程心得，“本堂课哪一点触动了你”，并在微信群中进行分享，教师在微信群中进行点评。教师的点评多以赞许和鼓励为主，以启发学生扩大学习的深度和广度。这样也可以有效补充课堂时间有限、课堂交流可能不够充分的问题。课后的异步交流，既促进了思考，又鼓励了分享交流，还获得了及时的反馈，一举多得。

第六步，期末小组课堂汇报和撰写定价报告书。报告书要求理论联系实践，言之有据，并特别鼓励企业价格管理模式创新。期末报告是对学生课程学习的综合训练，对理论学习的进一步深化。

四、总结和未来研究方向

总体而言，“思政赋能，从经济逻辑拓展到社会逻辑”的教学模式有以下几个特点：

（1）思政赋能。通过讲述价格机制的基础理论和底层逻辑——着力引入丰富的社会逻辑，包括道德规范、企业社会责任、社会人偏好、文化观和历史观等，结合典型案例分析，引导学生认识商业伦理和道德，意识到企业家的社会使命。

（2）在教学方法上，以逻辑分析为路径的教学模式让教师的角色发生了重要的转变，从知识权威的拥有者、讲授者，变成了学生自主学习的引领者。

（3）在教学内容上，不再以课本为主，而是以核心理论体系为主线，以课本、参考书和阅读材料为辅，对课程体系进行分阶段、模块化、系统性的逐步深入学习。过程中重在引领和鼓励学生自主学习、参与内容共建。

（4）在教学形式上，从由教师讲，转变为教师与学生一起讲。每个教学阶段都有明确的主题和教学目标，要求学生进行课前广泛搜寻和阅读资料，撰写读书报告，然后在课堂上演讲、讨论，形成较好的自主学习习惯，提升思辨能力。

笔者通过前期的教学实践发现，由于商业利益和社会利益容易产生冲突，因此企业注重经济效益的同时如何兼顾社会效益，是特别有挑战的现实问题。将此类问题引入课堂，本身也可以提升教学的深度、温度和启发性，获得良好的教学效果，形成活泼、积极、认真、有温度且深刻的课堂氛围。

最后，我们在实践中总结出几个实施难点，需要在未来的教学实践和研究中得到进一步探讨。例如：

第一，如何根据课程体系选取思政融入点，特别是引入相关理论。这要求授课教师对该课程有深入的研究，有较为深厚的理论基础，且对企业社会责任、中国文化都有一定的积累，能从中选取和搭建理论体系，并提供足够的学习资料和典型案例给学生参考研读。

第二，如何用逻辑推理的方式，把理念以目标、路径、边界、结果等环环相扣的步骤自然地清晰浮现，让学生能接受和内化思政内容。这要求教师深入理解理论，有较强的沟通表达能力，能够深入浅出、生动活泼地把理论的逻辑、应用及应用范围讲清楚。并且通过授课机制设计，帮学生明确课前预习的内容和方法，以及在课堂上如何参与和互动。除了教师讲解，更注重要求学生能够反复运用和内化理论，参与到课程共建中。

第三，如何有效管理思政融入课程学习的进程，提高课堂讨论的质量。通过组织学生围绕理论展开讨论和练习，使学生得以主动参与、共创课程内容。这要求教师精心设计内容，适时抛出问题，有很好的现场把控能力和分析总结能力，能够对学生们的观点给予有深度的点评。

第四，如何激励学生参与思政内容的学习，硬机制和软文化两手都要抓。激励机制包括课堂参与可奖励积分，课前准备写研究报告可奖励积分等。软文化则更加关键，包括教师鼓励学生去赢得同学赞赏，对学生发言给予及时、足够的鼓励，对学生未来职业发展和工作场景的代入性描述，对创新精神的大加赞赏等。这要求教师对机制设计有深入研究、细致把握，对教学充满热情，对学生富有高度责任心和爱心。

参考文献

[1] 刘育新．市场的社会逻辑 [J]．中国软科学，2004 (9)：150-155.

[2] 孙其昂．论大中小学思政课的三重逻辑 [J]．学校党建与思想教育，2023 (7)：40-43.

[3] 韦夏，涂荣庭，周影辉．理论导向加刻意练习的教学模式在定价管理课程中的应用研究 [A] //深圳大学管理学院教学研究论文集．广州：暨南大学出版社，2021：285-291.

高校数据科学类课程思政教育改革探索*

赖晓凡　谢嘉茜　余明珠

（深圳大学管理学院管理科学系）

【摘要】随着新时代高校教育的不断发展，思政教育与高校课程的结合作为一种新的教育理念，越来越受到我国高校重视。课程思政教育充分体现了新时代对高校青年的新要求和新期望，并且凸显了高校所面临的如何将思政教育与专业课程进行有效结合的重要问题。信息时代快速发展下，对爆发的数据资源的合理利用成为热点问题，数据科学在各个领域发挥着重要的作用，社会对于数据科学的人才需求有所提高，此类课程也吸引了大量学生修读。将思政教育融入数据科学类课程当中，可以帮助学生更好地理解其现实应用场景，对数据科学的作用与影响产生更加深入、正确的认识。对于目前数据科学类课程较为重视专业知识教学，而未能充分发挥培养学生思政素养的作用的问题，我们以数据科学类经典课程为例，对其“课程思政”进行了改革的探索，提出了高校数据科学类课程思政教育改革的具体内容与方法，并可以进一步推广至其他具有专业性、跨学科特性的专业课程当中。

【关键词】思政教育；课程思政；数据科学；教学改革

一、引言

习近平总书记在全国高校思想政治工作会议上提出高校思想政治工作需要深思“培养什么人、怎样培养人、为谁培养人”这个根本问题，强调要利用好课堂教学这一主渠道，各类课程都要与思想政治理论课同向同行，形成协同效应。近年来，思政教育工作得到党和国家的高度重视。2019 年 3 月，习近平总书记主持召开学校思想政治理论课教师座谈会并发表重要讲话，再次强调“要坚持显性教育和隐性教育相统一，挖掘其他课程和教学方式中蕴含的思想政治教育资源，实现全员全程全方位育人”，“要完善课程体系，解决好各类课程和思政课相互配合的问题”。2020 年 5 月，教育部发布的《高等学校课程思政建设指导纲要》指出，全面推进课程思政建设，就是要寓

---

* 本研究得到了广东省高等教育学会“十四五”规划 2022 年度高等教育研究一般课题（项目编号：22GYB01）、广东省本科高校在线开放课程指导委员会研究课题一般项目（项目编号：2022ZXKC399）、深圳市教育科学“十四五”规划 2022 年度课题（项目编号：jypj22002）、深圳大学 2023 年研究生课程思政示范课程建设项目以及深圳大学研究生教育改革研究项目的支持。

价值观引导于知识传授和能力培养之中，帮助学生塑造正确的世界观、人生观、价值观。

作为人才培养的主阵地，高校人才培养是育人和育才相统一的过程，立德树人的成效是检验高校一切工作的根本标准。落实立德树人这一根本任务，必须将价值塑造、知识传授和能力培养三者融为一体。在过去，高校的思政教育工作主要依赖于思想政治类课程。而近年来，随着新时代高校教育的不断发展，过去的单一思政教育模式已然难以满足新时代人才培养的要求。思政教育与高校课程的结合作为一种新的教育理念，越来越受到我国高校重视。做好"课程思政"，帮助学生树立正确的观念，是培养人才的应有之义，甚至影响着国家的稳定与复兴。课程思政教育充分体现了新时代对高校青年的新要求和新期望，并且凸显了高校所面临的如何将思政教育与专业课程进行有效结合的重要问题。

在信息化快速发展的时代，对爆发增长的数据资源的合理利用成为热点问题，社会对于数据科学人才需求大幅增加。数据科学类课程是当前新时代背景下一门具有时代特色的专业基础课，与新兴产业紧密结合，在当今企业、政府、经济、管理等不同领域的应用十分广泛，人才需求逐渐增大，因此也吸引了大量高校学生的修读。然而，现阶段针对该类课程的教学实践往往侧重于课程本身的专业知识和方法的传授，对于思政教育的融合较为缺失，未能充分发挥专业课程育人的重要作用。鉴于此，本文以深圳大学管理学院的数据科学类经典课程为例，针对目前高校在此类课程中的教学问题与不足之处，提出了高校数据科学类课程思政教育改革的具体内容与方法，并可以进一步推广至其他具有专业性、跨学科特性的专业课程当中。

二、"课程思政"理论基础

（一）"课程思政"教育内涵

在新时代下社会多元价值交织、复杂背景渗透之时，为培养全面发展的社会主义建设者和接班人，单单依赖思政课程对大学生进行价值引领的局限性逐渐显现，亟待结合多学科优势，"课程思政"这一教育改革理念应运而生。"课程思政"以立德树人为目标，显隐结合将思想政治教育融入课程教学和改革的各个方面与环节当中，而非靠增设一门课程或活动[1]。相关教育者认为，"课程思政"建设的基础在于课程本身的建设，要从课程教学过程管理、质量评价体系等当中体现思政教育理念；"课程思政"改革的重点在于加强价值引领作用，要避免专业课程与思政教育的割裂与冲突，结合不同专业、课程自身规律，挖掘其价值引领功能[2]，其主要内容不是向学生灌输思想政治教育知识，而是将社会主义核心价值观等价值理念和精神追求融入课程教学过程，在教学环节中培养学生树立正确的世界观、人生观和价值观，为社会发展培养更多德才兼备的人才[3]。在党和国家的高度重视之下，经过高校与教师的大量教学改革尝试，高校课程思政教育取得了一定的成效，但目前课程思政仍存在难点，关乎其建设效果：

（1）专业知识与思政教育的融合存在难度，一方面，“课程思政”所具有的隐蔽性导致思政教育资源相对缺乏，教材中并没有可参考的思政教育内容[4]；另一方面，传统教学过程中多以“求真”的专业知识为主，逐渐掩盖了公理定理背后的价值追求，如何融合“善与美”的价值引领成为难点[3]。

（2）“课程思政”对教师的个人能力要求较高，需要教师“愿教”且“会教”[5]，一方面，目前部分教师缺乏思政教育的教学理念，存在重智育轻德育的现象，不愿意投入时间和精力开展育人工作，不利于真正实施“课程思政”；另一方面，部分教师具有专业的知识传授能力，但缺乏相关思想政治教育素养，难以潜移默化地将价值观融入知识传授当中。

（3）“课程思政”缺乏科学合理的评价体系，影响教学的发展方向，一方面，对于教学成效的评价和思政教育的反馈是教学运行的重要环节，亦是薄弱环节[5]，课程思政的计划难以得到有效落实；另一方面，学生所面临的课程考核亦缺少对思政教育知识的考核，易导致学生对思政知识的忽视，影响思政教育的效果，难以真正体现在对人才的培养当中。

（二）数据科学类课程实施“课程思政”的必要性

在数字经济时代下，数据资源爆发式增长，成为金融、商业等许多领域发展的重要基础。而如何有效管理、开发和利用数据成为关键问题，引发了人们在数据科学领域的深入学习。数字经济时代下，市场对数据科学类相关人才的需求量大幅增加，数据科学人才培养成为高校和社会关注的重点[6]。数据科学类的课程具有较强的跨学科特性和专业性，交叉了统计学、计算机科学、专业领域知识等诸多学科[7]，此类课程容易产生重智育、轻德育的教学倾向。然而，数据科学与许多新兴产业息息相关，在政府、经济、管理多个领域担任重要角色，在数据科学课程中融入思政元素，其意义深远且作用巨大：一是可以帮助学生更好地理解数据科学的现实应用场景，对数据科学的作用与影响有更深入、正确的认识；二是可以帮助学生在大数据中挖掘规律和价值，避免不正确的主观偏见；三是有利于学生结合社会、环境和行为的复杂性等，捕捉到数据背后的根本机制、驱动因素等，以形成其观点与洞见，进而应用到业务问题当中[8]。因此，将思政教育融入数据科学类课程当中乃应有之义。

不同领域、学科的数据科学具有其特点[9]，如何针对数据科学类课程进行有效的思政改革存在难度。就目前来看，现阶段高校对于数据科学类课程较为重视专业性的教学，而较少与思想政治教育相结合，未能充分发挥课程育人的重要作用，此类课程思政亟待新的改革探索与实践。

三、数据科学类课程思政实践路径

（一）教学改革目标

基于以上问题，本研究将围绕高校思政课程建设的要求，结合课程特点和修读学生主要特点，充分发挥教师队伍“主力军”、课程建设“主阵地”和课堂教学“主渠道”作用，构建将思政工作贯通的人才培养体系，提升立德树人的成效并最终实现培养全面发展人才的目标。基于此，我们提出了“扎根经典理论和知识，结合实际应用，渗透课程思政”的教学理念，结合课程的相关理论和实际应用的发展历史，融入思政历史小故事，在传授专业知识的同时，根据专业知识和实践案例自然融入思政知识点。

本研究将以“数据科学与商务智能”课程为例——一门面向深圳大学管理学院管理科学与工程专业学术硕士研究生开设的重要专业选修课程，对目前的教学进行改革探索。本研究完成了结合课程思政的教学大纲设计、课程知识点以及相关课程思政教学案例体系，科学设计课程思政教学体系，通过建立课程标准、完善课程教学大纲、优化课程教学设计，改进课堂教学模式，开展研究性学习、互动课堂和混合式教学，提升课堂教学实效，推动此类课程教育的改革创新。对于此类课程的教学改革，我们将教学目标设立为课程专业目标和思政育人目标，如表 1 所示。

表 1　课程教学目标

课程专业目标	思政育人目标
1. 知识目标：让学生掌握课程基本的理论知识 2. 能力目标：通过实践教学，让学生能够基本使用数据科学相关的分析方法和工具	1. 创新精神：通过课程教学激发学生的学习兴趣和创新思维 2. 社会责任：通过课程教学培养学生的社会责任感和职业道德感 3. 增强自信：引入思政元素提升同学们的家国情怀，增强同学们的国家自信、民族自信、制度自信

（二）教学改革内容

对于该课程，我们按照教学环节、课程知识点、课程考核与评价组织教学改革探索，所提思政教学从“创新精神、创新是引领发展的第一动力”“践行社会主义核心价值观”“培育壮大人工智能、大数据、区块链、云计算、网络安全等新兴数字产业”“尊重自然、科学精神、求真务实以及诚信精神”等多个维度重新构建其课程思政教学大纲，并结合各章节的知识点和课程思政元素一一对应，从而对教学内容进一步改革。具体如下：

首先，针对教学的不同环节，我们新增了改革的要点。整体而言，将课程整体的性质、教学目标和任务原本偏向理论性的教学，调整为增加了实践操作、企业实践应用分享和课堂思政的教学，要求学生除了掌握方法和理论外，还能够基本运用相关的方法在实际中进行操作，并直观了解其在实践中所发挥的作用的影响。具体而言，对于实践教学的部分，以往教师多以学生能够复现课上实验操作步骤为教学目标，而缺乏对学生的创新性、实践性能力的挖掘。因此，在改革后除了要求学生掌握基本的方法外，我们还注重学生自主设计相关实验步骤，并进行实践得出结论，尤其是训练学生面对新的数据、现实中获取的数据时的自主实践能力。另外，对于教学时数和授课内容分配，我们将理论与实践部分的比例由 8∶2 调至 6∶4，浓缩理论课程内容，给予学生更多的时间和机会进行数据科学实践，以提高学生的动手能力和创新能力。

其次，针对课程的不同知识点，我们深入挖掘知识点内涵，融入了多个思政“触点”，以案例分析、现场演示、企业分享等多种形式将思政教育知识潜移默化地融入专业知识点当中，具体如表 2 所示。

表 2 知识点思政“触点”

知识点	思政“触点”	授课形式、教学方法	预期教学成效
讲解数据科学与商务智能产生的背景、应用现状和发展前景	拓宽课程视野，介绍我国在相关领域取得的成就	课堂讲授，案例分享	拓宽学生视野，激发学生创新精神，坚定学生理想信念
介绍数据收集的方式和工具以及如何面对数据安全问题	以数据泄露问题为案例，介绍数据安全带来的灾难	课堂教授，视频分享	培养学生的社会责任感、自我保护意识以及职业道德
让学生掌握分析环境下的数据管理策略，以及掌握数据保护的相关法律法规	介绍数据相关的法律法规和数据科学相关从业者的职业道德	课堂教授，课堂测试	在提升学生实践能力的同时增强学生法律意识和社会责任感
了解预测性数据分析基本流程，掌握常用的数据挖掘方法原理	现场演示相关数据挖掘、处理和分析的方法，以及介绍其他有待拓展的方向	实验演示，案例分析	激发学生创新精神和培养学生的实践能力
邀请企业商务智能相关的工作者进行分享	介绍在实际从业环境中应该注意的问题和课程知识在实践中的应用	讲座分享	培养学生的职业道德和自信
给定几组商务的数据，分组让学生使用相关分析方法进行分析并得出相关结论	通过实践培养学生“实践是检验真理的唯一标准”意识	课堂实验，讨论	培养学生创新精神、实践能力、团队合作以及沟通能力

最后，对于课程考核与评价方法，改革前该课程较为关注教学知识点的考核，为了引导学生更多地训练自己的创新实践能力与思政素养，我们新增了实验考核和课程思政考核的部分。课程的考核方式主要分为日常表现和期末考核两部分。其中，日常表现包括课堂参与、作业提交、实验报告和小组讨论等，占总成绩的 40%。期末考核包括课程论文和实验，占总成绩的 60%。在课程论文内容方面，主要涉及数据分析方法、商务智能技术和数据科学实践等方面的知识，要求学生掌握相关概念和方法，并能够应用到实际的数据分析问题中去。在实验方面，主要涉及使用数据科学的相关方法和工具对相关数据进行分析得到数据反映的社会经济现象。对于思政教育要素的考核，本课程采取多种评价方法。其一，通过实验报告和小组讨论等形式，鼓励学生分析和探讨数据分析对社会和经济发展的影响，引导学生思考数据分析对社会发展的意义和价值，培养学生的社会责任感和使命感。其二，通过课程论文的设计，注重考查

学生对数据安全和隐私保护等相关知识的掌握程度，以及对数据分析过程中可能出现的伦理和道德问题的认识和思考能力。其三，通过课堂讨论和案例分析等教学形式，引导学生分析和解决实际问题，培养学生的创新思维和实践能力，进一步增强学生的社会责任感。

四、结语

近年来，党和国家高度重视利用课堂教学这一主渠道，寓价值观引导于知识传授与能力培养之中，帮助高校学生塑造正确的三观，在这一背景下“课程思政”应运而生。在信息化时代，对于数据资源的合理利用成为热点问题，数据科学在各个领域发挥着重要的作用，社会对于数据科学的人才需求有所提高，此类课程也吸引了大量学生修读。将思政教育融入数据科学类课程当中，可以帮助学生更好地理解其现实应用场景，对数据科学的作用与影响产生更加深入、正确的认识。对于目前数据科学类课程较为重视专业知识教学，而未能充分发挥培养学生思政素养的作用的问题，我们以数据科学类经典课程为例，对其“课程思政”进行了改革探索。本研究从拟定的教学改革目标出发，基于多个思政教学维度，完成了结合课程思政的教学大纲设计，改革内容主要从教学环节突出思政要点、课程知识点的思政“触点”方面引入，以及对课堂考核要求进行了修改，能够有效推动此类课程的思政改革创新。

另外，我们对于数据科学类课程的改革方案可进一步推广至具有类似特点（新颖且与当今社会联系紧密，课程专业性、学科交叉性和吸引力均较强）的专业课程中去。而具有此类特点的专业课程在深圳大学和其他高校中数不胜数。因此，本研究预计可被较广泛地应用至高校中管理类本科生和研究生专业课程中，受益面较广并具有重要的理论和实际意义。

参考文献

[1] 高德毅，宗爱东．从思政课程到课程思政：从战略高度构建高校思想政治教育课程体系［J］．中国高等教育，2017（1）：43-46.

[2] 李国娟．课程思政建设必须牢牢把握五个关键环节［J］．中国高等教育，2017（Z3）：28-29.

[3] 王学俭，石岩．新时代课程思政的内涵、特点、难点及应对策略［J］．新疆师范大学学报（哲学社会科学版），2020，41（2）：50-58.

[4] 高珊，黄河，高国举，等．“大思政”格局下研究生“课程思政”的探索与实践［J］．研究生教育研究，2021（5）：70-75.

[5] 蒲清平，何丽玲．高校课程思政改革的趋势、堵点、痛点、难点与应对策略［J］．新疆师范大学学报（哲学社会科学版），2021，42（5）：105-114.

[6] 张宁，袁勤俭．面向数据科学的信息管理和信息系统专业课程建设与改革［J］．现代情

报，2017，37（8）：106-110+160.

［7］贺文武，刘国买．数据科学与大数据技术专业核心课程建设的探索与研究［J］．教育评论，2017（11）：31-35.

［8］于亚新，丁义浩．以课程思政重塑大数据与智能时代的数据科学思维体系［J］．中国高等教育，2020（8）：9-11.

［9］巴志超，李纲，周利琴，等．数据科学及其对情报学变革的影响［J］．情报学报，2018，37（7）：653-667.

三全育人视域下课程思政教学探索

——以“电子商务概论”课程为例*

张雪扬　余明珠　于素敏

（深圳大学管理学院电子商务系）

【摘要】课程思政作为高校思想政治教育的重要载体，是落实高校立德树人根本任务的理念创新和实践创新，也是高校推动课堂教学改革和提升课程育人质量的有效途径，能够满足“三全育人”的要求和“大思政”工作格局的需要。本文聚焦课程思政教学研究，以“电子商务概论”课程为例，以专业课程内容为载体，通过结合课程特点、思维方法和价值理念，深入挖掘课程思政元素，并将其有机融入教学重点内容，旨在达到润物无声的育人效果，以期为电子商务专业课程赋予更高层次的价值和意义。

【关键词】课程思政；“电子商务概论”课程；思政元素；三全育人

一、引言

2020 年 5 月 28 日，教育部印发《高等学校课程思政建设指导纲要》，指出：全面推进高校课程思政建设是深入贯彻习近平总书记关于教育的重要论述和全国教育大会精神、落实立德树人根本任务的战略举措，高校要深化教育教学改革，充分挖掘各类课程思政资源，全面提高人才培养质量[1]。2021 年 7 月，中共中央、国务院印发《关于新时代加强和改进思想政治工作的意见》，指出：构建共同推进思想政治工作的大格局[2]。由此可见，课程思政是新时代背景下党中央加强高校思政工作提出的新要求，在现有高校课程中开展课程思政建设已成为高等教育研究领域的热点之一。

电子商务，是以互联网等信息技术为依托、面向现代经济社会领域商务活动的新兴专业，致力于培养具备现代管理和信息经济理念，掌握信息技术和电子服务综合技能，具备一定的互联网创新创业素质，能适应现代社会商务运营、专业管理和技术服务需要的复合型、应用型、创新型专业人才[2]。“电子商务概论”是高校电子商务专业的核心必修课，主要涉及电子商务概念、电子商务交易、电子商务运营模式、电子商

* 本研究已获得深圳市教育学会 2023 年度教育科研课题“全过程均衡融合的高校电子商务专业综合类课程思政教学改革研究”（项目编号：YB2023015），以及深圳大学教学改革项目“全过程立体式的专业课程思政教学研究：以《电子商务概论》为试点 ”（项目编号：JG2022131）的资助 。

务应用、电子商务物流、电子商务法、网络营销等方面的基本知识及相应实践教学内容[3]，课程内容与互联网、AI 等新兴技术关系密切，且具备交叉融合的特点，为课程思政元素的全面融入和思政功能的全面落实提供了前提条件。

目前，对于电子商务专业课程思政建设的研究主要聚焦于课程思政的改革研究与实践，包括课程思政教学体系的构建[4-6]、课程思政设计的总体方案[7-9]、思政元素的挖掘与提炼[10-14]、课程思政教学评价[15-17]、企业导师评价机制[18]等。总体而言，国内学者围绕课程思政建设以及“电子商务概论”等电子商务专业课程思政教育的践行经验等问题进行了较为深入的研究，并取得丰硕的成果，但仍存在不足。具体体现在以下几点：一是思政资源的提炼不成体系；二是思政资源与课程教学的融合设计局限于将思政元素强加于课程内容的阶段；三是课程思政教育尚未融入教学全过程；四是关于课程思政考核评价方法的研究较少，且大多局限于学生层面对于教学效果的评价，尚未建立较为多元化的教学评价体系，课程思政教学考核评价体系不够健全。

因此，本文聚焦于能够融合计算机科学、管理学、经济学、法学及现代物流与供应链管理于一体的新型交叉学科——电子商务专业，以该专业课程思政建设为导向，从课程思政教学视角贯彻“三全育人”理念。其一，基于角色的责任伦理，承担作为高校教职员工的育人责任，实现全员育人；其二，遵循思想政治教育过程的规律、教书育人规律和学生成长发展规律，实现全过程育人；其三，发挥公共责任特质，形成校内外、课内外、线上线下的多维共进育人新格局，实现全方位育人。具体而言，本文以“电子商务概论”课程为例，结合个人教学经历，通过将思政资源贯穿教学全过程，探索如何实现课程内容与思政教育的有机融合以及如何将课程思政教学评价体系实现多元化，以期为高等教育院校课程思政建设提供有益借鉴，进而推动高等教育院校思想政治教育高质量发展。

二、思政元素贯穿全过程的“电子商务概论”课程思政教学方案制订

本文首先探索如何实现课程内容与思政元素的有机融合。具体而言，本文从思想方法、政治觉悟、道德品质和文化修养四个维度切入，将“电子商务概论”课程中所涉及具体理论和实践内容与课程思政理念进行有效结合，以培养大学生与时俱进、求真务实的职业素养，鼓励大学生树立正确的择业观和创业观，提升学生顾全大局的团结精神和协作能力，引导大学生增强自身道德修养和社会责任感。具体课程教学内容和思政元素的融合设计如表 1 所示。

表 1　专业教学与思政教育的融合设计

专业教学重点内容	思政教学案例	思政元素挖掘
电子商务概述：起源、定义、发展、趋势	阿里巴巴生态链的发展、形成与建设	社会公德、核心意识、团结协作精神、敢为天下先的变革精神

续表

专业教学重点内容	思政教学案例	思政元素挖掘
移动商务及物联网	以华为等中国本土企业为例，探讨物联网等信息技术对移动商务的支持与推动作用	加强网络道德自律、积极引导网络舆论、顾全大局的团结精神
共享经济平台：理论与实践	滴滴出行、共享充电宝等企业的运作模式及盈利模式分析	改革创新、文化修养、服从社会发展的需要
社交商务	中国知名企业对于社交媒体平台的建设与社交商务的发展	理论自信、大局意识、家国情怀、民族自豪感
电商平台的物流/供应链产品与服务	中国制造：中国产品	发展观、坚持在发展中保障和改善民生
电商道德与法律	经典电商案例，如阿里巴巴平台打架第一案	意识观、社会责任感、道德修养、法治观、价值观

基于上述内容，本研究通过积极探索和发掘思政教育与课程教学的融合点，综合使用理论讲授、案例探讨、专题讨论、游戏、视频讲解等方法，完善基于电子商务专业内容的课程思政教学，实现“教学思政有机融合”的育人目标。具体包括以下三方面：

其一，采用多种信息技术手段烘托课堂思政氛围，利用多媒体软件、社交网络、官方媒体公众号等多方面的信息资源进行教学，开展电子商务背景下新闻时事、前沿科技、官方政策战略等的分析与讨论，引导学生关注中国民生、中国问题，引领学生关注领域科技发展，激发民族自豪感和家国情怀。

其二，通过师生双向互动，引导学生关注现实问题、自主构建对问题的认识，鼓励学生思考电商企业发展的关键点和不足，培育学生勇于探索的创新精神和善于解决问题的实践能力。

其三，将大量中国知名电商企业（如阿里巴巴、京东、滴滴出行等）的智能化运作模式案例融入课堂内容讲授过程中，以通过探讨和分析大量中国电商企业的成功案例，传播科学精神与辩证思维，激发学生创新创业兴趣，培育学生的科学探索精神，提升学生独立自主、谦虚好学、开拓创新的文化修养。

三、全方位育人的“电子商务概论”课程思政教学设计

本文以“理论指导实践、实践检验理论”的教学思路为导向，遵循“全方位育人”的教学设计原则，对“电子商务概论”进行课程思政教学总体设计：

首先，基于校内外协同育人视角，针对不同情景下具有影响力的名人名言或超话（微博），为电商基础理论所涉及教学要素赋予思政意义，结合企业参访活动，促进大学生对于经世济民、诚信服务的职业素养的理解。

其次，基于线上线下协同育人视角，结合电子商务基础理论，设计具有思政教育意义的中国情景，如通过让学生体验具有中国特色的“双十一”购物节，了解并掌握

B2C、C2C 等电子商务业务的营销方式、盈利模式、竞争机制等内容，培养学生发现、分析和解决问题的能力，增强大学生接纳课程思政元素的驱动力，提升大学生为理论知识赋予实践意义的能力，激发学生的民族自豪感。

最后，基于课内外协同育人视角，将课程教学内容延伸至课外，结合热搜、学术主题探讨、企业参访等方式，将思政情怀融入科学前沿和电商实时热点问题的分析过程中，激发学生创业兴趣，培养学生驾驭复杂问题的应变能力，使其在服从社会发展需要的基础上树立崇高的职业理想。

综上，通过将“三全育人”理念融入“电子商务概论”课程教学，以期全方位教育引导学生：全面客观认识当代中国，理解“互联网+”背景下我国电子商务整体框架及发展现状，深入社会实践、关注现实问题，培养大学生与时俱进、求真务实、德法兼修的职业素养。正确看待远大抱负和脚踏实地，了解当前国情下电子商务对于大学生就业市场和创新创业的正面影响，鼓励大学生树立正确的择业观和创业观。不断强化问题意识，积极面对和化解学习和生活中遇到的挫折和矛盾，探讨不同情境下电子商务业务存在的问题和解决方案，提升学生顾全大局的团结精神和协作能力。正确认识时代责任和历史使命，分析社会主义现代化建设中电子商务发展面临的新机遇和挑战，引导大学生增强自身道德修养和社会责任感，珍惜韶华、不负青春。

四、全员参与的“电子商务概论”课程思政教学效果评价体系构建

教育部出台的《高等学校课程思政建设指导纲要》指出，要建立健全多维度的课程思政建设成效考核评价体系，在各类考核评估评价工作和深化高校教育教学改革中落细落实。根据以上指示，本文对于“电子商务概论”课程的建设注重学思结合，从供给侧（教师侧）和需求侧（学生侧）两个视角检验人才培养的效果，促进教师提升思政育人能力。具体如下：

（1）供给侧：以“立足于学生，充分检验人才培养效果”为核心。首先，通过检验每一节课思政元素的挖掘及其与课程内容的融合度，评价思政进课堂的程度；其次，通过检验理论与实践内容设计的协同作用，评价各要素资源支持课程思政教育开展工作的协同效果；最后，基于人才培养的长远视角，通过分析“电子商务概论”课程与其他课程的关联性，评价其在学生成长需求和未来职业规划中所起的作用。

（2）需求侧：以“注重课程思政教学入脑入心、见行见效的有效性评价”为核心。从理论（是否学习到“电子商务概论”的基本理论、相关学术知识和专业历史，以及是否在专业学习中树立专业自信和文化自信）和实践（是否感受到课程专业内容所涉及中国知名企业发展的高效性，是否在亲身体验中对于创新精神、创造意识和创业能力有所增强，以及是否能够通过实践学习培养和提升职业素养和社会责任感）两个维度评价学生对于“电子商务概论”课程思政教学内容的获得感。

五、结论

本文研究基于“思政元素与课程内容协同推进”的教学理念，以“电子商务概论”课程为例，致力于实现思政与专业教育完美融合的最终目标。首先，通过对教学设计进行创新，将理论讲授、案例探讨、热点分析、视频讲解等教学方法与课程内容进行关联，形成有效融合；其次，利用多媒体教学，全方位综合讲授电子商务业务与流程的基本理论、电商实时热点、国家战略下电商的发展等；最后，通过考虑“电子商务概论”课程所涉及内容的广泛性和交叉性，从教师端和学生端两个角度对课程思政教学效果进行评价，检验教学设计中所融入的思政元素在“电子商务概论”课程思政教学中是否达到润物细无声的育人效果。

参考文献

[1] 教育部．高等学校课程思政建设指导纲要（教高〔2020〕3号）[Z]．2020-05.

[2] 中共中央，国务院．关于新时代加强和改进思想政治工作的意见 [Z]．2021-07.

[3] 教育部高等学校教学指导委员会．普通高等学校本科专业类教学质量国家标准（下）[M]．北京：高等教育出版社，2018：889-895.

[4] 马欢，孙宜龙．“双创”视角下《电子商务概论》课程思政教学改革探索 [J]．电子商务，2020（3）：82-84.

[5] 田玲，周晓璐．“课程思政”融入专业核心课程体系的创新探索——以《网络营销》课程为例 [J]．人才培养，2020（9）：88-89.

[6] 王红霞，陈圣磊．“三全育人”视域下电子商务专业课程思政建设的实践与探索 [J]．黑龙江教育（理论与实践），2021（2）：11-12.

[7] 王玉玉．“电子商务创业”课程思政设计探索 [J]．西部素质教育，2022，8（2）：56-58.

[8] 张波，杨丹丹．《电子商务》课程思政教学改革研究与设计 [J]．办公自动化，2021，26（2）：40-41.

[9] 刘锦峰．高校电子商务类课程思政建设与实践研究 [J]．高教学刊，2022（7）：154-157.

[10] 李鸿，许礼刚．诚实守信和保护环境两视域推动《电子商务概论》课程思政教育 [J]．教育现代化，2019，6（36）：169-174.

[11] 屈莉莉，李朝辉，张金松．创新创业课程思政教学改革实践探索——以电子商务创新创业课程为例 [J]．创新创业理论研究与实践，2021，4（11）：25-27.

[12] 曾婷．电子商务概论课程的思政元素设计 [J]．通信与信息技术，2020（4）：73-74.

[13] 许硕．思政教育在《电子商务概论》课程教学中的设计与实践 [J]．办公自动化，2021，26（5）：39-41.

［14］郑婉婷．“电子商务概论”课程思政元素的挖掘与融入对策分析［J］．教师，2022（9）：21-23.

［15］贺兵．“课程思政”视角下《客户关系管理》教学改革探索［J］．公关世界，2021（19）：118-120.

［16］易舒心．OBE 理念下跨境电子商务课程思政改革路径探索［J］．科教导刊，2022（14）：120-122.

［17］王松，刘硕．创新创业视角下《跨境电子商务》课程思政教学改革探索［J］．对外经贸，2021（5）：157-160.

［18］钟晴．“互联网+”背景下电子商务专业课程思政实施策略与保障机制——以《电子商务文案策划与写作》课程为例［J］．国际公关，2019（8）：44-45.

新发展格局视域下市场营销专业课程思政建设路径探索*

袁靖波　张天缘　胡月儿　刘雁妮

（深圳大学管理学院市场营销系）

【摘要】课程思政在党中央治国理政战略全局中的地位非常重要，考虑到学科特点的差异，本文立足市场营销专业，探讨新发展格局视域下市场营销专业课程思政的建设路径。主要研究内容如下：第一，探讨了新发展格局与市场营销课程的融合空间，包括全球产业链重构、市场资源、市场制度供给、高科技领域的自主创新等。第二，论述新发展格局视域下市场营销专业的课程思政改革思路，主要内容包括课程思政“形”与“质”的统一，以及如何基于市场营销专业视角，搭建课程思政架构体系。第三，提出基于新发展格局的课程思政教学实施方案：以终为始，明确教学目标；面向社会，丰富教学方法；产学研结合，拓展理论边界；与企业对话，与理论前沿对话，持续沉淀思政要素。第四，研究探讨了课程思政教学效果的评价机制。

【关键词】新发展格局；市场营销专业；课程思政；建设路径

一、引言

党的十八大以来，特别是习近平总书记亲自主持召开学校思想政治理论课教师座谈会以来，课程思政在党中央治国理政战略全局中的地位日益凸显。2020 年 6 月，教育部印发《高等学校课程思政建设指导纲要》的通知，其核心精神如下：落实立德树人根本任务，全面提高人才培养质量，明确课程思政建设目标要求和内容重点，科学设计课程思政教学体系，结合专业特点分类推进课程思政建设，将课程思政融入课堂教学建设全过程，提升教师课程思政建设的意识和能力，建立健全课程思政建设质量评价体系和激励机制，加强课程思政建设组织实施和条件保障。在上述指导文件的引领下，“课程思政”这一教育教学理念近年开始根植于高等教育事业，逐渐融入各大高校的教育改革和人才培养体系之中。但需要关注的是，由于各个学科、专业具有不同的知识体系，其课程思政的建设路径也必然是不同的，需要相关专业结合自身特点，

---

* 本研究受到以下项目资助：深圳大学教学改革研究项目“课程思政与市场营销课程教学的融合研究”（项目编号：803-000031090433）；广东省高等教育教学改革项目“全程 BOPPPS 模式在创新创业课程混合式教学中的实践探索——以《社会化媒体营销》为例”（项目编号：JG2021095）；教育部人文社会科学研究项目“全球产业链断裂风险下中国跨国企业多元化战略与销售绩效的关系研究”（项目编号：21YJC630160）。

深度挖掘提炼专业知识体系中所蕴含的思想价值和精神内涵，科学合理拓展专业课程的广度和深度，从课程所涉专业、行业、国家、国际、文化、历史等角度，增加课程的知识性和人文性，提升引领性、时代性和开放性。

2020 年 10 月，党的十九届五中全会通过的《中共中央关于制定国民经济和社会发展第十四个五年规划和二〇三五年远景目标的建议》提出，要加快构建以国内大循环为主体、国内国际双循环相互促进的新发展格局。结合商科专业的知识框架，并对照以上文件精神可以推测，新发展格局与商科专业的课程思政建设息息相关。基于上述考虑，在本文的研究中，作者团队将立足市场营销专业，探讨新发展格局视域下市场营销专业课程思政的建设路径。

二、新发展格局与市场营销课程的融合空间

（一）全球产业链重构

全球产业链重构是在资源禀赋、技术变革和制度重构三种力量协同作用下不断向横纵延伸的动态、复杂过程。在后疫情时代，全球产业链已经发生大规模重构，基于世界分工体系的全球资源配置能力开始调整，这导致中国企业参与全球市场的竞争环境也发生了重大变化，具体表现如下：第一，平台经济崛起，成为全球产业链重构的新领导者。数字经济正在成为重塑全球经济结构、改变全球竞争格局的关键力量。第二，数据正成为继土地、劳动力、资本、技术以外的第五种生产要素。第三，区域经济合作日益深化，全球市场贸易的地理空间加速重构。第四，构建具有高度韧性的供应链，兼顾供应链效率与安全，成为各个国家或经济体的产业发展共识。

市场营销专业是一门建立在行为学、经济学、心理学以及现代管理学基础之上的综合性应用学科，在全球产业链重构背景下，专业理论和企业实践的相关前提也在发生变化。关注产业链重构对专业知识的影响，不仅是专业知识更新和发展的需要，也是市场营销专业课程思政建设的重要内容。

（二）市场资源

在新发展格局视域下，市场资源的变化也会给企业参与市场竞争的内外环境带来深刻影响，这些影响可以为市场营销专业的课程思政建设提供重要的切入视角，具体表现为两个方面：第一，双循环市场格局。党的十九届五中全会指出“加快构建以国内大循环为主体、国内国际双循环相互促进的新发展格局，推进国家治理体系和治理能力现代化”。从“双循环”与市场的关系来看，国内大循环重点关注扩大市场规模、促进市场竞争、优化需求结构以及加快市场整合，国际循环通过商品和要素流动型开放、高水平制度型开放以及“一带一路”促进高质量发展[1]。第二，建设全国统一大市场。全国统一大市场对构建新发展格局具有重大意义，党的十八届三中全会提出，建设统一开放、竞争有序的市场体系，是使市场在资源配置中起决定性作用的基础。

党的十九大提出，清理废除妨碍统一市场和公平竞争的各种规定和做法。党的十九届五中全会提出，健全市场体系基础制度，坚持平等准入、公正监管、开放有序、诚信守法，形成高效规范、公平竞争的国内统一市场[2]。基于以上重要文件的相关表述，在市场营销专业的课程思政建设中融入“全国统一大市场”是非常有必要的，中国企业的市场资源已经发生重大变化。

（三）市场制度供给

基于“双循环”国家战略，国内大循环一侧的供给侧改革需持续深化，市场营销理论和实践所面对的制度环境也发生了变化。2020 年 5 月，中央政治局会议明确提出从供给、需求两端强调构建双循环的抓手，即一方面“要深化供给侧结构性改革”，另一方面要“充分发挥我国超大规模市场优势和内需潜力”。前者要求国内企业做到以下三点：转变思维，以扎根中国市场满足中国消费者需求、辐射世界市场为宗旨经营企业；从根本上提升供给体系的质量与效率，高度关注市场需求，同时设法提高收入水平；注重外部循环质量，高水平对外开放，激活内循环的发展潜能，并持续完善市场制度设计，做“长期”需求管理。后者则强调刺激消费升级：稳定大宗消费，扩大服务消费，促进农村消费、拓展新型消费，并全面加大科技创新和进口替代力度。

（四）高科技领域的自主创新

在“大国竞争时代”，高科技领域是重要的、决定成败的领域，因为高科技领域一旦取得突破将导致划时代的技术创新与社会变革。中美半导体博弈、室温超导体的发现及验证等案例充分说明高科技产业竞争是一种融合了技术竞争、制造能力竞争和市场竞争的混合竞争。因此，在新发展格局视域下，市场营销专业课程必须持续关注高科技产业的创新动态，并以“中美贸易战”等类似事件作为切入点，深度融入课程思政要素。

我们要注重国内科技环境的建设和自主创新能力的提升，重要产业要努力在全球价值链中取得链主地位。高新技术只存在两条提升路径，或增加研发投入，拉大技术代差，或增加成员多样性，形成规模优势。建设过程也要留意联盟合法性与制度复杂性，不给竞争对手留下“可攻击缺口”[3]。综上，高科技领域的市场竞争，理应成为市场营销专业课程思政的关注重点之一。

三、新发展格局视域下市场营销专业的课程思政改革思路

（一）审视课程思政之形：核心要素的解构与集成

课程思政是一种同知识传授深度融合的思想政治教育形式。从宏观角度出发，课程思政所展示出的外在形态与形式即为课程思政之“形”。“形态”强调客观长远的结构性意义，奠定了课程思政五大核心要素产生的基础，是“上层建筑”；而“形式”更侧重其具体的操作性意义，意指五大核心要素该如何各自建设又统一集成，是“经

济基础"[4]。课程思政的五大核心要素为：思政、教师、课程、课堂、评价。五大要素各有建设重点，但内在联系密切，缺一不可[5]。做好核心要素个体的分析构建和要素全体的有序集成，是建设课程思政之"形"的工作重点。第一，"思政"是目标要素。新发展格局带来了新的市场机遇，在这一目标下，需要探索如何在遵循市场营销课程建设规律的前提下，充分挖掘课程的创新点和其中蕴含的思政元素。第二，"课程"是实施课程思政的基本要素。建设"课程"要从改革、课程设计等细节入手提高课程整体质量，注意众多课程间的衔接关系，对课程模块进行合理布局。第三，"课堂"是载体要素。提升市场营销专业的课程思政质量应聚焦课程思政的"融入"，注重通识性、契合性、灵活性，不生搬硬套，自然地把经典和热点企业案例或营销案例融入课堂之中。第四，"教师"是主体要素。高校需要增强教师的课程思政意识，提升教师的思政建设能力，引导教师认识到每门课程都蕴含育人精华，找准创新切入点，将思政教育元素渗入教学内容。第五，"评价"是激励要素。持续发力，建立健全多维度的课程思政建设成效考核评价体系，并在各类考核评估评价工作中落实。

课程思政之"形"，基本形成了以思政为核心，以教师、课程、课堂、评价为综合闭环要素的相关关系。每一个闭环要素的建设都以课程思政为中心和出发点，前后环节相互促进制约，循环滚动。

（二）剖析课程思政之质：价值、知识与能力的统一

作为价值观教育的一种相对较新的理念，课程思政的本质强调的是价值、知识和能力的统一，发挥各学科课程的思想政治教育功能，培养德才兼备的社会主义合格建设者和可靠接班人。

价值即教育建设价值和育人价值。高校课程思政建设，不仅有助于优化高校课程思政建设格局，推动高校课程思政高质量建设，而且有助于实现思政元素与专业课程的有机融合，促进健全"三全育人"工作。"知识"即客观的知识传授，注重学生对专业知识的掌握和专业能力的培养。能力则是基于知识、思政和学生个人发展而形成的综合成果。价值教育离不开知识传授，教育教学中既要注重在课程思政价值传播中凝聚知识底蕴，又要注重在知识传播中强调课程思政价值引领，这也体现出"知识教育与价值教育的统一"。同时，知识传授与能力提升息息相关，体现出"知识教育和育才目标的统一"。综上，价值、知识与能力三者交叉统一，课程思政体现了一种连续性、系统性的课程观，它不拘泥于各科专业知识的学习，通过将思想政治教育的目标融汇于各学科的教学工作，使各门课程都能参与到学校育人的过程当中，形成一个完整的课程育人体系。

（三）基于专业视角搭建课程思政架构体系

从实际出发，高校课程思政的建设落实往往是自上而下、层层传递的。基于市场营销专业特点，本文提出以下"四级分层课程思政架构体系"，并根据"确定教育目

标—选择和组织学习经验—实施课程方案—评价教育计划”这一经典流程，简要介绍各个层次的实施主体和主要任务。

第一层次的实施主体为学校。学校层面需要对“培养什么人”进行深度思考和描述。它的主要任务为确定办学定位和人才培养定位，制定课程整体规划，出台课程相关政策文件，做好自评、校评及他评。第二层次的实施主体为市场营销专业，课程思政必须立足市场营销学科知识体系，确定专业培养目标与规格，梳理课程标准并增加德育教学目标，设计并不断创新课程体系，执行培养方案，做好专业评估。第三层次的实施主体为课程，课程内容的设计是课程思政能否完美融入的关键环节。主要任务有制定课程教学目标，选择学习资料，规划课程方案。第四层次的实施主体为课堂与学生表现。课程思政还需要在课堂教学层面得到落实，通过“如何培养人”的层级体系落实“培养什么人”的预期目标。主要任务有确定具体课堂目标，实施教学方案，关注学生表现与学生评价。

在搭建课程思政架构体系过程中，要注意做好课程目标的层层分解落实。将课程目标的建构逐步从抽象教育目标、具体培养目标，到具体课时目标。分解落实，增强不同层级课程之间的内在联系，使得课程思政架构“体系化”。

四、基于新发展格局的课程思政教学实施方案

“组织间营销”是本文第一作者已经执教四年的课程，在之前的教学实践中，已经基于本课程做过很多思政要素提炼工作。下面以“组织间营销”课程为例，对课程思政的教学实施方案进行初步探讨。

（一）以终为始，明确教学目标

为明确课程思政的建设目标，作者团队在查阅国家、教育部层面有关课程思政相关指导文件的基础上，为进一步确定微观层面的教学目标，继续查阅了广东省和所在高校的相关文件，这些文件包括《广东省教育厅关于强化课程思政建设一流课程的意见》、《深圳大学全面深化本科课程思政建设实施方案》（深大校发〔2021〕341 号），从中读取提炼相关要求，再结合“组织间营销”课程的知识体系特征，最终确定本课程的教学目标如下：①结合中美贸易战中的技术断供与中国企业应对措施，构建课程思政教学体系；②以粤港澳大湾区高科技企业为观察研究对象，基于资源基础观、资源依赖理论以及制度理论，更新课程教学内容；③结合授课目标和知识传递需求，推动课堂教学模式改革；④在教学实践中摸索出一套教学评价指标，确保学生在理论和实践两个方面都已经掌握课程精髓，理论发展要“顶天”，实践要“立地”。

（二）面向社会，丰富教学方法

在教学方法方面，“组织间营销”课程目前主要采取两种尝试，分别是 BOPPPS 教学和案例教学，初步进展如下：

BOPPPS 教学模式把教学过程划分为 6 个模块："引入"（Bridge-in）环节将新知识点与学生的日常生活和熟知的事情紧密相连，激发学习兴趣；"教学目标"（Objective/Outcome）模块强调将教师的教学目标转化为学生的学习目标；通过"前测"（Pre-assessment）了解学生的学习基础；基于"参与式学习"（Participatory Learning）培养学生参与教学实施、合作学习的学习习惯；通过"后测"（Post-assessment）得知学生的学习效果；借助"总结"（Summary）环节再次加深学生对关键知识的印象。在"组织间营销"课程中，第一作者已经执行并检验 BOPPPS 教学模式，后续将尝试继续推进如下工作：①对 BOPPPS 教育理念以及关键步骤进一步梳理；②分析 BOPPPS 教学模式在不同课程中应用的共性和差异性；③进一步探索 BOPPPS 教学模式在课程不同环节和层次上应用的可能性以及作用机制。

在案例教学方面，作者团队近年来多门课程已经陆续开展，有关案例教学的一套初步方法已经获得深圳大学 2023 年度专业学位研究生案例教学课程建设项目立项，对于商科专业的课程思政建设来说，案例教学尚有进一步挖掘的潜力。

（三）产学研结合，拓展理论边界

在产学研结合方面，作者团队基于"组织间营销"课程，积极与实业界互动，拓展理论的内涵和外延。例如，2022 年，本文第一作者指导"组织间营销"课程部分学生和市场营销专业部分学生，分 3 个小组参与中国高校市场学研究会市场调查与分析大赛，并在全国决赛中分别获得特等奖、一等奖与二等奖，获奖数量和层次在全国高校中分别获得第一的好成绩，并在全国颁奖大会中作为高校代表获邀发言，以下是竞赛简况：

2022 年 5 月，中国高等院校市场学研究会（China Marketing Association of University，CMAU）举办了首届 CMAU 全国大学生市场研究与商业策划大赛，分为校级、大区（全国分为南部、北部、东部、西部共 4 个赛区）、全国赛等三轮比赛。在全国决赛中，深圳大学共有 3 个团队（本文第一作者独立指导 2 个团队，合作指导 1 个团队）入围，最终 3 个团队分别获得全国大赛特等奖（全国参赛作品 1732 件，仅评选十名）、一等奖与二等奖。作为以上 3 个团队的指导教师，本文第一作者在此次比赛中被评为全国"年度十佳指导教师""优秀指导教师"，本人所在高校（深圳大学）被评为"最佳组织奖"。在本次竞赛中，因为决赛选题属于 B2B 行业（工业润滑油），导致很多参赛学生对相关知识比较陌生，深大代表队基于"组织间营销"知识体系，在参赛作品中对理论和实践进行充分融合，厚积薄发，最终在全国参赛团队中脱颖而出。

基于深圳大学参赛代表队在全国赛事中的优异表现，2022 年 12 月 10 日，本文第一作者在中国高校市场学研究会教学年会上，以《酒神与日神之间的张力平衡：高校市策大赛指导教师的六维行动框架》为题分享了竞赛指导经验，演讲视频已经上传相关公众号、B 站等媒体，并作为竞赛经验在全国数百所高校传播。

（四）与企业对话，与理论前沿对话，持续沉淀思政要素

作者团队坚持推动“企业家”进课堂活动，第一作者在近年来的教学实践中多次邀请高科技企业管理层走进本科课堂，为学生讲述企业实践，加深学生对课程知识体系的理解和掌握。例如，2021 年秋季“组织间营销”课程，本文第一作者邀请华为公司华为云事业部深圳区域高级客户经理为 74 名本科生讲授《B2B 营销情境下华为云对欧美设备的国产化替代》，邀请腾讯公司金融科技事业部运营经理为 74 名本科生讲授《市场营销在互联网业务中的业务实践——B2B2C 的运营思路与价值》。

另外，为持续沉淀思政要素，第一作者重视把项目科研成果融入课堂，努力促进教学和科研项目的良性循环。在“组织间营销”和“渠道管理”的课程教学中，第一作者充分融入所主持三个课题的科研成果。三个项目分别是：国家自科面上项目“平台型企业的声誉治理结构与卖家营销违德行为研究”、教育部人文社科项目“全球产业链断裂风险下中国跨国企业多元化战略与销售绩效的关系研究”、国家社科项目“商业伦理研究”。上述三个项目都与我国目前的企业实践高度相关，目前这些项目的初步研究成果又进一步反哺教学课程，实现良性循环，并提升了学生的思考深度和爱国情怀。

五、课程思政教学效果评价与循环优化机制

（一）评价的主体与客体

课程思政评价需要依托多元主体，聚焦变量元素，根据教师以及学生在课程思政教学过程中的角色和身份，分别对学生对课程思政接受度的表现、教师课程思政的展开、二级单位和学校的思政建设情况进行评价。本文认为，课程思政的主体和客体都是多元的，评价过程需要学生和教师共同对课程思政教学质量进行评议，需要思政教师对课程思政教学的专业性进行评估，需要学校或二级单位对课程中思政的主导性进行评估，并对课程思政的顶层设计进行自查自省。

（二）评价指标

课程思政教学质量评价工作的核心即相关评价指标体系的科学确立。课程思政的内涵和性质决定了其评价主体的多元性，进而决定了对课程思政建设成效的评价体系应该是多维度、多层次的系统。

作者团队基于实践调研和理论研究，提出“四层次、三级别”的课程思政评价指标体系。四层次包括学校、二级单位层面、教师和学生四个维度。三级别分别为主体、客体和客体对应的详细指标点。例如：学校层面的评价客体可以是顶层设计、教师队伍建设、教学体系和成果等维度，每个维度又细分为若干指标点；二级单位层面的评价客体可以是组织领导、教学管理等维度，每个维度各自向下细分；教师层面的评价客体可以涵盖教学大纲、教学内容、教学方法、学习成效和教学反思等维度，每个维度再根据具体情况，向下划分第三层次的详细指标；学生层面的评价客体可以是学生

思想、学习能力等维度，详细评价指标及问题需要根据高校具体情况而定[6]。

（三）评价方法

课程思政评价的方法体系主要包括学生思想政治素养发展评价方法和课程思政教学评价方法。学生思想政治素养发展评价方法要注重“过程”“增值”和“综合”，以问卷法或访谈法展开，便于教师对学生的思政素养情况进行诊断，辅以思想发展档案，为学生建立课程思政档案袋，对于涉及思想政治教育的环节，形成文档存储，便于追踪学生的思想变化情况。课程思政教学评价的方法可以针对特定课堂或者课程全程展开，邀请同行、学生、第三方来进行评价，内部评估与外部评估相结合，有助于得出更客观的评价结果。

根据以上指标体系与评价方法，相关课程可以在每学期开展评价活动，最终将评价结果以客观形式反馈给评价客体，评价客体有针对性地做出总结和改进，循环此过程，形成评价体系的螺旋式上升闭环。

六、结语

本研究具有如下两点特征：第一，体现“分类指导、特色建设”的思想。市场营销专业属于管理学大类，具有典型的社会科学特征，其课程思政建设路径与自然科学是不同的，需要教师和学生在不同层次、类型的课程教学实践中大胆尝试和创新，形成全校、全省、全国百花齐放、特色鲜明的课程思政工作局面。第二，围绕“学生中心、全面发展”这一指导原则开展工作。本研究的相关内容和建议举措，都主张以学生为中心开展育人工作，以学生学习为中心开展课程建设，以学生学习效果为中心开展课程评价，全面激发学生学习兴趣和潜能。总体而言，是要充分发挥课堂教学在立德树人工作中的主渠道、主阵地作用，全面落实立德树人的根本任务。

参考文献

［1］王振华，张阳，田鸣．“双循环”新发展格局下国有企业双向国际化的协同效应［J］．当代经济管理，2022，44（11）：39-45.

［2］罗玉辉，赵玉峰．构建全国统一大市场的理论阐述与政策方略——基于政治经济学的分析［J］．当代经济管理：2023，45（9）：1-13.

［3］刘洪钟．霸权护持与超越——高科技产业全球价值链竞争的政治经济学［J］．世界经济与政治，2023（2）：128-154+159-160.

［4］杨威，汪萍．课程思政的“形”与“质”［J］．马克思主义与现实，2021（2）：195-202.

［5］戴少娟．高校课程思政的核心要素解构与系统集成创新［J］．中国大学教学，2021（6）：58-62.

［6］胡洪彬．迈向课程思政教学评价的体系架构与机制［J］．中国大学教学，2022（4）：66-74.

第三篇

专业特色建设

深圳大学人力资源管理专业（国家一流专业建设点）的建设战略、措施与规划*

苏方国

（深圳大学管理学院人力资源管理系）

【摘要】深圳大学管理学院人力资源管理专业2020年获批广东省一流专业，同年又获批国家一流专业建设点，在国内同类学科中具有较高的知名度和影响力。深圳大学人力资源管理专业的国家一流专业建设明晰了专业战略定位与特色优势，落实了培养目标与课程体系的优化、教学资源与教学手段的创新等专业建设措施，专业未来规划发展的重点聚焦在一流师资队伍的建设、创新课程教学与培养模式、通过"请进来"与"走出去"结合来加强国际化的专业教学。

【关键词】国家一流专业建设点；深圳大学人力资源管理专业；发展战略；专业定位

深圳大学管理学院人力资源管理专业创办于2001年，同年招收本科生。深圳大学人力资源管理专业一直在国内同类学科中具有较高的知名度和影响力，2016年获批广东省重点建设专业，2020年获批广东省一流专业，同年又获批国家一流专业建设点。创办以来年均招生约100人，累计本科毕业人数近2000人。人力资源管理专业较先实行大类招生后分专业、学分制、学生奖学金制、主副修制，推广实验实训教学、推行MOOC课程、推广创新创业教育和校企协同等办学手段，人才培养效果显著。

教育部高等教育司司长吴岩指出：建设高等教育强国就需要培养一流人才，培养一流人才的关键是创办一流本科，而办好一流本科就必须依赖一流专业的建设。[1]深圳大学管理学院人力资源管理专业自创办以来，一直追求发展与创新，打造专业的特色优势与建立核心竞争力。

一、深圳大学人力资源管理专业建设的发展战略

（一）深圳大学人力资源管理专业的战略定位

深圳大学秉承"脚踏实地、自强不息"的建校理念，贯彻"三全育人"原则，发

* 本研究受深圳市2022年哲学社会科学规划课题项目（项目编号：SZ2022B017）资助。

挥地缘优势，为粤港澳大湾区和中国特色社会主义先行示范区培养具有国际视野、创新精神、素质全面的高级专业人才，推动社会的进步与发展。

（1）专业使命：为粤港澳大湾区和中国特色社会主义先行示范区培养具有国际视野、创新精神、素质全面、能界定并解决实践管理问题的优秀人力资源管理专业人才；

（2）专业愿景：人力资源管理最佳实践的创新者、实践者与传播者；

（3）专业宗旨：价值共创、变革创新、尊重包容、社会责任。

（二）深圳大学人力资源管理专业的特色优势

廖祥忠与谭笑认为，将历史传统优势与地理位置优势相结合，在专业建设中形成核心竞争力，建立专业特色优势。[2] 深圳大学管理学院地处粤港澳大湾区和中国特色社会主义先行示范区，深圳是中国改革开放的“窗口”，所以人力资源管理专业建设的特色优势如下：

（1）坚持思政教育导向与“三全育人”原则，建立了师生党员联动工作室，积极探索将思政元素与专业知识相互融合，以实现教书和育人的双重目标；

（2）贯彻“知行合一”理念，以“强化基础、优化结构、重视实践”为培养原则，有26.38%的实践学时着重培养学生的动手能力；以赛促学，培养学生创新实践能力；

（3）扎根深圳城市特色与优秀企业管理实践，与知名校友企业腾讯等建立了广泛校企合作，建设了以“三支柱”“四角色模型”为主导的前沿性课程体系；

（4）以科研带动教学，近几年人力资源管理专业新增6项国家自然科学基金、3项省部级项目，以科研带动教学，开设创新研究短课，开发学生科研潜质，培养拔尖人才。

二、深圳大学人力资源管理专业的建设措施与实践

（一）人力资源管理专业坚持优化培养目标与课程体系

人力资源管理专业对标《工商管理类专业教学质量国家标准》要求，扎根深圳城市特色与优秀企业管理实践，参照腾讯、华为等公司先进制度，建构以“三支柱”“四角色模型”为主导的前沿性课程体系。人力资源“三支柱”模型是指专家中心（COE）、人力资源业务伙伴（HRBP）和共享服务中心（SSC），人力资源管理人员的“四角色”是指人力资源管理可以在组织中扮演战略合作伙伴、HR效率专家（行政专家）、员工领头者（员工贡献管理者）和变革推动者[3-4]。课程体系将核心知识领域分为“战略合作伙伴”“行政专家”“员工领头人”“变革助推者”等模块，与培养目标一一对应，培养能执行组织战略、推动组织变革、关注业务需求、提供灵活高效人力资源服务的学生。培养能将人力资源管理融汇组织战略、推动组织变革的专业人才。

（二）人力资源管理专业不断丰富教学资源，创新教学手段

李志峰与欧阳丹指出：“一流课程是一流专业的基础，一流专业是一流本科的核

心。”[5]人力资源管理专业已成功开设了MOOC课、品牌通识课、创新创业课、专题研讨短课等课程，“管理沟通”获评2018年度全国地方高校UOOC联盟品牌MOOC。开设广东省精品资源共享课“人力资源开发与管理”“工作中的心理与行为”等12门MOOC课程。人力资源管理专业教师编制了《人力资源管理》《组织行为学》等6种专业核心教材。人力资源管理专业具备人才测评、公文筐测试、无领导小组、沙盘演练实验室等多种不同的实训场景功能，并配备了人才测评软件、人力资源管理实训等软件功能包。人力资源管理专业和华南理工大学工商管理学院共同申报的“互联网行为科学实验室”于2016年3月获批“广东省普通高校哲学社会科学重点实验室”。2019年创立了“人才服务”微专业，成为深圳大学首批微专业建设项目之一。人力资源管理专业还引入移动课堂、seminar（研讨课）班教学模式、世界咖啡屋研讨教学、特别1+2课堂、辩论赛模式、角色扮演模式等多样的教学手段，提高了学生的学习兴趣，锻炼了学生的专业能力。

（三）人力资源管理专业持续强化实践教学环节

“纸上得来终觉浅，绝知此事要躬行。”首先，人力资源管理专业90%以上专业核心课程设置了各种形式的课内实践环节，帮助学生将人力资源管理理论与组织实践相互结合，观察与分析人力资源管理理论如何在组织实践中得到应用。其次，人力资源管理专业建立了良好广泛的校企合作网络，强化实践培养人才，如深圳市人才集团、智联招聘、浪潮早上班有限公司战略合作单位与学生实习基地。

（四）人力资源管理专业采用依托学科竞赛培训人才

人力资源管理专业通过学科竞赛进行人才培养，激发学生的专业能力与创业创新精神。组织专业学生参加全国人力资源管理技能大赛，获全国一等奖、全国二等奖、广东省一等奖等荣誉。多人获得省级以上各类创新创业大赛奖项，多人在“挑战杯”大学生创业大赛、大学生课外学术科技作品竞赛中获得殊荣。

（五）人力资源管理专业通过创建专业学会培养人才

人力资源管理专业通过人力资源学会培养学生的学习兴趣与组织能力，凸显“以学生为中心”的教育理念。在人力资源管理系教师指导下，学生通过自我管理来相互促进、积极探索人力资源前沿问题，扩展知识边界。参加人力资源学会的同学进步显著。人力资源学会也被评为深圳大学腾讯益友奖2018—2019学年“十佳学生社团”。

（六）人力资源管理专业加强建设专业文化培养人才

人力资源管理专业构建了专业文化体系，践行“以文化做强专业，以文化服务科研，以文化培育学生”，努力培养社会主义建设者。2019年9月，“人力资源管理专业文化建设”获批深圳大学文化创新发展建设项目。

（七）人力资源管理专业致力建设国际化的专业教学

人力资源管理专业参与了AASCB国际认证，课程体系与教学方法与国际接轨，全过程动态考核评价学习效果，提升教学国际化水平与质量。深圳大学管理学院已经于2023年8月通过了AASCB国际认证，人力资源管理专业的国际化建设也取得初步成果。人力资源管理专业的国际化建设未来还需要不断改进与完善，与时俱进，顺应时代与科学技术的发展趋势。

三、深圳大学人力资源管理专业建设的未来规划

随着“粤港澳大湾区战略”与“深圳市人才优先发展战略”的实施，人力资源管理专业迎来了持续增长的市场需求与发展机遇。人力资源管理专业将坚持思政教育导向，贯彻“三全育人”原则，遵循“四个回归”，践行“思政导向、知行合一、深圳特色、研教并举”的办学特色，明确多层次的专业培养目标，制定有效的培养方案，培养具有国际视野、创新精神和素质全面的高层次专业人才。深圳大学人力资源管理专业未来规划发展的重点聚焦在一流师资队伍建设、创新课程教学与培养模式、加强国际化的专业教学方面。

（一）人力资源管理专业需要建设一流师资队伍特色教学团队

人力资源管理专业现有专任教师20人，其中：教授4名（20%），副教授8名（40%），讲师8名（40%），19人具有博士学位。教师来自海内外知名院校，如德国的奥斯纳布吕克大学，中国的香港中文大学、香港城市大学、北京大学、南京大学、浙江大学、中山大学等。初步形成科研能力突出（9项国家自然科学基金），国际视野较广（70%以上有海外留学、访学与交流经历），学科知识复合（管理学、心理学、社会学等），人才梯队合理（老中青）的师资队伍。受教授退休、人才流动等影响，人力资源管理专业未来还需要不断引进与培育教师，努力建设一流师资队伍与特色教学团队。

（1）“内培外引”教学名师，设立专业名牌教师，加强教学经验分享，争取培育1~3名省级与国家级教学名师，并重点引进1~2名教学名师。人力资源管理系持续加强教师交流教学经验总结。自2015年以来，人力资源管理系每学期举办2期“管理教坛风云”教学沙龙，4期“人力资源管理新知论坛”。人力资源管理系积极组织老师参与撰写“教研论文”，参与编撰“教学研究文集”，2021年出版第9辑“教学研究文集”。

（2）培育特色教学团队。以大数据算法、人工智能、物联网等为特征的数智时代已经来临了[6]。中国信息通信研究院2023年7月发布的《全球数字经济白皮书（2023）》显示，2022年我国数字经济规模达到50.2万亿元，占GDP比重为41.5%；而且数字经济发展迅速，其增速已经连续11年高于同期GDP增速，2016—2022年年均复合增长率为14.2%[7]。首先，人力资源管理专业已经开设了“大数据与人工智能”课程，积极训练学生们的数据分析思维与能力。针对大数据与人工智能对人力资源专业发展的新机遇，大数据与人工智能计划培育一支省级以上教学团队。其次，人力资源管理系聘请企业资深专家作为客座教师参与课堂授课、讲座及实践指导。客座教授

有腾讯集团高级副总裁奚丹、深圳达实智能公司董事长刘磅等12人。人力资源管理专业现在已经形成了专兼职教师并存、优势互补，使人力资源管理专业师资水平不断提升。未来人力资源系还需要不断招募与吸收优秀的师资资源，打造特色教学团队。

（3）帮助青年教师成长。人力资源管理系组织新入职教师参加“深圳大学青年教师教育教学能力培养薪火计划”，举行教师教学交流分享会，帮助青年教师持续成长。同时，人力资源管理系也组成导师团，对青年教师的困难和疑惑进行帮扶和指导。

（二）人力资源管理专业努力创新课程教学与培养模式

（1）课程与教材建设设想，在现有基础上将思政元素与专业知识内容融合，人力资源管理专业再开设3~6门MOOC课程或者精品课程；此外，未来计划出版1~2种创新创业方面的专业教材，如创业企业薪酬管理等，推动创新创业教育。

（2）创新教学方法，提高教学效果。人力资源管理专业鼓励教师创新教学方法，强调“学生是主体”，灵活采用多种教学手段，如情境教学法、项目实训法等。人力资源管理专业也构建与创新校企协同的实践教学新体系，通过“梯级递进式”专业学习模式，注重各教学环节之间的联系，系统训练学生的专业技能，构建校企协同实践教学新体系，实现实践教学与理论教学无缝对接。

（3）计划建设国际人力资源管理特色班。应对全球化国际化趋势，人力资源管理系与知名上市公司、集团等企业合作，建设国际人力资源管理特色班。

（三）人力资源管理专业通过“请进来”与“走出去”结合，加强国际化的专业教学

一方面，通过“请进来”加强国际化的专业教学，积极邀请海外知名人力资源管理教授来学院进行教学交流、学生交换与学分互认，促进专业教学的国际化；另一方面，通过鼓励教师“走出去”加强国际化的专业教学，目前学院与“法国雷恩商学院”“美国罗格斯大学商学院”等欧美八所知名商学院达成长期稳定的合作关系，每年派1~2位教师出国进行专业交流，持续提升专业教学水平。人力资源管理系通过“请进来”与“走出去”结合，进一步加强与提升国际化的专业教学水平。

参考文献

［1］吴岩．一流本科　一流专业　一流人才［J］．中国大学教学，2017（11）：4-12+17.

［2］廖祥忠，谭笑．“一流专业”群：争创“双一流”的核心竞争力［J］．中国高等教育，2018（9）：43-45.

［3］［美］戴维·尤里奇．HR人力资源转型（钻石版）：为组织创造价值和达成成果［M］．李祖滨，孙晓平，译．北京：电子工业出版社，2019.

［4］彭剑锋，马海刚，西楠．HR+三支柱：人力资源管理转型升级与实践创新［M］．北京：中国人民大学出版社，2017.

［5］李志峰，欧阳丹．一流本科、一流专业、一流课程：内在关系与建设策略［J］．大学（研究版），2019（6）：17-23+16.

［6］张志学，赵曙明，连汇文，等．数智时代的自我管理和自我领导：现状与未来［J］．外国经济与管理，2021（11）：3-14.

［7］中国物流与采购网．最新《全球数字经济白皮书》震撼发布！数字化转型迈向规模化扩张和深度应用［EB/OL］．［2023-07-06］．http：//www.chinawuliu.com.cn/zixun/202307/06/610591.shtml.

深圳大学“信息管理与信息系统”国家级一流本科专业建设的探索及反思*

冯元粤[1]　马永聪[2]　耿　爽[1]　杨葱葱[3]

（1. 深圳大学管理学院管理科学系；2. 深圳大学大湾区国际创新学院；3. 东莞理工学院经济与管理学院应用经济系）

【摘要】近年来国家重点推进高质量高校本科教育，先后开展了数轮国家级一流本科专业建设工作。深圳大学管理学院顺应政策导向，结合数字化时代对“信息管理与信息系统”专业人才的需求，大力推动信管专业人才培养体系的建设。本文结合深圳大学管理学院“信息管理与信息系统”国家级一流本科专业建设的相关实践成效和问题，进行了系统的梳理和总结，旨在为兄弟高校提高信管专业办学质量和人才质量提供参考借鉴。

【关键词】信息管理与信息系统；国家级一流本科专业建设；探索及反思

一、前言

习近平总书记曾经提到“功以才成，业由才广”，在知识经济时代，人才资源已经成为企业乃至国家提升综合实力和竞争优势的关键变量。如何将这一关键变量转化为“发展最大增量”，是我国高等院校教育体系需要重点考虑的问题。为全面振兴本科教育，培养全方位发展的复合型人才，国家提倡在办学思想转变、育人理念更新、体制机制改革、质量标准制定、技术方法创新、教与学范式改变、质量文化建设等方面入手，持续深化教育改革[1]。2019 年 4 月，教育部办公厅发布《关于实施一流本科专业建设“双万计划”的通知》，提出要深入贯彻“六卓越一拔尖”计划 2.0 系列文件要求，推动新工科、新医科、新农科、新文科建设，鼓励支持高校在服务国家和区域经济社会发展中建设一流本科专业[2]。

信息管理与信息系统（以下简称信管）是涉及信息科学、计算机科学和管理学等领域的本科专业，旨在培养学生具备处理和管理信息的能力以及设计、开发和维护信息系统的技能。该专业的实质在于培养学生综合运用新科技、现代管理学理念以及其

* 本研究受 2021 年度广东省研究生教育创新计划项目（项目编号：2021SFKC074）的资助。

他相关领域如政治和经济学等知识与技能，有效地掌握和运用当今社会最重要的资源之一——信息。其核心目标是提高信息的利用效率，最大化信息的实际价值，致力于使学生具备能够在信息化社会中成功应对不断变化的挑战的能力[3]。人工智能时代的到来促使信管专业的进一步火热，该专业在国外高校一般由商学院或计算机学院开设，专业名称也有所差异，例如管理信息系统、信息系统、商业信息系统和计算机信息系统等[4]。从国内来看，根据教育部2019年发布的全国高等学校名单，我国共有370所本科高校（不含民办高校）开设了信管专业[4]，每所高校根据培养方案和侧重点授予工学或管理学学位，同时地方行业特色高校也会根据地域或行业特征进行针对性的信管专业人才培养（如财经、医学等）。在课程体系上，既涵盖如信息系统分析与设计、软件开发技术、数据库原理及应用等技术类课程，同时也包括管理学原理、电子商务、经济学等经管类课程[5]。但是目前国内信管专业的人才培养仍然存在专业定位不明确、课程设计不合理、教学资源单一、实践环节与行业联系不紧密等问题，在一定程度上制约了专业人才的培养和发展[5-6]。

数字化时代，人工智能、大数据、云计算等技术飞速发展，人们的学习、工作和生活等各领域都离不开信息系统的支持，国务院也印发了《新一代人工智能发展规划的通知》，表明对于智能化的重视程度已经上升到国家层面[7]。在这一时代背景下，能够利用信息技术提供管理问题解决方案的信息管理与信息系统专业人才至关重要。综合政策导向与社会需求，深圳大学管理学院对信管专业进行了系统的建设与探索，初步构建了较为完善与高效的人才培养体系。本文将结合深圳大学管理学院信管专业的办学实践，梳理专业建设过程中的成效与问题，以期为提高信管专业办学质量和人才质量提供参考。

二、深圳大学信管专业基本概况

（一）专业简介

深圳大学信管专业成立于1989年，其前身为软科学系，1997年院系调整后归属管理学院。该专业基于管理科学与工程这一广东省优势重点学科与一级学科博士点，立足深圳，面向粤港澳大湾区，结合《智慧深圳规划纲要（2011—2020年）》《珠江三角洲地区改革发展规划纲要（2008—2020年）》等文件，为区域发展培养高端信息管理与信息系统专业型人才。该专业人才需具备良好的人文、科学素养，拥有系统化管理思想和较高管理素质；掌握管理学、经济学、计算机科学以及信息科学等基础知识以及信息系统开发、信息资源管理等相关的技术知识，掌握信息系统（如大数据管理系统、人工智能系统等）的规划、分析、设计、实施和管理等方面的理论、方法与技术，具有一定的信息系统和信息资源开发利用和实践能力，能够在国家政府部门、企事业单位、科研机构等组织从事信息系统建设和信息管理工作。

（二）专业建设目标

深圳大学管理学院信管专业立足特区，站位示范区发展建设，围绕“一带一路”、粤港澳大湾区的国家发展战略，建设有特色、创新引领及有影响力的国家一流专业。

目标一：本专业将以培养具有大数据分析与人工智能技术背景、熟练掌握信息管理技术与能力的信息管理与信息系统专业人才为目标，面向社会需求，把握信息技术发展前沿，夯实专业基础理论和专业素质教育，突出管理、技术、经济等专业知识模块的深度互补和融合，以自主创新能力和社会实践能力的培养为核心，形成“知识—能力—素质”协调发展的交叉型、复合型信管专业人才培养新模式，为经济社会发展提供创新创业型信管专业人才。

目标二：抓住双区驱动良好契机，尝试教学创新模式。在人才培养模式改革方面，加强能力培养，拓展平台资源，尝试更广泛的区域合作实践。建设好现有的校企合作协同育人特色班（信管专业创新班）。

目标三：课程建设方面，基于培养创新型复合型信管专业人才的办学思路，模块化地梳理及优化人才培养方案和专业课程体系，建设好高水平 MOOC 课程、创新研究短课。在教学团队建设方面，打造优秀的专业课教学团队，培养青年优秀教师，参加教学竞赛。进一步优化业内教师队伍，建立校外教师数据库。同时建设 1 个集教学、科研、实践、培训于一体的多功能大数据分析与决策研究中心或数智创新创业中心。争取将本专业建成具有影响力的本科专业，在校友会网上的专业排名有大幅提升。

（三）特色优势

优势一：“因材施教、分类培养”的人才培养模式，培养两类人才，一类是牢固掌握信息技术，具有信息系统规划、分析、设计、开发与管理能力的应用型人才，另一类是通晓大数据技术，具有海量信息资源挖掘、分析与管理能力的复合型、创新型人才。

优势二：专业课程体系的设置呈现了技术与管理并重的特点。充分利用深圳特区科技类企业云集的特色优势资源，校企合作共建实践教学平台。

优势三：注重创新创业能力培养，通过课程教学鼓励学生参与创新创业训练计划，课内和课外相结合培养学生的创新能力。

三、深圳大学信管专业国家级一流本科专业建设探索

（一）专业综合改革与成效

1. 主要举措

（1）明确培养目标，修订培养方案：持续修订专业人才培养方案，在培养目标、课程结构上体现深化专业综合改革的设计思想。

（2）紧扣时代需求，改革培养方式：将组织实践问题融入课程设计，在课堂上推

行“启发式、研讨式、体验式”等互动教学手段。鼓励学生参加各类学科竞赛，并充分发挥科研对教学的积极促进作用。

（3）扎根特区土壤，强化实践育人：增加人才培养方案中实践性学时及学分的比重，修订实习大纲，与企业合作共建实验实践教学基地及校企合作协同育人特色班。

（4）注重学科交叉，优化教学资源：鉴于信管专业属于交叉型学科，注重不同学科领域知识的交叉互补，不断优化教学资源，践行交叉型人才培养模式。

2. 主要成效

（1）培养方案的课程体系更加完善，且具有前瞻性。基于最新的《管理科学与工程类专业教学质量国家标准》要求，结合信管专业国家标准，对课程类别体系进行改革。专业课程体系设置了通识模块、专业模块、实践模块和创新创业模块四大模块，制定“课堂教学—科研实践—课外竞赛”三位一体的教学方案，推行“启发式、研讨式、体验式”结合的数智创新思维与实践能力培养模式，旨在培养牢固掌握信息技术，具有信息系统规划、分析、设计、开发与管理能力的应用型人才，以及通晓大数据技术，具有海量信息资源挖掘、分析与管理能力的复合型、创新型人才。结合市场与行业对信息管理与信息系统专业人才的最新需求和信管专业交叉学科的特征，在专业课程体系中新增“信息资源管理”“管理建模方法与技术”“系统工程”“数字金融”等前沿性、交叉性专业课程。专业培养方案中单独设置创新创业模块和实践类课程模块，以创新实践为主导，突出学生职业能力培养，开设与各类行业发展结合紧密的创新创业课程（如“云计算行业与创新创业对接范式”“创新创业自主实践”“创新领航讲座”等），建立与“课程中实训、专业实训和综合实训”相对独立的、与理论教学体系相辅相成的实践教学体系，提升学生职业能力，实现专业素质与用人需求的“无缝对接”；同时提升专业核心课程的实践学时，目前实践学时占总学时比例已提升至20.7%，提高了人才培养手段的灵活性。在MOOC课程建设方面，由信息管理与信息系统专业教师郭海男开设的“电子零售与消费者行为”课程于2021年获批为深圳大学MOOC建设项目，MOOC“礼行天下”于2020年被认定为国家级线上线下混合式一流课程（金课）。专业教师赖晓凡开设了一门“项目管理”全英课程。

（2）培养方式更具实践性及创新性。训教结合，“程序设计”“Web程序设计”“项目管理”“ERP理论与实践”等专业课程，上机实验及实训作为考核方式已成为主要做法；以赛代训，鼓励学生积极参与学科竞赛活动，“互联网+”大学生创新创业大赛、全国大学生电子商务“创新、创意及创业”挑战赛、“尖峰时刻”全球商业决策模拟挑战赛、“创新创业”全国管理决策模拟大赛等竞赛屡次获奖；以研促教，组建“智能管理”研究所，基于科研项目开设创新研究短课，吸收本科生参与科研活动。

（3）校企合作激发实践育人创新模式。修订后的培养方案中实践学时占总学时的比例提高至20.7%，实践学分占总学分的比例提高至25%。建设专业对口的校外实习实训基地。截至目前，信息管理与信息系统专业打造了课堂讨论、讲座、竞赛、实习、毕业设计等全方位的校内外实践教学环境，与金蝶软件（中国）开展了深度产学合作协同育人，深化产教融合、校企合作，共建“集团企业管控实验实践教学中心”“企业云管理实践教学平台”以及深圳大学首批校企合作协同育人特色班（信息管理与信息系统专业创新班）；建成9个专业对口的校外实习实训基地，从而实现教学环境优化、实现内外整合。

（4）培养方案学科交叉互补特征明显。培养方案中既涵盖了数理类、信息技术工程类、经济类及管理类等基础课程和专业主干课程，也包含了跨学科、跨专业的新兴交叉课程，此外还引入了创新创业基础及就业指导等方面的选修课程，学科交叉互补特征非常明显。

（5）持续深化教学方式及学业评价体系改革，并形成以学生为主导的教学方式及多元化考核方法。优化并完善了本科课程考核方式改革工作，逐步推进基于解决企业实践问题、以小组项目为主要完成形式的本科课程考核方式改革工作，形式多元化考核方式。

（6）积极开展面向本科生的创新短课和聚徒教学活动。信息管理与信息系统专业积极开展了面向本科生的创新短课和聚徒教学项目，一流本科专业建设期内共开设短课10余门、聚徒教学项目10余项，极大地丰富了课程体系，令学生接触到最前沿知识、方法与技术，增强教师与学生们的联系与互动。学生在信息管理与信息系统专业教师指导下在学科竞赛中获奖30余项，在丰富学生课余生活的同时也进一步推动了“课堂教学—科研实践—课外竞赛”三位一体的教学。

（二）师资队伍和基层教学组织建设与成效

1. 主要举措

（1）提高专任教师队伍的工作能力。鼓励教师承担国家级、省部级教改项目及科研项目，鼓励教师主持规划教材编写，提高专任教师的教学水平及研究能力。

（2）提升师资队伍的国际化和多样性。加大人才引进力度，引进具有海外背景的专职教师，并加强企业兼职教师队伍的建设。

（3）促进教学团队的合作成长。建成若干以专业骨干教师为主体，教育理念新，专业技术能力好，课程开发与教学能力强的专业教学团队。

2. 主要成效

（1）培养了学科带头人和后备学科带头人，建成了各级优秀教学团队。本专业师资力量雄厚，拥有高水平的师资队伍，目前共有专任教师23人（其中教授6人、副教授7人、讲师10人），博士生导师4名，硕士生导师17名。长江学者特聘教授1名，国家杰出青年科学基金获得者1名，百千万人才工程国家级人选1名，香江学者1名，广东省珠江学者2名，上海市浦江学者1名，广东省高校千百十省级人才1名，广东省特支计划百千万工程青年拔尖人才 1 名，深圳市孔雀计划人才 15 名，具有博士学位的教师 21 名，分别毕业于美国托莱多大学、新加坡国立大学，以及我国的香港中文大学、吉林大学、哈尔滨工业大学等国内外知名大学，超过 90% 的教师曾在国外留学或进修。本专业已建成 2 个省级优秀教学团队及 2 个校级优秀教学团队。

（2）教师队伍教学、研究能力显著提升。近三年本专业教师共承担了省级和校级教研项目 10 余项；发表了高质量的教研论文近 20 篇，并获得了广东省高校教师教学创新大赛优秀奖、广东省课程思政优秀案例奖、深圳大学教学成果奖、深圳大学优秀本科教师奖等各级各类教学成果奖 10 余项。一流本科专业项目建设期内，被中国管理案例共享中心（CMCC）案例库收录为百优教学案例 2 篇，入库教学案例 1 篇。同时专业教师共主编或参编出版教材 5 部，包括《数据科学导论》、《新型菌群特征选择算法的理论与实践》、《以创新，信任和可持续计算管理物联网和移动技术》（*Managing IoT and Mobile Technologies with Innovation*、*Trust and Sustainable Computing*）、《数字平台增值服务运作管理决策研究》以及《电子逆向拍卖胜者确定问题的模型与方法》。

（3）专业大力引进了具有大数据分析学科背景的教师担任专职教师，包括近 3 年内新引进了赖晓凡、王旸、耿爽、何小雷、蚁文洁和赵慧达 6 名具有海内外教育背景或工作经历的优秀青年博士，进一步提高了专业师资队伍的实力。此外，专业还不断充实和建设由知名教授（共 3 名）以及华为等中国知名企业高管（共 10 名）组成的兼职教师资源库。

（4）专业骨干教师赴优秀企业挂职培训、兼职交流，聘请国内外知名专家学者来校讲学，从而提升教师队伍的专业素质，打造一支理论基础扎实、实践能力优秀的教学团队。项目建设期内，专业教师耿爽、牛奔、秦全德分别承接了深圳市卫生健康发展研究和数据管理中心、深圳市医学信息中心、河源市第七次全国人口普查领导小组办公室、广东省红岭集团有限公司等企业的横向项目。信管专业累计举行“管理科学前沿论坛”122 期，“教坛风云”教学研讨沙龙 28 期，同时共举办了前沿论坛 18 期，聘请国内外知名专家学者，如中国科学技术大学管理科学系教授毕功兵、清华大学管理科学与工程系教授肖勇波、华南理工大学工商管理学院教授周文慧、上海交通大学机械与动力工程学院教授明新国、中南大学商学院教授王坚强，以及美国休斯顿大学鲍尔商学院李猛等来校讲学。

（5）大数据智能管理与决策研究院建设初具规模。专业引进建设了院士工作站—深圳大学大数据智能管理与决策研究院，现已初具规模，该研究院现拥有教师 10 余名，以支撑实训实践科研与教学。

（三）专业教学质量保障体系建设与成效

1. 主要举措

（1）紧抓常规工作。落实和完成本科教学教务常规工作，如监考安排、学生选课、培养方案制定、实习实践教学等，查漏补缺，杜绝教学事故。

（2）鼓励自我提升。通过物质和精神双重激励，鼓励教师提升教学水平、指导学科竞赛、撰写教研论文、申请教研项目、参与学院教学沙龙等。

（3）实施多维保障。接受学校层面监督及管理，同时依托学院内部完整的体系保障专业教学质量。青年教师导师团、院长和教学院长全员参与、相互协作，教学指导委员会、教学管理委员会以及教学质量反馈学生联席会三个机构相辅相成、相互监督。

（4）创新教学管理。建立专业化教学管理团队，形成教学院长、专业教学秘书、教学系主任通力协作的综合管理模式。

2. 主要成效

（1）近三年来，本专业未出现教学事故，学生对教学效果总体评价优良，专业教师屡次获得优秀本科教学奖、优秀本科毕业论文指导奖以及优秀实习指导教师等多项教学奖励。

（2）教学资料核查、随机课堂听课、学生座谈会、教师测评等多种方式相结合，改善了教风与学风。

（3）建设服务型的专业化教学管理团队，建立了班主任责任制度，获得了学生的一致好评。

（4）成立了信息管理与信息系统专业教学指导委员会和教学质量持续改进委员会。信息管理与信息系统专业于 2021 年 9 月成立了信息管理与信息系统专业教学指导委员会和教学质量持续改进委员会，切实提高了信息管理与信息系统专业教育教学工作科学化和专业化水平，全面提高基础教育质量。

四、问题、反思与规划

（一）学生跨专业选课机制不成熟

培养方案中未能增加学生跨专业选修工商管理、市场营销、人力资源管理、行政管理等专业核心课程的学分比重。原因是学校规定不能通过学分设置强制学生跨专业选修其他专业的课程，目前仅能鼓励学生跨专业进行选修，或鼓励学生选修其他专业教师开设的创新创业短课、微专业等。

（二）复合型人才培养体系需进一步完善

虽然目前本专业人才培养体系已针对市场及社会对现代化复合型专业人才的最新需求进行了优化及调整，但在人才培养方面仍需紧扣培养复合型人才这一特色及使命，通过建设与各类行业发展结合紧密的创新创业课程及 MOOC 专业课程，出版数智类及双创类专业教材；创新教学方法，构建协同育人体系；持续开展“数字智能创新与创业管理”微专业等有效措施进一步凸显本专业的特色。

（三）师资队伍建设仍有上升空间

专业师资队伍的水平及国际化、交叉性需进一步提高，以夯实专业根基。虽然目前本专业已引进了多位具有海外留学背景的优秀青年博士担任专任教师，但在教学名师的引进和培养、特色教学团队的培育以及研教深度融合等方面仍需花大力气来建设。

（四）国际化双创能力培育平台需进一步打造

虽然本专业已开展了一些校企合作协同育人的活动，如与金蝶软件（中国）开展了深度产学合作协同育人，深化产教融合、校企合作，也积极鼓励学生参与各类创新创业学科竞赛及训练计划，但在校企合作的范围及层次方面还应努力拓宽拓深，实现本土与国际化、学校与企业的有机融合。在人才培养中，可以进一步增加邀请企业实务人士走进课堂，带领学生深入企业实践的次数；尚未正式聘请体制化的“企业实践导师”——这方面的安排需要学院和学校在制度层面支持。在校企合作共同开发课程、专业教学案例库、项目资源库方面进展也较为缓慢。在产学研结合方面，虽然也经常派教师外出参访企业及实地学习，但与企业实质性的合作仍然较少。在探索多种形式的校企合作模式方面仍然需要加强，这既有资源约束，也有传统教学惯性。乘着管理学院通过 AACSB 认证的东风，信管专业在国际交流项目方面还应更加深入，让学生走出国门，深入企业，培养国际化双创能力。

参考文献

[1] 陈宝生. 坚持“以本为本”推进“四个回归”建设中国特色、世界水平的一流本科教育 [J]. 时事报告（党委中心组学习），2018（5）：18-30.

[2] 陈志刚，石金晶，奎晓燕.“双一流”建设背景下软件工程国家级一流本科专业建设思路探讨 [J]. 中国大学教学，2022（6）：27-33+40.

[3] 胡洋，郭勇，于骐鸣. 大数据背景下的“信息管理与信息系统”专业人才培养方案改革研究 [J]. 黔南民族师范学院学报，2019，39（4）：83-86.

[4] 沈波，廖嘉莉. 数字化时代信息管理与信息系统专业人才培养的思考 [J]. 高教学刊，2021，7（23）：161-164.

[5] 王平，苗虹. 地方行业特色高校信息管理与信息系统专业人才培养问题及对策研究 [J]. 中国管理信息化，2021，24（16）：227-229.

[6] 刘宁，赵建华. 人工智能时代信息管理与信息系统专业人才培养模式探究 [J]. 系统仿真技术，2022，18（1）：68-72.

[7] 戴小鹏，申聪，李东晖，等. 智能时代计算机科学与技术专业的培养模式研究 [J]. 湘南学院学报，2018，39（2）：81-84.

案例教学模式满意度影响因素研究

——基于深圳大学的调查数据

黄燕婷　周诗音　孙泓姿

（深圳大学管理学院工商管理系）

【摘要】案例教学作为一种开放和互动相结合的新型教学方式，广泛应用于课堂教学中。本文重点针对大学生案例教学模式满意度的影响因素进行分析，以 129 名大学生为被试，采用问卷调查法进行大学生案例教学模式满意度影响因素的研究。结果发现，大学生对目前案例教学模式的满意度主要受到教师能力、学生自身以及相关教学情况等多方面的影响。本文从教师、学生和案例三个层面提出关于提高案例教学模式满意度的建议，以期为案例教学的课堂应用提供参考，以促进高等教育质量进一步提升。

【关键词】案例教学；影响因素；SPSS

一、引言

党的二十大报告强调，“教育、科技、人才是全面建设社会主义现代化国家的基础性、战略性支撑”，明确要求“实施科教兴国战略，强化现代化建设人才支撑”，赋予了教育新的战略地位、历史使命和发展格局。人才是衡量国家综合国力的重要指标，高校则是人才培养的主要阵地。高校课程教育作为人才培养的重要环节，被国家和社会所重视。在高校教育过程中，课堂教学模式是培养高校全方面发展人才不可或缺的部分，案例教学作为一种摆脱了被动“填鸭式”教学的新型教学模式，推动学生在主动学习中寻求现实问题的答案以及对应的解决方法。所以许多高校逐渐将案例融入课堂教学中，通过案例教学让学生独立思考、团结合作，以期提升学生的管理和创新能力。本文在对 129 名在校大学生进行问卷调查研究的基础上，重点剖析了大学生案例教学模式满意度的影响因素，以解决目前案例教学中存在的弊端，推动高校管理人才的培养。

本文旨在探讨案例教学模式对学生学习和发展的影响，通过大学生对案例教学模式满意度的问卷调查，研究案例教学模式应用于课程中是否被学生所接受，以及案例教学应该如何改进以符合日益发展的教育教学体系，以促进学生的综合素质发展和职业能力提升，为案例教学在课程教学过程中的应用提供借鉴和启示。

二、案例教学模式简介

案例教学作为一种开放和互动相结合的新型教学方式，广泛应用于各个领域的教育和培训之中[1]。案例教学（Case Method）由 1870 年美国哈佛法学院前院长 C. C. Langdell 首次提出，而后经哈佛企管研究所所长 W. B. Doham 推广。20 世纪初，哈佛商学院引入了商业管理案例，学院教授记录了部分商业管理和决策过程，包括各种不确定的信息、相关意见和实施过程等，并将其撰写在课堂教学案例中，以培养学生的管理推理能力。案例由实际企业或组织面临的各种风险和挑战构成，具有真实有效等特点，对培养人才的创新思维和合作能力起到了重要作用。在教育发展的过程中，教育学家发现仅依靠理论知识进行人才培养存在着局限性。陶行知曾指出，“我们要以生活为中心的教学做指导，不要以文字为中心的教科书”。在教育过程中，学生需要一些“真材实料”不断打磨和塑造自身能力，通过对案例教学模式的模仿和不断探索，20 世纪 80 年代，案例教学正式被引入到我国高校的管理课程中。

案例教学是以案例为媒介，将学生置身于现实发生过的真实情境中，令他们化身为故事中的主人公或者参与者，对实际生活中发生的问题进行判断和分析，这能有效培养学生的批判性思维、创新能力和团队合作精神。无论是何种案例教学类型，都应该结合相应的管理理论，通过各种信息、知识、经验、观点的碰撞来达到启示理论、启迪思维的目的。

案例教学模式在课堂中应用的基本流程通常包括以下几个步骤：

（1）案例选择：教师根据教学目标和课程内容选择适当的案例。案例可以是真实的商业案例、历史事件、社会问题等，也可以是教师编写的虚拟案例。

（2）案例引入：教师向学生介绍案例的背景信息，激发学生的兴趣和好奇心，引发学生对案例的思考和讨论。

（3）小组讨论：学生分成小组，共同讨论案例中的问题和挑战。他们可以分享自己的观点、提出解决方案，并进行辩论和交流。

（4）教师引导：教师在小组讨论的过程中起到引导和促进的作用，引导学生从不同角度思考问题，提供必要的背景知识和理论支持。

（5）全班讨论：小组讨论结束后，全班进行讨论，分享各小组的观点和解决方案。学生可以从不同的角度和观点中学习和借鉴。

（6）分析总结：学生通过分析案例的过程和结果，总结经验教训，提炼出有价值的知识和经验，并将其应用到实际问题中。

案例教学模式的优势在于它能够将学生从被动的接受者转变为主动的学习者，激发学生的学习兴趣和动力。通过实际案例的学习，学生能够更好地理解和应用所学知识，培养批判性思维和问题解决能力[2]。此外，案例教学还能够培养学生的团队合作能力和沟通能力，提高学生的自主学习和自我管理能力。

综上所述，案例教学模式是一种相较于传统理论教学更加有效的教学方法，能够促进学生的实践操作能力、解决问题能力和团队合作能力的培养。在管理学院的课程中应用案例教学模式，有助于提高学生的综合素质和管理能力，使他们能够更好地适应现实工作环境的需求和挑战。然而，目前高校课程中的案例教学是否能符合当代人才培养的需要，是否顺应未来教育发展的潮流，还需要进一步讨论。

三、案例教学在课程中的应用

案例教学模式已被广泛应用于课堂教学和学生实践活动中，通过案例教学的展开，学生能够深入了解不同行业、组织中存在的管理问题并对此进行分析解决，从而提高他们的商业洞察力和决策能力。不仅如此，案例教学模式还能够帮助学生培养批判性思维和问题解决能力，使他们能够在真实的商业环境中应对不同程度的挑战。

案例教学模式的理论基础主要包括认知理论、建构主义学习理论和情境学习理论。其中，认知理论强调学生主动构建知识的过程，案例教学提供了学生参与解决实际问题的机会，促进了学生的主动学习；建构主义学习理论则认为学习是一种个体内部的意义构建过程，案例教学通过对真实情境的模拟，帮助学生将理论知识与实际问题相结合；而情境学习理论指出学习应该在真实的情境中进行，案例教学提供了学生在真实商业情境中学习的机会，增强了学习的有效性和实用性。工商管理中的案例教学按照以上三种理论，在各大高校中不断摸索，努力实践，已经形成了一个较为完备的案例教学体系。

与此同时，根据前人的研究总结，工商管理中的案例教学模式往往被划分为六种类型，即消化型案例教学模式、学习型案例教学模式、综合知识型案例教学模式、表演型案例教学模式、实践型案例教学模式和网络型案例教学模式[3]。针对教学环境的变化和多样化课程的不同需求，教师往往会选择一种或多种类型的案例教学模式促进学生参与案例讨论。例如在疫情期间，许多高校采取网上授课的方式，进行案例教学的课程便会采取网络型教学模式，利于线上教育平台对学生进行案例指导。为了更好地掌握案例教学模式以及将其熟练地应用到管理类课堂中，本文通过问卷调查研究大学生对案例教学满意度的方法，分析案例教学存在的优缺点，以期将其高效地运用于课程教学中，使学生得到自我能力的培养和提升。

四、案例教学满意度分析

（一）变量选取与测量

通过文献研究法，并结合大学生实际情况，本文将满意度影响因素分为案例质量、教师能力、学生参与、教学环境、时长占比五大类[4][5]，每个影响因素按照李克特五级量表进行打分，将满意度划分为五个不同等级，从“非常不同意”到“非常同意”

依次赋值 1 到 5。

“案例质量”下设 5 个题项：内容长短；时新性；内容的深度广度；与课程的关联性；所提供的实践指导帮助。

“教师能力”下设 8 个题项：对案例及相关理论的熟悉程度；讲解分析案例、引导问题思路、结果评价的技术；教师风格；互动热场能力；选择的案例嵌入方式；学生发言时的控场能力；为激励学生而设置的机制；对比老师讲学生听的模式，对案例教学模式的看法。

“教学环境”下设 4 个题项，皆为反向计分：小组成员难以聚在一起讨论；小组合作讨论效率低下；案例教学的硬件设备太差；课堂人数过多导致发言展示机会少。

“学生参与”下设 6 个题项，皆为反向计分：个人缺乏知识储备、语言组织能力差、个性内向不敢发言、个性懒惰不想参与、不做第一个发言的人、怕回答错误遭到笑话。

“时长占比”只有 1 个题项：案例教学时长在课程总学时中所占比例。

（二）调查对象与数据收集

本研究以深圳大学管理学院 2019—2022 级的学生为调查对象。通过在问卷星平台发放问卷并获取一手数据。

问卷分为六个部分，包括基本信息、案例质量、教师能力、教学设计、教学环境、学生。共发放问卷 129 份，收回有效问卷 121 份，回收率为 93.8%，保证了问卷数据的时效性和可靠性。学生基本信息统计见表 1。

表 1　学生基本信息统计

基本情况	指标	样本数	百分比（%）
年级	大一	22	18.2
	大二	49	40.5
	大三	36	29.5
	大四	14	11.6
专业	工商管理	60	49.6
	市场营销	21	17.4
	人力资源管理	12	9.9
	电子商务	11	9.1
	信息管理与信息系统	17	14.0

（三）问卷效度分析

对 121 个样本数据 24 个题项进行效度分析（见表 2）。球形检验概率 p 值小于 0.001，在 $\alpha=0.05$ 的水平下可拒绝原假设，认为相关系数矩阵与单位阵有显著差异；KMO 值为 0.859，接近于 1，原有变量适合做因子分析。

表 2 KMO 和巴特利特球形检验

KMO 取样适切性量数		0.859
巴特利特球形度检验	近似卡方	1956.655
	自由度	276
	显著性	<0.001

（四）因子分析

运用 SPSS 进行因子分析，提取出五个主成分（见表 3），解释了原有变量总方差的 70.604%，说明信息提取程度较高，变量信息丢失较少。

表 3 旋转后的成分矩阵[a]

题项	成分				
	1	2	3	4	5
您对教师讲解分析案例、引导问题思路、结果评价的技术感到满意	0.868	−0.082	0.191	−0.059	0.002
您对教师对案例及相关理论的熟悉程度感到满意	0.858	−0.133	0.23	0.024	−0.081
对比教师讲学生听的教学模式，个人对案例教学更感兴趣	0.849	−0.09	−0.042	−0.178	0.015
您对教师选择的案例嵌入形式（课前引入、课中穿插或专题讨论等）感到满意	0.78	0.049	0.276	−0.054	0.168
您对案例教学中教师引导或激励学生参与互动的能力感到满意	0.715	−0.101	0.332	−0.114	0.155
您对案例教学中教师的教授风格（幽默、严肃、和蔼等）感到满意	0.686	−0.126	0.212	0.133	0.269
您对教师把控学生参与讨论、发言时间长短的能力感到满意	0.675	0.079	0.27	0.028	0.353
您对案例教学中激励学生参与互动的机制感到满意	0.635	−0.063	0.193	−0.075	0.555
个性比较内向、不敢随意发言	0.042	0.886	−0.07	0.047	−0.1
怕自己回答错误遭到笑话	−0.032	0.766	−0.012	0.375	−0.047
个人语言组织能力、答辩能力差	−0.052	0.764	−0.009	0.216	−0.301
个性比较懒惰、懒得参与发言	0.107	0.733	−0.247	0.152	0.137
看他人是否参与再决定，不做第一个发言的人	−0.165	0.728	0.08	0.201	−0.037
个人缺乏案例分析的理论知识储备	−0.304	0.664	0.017	0.033	0.22
您对案例的时新性（反映当前企业管理问题）感到满意	0.231	−0.066	0.812	−0.087	0.134
您对案例提供的实践指导帮助感到满意	0.279	−0.073	0.695	−0.002	0.412
您对案例的内容长短感到满意	0.503	−0.002	0.636	−0.082	−0.1

续表

题项	成分				
	1	2	3	4	5
您对案例讨论内容的深度广度感到满意	0.491	−0.064	0.627	−0.131	0.029
您对案例与所学理论课程的关联性感到满意	0.564	0.003	0.592	−0.08	0.009
教学环境—小组成员（因时间、地点原因而导致）很难聚在一起讨论	−0.148	0.236	0.148	0.818	−0.024
小组内（因缺乏领导者、搭便车效益等原因而导致）讨论效率低下	−0.041	0.344	0.063	0.812	−0.032
课堂人数过多，发言展示机会少	−0.121	0.125	−0.21	0.745	0.054
案例教学的硬件设备太差	0.109	0.131	−0.3	0.714	−0.07
您对案例教学时长在相关课程总学时中的占比感到满意	0.536	−0.086	0.228	−0.05	0.626

提取方法：主成分分析法。
旋转方法：凯撒正态化最大方差法。
a：旋转在7次迭代后已收敛。

根据旋转后的成分矩阵，可命名五个主成分为：教师、学生、案例、教学环境、案例教学时长占比。成分得分系数矩阵见表4。

表4 成分得分系数矩阵

主成分	成分				
	1	2	3	4	5
教师1	0.215	0.001	−0.076	0.003	−0.172
教师2	0.217	−0.034	−0.038	0.053	−0.26
教师3	0.254	0.021	−0.209	−0.064	−0.126
教师4	0.146	0.047	−0.032	−0.016	0.004
教师5	0.113	0.004	0.012	−0.015	−0.009
教师6	0.111	−0.044	−0.049	0.097	0.122
教师7	0.085	0.046	−0.032	0.014	0.208
教师8	0.051	0.021	−0.095	−0.015	0.424
学生1	0.065	0.292	−0.04	−0.135	−0.073
学生2	0.021	0.193	0.018	0.04	−0.021
学生3	0.057	0.212	0.047	−0.031	−0.271
学生4	0.077	0.231	−0.174	−0.071	0.17
学生5	−0.041	0.207	0.087	−0.03	0.001
学生6	−0.116	0.22	0.041	−0.105	0.29
案例1	−0.124	−0.005	0.381	0.013	−0.004
案例2	−0.133	−0.012	0.277	0.046	0.279

续表

主成分	成分				
	1	2	3	4	5
案例 3	0. 034	0. 017	0. 255	0	−0. 263
案例 4	0. 009	0. 008	0. 236	−0. 014	−0. 131
案例 5	0. 043	0. 023	0. 206	−0. 003	−0. 159
教学环境 1	−0. 059	−0. 068	0. 156	0. 347	−0. 018
教学环境 2	−0. 006	−0. 027	0. 087	0. 321	−0. 031
教学环境 3	0. 006	−0. 087	−0. 06	0. 313	0. 096
教学环境 4	0. 114	−0. 077	−0. 144	0. 296	−0. 057
案例教学时长占比	0. 002	0. 009	−0. 062	0. 001	0. 507

提取方法：主成分分析法。
旋转方法：凯撒正态化最大方差法。

接着我们利用每个因子的方差贡献度得出权重，并根据权重将五个因子加权，最终合成案例教学总体满意度。

（五）满意度影响因素回归分析

将总体满意度作为因变量，与五个因子得分进行回归分析，模型系数见表 5。

表 5 模型系数[a]

模型	未标准化系数		标准化系数	t	显著性	共线性统计	
	B	标准错误	Beta			容差	VIF
（常量）	0. 000	0. 000		0. 000	1. 000		
教师 A	0. 253	0. 000	0. 667	957781230. 3	0. 000	0. 995	1. 005
学生 A	0. 157	0. 000	0. 515	739676894. 2	0. 000	0. 994	1. 006
案例 A	0. 125	0. 000	0. 36	517722062. 1	0. 000	0. 998	1. 002
教学环境 A	0. 115	0. 000	0. 361	519227282. 4	0. 000	1. 000	1. 000
时间占比	0. 056	0. 000	0. 161	230853792. 1	0. 000	0. 996	1. 004

a：因变量：总体满意度。

标准化模型方程为：

案例教学模式总体满意度＝0. 667×教师+0. 515×学生+0. 36×案例+0. 361×教学环境+0. 161×时间占比

由此可知教师能力对满意度影响最大，时间占比影响最小。

五、结论与建议

（一）研究结果与讨论

由案例教学模式总体满意度回归方程得知，教师能力方面的因素对满意度贡献最大，系数为 0.667，说明教师在案例教学中的案例嵌入方式、理论知识储备、讲解引导技能、点评时间把控、互动能力、自身教学风格、激励机制等是提升案例教学模式满意度的最大突破口。

学生自身因素的系数为 0.515，相对于教师而言比较低。作为案例教学系统中两大主体之一，学生自身参与程度、发言抵触程度让满意度有所差别。相对于喜欢发言并与老师交流的学生，抵触发言的学生皆因个性内向、语言组织能力差等原因，将对发言的不满意转移到案例教学模式上，导致本次案例教学总体满意度出现个别样本满意度明显低于平均水平。而参与程度较高的学生，满意度皆在平均水平及以上。

案例和教学环境的系数相近，分别为 0.36 和 0.361，说明两者影响力相当。案例本身的质量和物理环境的影响也会影响学生对案例教学模式的体验。

贡献度最小的为案例教学时长在总学时中的占比，系数为 0.161。若是案例出现频率太高，学生和老师可能会出现无法充分接受知识和备课的情况，反而导致案例教学效果下降。

（二）建议与展望

基于本文研究数据及分析，案例教学模式满意程度主要与教师能力、整体教学环境、学生个性等多方面因素有关。为了提高管理类教学教育质量和案例教学满意度，本文提出以下几点建议：

第一，从教师角度来看，教师应该不断提升自身在课堂中运用案例的技巧，将案例嵌入课堂授课中，教师也应该做好“激励工作”，鼓励学生参与到案例讨论中。教师需要进一步丰富和提高自己的实践经验和领导课堂讨论的能力，引领学生进行案例分析与讨论。同时，邀请企业相关人员进入课堂对案例背景进行阐述，以更好地达到学生对管理案例讨论中身临其境的效果。

第二，从学生角度来看，学生应该积极参与小组或全班讨论，主动分享自己的观点，积极与其他同学进行交流和辩论；同时应该对案例进行深入剖析，从不同的角度和层面挖掘案例背后隐藏的问题与答案，与组内成员互相学习和借鉴，形成团队合作。高校应该为学生创造出浓厚的校园学习氛围，提升教学环境质量。

第三，从案例角度来看，教师可以在优秀案例库中选取合适的案例，以保证案例质量，为教学打好基础。同时，高校可以对教师进行案例教学培训，激励教师撰写案例，提高教师案例教学能力。高校和教师都应合理设定和调整案例教学的时长，改善案例教学的效果。

综上所述，案例教学作为一种能够激发学生实践操作能力、问题解决能力和团队合作能力提升的有效手段，应使其更加符合教育发展的趋势。通过高校、教师和学生的多方努力，进一步完善案例教学模式在课堂教学中的应用，培养学生的综合素质和职业能力，以更好地适应和应对未来的挑战和需求。

参考文献

[1] 张家军，靳玉乐．论案例教学的本质与特点［J］．中国教育学刊，2004（1）：51-53+65.

[2] 王华荣．以案例教学推动大学课堂教学模式改革的实践与探索［J］．中国大学教学，2011（4）：62-64.

[3] 孟凡生，尹鹏．工商管理专业本科案例教学模式及其评析［J］．黑龙江高教研究，2010（9）：160-162.

[4] 邓新明，左可榕，孙源婧．工商管理专业案例教学质量学生满意度探讨——基于一项案例教学实践调查［J］．中国大学教学，2015（1）：82-87.

[5] 何志毅，孙梦．中国工商管理案例教学现状研究［J］．南开管理评论，2005（1）：91-95.

浅析即时型案例在人力资源管理教学中的应用

文珊珊　张　龙　张　凯

（深圳大学管理学院人力资源管理系）

【摘要】人力资源管理历来是一门注重实践和理论相结合的学科，发展非常迅速。教师需要在有限的课时内将最具代表性的内容让学生吸收，通常的解决方案之一是案例教学。但案例教学也存在典型性和时效性不足的问题。因此我们可以通过采取多媒体教学的方式，运用即时通信工具等引导学生关注当下发生的时事热点问题，还可以将案例的教学过程与企业运营过程相结合，有效激发学生的学习积极性，提高学生的学习能力和应用能力，培养学生的创新精神。

【关键词】案例教学；即时型；时效性；人力资源管理教学

一、问题的提出

案例教学法通过案例的呈现来传授知识，广泛应用于医学、经济学、管理学、社会学等各个学科。这种方法利用案例作为工具来创建准现实场景。案例教学的主要功能是利用案例进行师生、生生互动，促进对话，激发反思。这种反思过程反过来又促进内化，带来先进的思维和提高专业技能[1]。学者们还给出了额外的定义，认为案例教学是根据学生分析和教学内容选择合适的案例。通过这些案例引导学生进行讨论和交流，从而将抽象的知识以有形的方式呈现出来，增强学生对知识的理解、掌握和应用[2]。案例可分为多种类型，包括说明性案例、分析性案例、讨论性案例、文本材料案例、图表案例、专题案例和综合案例[3]。此外，案例教学还包括案例讨论、独立案例教学、情景模拟、调查实践案例教学等多种形式[4]。从本质上讲，案例教学法的目标是让学生做好面对现实生活案例并有效运用所学到的知识解决实际问题的准备。

经典的案例教学法通常包括以下四个步骤：①学习概念和补充材料；②对案例进行综合分析；③在研究小组内进行协作讨论，分享见解；④积极参与课堂，学生在教师的指导下，对分析的案例进行集体讨论[5]。

传统的哈佛案例教学法呈现出以下四个特点：第一，学习目标主要通过积极参与课堂讨论来实现。第二，教师在引导这些讨论中发挥领导作用。第三，该方法重特殊性而非普遍性，注重通过创设具体情境来分析学生的立场和观点，而不是教授一般原理或理论。第四，它针对认知和情感方面，旨在从低级思维发展到批判性和创造性思维。在情感上，它强调人际交往能力和价值观，同时注重实际的学习目标，例如有效沟通和团队合作等具体管理技能[6]。案例教学是一种广泛采用的教学模式，具有开放性、互动性、情境性等特点。这些属性使学生能够沉浸在案例场景中，促进沉浸式交流和讨论，从而增强整体学习体验[7]。

尽管如此，在实际的教学过程中，案例教学法面临不少挑战。首先，案例仅限于在其自身背景下提供信息。其次，它倾向于调整分析方法以适应预定的结果，限制了应用课程知识解决案例问题的灵活性。通常使用案例来验证现有知识的适当性或正确性，而不是利用知识来指导解决方案。最后，问题分析重于解决问题，更注重角色扮演而不是现实世界的应用。此外，案例教学方法将案例解决视为单一事务，缺乏反馈循环。它静态地描绘了经济环境和社会动态，忽视决策的潜在影响，并将思维局限于组件之间的线性关系。这种方法无法捕捉随时间演变的交织变量的动态复杂性。值得注意的是，学生错过了见证其决定后果的机会，缺乏实际实施的机会，并且在没有实际反馈的情况下进行评估。这一局限性是学术界对案例教学法讨论的批评焦点[8]。同时，许多案例与学生的心理距离较远，时间比较久远或者案例的情境对于学生来说比较陌生，导致学生对基于案例的学习活动的参与度和兴趣下降。如果这些案例不能满足学生的学习需要或不符合学生的实际情况，就会对案例教学法的广泛采用构成重大障碍。教师对代表性问题的选择和制定往往无法引导学生参与，导致相关知识点掌握不力。另外，当今的学生都是“00后”，网络是获取知识与交流的主要渠道，对于实时发生的社会新闻有较高的关注度。案例的“新”与“时效性”能更好地吸引学生的兴趣，并有较强的代入感。

二、即时型案例教学模式分类与探析

（一）运用即时通信工具的案例教学

为有效解决案例时效性问题，案例教学时可直接邀请案例发生地负责人作为特邀嘉宾进入课堂。嘉宾可以阐明案件过程的真实细节，为老师和学生提供第一手信息和材料，同时与学生进行讨论、交流和互动。但由于成本、时间、距离等具体要求和限制，受邀嘉宾可以选择通过 MSN、QQ、微信、腾讯会议等即时通信工具在线参与课堂案例教学。具体地说，受邀嘉宾可以在约定的时间内，在自己的办公室通过网络视频、音频等媒介向学生介绍案件的发生和进展，与学员进行即时讨论、交流。

即时型案例教学的流程如下[9]：

在课程准备阶段，教师的任务是选择相关案例，确保与教学内容保持一致。随后，他们必须与案件所在地负责人进行沟通，确认嘉宾邀请并协调案件相关信息的整理和处理。受邀嘉宾则需要明确案例教学规则，准备讲解，找出问题点，并配合老师收集整理相关资料。同时，要求学生事先主动阅读案件相关资料，理解案件梗概，提炼值得讨论的问题等。

在课堂教学阶段，教师不仅要介绍嘉宾，还需要引导讨论和交流，在整个教学过程中控制好讨论时间并主持课堂总结。特邀嘉宾则需要对案例进行详细的介绍，提供额外的背景信息，并通过解释和交流解决师生提出的问题。学生们积极参与讨论，并与嘉宾和老师分享自己存在的问题。

在课后学习阶段，教授整理补充材料并提出反思性问题。他们与受邀嘉宾进行额外的沟通，以增强和完善案例，向学生提供反馈，并评估他们的表现。嘉宾则汇报案例内容的任何新变化或进展。他们使用即时通信工具解决教师和学生的疑惑，并参与讨论和交流。与此同时，学生深入研究学习材料，回答反思性问题，并记录他们的学习经验或从与老师和嘉宾的讨论中获得见解，写成学习心得或报告。

在运用即时通信工具的案例教学中，教师仍然是主导角色，承担着各种责任和任务。由于案件的实时性，他们的迅速反应和准备至关重要。案例内容要与教学内容相吻合，需要教师有敏锐的意识。他们负责及时识别当下热点案例，与案例发生地负责人取得联系，并就嘉宾邀请达成一致和确认。此外，教师可能需要为受邀嘉宾提供指导，引导学生提问，控制好案例教学的时间、内容和进度。学生是课堂上的主角，所有的教学活动都必须围绕满足他们的需求来展开，充分激发学生的学习积极性和主动性。

（二）基于商业时事热点的即时案例

对于一些社会资源有限的高校来说，如何邀请案例嘉宾参与课堂案例教学是一个挑战。有鉴于此，学生可以采取适当的方法来收集最近发生或正在进行的著名商业案例，进行自主的案例分析[10]。在这种教学方法中，教师的主要作用是引导学生独立跟踪当前的热门话题，并培养他们共同开发案例的综合能力。如针对当下比较热的话题“996”工作制，引导学生去深究其中的不合理性和改进的方法。或者可以引导其关注另一个话题——新生代员工的“躺平”策略，让学生自主收集相关的企业案例信息，并提出相对应的激励措施。这种类型的即时型案例教学模式简要流程如图1所示。

不仅如此，多媒体应用正日益成为教学现代化的一种重要手段[11]，它内容形象，显示模式生动逼真，特别是音像文件包含了以往纯文本所无法包含的大量信息，使教学内容更加丰富，因而最受学生欢迎，也最能提高学生的学习兴趣和学习主动性。

通过将相关图片和在线视频融入多媒体课件中，具备相关先验知识的学生可以轻松理解。这种方法加上紧跟最新趋势，很容易吸引学生并灌输新奇感，培养其钻研该主题的强烈愿望。因此，多媒体教学与即时案例的结合，将理解的重点从学生的间接需求转向了直接需求。这种转变培养了强大的内在动力，激发了学生的真正兴趣。一旦这种兴趣被点燃，教师就可以有效地引导学生将抽象的人力资源管理概念和原则转化为具体的事实或现象。因此在教学过程中，教师可以综合运用多媒体教学方式，制作包含文本、图形图像、声音、动画、视频等在内的多媒体课件。这种方法可以灵活、系统地选择教学内容，确保与学科前沿保持一致。最终营造教学创新氛围，促进大学生主体参与意识和综合素质的发展。

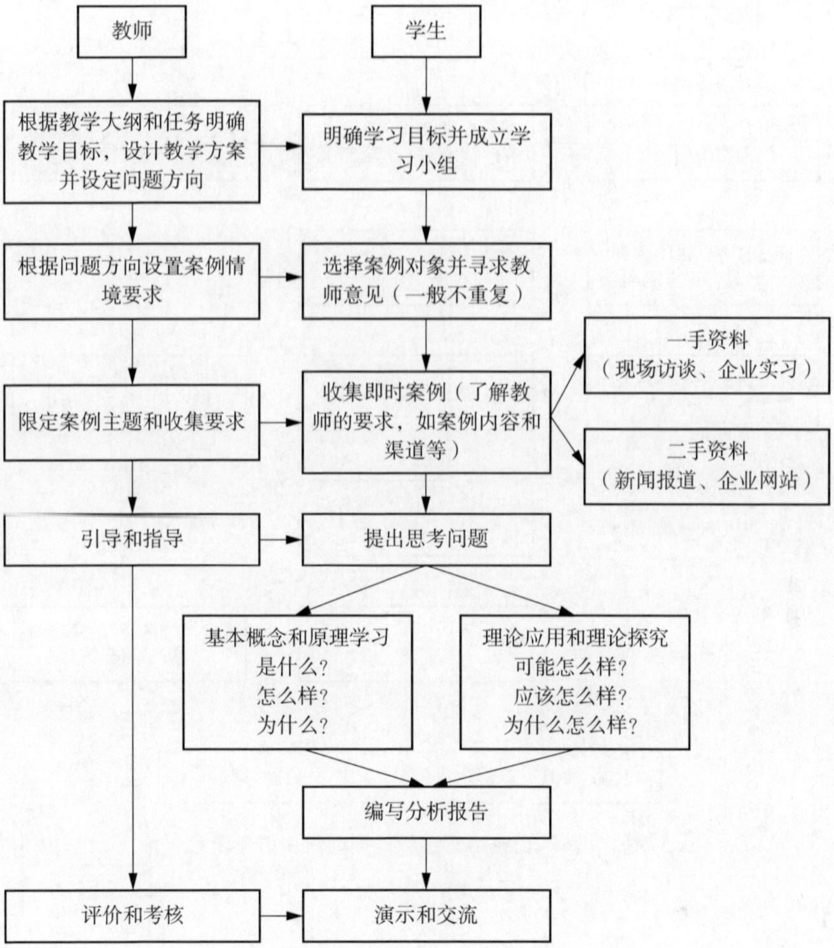

图 1　基于时事热点的即时案例教学流程

（三）基于企业运营过程的即时案例

基于企业运营过程的即时案例教学则最具有挑战性，它需要企业、教师和学生三方互动，共同完成案例的编写[12]。以往的案例教学存在着诸如选取范围小；内容不完整、缺乏典型性；针对性不高等问题[13]，因此教师必须选择典型的、有代表性的案例，并通过企业的即时反馈和学生的共同参与来促进案例的补充和完善。这一案例教学模式的简易流程如图 2 所示。

在这一案例教学过程中，教师需要确保案例、知识和学生三者相匹配，能够启发学生思考，不断地进行案例更新，保证授课内容的鲜活性，同时反馈给学生最新的实际部门动态。学生必须阅读资料，有自己的看法，与别人交换意见，进一步收集资料、倾听别人的观点、表达自己的意见。教学可以与实际情况发展同步讨论，让同学追踪事件的发展近况，隔一段时间还可以根据实际情况进行阶段性的总结。而企业则需要根据实际情况即时地将信息和问题反馈给教师与学生，同时根据其提供的解决方案有选择性地实施，并反馈结果。

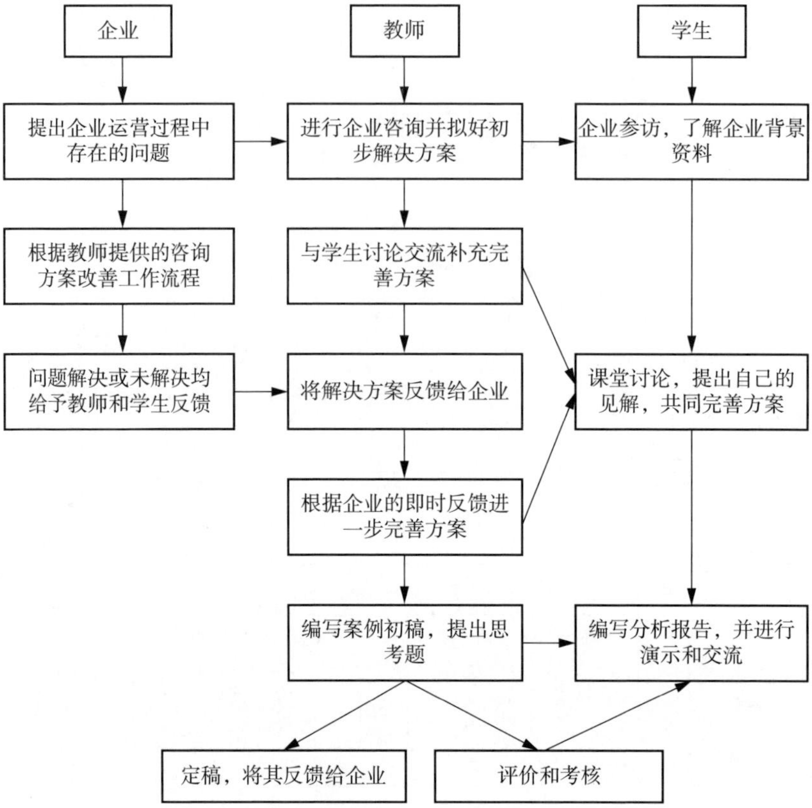

图 2　基于企业运营过程的即时案例教学流程

三、小结

首先，在案例教学法的发展过程中，学者们不断寻求解决其局限性的方法。探索的途径之一就是即时案例的引入[14]。这些案例所拥有的即时性、新颖性、典型性和真实性对学生来说非常有吸引力。它们不仅提高了学生应用理论的能力，而且培养了学生的创新精神[15]。此外，即时通信工具被认为是最快速、便捷、经济、实用的沟通工具，是即时案例教学模式中信息交流的有效渠道。由于即时通信工具的广泛实用性，这种应用模式具有广阔的前景。

其次，教育不仅仅依赖于教师的指导，社会本身就是一个广阔的课堂，提供丰富的优质教学资源。通过即时案例与多媒体教学方式的结合，教师可以及时了解学科最新动态，切入当代热点话题，使教学内容与学生所关心的问题相结合。这种方法不仅确保了案例与教学内容的相关性，而且有助于激发和维持学生的学习热情。

最后，教学不能只将注意力放在课堂之中，同步追踪案例企业的实时发展情况更能够提高学生的综合分析能力。通过深入了解企业的真实情况和正在进行的营销活动，学生可以分析企业面临的挑战，思考和探索所需的理论知识，自主应用这些理论，并提出切实可行的解决方案。这种教学方法使学生在真实复杂的问题场景中具备更系统的理论知识和强大的实际应用能力。它培养学生的自主学习能力、协作能力、探索能力和创造力，最终提高学生灵活掌握理论课程知识的能力。这个过程也有效地培养和发展了他们的高水平思维能力、解决问题的能力、自主学习能力和创新精神。

当然，教师必须在整个教学过程中努力协调好案例与正在展开的教学进度之间的关系，确保教学内容的系统性。与此同时，营造民主和宽松的课堂环境也是至关重要的。这种氛围强调启发性、创新和自主学习的价值观。在课堂讨论环节，教师应积极鼓励学生参与课堂讨论，注重激发灵感，培养批判性、多角度思考的能力。这种方法旨在使学生能够获得实际应用和生活的知识，不因循守旧，敢于创新。

参考文献

［1］任敏，吕江蕊，陈政军．行动案例教学法：打通理论教学与实践行动阻隔的社会工作教学探索［J］．社会研究方法评论，2023，3（1）：220-250.

［2］王梅，康美玲，张可佳，等．案例教学研究现状综述［J］．科教导刊，2021（34）：9-11.

［3］张云．案例教学在高中地理教学中的应用研究［D］．聊城：聊城大学，2017.

［4］王虹．高中思想政治课运用案例教学研究［D］．汉中：陕西理工大学，2018.

［5］Anderson E，Schiano B. Teaching with cases：A practical guide［M］. Harvard Business Review Press，2014.

［6］Mesny A. Taking stock of the century-long utilization of the case method in management education［J］. Canadian Journal of Administrative Sciences/Revue Canadienne Des Sciences De l'Administration，2013，30（1）：56-66.

［7］于婷婷，高淑祥，崔成梅．浅谈“案例教学”在教学中的应用［J］．现代农村科技，2016（8）：53-54.

［8］Tompson G H，Dass P. Improving students'self-efficacy in strategic management：The relative impact of cases and simulations［J］. Simulation & Gaming，2000，31（1）：22-41.

［9］郭文臣．即时型案例教学模式探析［J］．学位与研究生教育，2010（7）：55-58.

［10］宋文娟．参与式教学在“社会调查方法”课程中的应用［J］．安庆师范大学学报（社会科学版），2017，36（3）：130-133.

［11］田园．高校公共关系学课程教学方法初探——多媒体教学与案例选取的即时化策略［J］．商业文化（上半月），2011（9）：300-301.

［12］吴倩倩．案例教学方法与工商管理教学改革研究［J］．湖北开放职业学院学报，2023，36（17）：188-190.

［13］王永东，吕列金．营销教学案例的典型性和时效性问题分析［J］．中国电力教育，2009（3）：89-90.

［14］徐小龙．基于PBL的即时型案例教学法探索［J］．金融教学与研究，2014（4）：65-68.

［15］于婷婷，高淑祥，崔成梅．浅谈“案例教学”在教学中的应用［J］．现代农村科技，2016（8）：53-54.

基于OBE理念的电子商务专业创新创业人才培养模式探讨

马利军　于素敏　林美燕　楚湘华　于世关　郭彩漩

（深圳大学管理学院电子商务系）

【摘要】 中国是世界上电子商务最发达的国家，提供了非常多的就业及创业机会。本文以深圳大学电子商务专业为研究对象，按照电商行业发展规律及其对人才的要求，建立基于人才成果导向的教学体系，并探讨相应的可行性。

【关键词】 电子商务；OBE理念；创新创业；教学改革

一、引言

中国是世界上电子商务最发达的国家。商务部《2022中国电子商务报告》数据显示，2022年，中国电子商务市场规模持续引领全球，服务能力和应用水平进一步提高。截止到2022年底，我国网络购物用户规模达8.45亿人，占网民总体的79.2%；中国电子商务交易额达43.83万亿元，比上年增长3.5%；网上零售额13.79万亿元，比上年增长4.0%。实物商品网上零售额11.96万亿元，比上年增长6.2%，占社会消费品零售总额的比重为27.2%。全国农村网络零售额达到2.17万亿元，同比增长3.6%；跨境电子商务进出口总额达到2.11万亿元，同比增长9.8%。电子商务服务业应收规模达6.79万亿元，电子商务从业人员达6937.18万人[1]。国家高度重视电子商务的发展，持续优化电子商务发展环境，大力开展《电子商务法》宣传贯彻，逐步完善配套法规。

2022年，随着人工智能、大数据等技术的广泛应用，诸如直播电商、社交电商、跨境电商等电子商务新模式新业态不断涌现，顺应了时下多元化、个性化、重视体验的消费需求。电子商务带动线上线下融合发展的趋势更加明显，餐饮企业、零售门店主动拓展线上市场空间，传统实体经济在数字化转型方面做出新的探索与尝试。网络零售企业向供应链的上游延伸，驱动智能制造；电子商务平台与产业链中的各方建立数字化链接，对于提升供应链运营效率和助推产业转型升级成效明显。

电子商务行业的蓬勃发展，导致相关企业对人才需求一直旺盛[2]。国内知名电商智库网经社电子商务研究中心与国内专业电商人才服务商赢动教育共同发布的《2019年度中国电子商务人才状况调查报告》显示，八成电商企业存在人才缺口，近三成有大规模招聘计划。然而，人才紧缺的问题一直存在。特别是随着电子商务在人工智能、大数据等方面的创新应用，导致了专业数据分析人才与应用人才的短缺，调查报告中

30%的企业急需相关专业的创新创业型人才。

2011—2022 年全国电子商务交易额如图 1 所示。

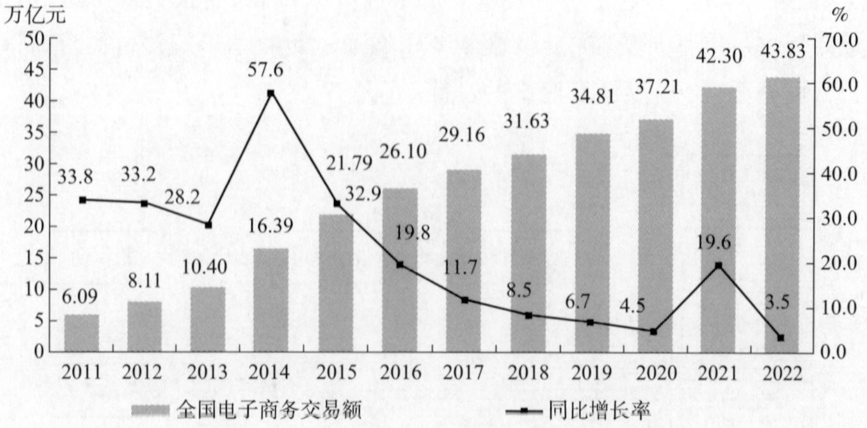

图 1 2011—2022 年全国电子商务交易额

资料来源：国家统计局。

然而，现有教学体系的变化往往跟不上产业快速发展的步伐，导致了学校培养出的学生与企业的需要有一定的差距。具体体现在创新创业型人才培养理念模糊以及培养方案课程缺乏个性化。“双创型”人才培养理念是当前培养人才的“风向标”，尽管当前“创新”已经成为热词，但是在具体的教学过程中，对于具体的“创新方法、培养方式”仍旧难以界定。“双创型”人才培养是当今时代的重要任务，从客观角度看，在不同社会背景下，人才的培养侧重、方向也有着一定的差异，而我国目前多数学校对于电子商务专业人才的培养模式呈现“大一统”的状态，具体表现为必修课程占比过多、选修课程占比过少；实践课程占比过少、理论课程占比过多；技能型课程占比过少、创新前沿课程占比过少。至于创业、创新相关的内容学生既没有时间学，也没有机会学。选修课程的设置，本就是当今学校培养学生创新能力、创业能力的主要切入点，但就当前情况而言，因选修课程的选择受到限制、学习受到制约，多数学生因为选择不到自己感兴趣的课程而不得不选择不感兴趣的课程，教学方法不符合学生的成长规律，遑论学生形成应用型、创新型的知识体系[3]。

因此，建立以人才成果为导向（Outcome-based Education，OBE）的教学体系显得尤为重要。本项目拟以深圳大学电子商务专业为研究对象，基于 OBE 的教学理念，结合社会发展的需要，探索创新型人才培养的模式，并将相关人才培养模式融入现有的培养方案中，更好地为企事业单位培养急需的电子商务人才。

二、基于 OBE 导向的教学设计流程

OBE 教育理念，又称为成果导向教育、能力导向教育、目标导向教育或需求导向

教育。OBE 教育理念是一种以成果为目标导向，以学生为本，采用逆向思维的方式进行的课程体系的建设理念。我们需要从国家及社会发展需要，从行业发展及职场发展需要决定培养目标，进而确定毕业要求。从毕业要求出发，明确要达成的知识目标，进而决定课程体系，确定教学内容及教学要求。通过对教学进行评价，明确学校、学生及家长目标是否达成。具体设计流程如图 2 所示[4]。

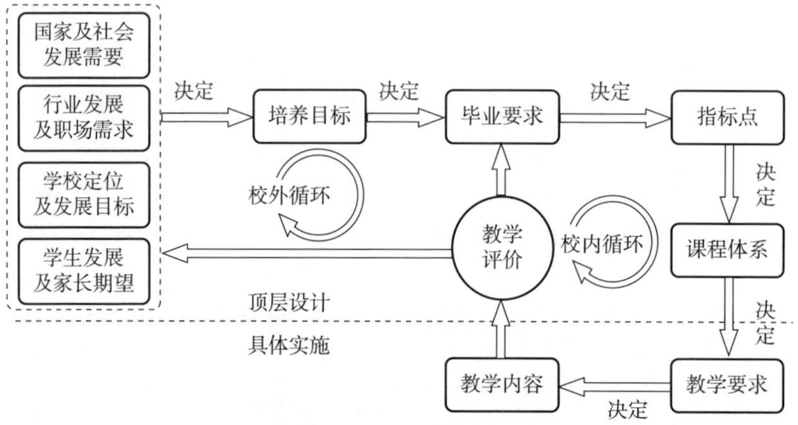

图 2　基于 OBE 导向的教学设计流程

三、基于 OBE 理念的创新创业人才培养模式构想

中国电子商务模式不仅促进了世界数字经济的增长，在发达城市成为强大工具，而且对减少贫困和促进就业也发挥了非常重要的作用。受新冠疫情、居家隔离、短视频直播快速发展等因素影响，2020—2022 年我国跨境电商市场快速发展，跨境电商成为中国经济的新蓝海。在此形势下，全国多省的“十四五”规划和 2035 年远景目标建议中均有提到加快发展跨境电商的相关内容，“十四五”期间我国跨境电商行业将得到快速发展。

作为全国首个国家电子商务示范城市，深圳在跨境电商领域的地位同样举足轻重。深圳跨境电商数量占据全国的“半壁江山”，70%的跨境电商聚集在华南，华南 80%的跨境电商聚集在深圳。全力推进跨境电商新业态快速、健康、规范化发展，持续激发市场活力、释放改革红利、完善跨境电商人才培育体系，是建设中国特色社会主义先行示范区及粤港澳大湾区进程中的积极且有益的探索。

跨境电商作为外贸的新业态，对人才的需求涉及进出口电商、物流、支付、政策、运营、金融等全产业链。与此同时，数字化服务平台的发展打破了全产业链各环节的“数据孤岛”，数据分析及应用管理人才有助于提升企业风险预判和动态调整能力，助力跨境电商产业链的变革升级。结合电商行业快速发展的事实，以及行业对应用型人才的要求，我们要在培养模式方面强调“厚基础、强特色、广实践”。

具体来看，厚基础方面，我们要加大基础课程体系的力度，强化数学、经济学、运筹学等基础性课程的教师投入，让同学们具备以强大理论基础应对千变万化行业的能力。强特色方面，我们将与深圳市跨境电商行业发展特色结合起来，按照我们师资的专长，打造数据分析型电商运营人才。广实践方面，我们将与深圳市电商相关企业合作，通过“将企业家引进课堂，将同学们推向企业实习”的方式来增加同学们对行业的感知，更好适应行业实践的发展变化。我们拟同深圳市电子商务协会等组织多方位合作，更好发挥双方各自优势和资源，既拓展学生职业生涯发展路径，又能为跨境电商行业培养急需的兼具跨境电子商务运营及物流等基础管理、跨境电商数据挖掘及分析应用的国际化、创新型的复合型人才，逐步构建跨境电商贸易人才生态圈，为深圳率先建设中国特色社会主义先行示范区提供强有力的跨境电商人才服务保障，这种结合将为双方带来极大的发展动能。

四、结论及建议

本文探讨了构建的以电子商务专业的学生为依托、以践行 OBE 教育理念为实施基础的创新创业人才培养模式的核心理念是“厚基础、强特色、广实践”。通过夯实学生基础，强化电商数据分析特色，广泛开展与深圳电商企业的深度合作。在整个过程中探索并实践双创融合课程体系建设，改进现有固化的人才培养模式，不断提高教师授课质量和学生听课效果，真正做到激发学生的创新思维、提升学生的创业意识、提高学生的实践能力、丰富学生的专业视野，最终实现增强学生就业竞争力的人才培养目标。

参考文献

［1］商务部电子商务和信息化司．中国电子商务报告 2022［M］．北京：中国商务出版社，2023.

［2］闫莉．“双创”背景下电子商务专业人才培养机制研究［J］．河南工程学院学报（社会科学版），2019，34（4）：92-94.

［3］许敬茹，刘玉翔，黄琳．“双创型”人才培养模式研究——以电子商务专业为例［J］．教育管理，2020（14）：132-133.

［4］孙歧峰，段友祥，李华昱，等．基于成果导向的软件工程专业培养模式探索及实践［J］．高等理科教育，2020（4）：107-114.

就业导向下的信息管理类课程实践教学改革初探*

杨　辰　陈璇如　牛　奔

（深圳大学管理学院管理科学系）

【摘要】大数据背景下信息管理类教育要面向更宽广的职业类型，社会对信息管理类人才的需求度增高，众多领域都需要信息管理类人才。为了更好地适应社会需求与人才培养要求，解决信息管理类专业学生就业竞争力不够强的问题，有必要针对信息管理类课程进行相应的教学改革。因此，本文提出以就业为导向，依据信息管理类实践教学的构建原则，从教学内容、教学方法、校企合作等方面提出了构建实践教学改革的相关策略。通过实践教学这一培养学生实际应用能力的重要途径来提高学生的就业竞争力，推动信息管理领域的发展。

【关键词】就业导向；实践教学改革；信息管理类

信息管理类课程主要由信息管理类专业这一交叉学科开展，在信息科学、系统科学与管理科学交叉融合的背景下，学生主要学习管理、数量分析方法、信息资源管理、计算机及信息系统方面的基本理论和基本知识。从目前大多数高校信管类专业教学计划来看，该类课程均是以培养具有从事信息管理以及信息系统分析、设计、实施、管理和评价等能力的信息化领域高级专门人才为目标[1]。当前高校在实施大众化教育的同时，严重缺失实践教学环节，导致学生难以适应社会对信息化人才的技能要求，就业能力不够强。而信管类专业毕业生的就业去向具有较强的行业特征[2]，主要从事制造业、销售业、服务业等行业的信息化工作。如果学生能做到在信息管理类课程中锻炼综合能力，储备行业实践经验，必然为就业带来帮助。近年来，深圳大学高度重视学生就业率，加大就业指导的力度。事实上，信息管理类专业因为教学模式、社会认知等原因导致一次就业率相对于一些热门专业较低，与社会急需高技能型信息化人才的形势存在矛盾。因此，从就业视角探讨信息管理类人才培养的社会需求，基于信息管理类实践教学的构建原则，探索具有行业特色的实践教学模式，并进一步构建实践教学改革策略是具有一定现实意义的。

---

* 本研究得到了2022年度深圳大学教学改革研究项目（项目编号：JG2022044）、深圳大学2023年度研究生教育改革研究项目（项目编号：SZUGS2023JG04）资助。

一、信息管理类课程发展综述

国外对信息管理类教育的研究起步相对较早，并对管理信息系统理论与实践的系统研究不断发展进步[3]。在我国，信息管理类专业是近年来才发展起来的新型交叉性学科，信息管理类课程也是近些年才应运而生。20世纪，信息管理类专业的前身为图书馆情报学。1913年美国图书馆情报学专家克莱曼斯在我国首先开设了图书馆情报学专业，成为我国图书馆教育发展的开端[4]。之后，一系列大学纷纷效仿，图书馆情报学专业如雨后春笋般地发展起来。

改革开放以后，随着市场经济化水平的进一步提高，图书馆情报学也进入了调整阶段。根据信息化时代发展的需要，南京大学、北京大学分别于1992年和2001年把图书馆情报学系改名为信息管理系。信息管理类课程也在信息管理系成立之后得到不断改革与发展。从情报学课程学习转变为信息管理类课程的学习，在揭示我国信息管理类教育发展现状的同时，也凸显我国信息管理类教育的深刻变革方向即信息管理类教育更加注重依据当下信息技术的发展趋势，结合自身学科发展特色，深入开展专业教育和专业改革，实现该学科领域现有专业的整合与创新发展。如武汉大学创造性地提出“专业课程链”和“专业素质链”建设，推进实施信管专业的教育改革。此外，各高校在信管专业的整合建设上积极创建宽口径的专业教育模式，形成以市场为导向的办学模式[5]。

信息管理类教育的深刻变革正是适应当前信息化、数字化时代背景下对信息管理类人才的规模化、多元化需求的现实需要。世界各国也在积极探索信息管理类教育人才培养的各种模式以更好地实现信息管理类人才在供需层面的有效衔接。其中，以iSchool运动影响最为深远。iSchool运动旨在基于对信息、技术与人三者之间的关系研究，厘清信息科学、信息管理与信息技术之间的潜在关联，深刻揭示信息管理类学科的交叉融合性以及学科发展的时代性等显著特点，并在此基础上探索信息管理类人才的有效培养问题。随着iSchool运动的持续推进，我国许多高校也先后加入了iSchool运动联盟[6]，以期结合国内信息管理类学科发展实际，积极探索适应国内信息管理类教育改革和人才培养的理论与实践模式。

综上所述，随着时代的发展，在大数据背景下，需要重新考量市场对信息管理类人才的需求，并据此对信息管理类课程进行改革，以培养出更优质更适应市场需求的人才。

二、市场对信息管理类人才的需求

根据相关招聘网站上信息管理类岗位统计[7]以及深圳大学历年来信管毕业生就业去向的调查，可以归类总结出信息管理类职业主要被划分为技术类、管理类、市场类、运营类和职能类五种。具体的岗位类别如表1所示，可以看出与信息管理类专业相关的岗位需求类别十分丰富，信息管理类工作已经渗透到各种类型的组织以及组织内部的各个环节中，成为组织正常运作和发展不可或缺的工作。信息管理类职位不仅要求内部工作人员团结合作，还要与其他部门和岗位相互配合，协调工作，推动项目进展，充分发挥自身的作用和价值。这与学校的培养目标是相吻合的，学校旨在培养具备信息管理、信息系统、计算机基础、会计与现代管理等基本理论知识及相关基础操作，同时掌握控制、协调、规划、服务等核心技能的人才。

表1　信息管理类岗位类别

岗位类别	具体岗位
技术类	软件工程师和硬件工程师等
管理类	总经理、储备干部、项目经理、信息化主管等
市场类	市场和营销等
运营类	运营、客服、项目助理、策划、数据分析统计等
职能类	行政、财务、人力资源、仓库管理、档案管理等

尽管信息管理类专业相关的岗位需求类别十分丰富，但其所需的技能和能力都离不开信息管理类课程的培养。信息管理类课程能够系统地培养学生对信息的认知和理解能力，这种数据素养无论在哪类岗位上都显得至关重要。而根据近几年深圳大学的一次就业率数据来看，信管类本科毕业生的就业情况与其他学院学生存在一定差距。对于高等院校来说，就业率低意味着将影响下一年的招生效果和招生质量。究其原因，主要表现在该类专业毕业生的就业能力不够强，难以适应人才市场的竞争需求。毕业生就业能力欠佳的具体原因表现在以下三方面：其一，繁而不专。信管类专业属于交叉性的学科，学生需要学习大量的相关课程知识，理论课程学习任务繁重，实践环节时间过少，导致出现繁而不专的现象，不能解决企业急需用人的需求。其二，专业技能弱。虽然信管类专业学生学习了较多信息管理类相关课程，但是实际应用能力不强，缺乏利用管理理论解决信息管理方面问题的专业技能。其三，协调能力不足。从信管类专业的人才培养目标来看，学生应具备较好的沟通协调能力，以便做好系统分析工作。然而，现实情况下学生没有利用好课程中提供的契机主动锻炼协调组织能力，更不会主动跳出舒适区，与社会企业交流沟通。加上学校设置的实践课程也偏少，进一步导致学生的沟通技能较差，不善于向用人单位推销自己。

三、实践教学改革原则

为培养满足社会需求的创新型、复合型、应用型人才，逐步提升学生的就业能力，高校须对学校的资源配置进行及时调整及优化，探索具有信息管理特色的实践教学改革，逐步引导信管学生转变就业心态。在此之前，我们需要先明晰实践教学改革的三个原则。

（一）人才培养原则

高校实践教学应以学生认知、操作、应用、设计等全方面综合能力的掌握为中心。信息管理与信息系统专业培养的复合型应用人才应满足“四懂三会”的社会真实需求，即“懂管理、懂财务、懂法律、懂逻辑，会编程、会沟通、会合作”[8]。在高校信息管理类课程教学中，教师应当将课堂权利归还学生，重点放在对学生的教学引导上，将素质教育视为核心，以培养技术应用能力为主线，加强设计型学习模式的塑造，注重培养灵活应变的能力，坚持产学研融合，激发学生运用知识的能力，加强实际的机器操作技能，将实际操作培训作为主要教学形式，协助学生在学习阶段培养自主完成任务的能力，提升个人创新才能。

（二）学科交叉原则

学科交叉原则被视为一项关键性策略，旨在促进跨学科合作和知识融合。这一原则强调将不同学科领域的知识和方法有机地融合到课程设计和实践教学中，从而拓展学生的视野，提升他们的综合能力。学科交叉原则的应用使信息管理类课程的教学更加多元化和丰富，帮助学生从多个角度理解问题，并将不同领域的知识应用于实践中。例如，在管理信息系统开发方法课程中，将计算机科学与用户体验设计相结合，可以使学生不仅了解技术方面的问题，还能关注用户需求，从而创造出更具实用价值的解决方案。此外，学科交叉原则也有助于培养学生的综合素质。通过与其他学科的交流合作，学生不仅能够提升专业技能，还能培养团队协作、创新思维和问题解决能力。例如，在 ERP 理论与实践的交叉课程中，学生不仅需要掌握信息技术的原理和应用，还需要了解特定行业的业务特点和需求等管理知识，从而更好地实现企业的运营优化和管理创新。

（三）应用导向原则

高校实践教学体系的构建应遵循应用导向原则，充分考虑专业岗位的要求，以满足实际应用和社会需求为目标，构筑与现实紧密相关的教学体系。信息管理与系统开发领域的应用正迅速演进，高校实践教学必须紧跟时代的步伐，将社会对人才的需求与本专业应用的发展趋势有机结合。在实践体系的培养环节，高校需要以扎实的理论知识为基础，传授最新的社会需求、岗位信息、理论更新以及实际操作经验等知识技能。通过这种方式，学生将能够获得与行业相关的最新动向和实践经验，以满足未来职业发展的需要，同时兼具理论基础和实际操作能力，为现实应用做好充分准备。

四、构建信息管理类课程实践教学策略

（一）多层次的实践教学内容

参照中国信息系统学科课程体系 CIS2011，目前主流的信息管理类课程大致包含十

几类专业课程。而根据这些多层次、有关联、系统、科学的信息管理类课程条目，我们可将高校实验实训等实践教学内容划分为四个实践层次[9]，信息技术层面：信息技术的基础实践；信息管理层面：信息管理系统的理论与实践；企业应用层面：企业信息系统的应用；过渡实践层面：专业实习与毕业设计；等等。信息管理类课程实践教学分层概述如图1所示。

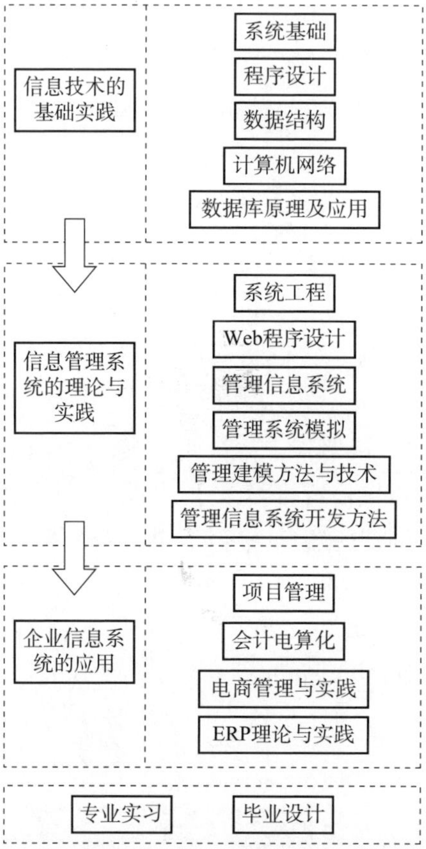

图1　信息管理类课程实践教学分层

结合不同层面的不同内容在现实当中的应用深度，区分实践教学内容中的重点、难点等，进而，在教学中将不同教学层面向下划分为基础能力的培养、应用能力的提升、综合能力的拔高三个模块。覆盖数据结构及数据库应用实验等基础教学实验；管理系统模拟、Web程序实训、会计系统实训、项目管理实验、ERP原理应用实验、电商管理实训等课内外实践应用；开展毕业论文及综合实践设计、参与创新创业竞赛等综合拔高的实践积累。通过选择性侧重专业课中重难点知识技能的传递，高校根据自身培养优势及未来社会化、信息化人才需求进行实践实训的内容设计。例如，在数据库原理及应用的课程设计实践环节，以设计相关电商企业的真实项目为训练主题，设计以企业业务流程为基础的数据仓库，引导学生通过体验沟通设计需求、查阅行业资料、独立或合作设计项目完成训练过程，帮助学生了解项目实践的流程，掌握过程实现的方式方法。

（二）多角度的人才技能教学方法

1. 实例分析教学

在教学中，高校教师通过引入多样实例进行具体分析，循序渐进地解释企事业单位以及实际生产中运用的信息管理系统软件代码等内容。同时组织学生进行深入思考、提问和讨论，以便更好地理解。这种方法在不同行业中应用相同的原理，通过各种案例展示，使重要且难以理解的知识点变得清晰易懂。例如，Web 程序设计教学中，开展对高校教学信息系统页面设计、企业宣传网页的相关设计等进行类比推导，演示案例实现的过程，进一步强化学生对信息管理与信息系统相关内容的认知。未来深圳大学管理学院将通过加强新文科实验室的建设，进一步提升师生在实践教学中的体验感。

2. 小组实验教学

小组课题实验教学是一种强调合作学习和实际应用的教育模式。通常以教学内容为基础，以某具体的项目或案例为背景，要求学生按需设计解决方案，是典型的理论结合实际的教学方法。完成实验设计的本质是学生完成对理论知识验证的过程。该过程注重引导学生对知识展开深入思考，帮助学生理解知识点后的计算机逻辑。通过转换学生思考问题的角度，培养其知识理解能力及上机实操能力。教师将同类型或同等难度的实验设计任务与信息管理领域的实际情境紧密相连且冠以不同行业应用需求，培养学生的专业素养及信息管理能力。教师在指导过程中不仅起到知识传授的作用，还充当着指导者和引导者的角色，鼓励学生提出问题、探索答案，并培养他们的自主学习能力和批判性思维。如在 ERP 理论与实践实验中，针对互联网企业，要求学生根据电商订单处理实验、用户数据分析实验、供应链管理实验、营销活动管理实验以及业务拓展与收购实验等环节设计基础实验应用，通过逐步增加相关实验设计课题的难度，促进专项人才的技能培养。

3. 社会实践调研教学

社会实践的调研可在校外实践基地等实践环境中完成，调研形式包含但不限于参观访问、邀请授课、项目学习、专题采访、参与项目开发的内部培训等。高校教师应鼓励学生通过所有可用资源或平台，达成个人学习与社会实践的衔接，在企事业单位或相关部门的学习中，加速自我专业技能及素养的提升。如深圳大学管理学院开设了多项实践课程，由老师带领学生走进深圳市多所创新创业企业进行实地参访学习[10]。学生可以直观地了解企业的发展历程、企业规模、价值观、愿景和投资方式等第一手信息。通过企业参访提升了学生们对现实市场环境的了解，同时进行了多方式、多形式的互动和探讨，对于未来实习和择业有了更清晰的感知。

（三）校企协同的双向联合培养机制

高校应积极通过产教对接、产教合作、产教互促等方式，与企业共同形成多维协同培养模式，建立以“学生为主体、项目为载体”的联合培养合作方式。

1. 开展教师与企业信息管理人才角色互换体验

目前，深圳大学管理学院信管特色班鼓励企业中的信息化人才走进校园，以主题演讲、兼职实验课教师等方式，将学生平时学习的知识技术应用到企业中，更关注学生自我创新思想及相关设计能力的培养。虽然这类授课方式取得了一定的效果，但具有实体业务的企业大多没有认识到校企协同育人的重要性以及为企业带来的长期利益，因此参与主动性不高，参与程度较低。因此我们提倡通过教师与企业技术人才的角色互换，唤醒实践教学对信息管理与信息系统专业人才培养的内在价值。由于多数高校教师均来自校园培养方向，在企业中工作的经验相对较少，因此，高校须鼓励教师加强与企业信息管理人员的相关技术沟通，由企业技术人员帮助教师了解信息管理与信息系统专业在不同行业、不同类型的企业中的应用方式及应用侧重点，以强化教师对社会实际的了解，促进教师科研能力的提升；或者教务处尽量指定参与过关联岗位实际工作，有企业工作经验的教师去教授信息管理类课程，通过企业实践课程案例库，助力实际应用为导向的专业化教学。

2. 设立“双向共赢”的专业企业实习基地

目前在信息管理类课程中学生的实践操作大多通过学校专业实验室来进行。然而随着科技的迅猛发展，知识迭代更新的速度越来越快。由于资金限制，学校在实验室建设上只能进行最基本的设施建设，而不能进行更高层次的创新和改进，更无法还原相关知识技术的现实应用。因此，高校可积极联络多种类型的企业，共同建设如大数据分析实验室、数据库搭建实验室等多种功能的校内实验室，以满足校内教学的需要，为学生提供更多上机实操的机会。同时，依托企业建立校外实训基地，帮助学生积累创新、创业经验的同时，帮助学生了解社会需求的专业技能熟练程度，明确自身水平。如深圳大学管理学院已经与校外十几家企业达成校外实习基地合作关系[11]，学生在交流实践中明确提升目标及发展方向，有利于学生在技能成长阶段快速适应社会。

五、小结

通过梳理国内信息管理类课程发展进程，结合市场对信息管理类人才的需求现状，依据信息管理类实践教学的构建原则，本文从教学内容、教学方法、校企合作等方面提出了以就业为导向的实践教学改革策略，将实践型人才培养融合到信息管理类课程教学过程中。这一符合我国信息化发展国情，符合高校人才培养目标的改革策略将为高质量的信息管理专业建设提供借鉴和参考。

参考文献

[1] 史红霞. 信息管理类专业学生实践与创新能力培养体系的探索 [J]. 教育探索，2007 (10)：40-41.

[2] 卢志平，马璐，廖志高. 行业特色视阈下的信息管理类本科专业人才培养研究 [J]. 图书馆学研究，2012 (5)：14-18.

[3] 由长延. 中国图书情报高等教育的回顾与展望 [J]. 图书与情报，1997 (3)：42-44.

[4] 朱强，王波，范凡，等。北京大学图书馆的历史、现状与展望 [J]. 大学图书馆学报，2012 (6)：5-16.

[5] 陈传夫，于媛. 美国 iSchool 的趋势与启示 [J]. 图书情报工作，2007，51 (4)：20-2441.

[6] Kim Y，Addom BK，Stanton JM. Education for eScience professional. Integrating data curation and cyber in frastructure [J]. International Journal of Digital Curation，2011，6 (6)：138.

[7] 邢思佳. 基于数据挖掘的信息管理类课程改革 [J]. 移动信息，2021 (10)：182-187.

[8] 殷红梅，俞国红. 校企协同背景下创新创业信息化人才培养体系探索 [J]. 办公自动化，2021，26 (22)：33-35.

[9] 郭杰圣. 人才培养视域下高校信息管理与信息系统专业实践教学体系研究 [J]. 电脑知识与技术，2023，19 (12)：164-166.

[10] 管理学院. 深圳大学 2021 级 MBA 高端服务班“互联网创新与服务变革”实践课程 [EB/OL]. [2023-05-04]. https：//mba. szu. edu. cn/info/1004/3673. htm.

[11] 管理学院. 深圳大学管理学院专业实习基地交流会顺利举办 [EB/OL]. [2023-06-21]. https：//ma. szu. edu. cn/info/1064/7718. htm.

基于全流程 BOPPPS 模式的专业特色课程建设方案研究*

袁靖波　胡月儿　张天缘　刘雁妮

（深圳大学管理学院市场营销系）

【摘要】专业特色建设是高校教学改革的一项探索性、创新性工作，也是部分院校国家一流本科建设的重要内容之一。本文在分析高校专业特色课程建设现状的基础上，针对特色课程建设的形式化、片面化、短效化问题，提出基于 BOPPPS 模式的专业特色课程建设思路，并结合“高科技营销”课程阐述了专业特色课程建设实施方案，主要包含如下步骤：以专业特色为兴趣点引入、明确特色课程教学目标、基于前测调整特色课程教学内容、通过参与式学习强化特色课程教学过程、基于后测检验特色课程教学效果、通过总结与反思优化特色课程教学模式。本文是以市场营销专业为例对特色课程建设方案的探索，可以为商科特色专业课程建设提供一些借鉴和参考。

【关键词】BOPPPS 模式；全流程；专业特色课程；建设方案

一、引言

特色课程建设是推动高校特色发展的一项重大举措。近年来，国家陆续出台一系列政策推动高校的特色课程建设。例如，2019 年 10 月 30 日，教育部发布《关于一流本科课程建设的实施意见》，提出高校应重视特色课程建设，实现一流本科课程多样化；2023 年 2 月 21 日，教育部在《普通高等教育学科专业设置调整优化改革方案》中进一步强调，要以新工科、新医科、新农科、新文科建设为引领，做强优势学科专业，形成人才培养高地；做优特色学科专业，实现分类发展、特色发展。在当前政策形势下，特色课程建设成为学校教育关注的重点，越来越多高校认识到特色课程是特色学校建设的支点和切入点，不从课程切入、没有特色课程的支撑，学校的特色将无法向教育教学的深层进展，进入不了核心层，影响不了育人的过程，也建不成特色学校[1]。因此，在时代背景下，推动特色课程建设对专业建设、学科发展、学校发展以及全国高等教育事业的发展均具有重要意义。

* 本研究受到以下项目资助：广东省高等教育教学改革项目“全程 BOPPPS 模式在创新创业课程混合式教学中的实践探索——以《社会化媒体营销》为例”（项目编号：JG2021095）；深圳大学教学改革研究项目“课程思政与市场营销课程教学的融合研究”（项目编号：803-000031090433）；教育部人文社会科学研究项目“全球产业链断裂风险下中国跨国企业多元化战略与销售绩效的关系研究”（项目编号：21YJC630160）。

目前，各大高校纷纷开始尝试自主设计和编写校本教材，制定特色课程教学模式，专业特色课程建设正处于方兴未艾的阶段。由于各高校具体情况不同，没有现成的共同范式可供参考，同时，特色课程建设是一个长期性、系统性的过程。因此，高校在积极探索过程中虽然积累了一些建设经验，但对特色课程仍存在着误区，面临诸多问题，这严重阻碍了高校特色课程的建设。基于以上现状，并结合作者所在专业的特色专业课程实践，本文立足微观层面，尝试探寻一套行之有效的课程建设实施方案。BOPPPS 教学模式起源于 20 世纪 70 年代加拿大英属哥伦比亚省的教师教学技能工作坊（Instructional Skill Workshop，ISW）项目，是一种强调以教学目标为导向、以学生为中心、以有效课程设计为主线的教学模式。该模式在目前的国内教学中主要应用于计算机、物理、生物学、中医学等学科[2]，虽然在商科专业教学中应用较少，但其教学思想与目前的商科教学改革需求是非常契合的。因此，本文将基于全流程 BOPPPS 模式，在借鉴其他相关研究成果的基础上，以深圳大学市场营销专业特色课程“高科技营销”为例，探讨专业特色课程建设方案。

二、高校专业特色课程建设现状与问题分析

特色专业课程作为本科教育教学的重要载体，是国家教学改革工程的一项重要内容。目前各高校在推动专业课程建设方面进行了积极探索，开始自主开发特色课程，尝试自主编写课程教材，制定课程管理方案，取得了一定的成效，但仍存在一些不足。作者团队基于对研究资料的整理、思考和提炼，总体认为目前的特色课程建设实践中存在形式化、片面化和短效化问题。

（一）形式化——为“特色”而特色

特色课程是高校在教学理念和育人目标的指引下，以满足学生发展需求为核心，借助学校自身的历史传统与优势资源，自主或合作构建的具有独特性和影响力的课程体系[3]。与其他专业课程相比，特色课程需要具有自身独特的优势与风格，能够发挥引导和辐射作用，可作为学校特色的典型代表。但部分高校对特色课程的认识缺乏准确理解，错误地认为特色专业课程建设的目的只是突出其独特性，从而导致定位偏差。特色课程的盲目性、功利性导致高校在具体实践中存在为“特色而特色”的现象，特色课程建设方向不清、路径不明。

（二）片面化——“特色”与“本色”脱嵌

在高校专业课程体系中，坚持育人为本、因地制宜、就地取材、扬长避短，走校本发展之路是高校特色课程建设的根基。本色是指“关于事物是什么的描述，是对事物本身属性的规定”，强调事物本身个性特质的挖掘和表达[4]。各高校在办学传统、学校文化、办学理念、教育资源和发展需求方面存在必然差异，即任何一所高校都有区别于其他学校的本色，这是特色的生长点和基点。特色课程的建设应立足学校本身的

课程需求，遵循学校发展历史、办学理念和核心价值观等。但在现实情况下，特色课程建设缺乏系统的科学规划，特色课程与基本课程难以形成一个相互衔接、能量流动顺畅的生态圈，导致课程要素分离，“特色”与“本色”之间存在壁垒，出现课程“拼盘”现象，特色课程育人价值难以体现。

（三）短效化——“特”而不“全”，缺乏长效机制

特色专业课程必须是在长期的理论研究、实践研究的基础上形成的知识学科体系，具有严谨、科学、系统的内涵，同时还有相关知识、能力及资源的支撑。因此，特色课程既要符合国内教育发展的一般规律，又要与学校的专业建设与学科发展相结合，如果离开了学校的发展实践，孤立地建设所谓的特色专业，就不能建成真正成功的特色专业。特色专业建设是一项长期而艰巨的任务，要形成品牌效应更是任重道远。然而，高校在特色专业课程建设过程中往往存在短视倾向，只着眼于如何体现课程独特性，未能很好地厘清各门课程之间的结构关系、课时比例等，缺乏系统规划和顶层设计思维，使得特色课程成为“一时的特色”，很难做到可持续发展。

三、基于 BOPPPS 模式的特色课程建设思路

特色课程的建设是一个长期的、需要不断调整和完善的动态生成过程，需要密切结合课程教学过程中的互动和反馈进行持续调整。BOPPPS 作为一种教学互动和反思的闭环反馈教学模式[5]，包括引入（Bridge-in）、目标（Objective）、预评价或前测（Pre-assessment）、参与学习（Participatory learning）、后评价（Post-assessment）和小结（Summary）六个模块。BOPPPS 模式以教学目标为导向、以学生为中心，能够将教学过程模块化，对于建设特色课程具有重要的应用价值。因此，本文引入 BOPPPS 模式，以第一作者目前任教的“高科技营销”课程为例，尝试初步探讨市场营销专业特色课程的建设思路。

（一）立足本色，彰显特色

特色课程必须能够有效地融入学校整体课程体系之中，而非特立独行的课程，即特色课程必须符合学校的课程理念、服从学校的办学目标、服务学校的特色（或传统优势）教育，并能与其他课程形成一定的关系，促进学校课程体系整体价值的体现和作用的发挥，这是立足本色的基本要求。彰显特色则是特色专业个性化的具体呈现，是特色课程区别于其他同类课程的重要表征。

一门课程之所以被认定为特色课程，是因为该课程具有鲜明的专业特色。一般而言，特色课程既可以基于专业长期的办学过程所形成的优势和独特做法提炼出来，也可以根据社会人才需求、专业建设方向和人才培养定位先予确定，再付诸实践，在实践中不断强化和完善[2]。具体而言，首先，专业特色的凝练，需要梳理和总结学校的发展历史、办学理念和核心价值观等，即立足本色有助于发现学校的独特文化基因，

在学校教育理念和历史文化的指引下，特色课程建设才能找到“特色”的种子；其次，学校课程资源是彰显特色的基本保障，建设专业特色课程要因地制宜、就地取材，分析并挖掘专业拥有的教学资源条件和教学能力优势，让课程资源最大程度地服务于特色课程建设；最后，特色课程应满足学生的个性化发展需求，并在教学模式、人才特点、课程体系、教学方法等方面具有鲜明特征，同时在教学实践中被社会所认同，体现出“人无我有，人有我优，人优我新”的特点。

（二）系统规划，全流程设计

学校课程体系中，不只有特色课程，还包括其他专业课程。为更好地建设专业特色课程，学校应在课程体系的顶层设计方面发挥能动主导作用，坚持系统性原则，把专业与课程结合起来作为一个整体进行建设，系统规划，整体设计。一方面，特色课程是具有独特属性的课程，要对其进行准确定位，在厘清特色课程内部诸要素关系的基础上，用系统性思维设计课程体系，实现各类课程的均衡发展。特色课程内部要素包括特色课程目标、课程内容、课程实施方式、课程评价系统等。其中，课程目标在课程建设中起导向作用，课程内容服务于课程目标的实现，课程实施方式取决于课程内容的呈现，而课程评价系统则贯穿于各个环节，以优化改进特色课程各要素。另一方面，特色课程是在专业课程基础上发展而来的，需要符合专业的课程理念，并有效融合于专业整体课程体系，与其他专业课程有机融合，切不可“脱轨”甚至“转轨”。无论是基础课程，还是特色课程，都需要在课程体系下进行系统规划，而课程体系是在学校育人目标的指引下设计的，两者属于相互配合、共同促进的关系。科学安排各课程的结构关系，合理配置特色课程与其他专业课程的时间安排、内容设置和资源投入，可以增强学生对专业特色课程的适应性[3]，有助于兼顾学生的全面发展和个性化发展，也有利于教师对专业课程教学目标有更深刻的认识和理解，实现课程整体育人目标。

“高科技营销”是深圳大学在考虑市场营销专业的办学历史和育人目标的基础上，结合深圳区位特点和深圳高科技企业优势，并考虑当前大数据、人工智能、神经营销等科技发展成果，设立的一门立足深圳大学“本色”的专业特色课程，其“特色”来源于学校的创新基因和科技资源，赋予了营销专业特色时代内涵，有利于培养适应经济社会建设需要的专业人才。为建设“高科技营销”特色课程，深圳大学管理学院市场营销系部分教师合作编写了校本教材。作为特色课程，它与其他专业课程共同服务于市场营销专业的培养目标，即顺应社会对营销人才的需求，培养创新型营销专才。因此，作者团队认为，在设计“高科技营销”课程教学内容、教学方式和教学评价体系时，应遵循系统规划和整体设计原则，对教学模式和教学资源进行合理配置。

四、基于全流程 BOPPPS 模式的专业特色课程建设方案

在总结提炼专业特色课程建设思路基础上，如何构建具体的实施方案是高校面临

的核心问题。下面，本文以“高科技营销”课程为例，初步阐述基于全流程 BOPPPS 模式的专业特色课程建设方案。

（一）以专业特色为兴趣点引入

引入环节的作用是引发学习动机，这是课程教学的第一步。为吸引学生的注意力、激发其学习兴趣和学习动力，引入环节的重点是触发学生的兴趣点，激发求知欲。“高科技营销”课程蕴含着较多的科技元素，涉及大数据、人工智能、神经科学等技术和高科技产品，对于学生而言具有创新性和挑战性。在传统教学模式下，学生可能在参与此课程的初期，拥有较高的注意力和求知欲，但单一的教学模式会导致学生主动性和学习兴趣消耗殆尽，学习效果难以持续。全流程 BOPPPS 模式改变了以往单纯的传授式教学，促进了多种教学方法和手段的发展，例如探究式、问题导向式、案例式等[6]。在课程教学中，教师由“满堂灌输、填鸭式”主导者转变为“兴趣”引导者。

对于“高科技营销”课程，建议采用案例和问题引入方式，在正式进入课程教学之前，吸引学生注意力，促使学生关注教学主体和核心内容。例如，以“百度飞桨 EasyDL 赋能智能制造”“人工智能驱动的京东端到端补货技术建设实践”“华为鸿蒙，打造操作系统新生态”等企业案例作为案例导入，这些都可以作为课程兴趣点，有助于吸引学生注意，激发学习热情。

（二）明确特色课程教学目标

教学目标是特色课程实施和教学过程有效达成的核心，也是保证教学课程体系完整、教学实施科学有序进行的关键[7]。设置明确的教学目标能够让学生对特色课程学习目标有清晰的认知，提前了解学习任务、重难点以及课程安排。在传统教学模式下，部分高校缺乏全流程的系统规划，特色课程教学目标的设置不明确，导致特色课程的教学目标未能体现“特色”属性，且难以实现和评价。BOPPPS 模式基于教学全流程将教学过程有机划分为“起承转合”的六个教学环节，注重各环节的互融互通。因此，基于全流程 BOPPPS 模式，教师根据学校特色课程建设要求，明确课程学习目标和预期达到的结果，并在兴趣点引入后向学生进行展示，其目的在于强调课程的重点知识和学习价值，帮助学生明白努力的方向。

结合“高科技营销”课程的教学实践，该阶段的重点在于：第一，根据《高科技营销》教材明确教学内容，从顶层设计出发，结合特色课程建设目标，提炼和确定教学目标，并细化到每节课程的学习目标，教学目标必须转化为每节课程的学习目标才有落地执行的可能。例如，将“传授高科技营销知识，培养高科技背景下的营销专才”这一教学目标细化为“了解高科技营销技术，能使用高科技营销技术为企业实践提供策略建议”等学习目标。第二，针对学什么（what will do）、怎么学（how will do）和学得怎么样（how well）等教学内容对特色课程进行明确表述，对于“高科技营销”而言，教学内容主要围绕市场营销的科技化和高科技产品的市场营销展开，对应到具体的各章节内容，可以设置分层次的课堂任务，例如“利用大数据分析工具进行文本分析”“运用百度AI开放平台分析音频、图像数据”等。

（三）基于前测调整特色课程教学内容

在明确教学目标之后、开展内容教学之前，需要对学生进行测试，目的是了解学生的知识基础和对教学内容的认知程度，以便根据学生具体情况调整教学内容、教学方式和时间安排等，及时把控教学进度，确保教学目标的达成[8]。传统的教学模式以教师讲授为主体，往往忽略了学生的个性化特征，这种模式严重背离了现代高等教育倡导的“以学生为主体”的教学理念。特别要注意的是，对于“高科技营销”这类具有一定难度的特色课程，事先了解和测试学生基本情况对于教学目标的达成尤为重要。因此，基于全流程BOPPPS的教学模式强调“因材施教”，要根据学生实际情况和个别差异，有的放矢地进行特色课程教学。

前测的方式方法因学科特点而异，对于“高科技营销”课程，可通过课前提问、抢答、问卷测试等方式进行。例如，在“人工智能赋能营销管理”章节的课堂开始之前，通过问卷了解学生预习情况和先备知识掌握情况，问卷内容主要包括是否有课前预习、对人工智能的了解程度、如何理解人工智能为营销管理赋能等问题。根据问卷测试的反馈，可针对学生在理论知识、实践运用方面的薄弱环节进行重点讲解。对不同基础的学生设置差异化课堂任务，既能让熟悉人工智能技术的学生通过具体的营销案例进一步掌握人工智能的运用，也可以使初次接触人工智能知识的学生循序渐进地学习相关知识。

（四）参与式学习强化特色课程教学过程

参与式学习是全流程BOPPPS教学模式的核心环节。在这个环节中，学生是主体，而教师作为引导者，围绕教学目标引导学生深度参与课程学习。具体而言，教师在课程内容的大方向上发挥引导作用，给予学生自主探索的空间和自由，让学生从知识被动接受者转变为主动发现者。已有研究表明，引导、促进学生独立自主学习是教学的第一要务[9]。为了实现特色课程的参与式学习目标，教师需要灵活运用多元化教学媒体和教学资源，创新学习形式和学习内容。同时，设计多样化的互动策略也是参与式学习的工作重点。案例教学、同伴教学、分组讨论等方法强调参与式学习，能够很好地促进学生自主探究。

在“高科技营销”教学过程中，学生完成参与性较强的课堂任务和小组讨论是参与式学习的具体体现。以“神经科学赋能产品营销”教学内容为例，一方面，教师可以为学生布置查阅相关文献资料、分析神经营销案例等任务，学生自由组队，分工完成，并在课堂上汇报成果；另一方面，设置互动环节，教师和汇报组学生可向其他同学提问，促进教师与学生、学生与学生的交流互动，充分调动学习主动性，帮助学生深入了解神经科学技术，探索神经科学在营销中的应用。

（五）基于后测检验特色课程教学效果

后测需要在当堂课程内容教学结束之后立即开展，以便及时了解和评估学生的学习效果是否达到学习目标，检验课程内容和教学设计的有效性[10]。后测环节有助于实现教学相长，一方面，教师可以根据后测结果的反馈，掌握教学任务与学生学习状态的平衡程度，及时发现和调整教学内容的不合理之处，明确教学侧重点，对教学过程进行改进和完善；另一方面，后测是对学习内容进行巩固的重要手段，可以帮助学生进一步梳理、反思学习内容和学习效果，加深知识掌握程度并总结学习经验，提高学习能力。后测方式根据课程性质和教学内容的不同可灵活设计，一般包括随堂小测试、问卷测试、提问、现场展示等。

结合“高科技营销”课程，建议后测主要以问卷测试和提问的方式进行，针对每次课程的教学内容设置对应的测试题，题目一般来自课堂讲授内容和章末思考题。例如，“大数据分析赋能市场营销”这节课主要介绍了大数据相关的概念、大数据的基本特征、非结构化数据、营销实践等内容。在课堂教学结束之后，学生需要回答：大数据的5V特征是什么？结合微博或微信上的文本数据，可以做哪些方面的营销研究？……这些问题可以帮助检验学生对大数据赋能市场营销的掌握程度。

（六）通过总结与反思优化特色课程教学模式

在总结环节，教师对教学内容进行回顾和梳理，归纳核心知识和要点，评价教学目标的达成度，同时，引导学生反思是否掌握相关知识点。教师对特色课程学习结果的评价，可以有效指导和激励学生后续的学习和发展。传统模式下，教师考核评价往往存在“重结果轻过程、重知识轻能力、重教师轻学生”的片面倾向，导致参与式学习的实施效果较差。全流程BOPPPS模式认为，在对教学内容和学习效果进行总结评价时，必须重视学生的参与，兼顾学生的参与过程、参与行动和参与结果，建立“过程+结果+行为”的综合考评体系。因此，在专业特色课程的总结环节，一方面，要求教师带领学生整合知识要点，对学生的参与过程、测试结果、行为表现进行点评，反思教学内容和教学模式存在的问题和优化方向，布置课后思考题和预习任务，使学生在学习过程中掌握结构化、系统化课程体系；另一方面，学生作为参与主体，需要结合自身学习情况对课程内容进行总结和自评，这有助于学生进一步夯实基础知识。

另外，对于“高科技营销”特色课程，建议教师在每节课结束后，带领学生回顾课程要点，根据学生参与情况和测试结果评价学习效果，并将课程PPT发给学生，便于随时随地回顾和复习。

五、总结

特色课程建设需要在实践中总结经验，并随着教育形式的变化、时代的更新、课程资源的发展而不断改进。虽然国内高校在经过多年探索后取得了一定的经验成果，但特色课程建设对于很多高校而言仍然是一块“硬骨头”。本文分析了目前专业特色课程建设的现状及问题，在此基础上，结合商科专业特点，总结并提炼了专业特色课程建设的思路。最后，本文以“高科技营销”课程为例，初步探讨了基于全流程BOPPPS模式的专业特色课程建设方案。当然，本文只是作者团队结合“高科技营销”课程的初步研究成果，在未来的教学工作中，还将对上述结论进行检验、补充和深化。

参考文献

[1] 朱华伟，李伟成．特色课程建设推动学校特色化发展——以广州市普通高中特色课程建设实践为例［J］．中国教育学刊，2015（9）：42-46+76.

[2] 付莉，付秀伟，陈玲玲，等．云班课+BOPPPS教学模式在电子技术实践教学中的应用［J］．实验室研究与探索，2020，39（11）：167-170.

[3] 白新睿．学校特色课程建设的价值定位与路径选择［J］．教学与管理，2018（1）：15-17.

[4] 李红恩．特色课程建构的迷思、意蕴与理路［J］．教学与管理，2017（7）：1-3.

[5] 吴昌东，江桦，陈永强．BOPPPS教学法在MOOC教学设计中的研究与应用［J］．实验技术与管理，2019，36（2）：218-222.

[6] 袁建琴，唐中伟，史宗勇，等．基于BOPPPS+翻转课堂的“蛋白质工程”线上线下混合式教学模式探索［J］．生物工程学报：1-15［2023-09-10］.

[7] 姜会霞，魏保华，孟晨，等．在线教学课程目标的多维度表达研究［J］．教育教学论坛，2022（38）：156-159.

[8] 尹肖云，邹强，白晓瑞，等．BOPPPS模式下飞行原理课程虚拟仿真实验教学设计［J］．实验室研究与探索，2023，42（2）：253-257.

[9] 刘洪祥．论教师引导者角色的内涵定位及实践优化［J］．中国教育学刊，2018（3）：74-79.

[10] 刘苗，成颖，刘道洲，等．BOPPPS模式下SRT融入药剂学实验的课程设计与实践［J］．实验室研究与探索，2020，39（8）：210-213.

数智时代背景下信息管理与信息系统专业实验教学平台建设研究

王　旸[1]　蔡淑琴[2]　邹新文[3]　牛　奔[1]

（1. 深圳大学管理学院管理科学系；2. 华中科技大学管理学院；
3. 德国曼海姆大学商业信息与数学学院）

【摘要】实验教学是培养信息管理与信息系统专业学生掌握技术能力的主要方法，而“互联网+”、新一代人工智能发展战略的实施给本专业人才建设提出了更高要求。本文基于数智时代背景下相关国家发展战略，分析了市场对信息管理与信息系统专业人才的新需求，针对当下本专业实验教学中的问题，提出新型信管实验室的开放性设计理念，基于此构建了实验教学平台框架和实验教学模式。本文以国内某高校为例，结合学生的实验成果和反馈，表明了新型实验教学平台建设的有效性。

【关键词】信息管理与信息系统；实验教学；实验教学平台建设

一、数智时代背景下信息管理与信息系统专业人才培养新需求

信息管理与信息系统（以下简称“信管”）是一门“管理”与“技术”融合的综合性学科，目前入选国家“双一流”建设的137所高校中有101所均设立了信管专业。相比其他管理门类下的专业，信管更加靠近数学、计算机和信息工程学科，所以实验教学作为学生技术能力实践的主要渠道，在信管人才培养体系中占据重要地位。近年来，随着国家“互联网+”、新一代人工智能等战略的持续推进，行业的发展也对信管人才的技术素养提出了新挑战，因此，在信管人才培养上如何顺应时代的发展和社会的需求，如何在实验教学中发挥学生创新能力，如何构建满足这些条件的实验平台和实验教学模式，成为目前信管专业发展需要认清和解决的关键问题。

（一）数智时代背景下信管人才新需求

1. 国家相关战略实施的宏观人才需求

2017年政府工作报告中提出，“加快大数据、云计算、物联网应用，以新技术新业态新模式，推动传统产业生产、管理和营销模式变革……”[1]。同年，“新一代人工智能发展规划”的出台明确了我国人工智能产业发展的路线，厘清了我国人工智能发展

的基本原则、战略目标和重点任务[2]。面对国家发展的宏观需求，信管专业的人才培养目标定位变得更加清晰，相关战略中涉及的信息技术与管理理念，实际上都可以在信管培养体系中找到一一对应，且信管学生所掌握的信息资源（数据）处理能力、系统设计方法，以及计算机程序开发技术，都与国家战略的实施需求直接相关。因此对信管而言，其交叉型定位决定了人才培养方向与国家战略的相合性，人才应当具备组织和实施新技术能力，辅助企业实现数字化、信息化、智能化建设和发展。

2. 企业管理创新的微观人才需求

信管人才的培养经历了技术型、工程型、复合型的转变[3]，而在国家战略实施过程中，新技术的应用成为产业创新升级的驱动力量，因此行业对信管专业提出了创新型人才需求。这种创新性体现在以信息技术的发展为立足点，学生能够应用信息技术达到组织管理模式升级、业务流程优化、信息资源整合等目标，为企业实现创新效益。正如企业对于信管高级人才的要求，已经从单一面向技术应用的首席信息官（Chief Information Officer，CIO）转向多元技术融合发挥创新的首席创新官（Chief Innovation Officer，CIO）2.0[4]。CIO 2.0 的提出则将企业信息技术的管理者提升为引领企业未来发展方向的驱动者，其旨在以信息技术为企业驱动力，把粗放管理转变为精细管理、目标追求转变为过程服务、依附现状转变为引领变革。

（二）信管实验教学的变革需求

1. 新技术设备引入

当前，国内大多数高校的信管实验教学中，多采用单一、同质的计算机软硬件设备和实验平台，学生面对的是基础的计算机和网络。在过去技术发展的条件下或许能满足要求，但在如今大数据、云计算、物联网等新技术作用日益凸显的环境下，这种原始的技术设备存在局限性。现实中企业的发展对新技术的要求不断提高，而学生在实验平台连新技术设备都未见过，何谈如何应用。因此新型的信管实验教学，首先要改变过去单一计算机技术学习的局面，将多元的、先进的技术设备引入实验教学，按照专业发展要求和学生的兴趣来引导学生学习技术原理，夯实学生的技术基础。

2. 新实验内容聚合

信管专业实验教学内容大致可以分为两类：一是管理类软件的操作实验，例如ERP 系统模拟实验，此种实验往往遵循固定模式，可拓展性较局限。二是计算机程序语言开发实验，例如信息系统分析与设计，虽然此种实验相对灵活，但实验内容设置多年来一成不变，学生能够进行自由发挥的空间很小。相较之下，程序开发类实验更需要改革，其不应仅停留在简单的信息系统软件阶段，更应该把信息资源管理、信息技术设备硬件应用、信息系统软件开发等实验内容聚合，培养其构建和评估技术应用方案的能力。

二、信管实验教学平台的开放性设计理念

开放性设计理念的提出是为了有效提升实验平台的灵活性和实验教学的创新性，其并是不单纯地表示将实验平台开放给教师和学生自由使用，而是强调“去边界化”，即打破过去实验教学在实验设备和实验教学上的封闭边界，学生可以根据自己的想象力自由地设计、开发、创新，避免千篇一律的成果。实验平台的开放性体现为开放实验设备和开放实验教学：

（一）开放实验设备，构建柔性实验环境

实验设备的开放是将平台内实验设备面向使用者开源，突破设备原本内置的功能和程序的边界，使其具备柔性的、可重塑的利用价值。柔性实验环境是指在开放实验设备的前提下，平台具备动态调整、灵活应用、多元适应的特点，能够给学生提供支持各种类型的开发和多种场景的设计。构建柔性实验环境的优点在于：一是打破了封闭型实验设备的技术访问边界，学生能够学习设备内部运行的技术知识。二是拓展了实验设备的应用范围，使得不同设备之间可以相互组合，学生可以对设备自由设计，产生“1+1>2”的效果。三是延长了设备的使用周期，避免因为新技术更新速率太快而导致设备使用周期过短，保证引入新设备是一个“增量”而非“淘汰”的过程。

（二）开放实验教学，培养创新能力

实验教学的开放是把实验内容的决定权开放给学生，让学生自主设计实验的目标、形式和内容，采用多元化的方式激发学生创新能力。在开放的实验中，教师不事先设置固定的实验套路，而是结合学生的想法给予指导。学生根据自己的创意，结合实际问题提出具有创造性的解决方案。开放实验教学的优点在于：一是激发了学生的创新思维，让学生能在开发设计中自由发挥自己的创造力，而不是简单地复制已有成果。二是增强了实验成果的多样性，在平台内实现不同的应用场景切换。三是转变了教师在实验教学中的角色，使其不再是一个布置任务和验收结果的监督者，而是一个辅助学生实现创意和创新的指导者。

三、信管实验教学平台建设

（一）基于物联网的实验平台框架

物联网能帮助组织将互联网的接入点拓展到其他感兴趣的对象上，从而实时获取对象的状态信息，实现对管理活动的优化[5]。从实体企业的角度看，相关国家战

略实施的关键一步则是将组织内实体资源连入网络，只有获得实体在活动时产生的数据，才能进行资源的现场管理，所以以物联网技术作为实验平台的切入点具有实践和现实意义。另外，由于物联网设备具有开源、低成本的开发模块，所以在平台的开放性上具有较好的建设条件。综合考虑，将平台框架分为物理层和信息系统层（见图 1）。

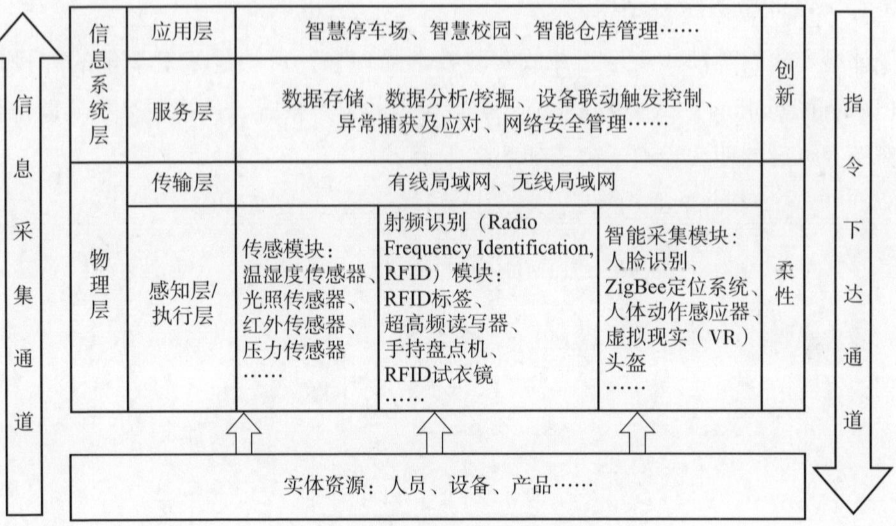

图 1　基于物联网的实验平台框架

1. 物理层

物理层是实验平台提供实验条件的物理设备和环境总和，由物联网中的感知层和传输层组成。感知层也可认为是执行层，其与管理活动的现场资源直接相连，用来采集资源实体的状态信息，同时执行下达的指令。传输层包括平台内部有线和无线的局域网，主要用来建立数据、信号、指令传输的网络环境。物理层的构建遵循柔性实验环境的理念，引入包含关键应用程序编程接口（Application Programming Interface，API）和软件开发工具包（Software Development Kit，SDK）的开源模块设备，使得设备具备二次开发的柔性。学生只需要在程序中引用接口和方法就能实现对设备的调动，而不需要从头学习设备底层原理。设定这种方式主要考虑到信管学生与物联网工程等工科学生的“管理”差异性，后者更偏向从底层的原理开始学习，而信管学生更注重掌握技术的应用能力。

2. 信息系统层

信息系统层是基于应用场景来对实体资源进行现场管理的信息系统，由物联网的服务层和应用层组成。服务层设定了系统运行的流程规则，包括数据存储、数据分析/

挖掘、设备联动触发控制、异常捕获及应对、网络安全管理等综合性的管理方法。应用层从宏观角度描述了应用场景中系统最终实现并运行的状态，例如智慧停车场、智慧校园等。信息系统层的建设不是由平台管理者实现，而是直接使用学生实验的成果，用以体现学生管理创新能力的发挥，将其建设好不仅需要稳定的物理层，也依赖于优良的实验教学模式。

（二）设计型实验教学模式

设计型实验教学模式立足于开放实验教学的理念，目的是激发学生的“设计性思维”（Design Thinking）[6]，塑造系统分析与设计的思维模式，使用设计型实验培养学生的创新能力。设计型实验教学模式如图 2 所示。

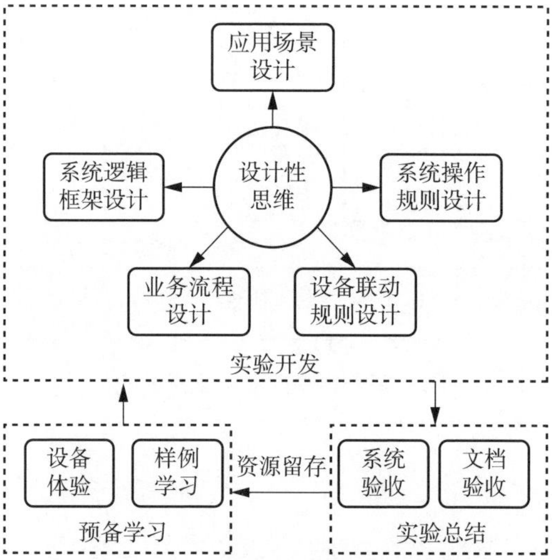

图 2　设计型实验教学模式

1. 设计性思维主导实验开发

设计性思维贯穿实验开发的整个阶段：应用场景设计是整个实验的基础，描述了整个实验成果最终应用的背景、解决的问题、解决的方法。系统逻辑框架设计是针对应用场景提出的信息系统框架，从逻辑层面解释了构成系统的模块和模块间的逻辑关系，决定了系统开发的总体任务和方法。业务流程设计则深入到系统模块的内部，将业务活动的流程写入系统模块中，同时制定了对业务活动现场进行管理的手段。设备联动规则设计相当于在信息系统层设计如何去控制物理层设备的规则，包括设备的连入方式、触发响应方式、数据采集方式等。系统操作规则设计是面向信息系统用户制定的系统的使用方法，主要完成系统的前端设计、数据库设计、异常操作的应对方案设计等。

2. 预备学习与实验总结

过去实验教学注重结果导向，容易忽视事先的预备学习和事后的实验总结。实际上，在设计性实验教学中，预备学习是学习技术基础知识的重要环节，特别是在学生对新技术知识点不了解的情况下，提前学习技术原理，才能保证将更多精力投入系统各环节的设计，而不是钻入技术细节的“牛角尖”。预备学习的另一个关键之处在于让学生先体验设备，以兴趣引导学生，避免带来畏惧心理。实验总结的重要作用在于形成规范有效的实验开发文档，留存学生完成的系统源码和文档，用来指导下一次实验的学生进行预备学习，给平台建立起资源的良性循环机制。通过每一届学生实验的累积，不断在原来的基础上进行改造，平台能够持续产生创新成果。

四、实验平台实例

依照图 1 的实验平台框架和图 2 实验教学模式，本文作者 2017 年在国内某高校成立了大数据实验室。平台从物联网感知层和网络层引入了 RFID 读写器、ZigBee 定位系统、虚拟现实头盔等共计 12 种、超过 30 套感知基础设备，并且铺设了自身的局域网。实验室主要面向信管专业实验教学，涉及信管课程设计、生产实习、程序语言实践等多种实验课程，平均每次实验人数 50 人左右。

（一）实验成果

实验室平台的多场景设计如图 3 所示。

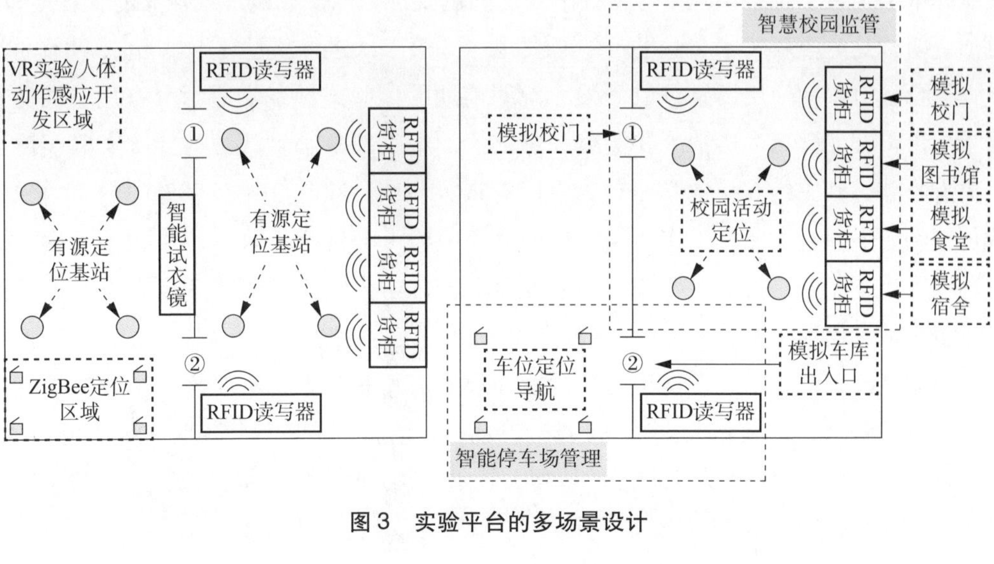

图 3　实验平台的多场景设计

图 3 左边是初始的实验室平面图，分为左右两侧实验空间，整个平台均可以进行室内有源定位。左侧划分出 VR 实验/人体动作感应开发区域、ZigBee 定位区域；右侧

在1号和2号门口处设有RFID读写器，并且在所有货柜中也装有RFID模块。除去以上固定的设备，其他的手持机、盘点机、智能试衣镜等多种移动式设备均可以在平台内任意位置使用。

图3右边展示了两个小组学生开发的系统平面图。左下区域为智能停车场场景，作用主要在于实现对车库内空车位监控，同时自动给车主提供车位导航服务。其中使用ZigBee定位系统对车辆进行定位，选择2号门作为车库出入口，使用RFID模块控制车辆进出。右上区域为智慧校园场景，作用是自动监控学生在校园内的活动情况，对学生在校园内突发紧急活动进行及时预警。其中选择1号门作为校门口，使用RFID模块控制人员进出，将RFID货柜模拟为教室、图书馆、食堂、宿舍，根据校园卡对学生在校园不同地点进行定位和感知，充分掌控学生在校的活动情况。

可以发现，新建造的实验平台能够给学生提供多元的应用场景，并且能够灵活地实现场景之间的切换。除了图3右边给出的场景外，还有学生将平台模拟为服装门店、餐厅、医院、超市等其他场景，开发了智能试衣间、餐厅自动点餐系统、医生监管系统、无人超市系统等一系列具有创意和创新价值的成果。

（二）实验教学反馈

为了进一步验证实验教学的成效，从过去在实验室完成实践训练的学生中随机进行匿名问卷调查，一共回收48份有效问卷。

统计结果（见图4）显示：①实验之前，尽管约98%的学生都认为自己有必要学习数智时代的相关技术，但仅有不到15%的学生会经常关注相关技术的发展情况，说明实际上学生也已经意识到学习新技术知识的重要性，但没有条件或没有意愿去行动，更加表明构建此类新技术实验平台的必要性。②第一次进入实验平台，超过80%的学生觉得自己有兴趣使用设备进行开发，说明前期的体验式预备学习十分有用，也提升了学生参与开发学习的热情。③实践训练之后，绝大部分学生认为与传统实验相比自己更有收获，其中约66%的学生认为自己有很大收获。同时，约有80%的学生因为实践训练经历而对升学或找工作产生了帮助，其中约13%的学生表示产生很大帮助，这也印证了当下企业对信管人才技术要求变得更高，学生因为经历过新技术实践训练而在竞争环境中比他人更有优势。

除此之外，统计中也发现当前实验室建设也有不足之处，例如超过半数的学生认为实验室设备数量需要扩充、辅助教师人数应该增加。对于未来其他新技术的引入，79%的学生非常期待引入人工智能领域相关技术，56%的学生希望引入智慧交通、智慧家居等其他物联网智能应用技术。

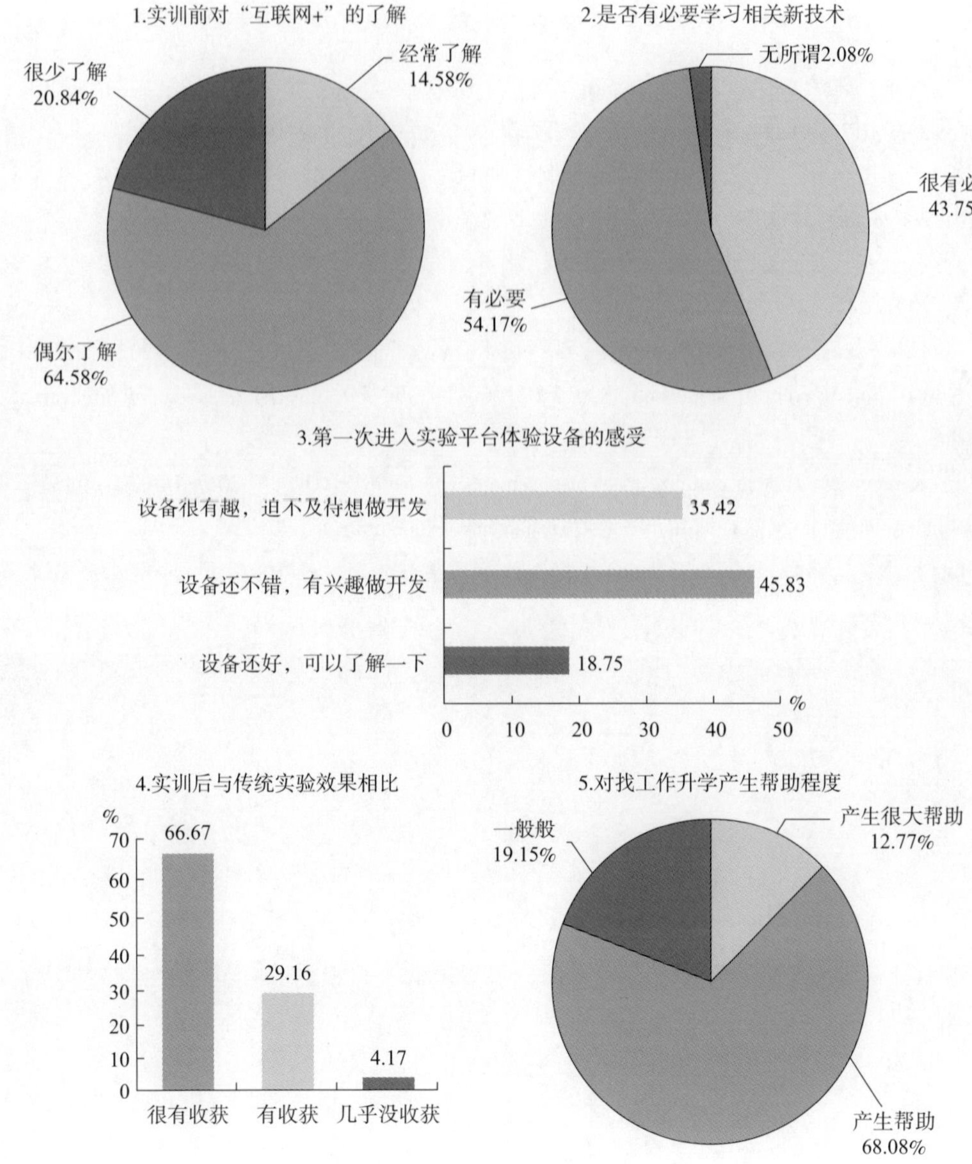

图 4　问卷调查部分统计数据

五、总结

构建数智时代背景下的信管专业实验教学平台，首先需要认清当前市场对信管人才的需求条件，即培养辅助企业相关战略实施的管理创新型人才。基于此，本文提出信管实验平台建设的开放性理念，构建基于物联网的实验教学平台框架，采用设计型实验教学模式培养学生设计性思维，强化学生的创新能力。教学实例表明方案实施的优秀成果，并且得到学生实验反馈的高度评价，因此提供了类似平台建设的思路和借鉴之处，高校在未来更应该加快新型信管实验教学平台建设的脚步。

参考文献

[1] 新华社.2017年政府工作报告（全文）[EB/OL]. http://www.gov.cn/premier/2017-03/16/content_5177940.htm.

[2] 国务院. 新一代人工智能发展规划 [EB/OL]. https://www.gov.cn/zhengce/content/2017-07/20/content_5211996.htm.

[3] 蔡淑琴，张子刚，张金隆. 信息管理与信息系统专业人才培养的研究 [J]. 高等工程教育研究，2001（4）：25-29.

[4] Eric Savitz. Why the CIO must be the chief innovation office [EB/OL]. [2023-03-06]. https://www.forbes.com/sites/ciocentral/2013/03/06/why-the-cio-must-be-the-chief-innovation-officer.htm.

[5] Kerry Doyle. How to optimize asset management with IIo [EB/OL]. [2017-01-20]. http://www.ioti.com/iot-strategy/how-optimize-asset-management-iiot.htm.

[6] 钱辉，徐萍平. Design Thinking 理念下的管理学科教育模式研究 [J]. 高等工程教育研究，2013（4）.

数智时代电子商务专业教学的应变与不变*

王刚桥　林美燕　马利军

（深圳大学管理学院电子商务系）

【摘要】人类社会已处于数智化变革的关键节点，企业的生产与运营模式正在发生深刻变革，传统商科模式培养的学生难以满足企业数智化转型要求。电商专业教学要不要改革？改革哪些？如何改革？这些问题的回答迫在眉睫。针对这些问题，本文尝试从变与不变的系统辩证性视角，对电商专业教学目标、内容、方法等重点环节的应变与不变进行探讨，并提出转型可能面临的教育异化风险，为电商专业教学改革实践提供一些辩证性的思考。

【关键词】数智时代；电子商务；教学改革

一、引言

随着大数据与人工智能等技术的迅猛发展，人类社会正处于深度数智化变革的关键临界点，数智化已经成为企业转型、产业升级和社会变革的必然选择。在商业领域，以云计算、大数据、人工智能等技术协同应用为典型技术特征的高级智慧商业形式即将到来，企业的采购、生产、销售和传播营销等方式都将发生比互联网转型更为深刻的变革[1]。电子商务作为顺应技术变革而产生的商业模式，在当前数智时代也面临着变革的节点。由于数智素养的不足，按照传统商科教学模式培养的电子商务人才似乎已经不足以满足新时代企业数智化转型发展的需求[2]；同时，大量教学实践也表明，商科学生对知识及其获取方式的需求也在显著变化，例如从期望学习经典管理理论向学习多元化知识、方法和技术转变，从课堂学习为主向课堂学习与课后自主探索相结合转变，从线下学习向线上学习转变[3]。在数智化变革浪潮下，当前电商专业教学面临新的不可忽视的现实问题与挑战。

（一）传统电商专业教学定位与社会需求存在脱节风险

传统电商专业课程教学主要定位为电商管理基础理论、基础信息技术等知识教授与应用能力培养，而当前企业尤其是电商领域的数智化转型日新月异，对电商人才的数智素养和动手能力要求远超过往，缺乏企业智慧运营思维以及重要算法、模型与主

---

* 本研究系深圳大学课程思政“四个一”试点项目与试点课程“电商大数据分析概论”建设的部分成果。

流编程语言应用能力的学生，在实际求职中越发难以得到企业的青睐[4]。不难发现，传统以管理思维与能力培养为目标的电商专业教学与社会需求之间已经出现不可忽视的鸿沟。然而，若专业教学目标贸然过多偏重计算机领域知识，则会导致电商专业定位与计算机或人工智能专业的人才培养定位界限越发模糊。目前，传统电商专业教学与社会脱节的风险已经无法忽视。

（二）适应电商专业的数智类教材缺失

经过对主流教材的调研发现，传统电商专业涉及的经典教材并不有效涉及当前主流的大数据或人工智能知识、方法及其应用，而计算机领域的专业教材虽然知识足够“专精特新”，却基本不涉及电商领域现实问题，且其中的知识点过深，计算机专业语言过多，并不适用大部分具有文科背景的电商专业学生。在仅有已出版的部分电商数智类教材中，电商运营理论与各种数据分析方法或机器学习算法常被分开教学，明显割裂，未能有效实现跨学科知识的融合。总体而言，目前管理领域缺少适用电商专业的数智类教材，其问题本质则是管理教学内容与计算机领域知识的融合问题。

（三）常规教学内容与方式和学生知识获取需求适配不足

现行传统电商专业教学的大部分课程及其授课内容主要聚焦互联网时代的电商运营体系与信息管理，对新兴或者说正在涌现的新型智慧电商运营涉及甚少，且普遍采用课堂面授的教学方式。而同时，当代大学生涉猎广泛、偏好新兴事物，对传统互联网电商运营内容以及其他同质化专业教学内容的兴趣度明显降低，而且越发倾向于通过网络自主学习个性化知识[5]。因此，考虑到社会数智化转型已经显著影响学生对知识及其获取方式的改变，以课堂面授的方式进行常规电商运营理论的教学可能是低效的，也难以有效激发学生兴趣。

（四）课堂教学与实践教学的均衡协同难度增大

传统电商专业教学重点是课堂理论教学，实践只是基础知识应用的辅助平台。而相比传统电商运营管理理论与学习方法，以大数据分析、人工智能为核心的数智类知识与技术的学习不仅要求更高的数学理解，还依赖大量动手实操、应用与实践训练，这些知识只有在大量重复训练以及自主运用中才能系统掌握、灵活应用[6]。为此，必须在专业教育教学中更加均衡课堂理论教学与实践教学，实现两者互补互促，引导学生注重实践，同时为学生提供专业需求匹配的应用与社会实践平台，这些都给电商专业教育教学提出了新的更高要求。

除了上述专业教学改革可能面临的现实问题，站在数智时代的前夜，还有一些更根本性的问题亟待回应，包括电子商务专业教学要不要改变，是否要推倒、重构教学体系，要改变哪些教学内容与环节，如何变革。泛化而言，这些问题涉及专业教学根本，既是关于电子商务专业教育的认知变革，也是商科领域高等教育认知革命的共性问题[7]。

针对上述关键问题与难点，本文首先从教育异化的视角，尝试回答电商专业教学要不要变，然后结合电子商务专业教学实践，从应变与不变的辩证思维视角对数智化变革浪潮下电商专业教学改革思路进行探讨，最后提出可能出现的教学异化风险。

二、电商专业教学要不要变

数智技术的迅猛发展催生智慧商业的快速涌现与持续创新，回顾近年来大数据、人工智能等数智技术对商业运营所带来的巨大变革，电子商务的学科发展以及专业教学与人才培养模式的改革明显已经落后于行业变革。尽管如此，关于电商专业教学乃至商科教学要不要进行数智化转型仍然是影响专业教学改革实践的关键问题之一。

从本质上而言，电商专业教学要不要进行数智化改革的问题，其核心本质是回答“技术是否会导致专业教育的本质异化”[8]。一方面，专业教学的数智化改革必然伴随大数据、云计算和人工智能等基础知识进入到专业课程教学中，同时技术也会大量赋能专业教学内容、教学流程、教学手段、教学方式等环节创新，技术功利性应用完全有可能带来异化风险，例如学生可能会疑惑自己处于计算机专业还是在电子商务专业，任课教师也经常犹豫专业课程要以技术应用为主还是理论优先、是否允许学生在课程学习中使用人工智能工具。必须看到，技术异化的风险在专业教育教学实践中是不可避免的。另一方面，从专业教育本质上看，专业教学就是要发展具有专业素养的个体，数智技术只是培养个体专业素养的手段和载体，虽然隐含功利性特征，但若能始终保持以发展个体能力、提升正确思想素养为根本要义，同时增强对技术引发的教育伦理风险的警惕，技术异化导致专业教育本质异化的风险则是可控的。从风险角度考虑，电商专业教学数智化改革并不会因为技术的引入而背离教育本质。

从实践来看，目前社会、学生和学科发展都对电商专业教学的数智化改革提出了期待与要求。从社会层面看，教育部明确提出要实施“教育数字化战略行动”，电商行业企业的数智化转型正在全面展开，对具备高数智素养的人才需求大、要求高，传统商科教育模式培养的电商学生难以满足当下乃至未来的社会需求；而在学生层面，当下电商学生对新兴技术与企业智慧运营的兴趣与相关知识获取的需求日益增长，同时学生追求个性化学习的特征越发突出，这就要求电商教学能够提供符合时代的数智化知识与新的教学模式、教学方式；在学科发展层面，电商专业作为互联网时代出现的新学科，本身就是顺应行业科技发展而生的，当下企业运营模式因技术革命涌现出大量新变化，电商管理的要素、对象和边界不断拓展，管理环境和技术不断更新，管理方法和工具更加先进，电商管理学科理应协同行业变革，推动自身升维、升级，将新的理论知识融入专业教学中，进而在实践中改进学科体系。

综上分析，电商专业教学的数智化改革的技术异化风险存在但是可控的，且目前的改革现状是社会有期待、学生有需求、学科要发展，因而加快推动数智化转型已成为高校电商专业教学改革的必由之路。

三、专业教学改革的应变与不变

专业教学是一项系统工程，涉及学生、教师、教学环境、学习资源等教育要素，以及课程设置、课堂教学、社会实践等诸多环节。面对专业教学数智化转型要求，哪些教育要素与环节是重点改革对象，如何改革转型，教学体系是否要全部改革，这些是当前亟须思考的问题。本文结合电商专业教学实践，从“应变”与“不变”的辩证思维视角，仅尝试对其中部分重要教学环节的数智化改革思路进行初步探讨。

（一）教学目标的变与不变

教学目标是专业教学定位的具象呈现，教学目标一般包括多个维度，即知识与技能、过程与方法、情感态度价值观。专业教学目标涉及的主要教育要素是学生，在当今数智时代，知识及其获取方式虽已经发生重大转变，但教育过程中学生的主体地位不会改变。

教学要顺应新知识的学习规律和学生个性化发展的特点，那么教学目标要主动应变，但不能全变。一方面，专业教学的态度价值观定位不能变，无论数智技术如何赋能“教”与“学”，教学体系都必须遵循发展学生个体素养、培养正确态度价值理念这一基本要义，或者说教育立德树人的原则性目标不能因为教学改革的变化而改变[9]。另一方面，知识与技能的教学目标细节维度要主动求变、寻求多元化，电商专业教学应从传统培养管理思维为主，转向管理思维与数智思维、管理理论与基础人工智能技术应用均衡并重；同时，教学过程与方法要转变，应该遵从大数据分析、人工智能等知识与技术学习的一般规律，从传统管理学的面授式学习为主向自主学习、探究式学习转变。

（二）教学内容的变与不变

教学内容是服务于教学目标而设计的教学素材与信息等，数智时代涌现了大量新的智慧运营方法与技术，但围绕企业运营的传统管理理论与管理原理是从长期实践中总结、升华得出的基本规律，一般不会轻易发生根本性的改变，它们仍然具有巨大的价值。为此，电商专业教学内容设计应尝试在不变中寻求改变。一方面，要保持教学内容中经典管理理论、方法与模型，以及其他人文主义、伦理道德相关知识，将其视为基础性教学内容。例如，考虑到管理学原理、消费者行为学、供应链管理等此类基础课程中包含许多经典理论与模型，如生命周期理论、需求层次论等，这些知识是商科学生入门管理领域的前提，且仍然广泛适用于刻画大量智慧运营与消费场景中的对象及其作用关系，因此应继续作为基础专业教学内容而不变。另一方面，主动补充融合智慧运营与管理的新理论、新方法和新思维，诸如大数据驱动运营、精细化管理、精准营销等新方法，同时增强基于数据挖掘与机器学习工具方法的应用与案例分析内容，通过补充数智化相关知识内容，培养学生应用新方法、新工具解决管理问题的兴趣与能力。

值得注意的是，教学内容的改变是传统基础性管理知识与数智思维、计算机技术的跨学科融合，而并非两个学科专业教学内容的简单拼凑或叠加，数智知识虽不能主导电商管理教学内容（例如关于企业智慧运营的知识点不应大量出现机器学习的底层算法或数据结构），但也不能是“菜中盐”般的点缀。结合实践经验，我们认为新的教学内容设计应该考虑问题导向的知识融合思路，即围绕电商运营的管理问题，教授或探究数智化解决思路与方法。例如，针对电商运营产品推荐这一经典问题，教学内容可以设计为基于客户大数据挖掘的精准推荐方法，进而培养学生的数智管理思维。目前，以管理问题与管理情境为导向的跨学科知识融合思路可能是电商教学内容数智化改革的有效路径。

（三）教学方法的变与不变

教学方法是教师和学生共同完成教学任务与内容的方法，涉及教师教授方法和学生学习方法。无论何种专业教学，学生作为教学的主体、教师作为引导教学过程的主导地位是不变的，新的教学方法也必须围绕教师与学生的高效协作进行设计。数智思维与能力的培养涉及大量计算机知识的学习与应用，而这些知识的实践性与应用性更强。在这种情况下，教学方法也应该顺应新知识学习的基本规律与学生个性特征，积极寻求改变。

结合实践教学经验，可以考虑从三个方面进行教学方法的改变。首先，从基于PPT演示和语言传递为核心的讲授式学习，向以提问、论证、个体探究和小组讨论等多元化教学方法协同并用转变。商科背景的学生对数据、人工智能的敏感性普遍偏低，培养数智思维须从基础开始引导，多元化教学方法能更好地促进对知识循序渐进、反复的学习与理解。其次，从直接的理论教学向案例导向的教学方式转变，计算机知识的学习离不开大量反复的练习与应用，为此应广泛结合流量管理、产品管理、客户管理等电商运营环节经常出现的各类问题与应用场景，选择不同的案例或示例进行知识引导与应用，以管理问题的解决重复强化学生的数智思维与技术应用能力。最后，允许和鼓励学生从标准化学习向差异化学习转变，其中又涉及多个维度的问题，诸如学习方式从单一的课堂线下学习向线上线下同步学习转变，课程作业完成方式从严格按照标准方法向应用多种方法和工具转变，甚至教学模式也应该尝试从以人为主向“人机协同”转变，例如教师和学生让渡部分选择权，由机器推荐部分教学内容、跟踪评估学习效果等，这不仅能更好地顺应学生兴趣与能力的差异性，也符合数智时代下知识获取与应用的新趋势。

（四）师生关系的变与不变

师生关系贯穿整个专业教学过程，是不可忽视的教育要素。从教育的基本特征来看，不论时代如何变化，教师传道授业解惑的基本角色不会发生根本性改变，作为教学内容与过程的主导设计者也不会轻易改变。

在基本关系不变的前提下，由于专业教学数智化转型伴随着教师内容、教学方法的改变，因此教师素养以及教师与学生的交互方式必须进行相应的改变。首先，教师素养应从传统管理素养向数字素养拓展转变，电商授课教师作为专业教学改革的主导者和参与者，应具备高级数智思维与典型技术、方法的应用能力，才能有效传授数智类知识与技术、引导学生培养数智思维，这要求商科背景的专业教师能够主动求变，大幅提升自身数智素养，以满足专业教学的新要求。其次，教师与学生的交互关系应由单纯的课堂知识授受关系向协作探究的关系拓展，鉴于当前电商专业教学数智化转型过程中，大部分教师与学生都是先行探索者，在应用新方法新技术解决电商运营管理问题的过程中，学生遇到的问题都可能是教师优化教学内容与方式的契机。例如，学生在运用工具或编写算法解决某个运营管理问题时，可能会经常与教师线上沟通协作，进而提出或实现针对性的数智解决方案，而这些方案包括源代码在内都可能是后续教学的重要素材。

（五）教学环境的变与不变

教学环境是影响教学活动的多种要素构成的环境总体，教学环境对数智化教学转型具有重要的辅助支撑作用。广义而言，包括学校的物理环境和社会文化心理环境。一方面，为适应数智化内容的教学需求、便捷师生交互交流，学校物理硬件环境的创设必须改变，应由传统教学空间向数智化教学空间转变，增加基础智慧设施设备，例如摒弃“秧田型”教室而转向沉浸式的 U 形智慧教室，以可感知的智慧化环境强化数智学习体验，支持多元化的教学方式的实施。另一方面，在管理学科开展以数据和算法为核心的专业教学，可能诱发明显的技术功利性或技术鸿沟，社会文化心理的教学环境创设应始终保持足够的人文关怀，或者说教学环境的人文气息、心理关怀不能变少。例如，考虑到电商专业学生的数智基础能力差异性明显，对数智类知识的理解与应用接受程度不一，教师在课堂教学和课后沟通中应尽量以鼓励、支持以及亲和的师生互动，营造轻松、友好的教学氛围与学习、社交环境。

四、专业教学转型的教育异化风险透视

教育的终极目的是发展完整和谐的人，数智化教学只是为了更好服务于学生的专业素养发展。实际中，数智知识与技术对电商专业教学内容、方法和人才培养模式等造成的变化很可能是超乎当下意料的，因技术而引发的教学之“变”对学生发展的束缚和限制可能随时出现，进而带来教育异化的风险[10]。这些风险在专业教学数智化改革中应予以特别警惕。

（一）学生认知负荷过多过重风险

合理的认知能够保证高效的学习效果，而随着数智知识与技术融入教学内容与过

程，新的电商专业教学承载的知识量将明显高于传统管理教学，学生的认知负荷可能会明显增大；同时，受限于传统管理学学习思路或受到技术应用的吸引，学生容易在底层技术原理及其实现上花大功夫，浪费有限的认知精力，甚至产生认知超负荷问题。

（二）学生陷入技术思维“陷阱”的风险

大数据、机器学习等革命性技术所带来的技术功利性是超乎想象的，电商专业教学从教学内容到教学评估，都不可避免地涉及大量不同的技术。例如，在探讨实际电商管理运营问题的智慧解决方案时，很可能会牵扯大量不同的技术细节。此时，无论是教师的课程教学、专业实践或是学生的学习过程，都很容易因为技术功利性吸引，出现重技术轻科学、重应用轻思维的倾向。当技术被过多地整合至电商教学体系中，管理学科的专业教育教学就可能变质为培养“能工巧匠”“程序员”的技术教育、职业教育。

（三）学生受教育的不公平风险

传统电商课程内容普遍以管理与运营理论为主，其教学普遍是现场授课式教学，学生在课堂上基本能够得到任课教师的均等指导。然而，数智化知识与技术的学习更多是师生合作式、探究式的学习过程，依赖学生和教师在平时课后的大量沟通与协作。在此过程中，积极主动的学生可能受到更多的专业指导，相反偏好被动学习的学生则可能错失专业教师的指导，由此可能逐渐诱发教育的不公平现象。

五、结论

人类社会正处在数智化变革的关键临界点，电商专业作为顺应时代而生的跨学科专业，在数智化浪潮的冲击下，电商专业教学是否要改革，如何进行转型等问题的解答已迫在眉睫。针对这些问题，本文结合理论分析与实践经验，对电商专业教学的数智化改革思路进行简要探讨。总体来看，专业教学的数智化改革是可行的，但不可忽视技术和教育异化的风险，理应坚持系统性、整体性视角，在变与不变的辩证思维下思考教学目标、内容、方法等环节的改革转型，探索管理思维与数智思维均衡协调的电商人才培养新模式。

参考文献

［1］陈晓红，李杨扬，宋丽洁，等．数字经济理论体系与研究展望［J］．管理世界，2022，38（2）：208-224+13-16.

［2］张志华，孙嘉宝，季凯．“变”与“不变”：高等教育数智化转型的趋向、风险与路径［J］．高校教育管理，2022，16（6）：23-31+58.

［3］安慧心，安慧姝．数智时代下高校线上线下融合教育的组织管理与实践研究［J］．经济研究导刊，2023（14）：115-117.

[4] 韩婧怡. 数智化时代新商科人才培养模式研究 [J]. 现代商贸工业，2023，44 (10)：102-104.

[5] 王建明. 数智时代新商科人才培养的变与不变——以工商管理类专业人才培养为例 [J]. 新文科教育研究，2022 (4)：103-116+144.

[6] 陈奕奕，陈佩佩. 高校数智化 T 型人才培养模式的探索与实践——以人力资源管理专业为例 [J]. 管理工程师，2022，27 (2)：70-75.

[7] 熊思东. 数智时代高等教育新形态 [J]. 教育研究，2020，41 (5)：19-22.

[8] 李宁. 大数据背景下应用型大学专业课程教学的变革 [J]. 江苏高教，2019 (10)：93-96.

[9] 赵俊兵，牛利华. 教育异化研究：理论脉络与现状反思 [J]. 教育理论与实践，2018，38 (7)：13-16.

[10] 陶望明，徐娟. 教育技术在实践中的异化及其消解 [J]. 教育导刊，2016 (2)：14-18.

组织发展职位招聘广告的文本分析：对人力资源管理专业人才培养的启示

王　忠[1]　梁国培[2]

（1. 深圳大学管理学院人力资源管理系；2. 深圳龙源精造建设集团有限公司）

【摘要】 组织发展领域方兴未艾，国内企业的组织发展职位需求日渐增多，这一现状呼唤组织发展专业人才的新型培养思路。本文在650条组织发展职位的招聘广告文本中抽取部分样本文本进行内容分析，运用扎根理论分析了目前人才市场上对组织发展职位人才的需求，在此基础上对于高校人力资源管理专业的人才培养提出针对性建议，旨在更好地满足企业的用人需求，从而让组织发展助力企业健康发展。

【关键词】 组织发展；广告文本；人才培养；胜任力模型

一、引言

（一）研究背景

组织发展（Organizational Development，OD）可以让处于发展过程中的组织获得提高产出效率和完善内部环境的推动力，也可以让遇到发展“瓶颈”的组织重新焕发生机与活力。组织发展职位的薪酬在人力资源类职位中较高，这是由它所担负的职能和在组织中贡献的产出所决定的。OD从国外引入，国内对此的学术研究和企业实践还处于初级阶段。当前有些企业也存在盲目跟风的现象，虽然在企业内部单设或人力资源部门中设置组织发展专员、经理、总监等职位，但工作内容仍然脱不开传统的人力资源管理事务，而不能发挥组织发展职位对组织的结构调整、流程优化、效能提升等作用。究其原因，应该和合格称职的OD从业人员极度匮乏有关。

本文通过对市场上组织发展人才的需求进行归纳概括，分析出企业急需的组织发展人才需要具备的素质能力，为相关高校人力资源管理专业人才培养提供方向和启示，以促进人才培养和市场需求的对接，让组织发展人才在企业中真正体现价值及发挥作用。

（二）研究意义

1. 理论意义

目前学术界中对于招聘广告的文本分析积累了一定成果，但对于组织发展职位相关招聘广告的文本分析尚处于空白阶段。本研究搜集并分析2022年2月在综合性网络招聘平台上发布的组织发展职位相关招聘广告，一方面以此为依据为组织发展人才培养提供参考，另一方面也期待在招聘广告文本分析的研究领域有所拓展。

2. 实践意义

当今世界面临“千年未有之大变局”，现代科学技术快速发展，现代组织结构和治理体系发生深刻变革，企业对组织内存在的结构性问题有针对性地提供解决方案的需求与日俱增，组织发展职位在企业组织中发挥的作用越来越重要。本文通过收集组织发展职位的招聘广告文本，分析组织发展专员、组织发展经理、组织发展总监等的岗位职责、任职要求等要素，以期为高校人力资源管理专业优化人才培养提供方向引导和具体建议。

（三）研究内容

本文研究组织发展职位的招聘广告文本中反映出的多种组织发展职位中内容特征、胜任力特征、重点能力需求、招聘理念等具有共性的部分，从中明确组织发展相关职位的工作技能与职位要求，挖掘岗位核心需求，以引导人力资源管理专业人才培养的改革方向，让组织发展人才培养更有针对性，以帮助组织发展人才在组织中更好地发挥作用，同时有利于自身的职业发展。

我国企业组织发展职位近年来数量上有明显增加，国内主要招聘网站上出现了大量组织发展从业人员的招聘需求。本文从组织发展职位的企业需求出发，着眼于企业对组织发展职位的具体招聘要求，提取出该职位对所需人才的知识能力需求，以完善人力资源管理专业人才培养模式和课程体系，提高高校对组织发展人才培养的针对性，促进组织发展领域的人岗匹配。

本研究从原始资料中提取的具体职位信息，包括职能类别、职位名、薪资、岗位职责、任职资格、公司性质及所属行业、经营业务、企业规模等，主要分析的职位信息为岗位职责和任职资格，两者包含的文本内容丰富，直接反映了该职位的核心胜任力，可以为高校人力资源管理专业的人才培养提供方向引导和具体建议。

二、概念界定及文献综述

（一）概念界定

1. 组织发展

组织发展的定义有狭义和广义之分，狭义的组织发展是指针对业务发生变化来调整组织结构，而广义的组织发展则是指企业在发展的全生命周期过程中，通过一系列措施改善业务、优化结构、提升能力，推动企业持续健康发展，实现组织的使命和愿景的一系列概念和技术。[1] OD 的职能包括组织诊断、组织架构调整、制度体系搭建、流程优化、组织发展干预等。

2. 招聘广告

招聘广告是组织为提高招聘效率、扩大职位选材面与吸引度，而将招聘职位的任职要求等细节向公众发布的载体，招聘广告包含的项目有待招聘职位的名称、薪酬水平、岗位职责、任职要求、公司资料等，以保证应聘者的知情权。招聘信息包含了企业对于人才的数量与质量的需求：一方面，招聘信息中包含职位的数量能一定程度地体现一个地区、一个行业在一定时间段内的人才需求，进而反映这一地区、行业的发展情况甚至是前景；而更重要的是，招聘信息包含了企业对于应聘者的要求，例如基本情况、教育背景、个人能力，等等，在这些方面满足企业要求的人才当然更易获得企业的青睐。[2]

3. 文本分析

文本分析法最早应用于情报学和信息学，后随着计算机处理技术的进步而逐渐成为一个新的研究工具。文本的语言含义本身能较为充分地反映人们对事物的特定态度、看法主张、价值取向以及利益诉求，通过对文本内容的分析也可以推测出文本提供者的目的和意图，挖掘其中蕴含的有用信息。内容分析主要有 6 个步骤：确定分析对象、进行样本选择、建立类目体系、文件编码、数据加工分析、信度检验。[3] 对文本的分析主要属于定性分析，分析方式可以借助定性分析软件来进行编码分析，编码分析则需要用到扎根理论把文本中的原始语句提炼为更精练的概念。当然，也可以对单一的大容量文本进行定量分析，如统计一定长度的词语出现频率，来捕捉出现频率较高的关键热词。

（二）文献综述

1. 国内研究现状

国内组织发展方面的研究尚处于起步阶段。近十年来，“组织发展热”由市场中头部互联网企业领航，组织发展在管理实践中有了更多的体现，寻求组织发展与变革的公司纷纷设立 OD 职位。国内学术界尚未对组织发展职位的招聘广告开展研究。

基于招聘广告的国内研究已有先例。王伟基于招聘网站一定数量的招聘广告文本，通过文本分析和相关度计算寻找职位需求特征与任职要求的内在关系。[4] 贾建锋、王国锋、王英男等选择部分创业板上市公司在招聘网站上投放的广告作为样本，通过五个要素来总结创业导向型企业高层管理者胜任特征。[5] 袁鑫等分析珠三角企业对应用型商务英语专业人才的招聘广告，采用扎根理论方法，提出应用型商务英语专业高校应建立独有的人才培养模式和课程体系[6]。这些研究都对一定数量的文本数据做了概括和浓缩，从一般到特殊推出几项核心的职位胜任力，有的还借助对于所研究职位的胜任力标准以作确认。

2. 国外研究现状

基于招聘广告的国外研究也处于发展当中。Verma 搜集分析了数据分析师等职业的在线招聘广告，确定了相关职位需求最旺的技能，如决策、组织、沟通和结构化数据管理等关键技能。[7] Haried 等对于健康信息管理和技术职业的招聘广告进行内容分析，确定了多种不同的健康管理职位的基本要求，为相关职位的课程开发提供了用以改善的信息。[8]

3. 组织发展从业者胜任力模型

加里·麦克莱恩编写的组织发展学教材《组织发展学：原理与应用》中列出了组织发展专业人员的胜任力模型，包括七个基本的知识能力领域：组织行为学、个体心理学、群体动力学、管理和组织理论、研究方法、比较文化观点以及业务知识；六个核心技能：咨询过程的管理、分析与诊断、设计并选择合适的干预手段、催化过程的咨询、开发客户的能力、组织变革评价。[9] 关于具体的胜任力评估维度，沃里在制定的评估表中提到 23 个主要的评估维度，系统全面地总结了一个优秀的组织发展从业者应该具备的胜任力要素。

表 1　组织发展专业人员基本胜任力评估表

胜任力主维度	胜任力细分维度（节选）
自我掌控	澄清个人界限
评估积极变革能力	选择恰当评估方法
厘清资料数据需求	确定适当的资料和数据收集过程
促进传递和采纳	确保学习得以持续
整合理论和实践	结合理论和实践做研究
与科学技术发展保持同步	有效利用最新技术和互联网
与大型系统合作	能干预大集团（70~2000 人）
参与创建一个好的实施计划	共同建立实施计划
理解研究方法	使用确保效率客观有效的方法
对多元化管理	促进参与性决策过程
明晰角色	明确定位顾问 OD 的角色
对待权力	明确正式和非正式权力并加以利用
保持思想开放	不批判，抑制有害评论
帮助客户掌控变革过程	共同设计变革过程
轻松面对模糊性	在模棱两可和混乱的情况下有效工作
管理分离过程	确保干预后分离使客户满意

续表

胜任力主维度	胜任力细分维度（节选）
看清全局	迅速掌握系统本质
为积极变革创造条件	培养互相信任的人际关系
关注相关性和灵活性	关注活动时效性
利用数据进行变革调整	利用智能信息进行下一步行动
为多个利益相关者工作	与内外部人员展开合作
建立实在的关系	建立信任
干预	按客户需求创造性定制工具和方法

资料来源：加里·麦克莱恩著《组织发展学：原理与应用》。

本文希望能够通过借鉴前人对招聘广告的文本分析经验，对现代企业中组织发展职位的招聘广告完成文本收集和分析，为组织发展职位人才培养提供对策与建议。

三、基于扎根理论的组织发展职位胜任力模型构建

（一）实施前准备

1. 明确研究目的

通过收集文本数据、运用定性方法分析，确定市场对组织发展专业人才的能力需求，从而获取组织发展专业人才培养方向，为高校人力资源管理专业人才培养体系的完善提供依据。

2. 数据采集与导入

采集工具：八爪鱼采集器。

目标网站：主要招聘门户网站，包括猎聘网、BOSS 直聘网、前程无忧招聘网和智联招聘网。网站预设 cookie（网络饼干），职位搜索引擎关键词中地区为“全国”，职位类型为“人力资源—组织发展/OD”，搜索词为“组织发展专员/经理/总监”。

采集内容：企业招聘广告包括招聘岗位的工作职责及任职要求等信息，客观反映了企业对任职者的工作要求。由于企业招聘广告会明确提出任职者的胜任信息，当某一胜任特征出现的频次越高，表明该胜任特征在就业市场被广泛需求。[10]采集内容为单一职位的“职位名称”“工作年限”“学历要求”“职位描述”等，职位描述包括岗位职责和任职资格。[11]职位描述需要点击进入下一级网页采集以及网页翻页的点击等待时长设置为 7 秒/次，以减少对网页运转的影响。采集到的招聘广告文本共 650 条，其中猎聘网 400 条、BOSS 直聘网 192 条、前程无忧网 58 条。采集到的招聘广告内容示例见表 2。

表 2　采集内容示例

条目	广告具体内容
公司名称	万科物流
公司行业	物流/仓储
公司规模	10000 人以上
是否上市	未上市
职位名称	组织发展经理（OD）
工作地点	上海
工作年限	3~5 年
学历要求	本科
薪资	月薪 1.5 万~3 万元（16 薪）
岗位职责	1. 负责组织人力资源与业务部门资源，结合内部业务运营，分析适合业务的组织模式、人员结构、人员配置及考核激励模式，评估组织架构有效性，为组织效能优化提供决策建议； 2. 根据总部发展战略及人力资源整体规划，盘点人才结构，完善集团的组织发展体系框架并推动落实； 3. 设计和落实公司级和中心级干部领导力提升计划，推动基层干部及相应后备干部的培养体系运营和落实，包括干部盘点、任免、评估、培养等环节的有效执行； 4. 参与持续优化并运营公司领导力发展体系； 5. 参与公司关键岗位人才的胜任力模型建设、人才梯队建设，制定继任计划和干部调配方案等
任职资格	1. 本科及以上学历； 2. 5 年以上大型企业或互联网行业人力资源组织发展、干部管理、绩效管理相关工作经验，有人力资源咨询公司专业经验优先考虑； 3. 具备较好的表达、沟通、组织、协调能力及亲和力； 4. 具备优秀的团队协作能力，较强的敬业精神，工作积极主动，勇于承担责任与压力

数据导出：采集完成后数据以 Excel 表格的形式导出至电脑本地，用于下一步操作。

文本清洗：Excel 文件中删去与研究无关的网址栏、信息栏，对招聘广告要素按不同变量做出描述性统计，变量为“公司规模”“公司性质”“工作年限”“工作地点”和“职位等级”。将 650 条招聘广告的职位描述包括岗位职责和任职资格文本统一整理至单一的 Word 文档中。

数据导入：在质性分析软件 Nvivo 中创建项目，导入职位描述文档，为接下来对文本数据运用扎根理论分析打下基础。

3. 招聘广告描述性统计

对 650 条招聘广告使用 Excel“筛选”功能筛选统计各变量分类的数量，变量为“公司规模”“公司性质”“工作年限”“工作地点”和“职位等级”，形成统计表格，见表 3。

表 3 招聘广告描述性统计

变量	分类	数量（条）	比例（%）
公司规模	0~999 人	99	15.2
	1000~4999 人	197	30.3
	5000~9999 人	127	19.5
	10000 人以上	227	34.9
公司性质	已上市	212	32.6
	未上市	438	67.4
工作年限	无经验	62	9.5
	1~3 年	55	8.5
	3~5 年	153	23.5
	5~10 年	320	49.2
	10 年以上	60	9.2
工作地点	北上广深	168	25.8
	其他	482	74.2
职位等级	专员	123	18.9
	经理	204	31.4
	总监	35	5.4
	未明确等级	288	44.3

词汇是组成文本的基本要素，也是构成文本意义的重要因素，概念功能的分类通常依赖于对词汇的选择。[12] 对 650 条招聘广告中岗位职责和任职资格文本使用 Nvivo 做词频统计，词语长度设定为“2”“3”“4”等，查看统计出的词频结果。

例如，词语长度为“2”时，词频统计前五名如表 4 所示。

表 4 招聘广告词频统计表：词语长度为 2

序号	词语名称	数量（次）	词语占总文本百分比（%）
1	组织	4526	4.30
2	管理	2518	2.39
3	发展	2470	2.34
4	人才	2244	2.13
5	能力	2006	1.90

运行查询后发现词语长度为“2”“4”及“4”以上统计的词语参考价值不大；词语长度为“3”时词语对胜任力指向性比较明确，故在此查询结果中截取词语频率排名前 20 的词语数据，得出如表 5 的结果，词频统计如图 1 所示。

表 5　招聘广告词频统计表：词语长度为 3

序号	词语名称	数量（次）	词语占总文本百分比（%）
1	互联网	137	0. 13
2	心理学	133	0. 13
3	方法论	112	0. 11
4	全日制	82	0. 08
5	有效性	64	0. 06
6	责任心	56	0. 05
7	推动力	54	0. 05
8	敏感度	50	0. 05
9	系统性	45	0. 04
10	洞察力	43	0. 04
11	管理者	36	0. 03
12	亲和力	32	0. 03
13	规范化	31	0. 03
14	针对性	29	0. 03
15	内外部	29	0. 03
16	价值观	27	0. 03
17	前瞻性	18	0. 02
18	数字化	18	0. 02
19	好奇心	17	0. 02
20	战略性	17	0. 02

图 1　招聘广告词频统计图

可以看到，高频出现的词语“互联网”“心理学”和“方法论”等，对组织发展从业者的胜任力提出了较为明显的指向：组织发展是系统的、科学的与前瞻的，它的良好运行离不开组织发展专业人才自身的综合能力和专业知识。

（二）原始数据编码

1. 初始整理

本文依据《组织发展学：原理与应用》中提供的组织发展从业人员胜任力模型，对文本数据做三级编码，把实际招聘过程中企业要求的组织发展从业人员必备素质与一般标准做对比，找出标准中对应的或者是尚未收录的胜任力素质。

在 Nvivo 中创建项目并导入目标文本，此时打开“代码”与“编辑”窗口。利用 Nvivo 的“代码”功能不断选中招聘广告中的单条“岗位职责”或“任职资格”文本条目，编码到代码栏中，描述属于同一工作范畴的代码则合并在该代码的下拉子代码中，在后续编码过程中仍然相似的描述则添加为该代码的参考点。例如：原始文本“有牵头知名集团型企业 OD 项目的成熟案例，优秀的团队和项目管理能力”编码为“项目管理能力”这一代码，原始文本则被添加为该代码的一个参考点。

由于招聘广告中表达略有不同的原始语句表述的可能是同一胜任要素，对于描述相近的原始语句在已有编码的情况下不再为该语句创建编码并添加参考点。

经过第一轮的开放性编码后形成如下编码表格，共 22 个三级编码，包括组织发展所需知识、技能和个人特质三大类别，如表 6 所示。

表 6　开放性编码结果

序号	开放编码名称	参考点原始语句示例
		知识
1	专业背景	人力资源、企业管理、统计学、经济学、工商管理、心理学专业优先；有人力资源管理资格证书优先；有人力资源行业咨询背景优先
2	人才职业发展知识	人才梯队干部队伍建设、人才发展方案打造、管理专项落地；人才盘点输出改善建议；打造员工职业发展通道体系、岗位能力模型和任职资格体系
3	编制管理知识	人员编制预算及日常管理、年度规划起草
4	组织发展工具知识	领导力项目实施经验、人才测评工具、组织发展管理流程和要求；负责 OD 相关的机制、流程、工具的完善和优化
5	组织变革知识	熟悉组织战略和组织诊断；动态分析人岗匹配、对标行业前沿提升组织效能；负责人员配置、考核激励，形成组织发展体系；组织健康度调查
6	人力资源相关知识	绩效考核体系搭建、结果运用；负责公司培训体系的搭建、培训计划制定及发布执行，培训和输送人才；员工关怀活动策划及实施；离职分析与离职改善
7	法律和政策知识	熟悉人力资源相关法律和政策

续表

序号	开放编码名称	参考点原始语句示例
		技能
8	项目管理能力	大型组织项目经历、OD 项目规划落地、人才标准建设能力模型构建、熟悉组织设计变革知识、人才培育
9	组织体系设计能力	组织架构、管理标准设计；子公司建设；搭建职级体系、职级评审体系、任职资格体系；组织建设、人才培养、企业文化方案制定、文案撰写及推广、从 0 到 1 的项目体系建设
10	组织体系优化能力	关键岗位管理体系优化，序列层级地图构建，人才测评、培训、考核、淘汰
11	公司业务联系能力	联系业务组与人力资源，解决业务痛点、协调组织架构与业务发展的关系
12	数字敏感度	擅长数据分析、精通 Office 办公软件
13	知识管理能力	知识管理、资源库的建立
14	概括分析能力	擅长提炼总结信息，灵活提供解决方案
15	资源调度能力	组织协调、资源调度
		个人特质
16	前沿追踪意识	前瞻型研究、前沿理论学习运用、理论与实际结合
17	自驱力	敬业、抗压，好奇心和使命感，终身学习
18	情绪感染力	有敏锐的文化感知力和正向影响力，能激发正面情绪，影响与说服能力强，易感染人
19	文化适应力	英语为工作语言；海外跨职能项目工作；全球化企业管理研究
20	人际沟通能力	团队合作精神；擅长沟通传递信息
21	职业责任感	有职业素养，负责的项目全程跟进
22	逻辑思维	结构化、系统化思考

在开放性编码过程中，原始招聘广告文本的任职资格和岗位职责都反映了对组织发展从业人员一定的专业能力要求，除去学历、工作年限、行业要求等在人才培养上操作空间较小的部分，主要集中在组织发展领域的知识储备、工作技能、个人特质等，越来越要求运用先进的前沿理论和方法确保组织发展体系的持续性，以及为组织高效产出的能力。

2. 归纳分析

主轴编码则是在开放性编码所得的编码上进一步概括，形成具有明确指向性且提炼度较高的二级编码。

《组织发展学：原理与应用》中列出的胜任力表格中提出的胜任力维度，部分与本研究开放性编码相近，如“与科学技术发展保持同步”与开放性编码中的“前沿追踪意识”相近，可以认为采用组织发展胜任力模型的主轴编码结果一定程度上可以反映现有招聘广告集中体现的组织发展职位胜任力。

本文主轴编码依靠表 1 所采用的组织发展胜任力模型中的部分条目，对表 6 的开放性编码进行进一步的维度概括，编码结果如表 7 所示。

表 7　主轴编码结果

序号	沃里胜任力条目	主轴编码名称	开放编码材料
1	为多个利益相关者工作	为多个利益相关者工作	文化适应力、人际沟通能力
2	理解研究方法	理解研究方法	概括分析能力、数字敏感度、逻辑思维
3	明晰角色	明晰角色	组织变革知识、组织发展工具知识、公司业务联系能力
4	看清全局	看清全局	项目管理能力、组织体系设计能力、组织体系优化能力
5	整合理论和实践	整合理论和实践	专业背景、法律和政策知识、人力资源相关知识、编制管理知识、人才职业发展知识
6	与科学技术发展保持同步	与科学技术发展保持同步	前沿追踪意识、自驱力、知识管理
7	为积极变革创造条件	为积极变革创造条件	情绪感染力、职业责任感、资源调度能力

3. 编码结果

选择性编码的编码来源于表 7 的主轴编码结果，在其基础上最终归纳为几个高度概括的胜任力维度。这些维度的范畴中包含众多具体的下级胜任力。

组织发展职位的胜任力素质最终归纳为 3 个一级编码维度：组织发展专业知识、组织发展实践技能和组织发展个人特质，每一项选择性编码中包含着 2~3 个二级编码（见表 8）。

表 8　选择性编码结果

序号	选择性编码名称	主轴编码项目
1	组织发展专业知识	明晰角色；整合理论与实践
2	组织发展实践技能	理解研究方法；看清全局
3	组织发展个人特质	为多个利益相关者工作；与科学技术发展保持同步；为积极变革创造条件

用于本研究的招聘广告文本中，描述近似的条目较多，这一定程度上减轻了编码的工作量，同时也反映了当今人才市场上对于组织发展人才的要求有趋于集中的趋势。选择性编码结果中的三个宏观维度，对于组织发展人才来说位于不同的层次：专业知识是组织发展从业人员能够推动组织发展工作的必备基础；实践技能则反映了组织发展的主要职能和对组织发展人才的要求——分析实况、解决问题，同时还明确了组织发展从业人员的工作应该是高屋建瓴的，立足于整个组织各个方面例如制度、体系和文化等实际情况来做出决策和动态调整；个人特质说明组织发展从业人员需要处理好组织中“人”与“人”、“人”与“组织”的关系，最大限度为自身工作争取优势、减少阻力。

四、研究结论

（一）研究结果

本文对我国部分企业的组织发展职位专业人才的需求展开研究，得出的胜任力模型包含有 3 个一级维度、7 个二级维度和 22 个三级维度。其中，选择性编码从最宏观的维度上对组织发展从业人员的能力所属范畴做出确定表述；主轴编码及下属的开放性编码表述了人才市场上所需组织发展人才应该具备的能力。组织发展职位胜任力模型如表 9 所示。

表 9　组织发展职位胜任力模型

选择性编码	主轴编码	开放性编码
组织发展专业知识	明晰角色	组织变革知识
		组织发展工具知识
		公司业务联系能力
	整合理论与实践	专业背景
		法律和政策知识
		人力资源相关知识
		编制管理知识
		人才职业发展知识
组织发展实践技能	理解研究方法	概括分析能力
		逻辑思维
		数字敏感度
	看清全局	项目管理能力
		组织体系设计能力
		组织体系优化能力
组织发展个人特质	为多个利益相关者工作	文化适应力
		人际沟通
	与科学技术发展保持同步	前沿追踪意识
		知识管理
		自驱力
	为积极变革创造条件	情绪感染力
		职业责任感
		资源调度能力

（二）对高校人力资源管理专业人才培养的建议

1. 改革方向

高校人力资源管理专业在组织发展领域人才培养中，为了更好地适应市场需求，发挥组织发展在企业中的积极作用，应当在以下几个方面进行人才培养模式的改革：

（1）加强人力资源管理相关理论知识的训练。作为组织发展从业人员，保持人力资源管理理论的知识储备和前沿追踪，是从业人员理解组织需求、提出可操作性方案、制定并落实相关组织发展措施的保证。企业出于自身发展的需要，对人力资源服务的专业性、有效性要求越来越高，需要人才在人力资源管理领域掌握全方位的理论知识并能将理论转化为实际应用能力。

组织发展从业者需要在接受高等教育时期就通过专业学习打下基础，而高校作为组织发展从业者的主要培养方，需要在教学中引入先进的组织发展相关理论和方法，开设组织发展相关课程，向有意从事组织发展职业的大学生提供教育支持。

（2）推动组织发展相关的实习实训。组织发展从业人员为组织提供组织诊断、变革干预等咨询服务，产出直接作用于组织，具有很强的实践性，这意味着从事组织发展的人才要“来之能战”。优秀的组织发展人才能够利用较小的成本分析组织现状、诊断组织问题，并开展相关项目来推动组织发展与变革。高校人力资源管理专业设法开设组织发展项目的模拟课堂和沙盘实训，并通过设立考核和竞争机制加强学生的实践沉浸感。同时，可以邀请企业的组织发展从业人员走进课堂，分享自己从事组织发展项目的亲身经历。

（3）个人特质的培养。组织发展服务归根到底是对人的服务，作为组织发展人才要明白人是社会中的人，也是组织中的人，要能够对组织中其他人发挥积极影响，组织发展项目才可能顺利实施。高校人力资源管理专业需要培养学生善于与他人建立起建设性人际关系，包容多元文化，用热情影响他人，学会充分利用人力资源。要加强对组织发展人才的社会参与能力培养，建设其健康积极的心态。

2. 具体措施建议

高校是培养人力资源管理专业人才的主体，在组织发展领域的人才培养上，高校可以通过如下措施来加强对组织发展人才的针对性培养：

（1）高校人力资源专业培养方案的修订。根据就业市场上对组织发展从业人员的特殊需求，完善制定相应的理论课程和实训课程。

一方面，在人力资源专业的课程设置上，要确保教材、案例、课件内容的更新，适时引入最新国内外研究成果进课堂，同时强化数字化、人工智能的能力培养。

另一方面，要在高校人力资源管理专业开设组织发展相关课程，以向本专业学生传授组织发展与变革的理论知识。高校也可开设组织发展微专业，设计一套短小精悍的组织发展培养方案作为人力资源专业的辅助学习项目，微专业培养模式也能让学生选择余地更大、教师教学活动更有针对性，促进教师和学生的有效互动。在培养方案中加入组织发展基础理论教学、组织发展与变革领域前沿理论和案例探讨、校企座谈会、名企组织发展成功案例学习参访项目等，从理论和实践两个方面为组织发展人才培养赋能。

（2）把社会上的组织发展资源引入校园。高校可以充分考虑利用本校校友或著名企业的组织发展从业人员资源，举办组织发展知识和技能讲座，传授开展组织发展项目的实际经验。

学校积极开展与企业的合作，为人力资源专业学生创造短期的组织发展项目实习机会，和国内外机构如 NTL 等组织合作，引进组织发展顾问资格认证项目，为本专业优秀学生在校期间获得权威性组织发展从业人员任职资格提供机会。

参考文献

[1] 张小峰，张泽宇．当代企业组织发展（OD）——战略、角色与运行体系［J］．中国人事科学，2020（10）：22-39.

[2] 岳铁骐，傅友斐，徐健．基于招聘广告的岗位人才需求分析框架构建与实证研究［J］．数据分析与知识发现，2022，6（Z1）：151-166.

[3] 张雪．基于文本挖掘的人力资源岗位胜任力模型构建及其应用研究［D］．武汉：湖北大学，2021.

[4] 王伟．就业市场对金融科技人才的需求——基于 2448 条招聘广告的文本分析［J］．财会月刊，2021（18）：110-115.

[5] 贾建锋，王国锋，王英男．创业导向型企业高管胜任特征研究——基于创业板上市公司招聘广告的内容分析［J］．东北大学学报（社会科学版），2012，14（4）：318-324.

[6] 袁鑫，杨粤青，何广铿．基于企业招聘广告需求分析的应用型商务英语人才培养规格探析［J］．外语与翻译，2017，24（2）：82-88.

[7] Verma Amit，Kirill M. Yurov，Peggy L. Lane，et al. Yurova. An Investigation of Skill Requirements for Business and Data Analytics Positions：A Content Analysis of Job Advertisements［J］. Journal of Education for Business 94，2019，5（4）：243-50.

[8] Haried Peter，Ye Han，David Annino. A Review of Health Information Management and Technology Careers：A Content-Analysis of Job Advertisements［J］. Journal of Business & Behavioral Sciences，2021，33（1）：48-62.

[9] 加里·麦克莱恩．组织发展学：原理与应用［M］．广州：广东经济出版社，2017：312-318.

[10] 刘崇瑞，王洪杰，王聪，等．就业市场对网络安全人才的需求分析——基于企业招聘广告的内容分析［J］．科技管理研究，2020，40（3）：182-187.

[11] 刘佩杰．人力资源业务伙伴胜任素质模型研究［D］．北京：首都经济贸易大学，2016.

[12] 刘军伟，陈玉娴．跨文化视角下中美汽车企业招聘广告文本批评话语分析［J］．理论观察，2020（11）：129-134.

第四篇

改革赋能教学

成果导向教育（OBE）理念下企业战略管理课程建设思考*

崔世娟　李雨晴

（深圳大学管理学院工商管理系）

【摘要】企业战略管理课程是工商管理专业的核心课程之一，在建设过程中面临学生缺乏实践体验导致全局性管理思维能力不足、理论知识与实践相分离，“碎片化”阅读导致学生对理论认识较浅、内容零散的挑战，且作为高年级课程，学生就业压力致其学习动力不足、课堂参与度低也是该课程建设的一大难点，不利于学生建构建战略思维、培养综合能力。本文将成果导向教育理念引入企业战略管理课程，根据其以学生学习成果为导向、以学生为中心、持续改进的理念构建“学生学习成果—教学内容设计—教学评价体系”的新教学模式，为企业战略管理课程的教学目标、教学方式及评价体系等方面提出具体建设思路，进而激发课堂教学活力，提高课程教学质量，增强学生战略管理思维及创新实践能力，加强学生综合素质培养，为企业组织输送高质量创新型管理人才，推动社会发展。

【关键词】成果导向教育理念；企业战略管理；课程建设

一、引言

成果导向教育理念（Outcome-based Education，OBE）又称为结果导向、产出导向教育理念，是一种打破传统“以教师为中心”而强调学生主体地位的教育理念[1]。相比于传统教育理念以教学和学科知识体系为重点，强调学生按照教师的教学计划按部就班地学习，成果导向教育理念则以学生为中心，围绕学生最终的学习成果对教学过程和计划进行设计，并将课程结束后的最终成果作为评判依据，进一步完善教学过程[2]。成果导向这种以学生的学习成果和综合素质培养为目标和导向对人才培养方案和培养过程进行反向设计的教育理念通过国内外教育界的实践，逐渐得到了认可并成为多个国家教育改革的主流。我国最早在工程教育领域应用了该理念，随后国内多位

* 本研究受到以下项目资助：广东省教育科学规划项目（项目编号：2022GXJK075）：新时代下广东高校校企协同育人模式及机制创新——基于利益相关者视角的研究；广东省研究生教育创新计划项目：专业学位研究生教学案例库建设项目（项目编号：2022ANLK050）商业模式；广东省省级一流课程《企业战略管理》项目；广东省本科高校教学质量与教学改革工程“企业战略管理”课程教研室建设项目；深圳大学研究生教育改革研究项目：“新文科”背景下研究生创新能力驱动因素及提升路径研究。

学者也将该理念应用于多个学科课程的改革与建设中[3][4][5]，均取得了良好成效。

企业战略管理课程是高等教育院校工商管理专业的核心课程，重点研究和解决企业组织全局性、方向性和长期性的发展问题。该课程所具有的理论性、实践性和综合性特点使其教学难度较高，在课程建设上普遍面临学生的全局性和方向性战略管理思维能力培养不足、在课程理论学习和实践运用上相分离、网络时代"碎片化"学习缺乏理论体系构建和深入理解、学生学习动力不足等挑战，需要思考如何借助新教育理念对课程改革进行探索。

OBE 理念认为教育应以学生的学习成果为起点，且在学生学习成果的设定上更注重学生综合能力的培养，尤以学生创新实践能力的培育为重点。而企业战略事关企业未来和整体的经营与发展，通过企业战略管理课程提高学生的创新能力和战略决策能力、构建战略管理思维，不仅是课程教学的目标要求，更是企业组织发展的现实需要，与 OBE 理念的目标相吻合。因此，本文将通过对成果导向教育理念的深入探索和借鉴，以学生学习成果为导向对企业战略管理课程建设进行探析。

二、成果导向教育理念概述

（一）成果导向教育理念的形成

成果导向教育理念（OBE 理念）最早由美国学者 Spady 于 1981 年在《成果导向教学管理：以社会学的视角》一文中提出[6]，至今已有许多研究者对该理念进行了研究。在教学实践领域，成果导向教育理念被应用于多个学科的教育改革中，并成为美国、英国、日本等多个国家教育改革的主流理念，被看作"追求卓越教育的一个正确方向和值得借鉴的教育改革理念"[7]。

成果导向教育理念的形成源于对教育目标和学生学习成果的重视。OBE 理念中的"成果"是指学生的学习成果，即通过某一阶段的学习之后预期可以实现的最大能力，"成果导向"则指的是学生的学习成果和综合素质的培养，是整个课程在进行教学设计和实施过程中的总目标和方向。成果导向教育理念下，课程教学结束后学生的学习成果会反馈给学生和教师，根据具体实现的成果和预期成果之间的差异对原有课程教学设计和实施过程进行优化改进。由此可见，成果导向教育理念遵循的是一种将成果输出作为导向进而对教学过程进行反向设计的思维，以教育教学设计和实施过程中帮助学生实现其预期学习成果作为教学重点。在该教育理念下，教育结构和课程均被视作一种教育教学的手段，而非教育目的。除此之外该教育理念要求一线教师持续关注学生的学习成果，并根据其最终的学习成果不断对课程的教学设计进行完善和优化，鼓励一线教师进一步探索教学设计。目前，成果导向教育理念在教育改革中得到了广泛应用，为教育质量的提高和学生综合素质的培养提供了有益的借鉴和指导。

（二）成果导向教育理念内涵

成果导向教育理念是一个将学生的学习产出作为全部课程活动和学生学习驱动力

量的产出评价结构与系统，与传统教学模式存在较大差异（如表1所示）。在这种教育模式中，学生预期的学习成果是否完成和完成了多少远比教师安排学生怎样学习和什么时候学习更重要。因此在成果导向教育理念下，如果原有教育结构或课程对培养学生的特定能力没有较大贡献或没有贡献，那就应当被优化或重建。成果导向教育理念遵循“反向设计”原则，不管从何种角度去阐释成果导向教育理念，在成果导向教育系统中都要求教育者要从行业需求、学生职业技能需求出发，根据现实情况对学生在完成某一阶段学习时应达到的能力及水平进行清晰的构想，进而设定课程应帮助学生实现的学习目标和能力目标。并以其为依据进行教学设计，关注学生个体差异，配合多元弹性的个性化学习，让学生通过学习过程完成自我实现的挑战，真正促进学生实际能力和综合素质的提高。同时通过成果反馈对教学方式、内容、方法进行优化和改善。因此，成果导向教育理念下的课程教学强调贯穿课程内容设计、开发和实施全过程中多因素之间的互相联结和支撑，打破了传统思维框架下“教”与“学”的简单逻辑，取而代之的是“教与学”“学与学”和“学与评”这三种简单逻辑形成的相互支撑、作用、循环的复杂逻辑[8]。

以上对成果导向教育理念的阐述中包含了另一个隐晦的内涵，即每一个学生都有能力实现预期的学习成果和能力培养目标，但教学的过程要以学生为中心，根据不同学生的特点进行差异化设计以进行有效引导和培养。除此外，成果导向教育理念认为学校作为教学活动提供方，不仅要为学生提供教学内容和课程，还需要为学生创建一个综合的、安全的实践应用环境，帮助学生掌握除学习之外的如生活、工作方面的能力，以提高学生的综合素质。

表1 成果导向教育与传统教育的对比[9]

项目	成果导向教育	传统教育
学习导向	成果导向，学生的学习目标、课程设置、教材选用、教学过程、教学评价以及毕业标准等均以成果为导向	进程导向，强调学生根据规定程序、课表、时间和进度学习
成功机会	扩大成功机会，为确保所有学生学习成功，学校应为每一名学生提供适当的学习机会	限制成功机会，学习受限于规定程序与课表，因而限制了其发展与取得成功的机会
毕业标准	以绩效为毕业标准，学生毕业时必须证明能做什么	以学分为毕业标准，学生取得规定学分即可毕业
成就表现	以最终成果表示学生的顶峰表现，阶段性成果只用作下一阶段学习的参考	以阶段学习的累积平均结果衡量学生最终成就表现，某一阶段的欠佳表现会影响最终成就
教学策略	强调整合，协同教学，授课教师应长期协同，强化沟通合作。强化合作学习，鼓励团队合作，形成学习共同体	偏重分科，单打独斗，教师授课边界清晰，很少沟通与合作。强化竞争学习，鼓励互相竞争
教学模式	能力导向教学模式，强调学生学到什么和能做什么，重视产出与能力，鼓励批判性思考、推理、评论、反馈和行动	知识导向教学模式，强调教师教什么，重视输入，重视知识的获得与整理

续表

项目	成果导向教育	传统教育
教学中心	以学生为中心，教师结合具体情境并应用团队合作和协同方式，来协助学生学习	以教师为中心，教师教什么，学生学什么，学生按教师要求的方式学习
评价理念	强调包容性成功，创造各种成功机会，逐步引导学生达成顶峰成果	强调选择与分等，程度较差的学生因缺乏相应的学习机会而越来越差
评价方法	评价与学习成果相呼应，能力导向，多元评价	评价与规定程序相呼应，知识导向，常用课堂测试
参照标准	自我标准参照，重点在学生的最高绩效标准及其内涵的相互比较	共同标准参照，评价可用于学生之间的比较

（三）成果导向教育理念核心

成果导向教育理念对于教育教学的组织是以学生的学习成果为起点的，目标是通过课程学习帮助学生构建和培养相应的知识和能力体系。因而教育者应将课程要帮助学生实现的最终学习成果作为教学的出发点，而后根据最终成果反向设计培养方案和课程设计，在课程学习结束后根据学生最终成果和预期成果之间的差距对培养方案、课程设计进一步做出优化和改进。由此可知，成果导向教育理念有以下三个核心。

一是以学生为中心。传统教育课程内容关注于教学内容本身，对于学生具体能力培养和实际社会需求未作考虑。而随着教育改革的推进，在人才培养、资源建设、教学实施等多个教学环节中以学生为中心的观念近年来不断被强调。“以学生为中心”的OBE理念要求教师应以学生综合能力的培养为重点，而非将目光集中在学生怎么学、何时学，帮助学生明确预期的学习成果，并将课程目标和学生学习成果紧密结合，合理设计教学内容和课程安排，促进预期学习成果的实现，提高学生的综合能力和素质。

二是以学生学习成果为导向。传统教育模式相较于成果导向教育理念更加强调教学过程的投入，但由于缺乏从学习成果反推投入的合理性，往往会导致教学效率降低、学生能力培养不足以满足实际需求等问题。成果导向教育理念可以改变传统教育中教学与产出脱节的现状，首先回答“社会中需要什么人才”和“我们能够培养出什么人才”的问题，明确学生通过课程学习要取得的预期学习成果和综合能力。并以培养学生能力为教学主线，对课程体系进行反向设计，完善教学内容，改进教育方法。最后通过学生最终学习成果评价与预期培养目标的比较，对其实际学习成果进行检验，及时发现原有课程体系、教学内容、教育方法存在的问题并进行完善。

三是持续改进。在OBE理念中，分析反馈、持续改进是促进学生综合能力和素质培养、保障教学质量的关键。设置合理的、具有针对性的评价指标是实现课程教学持续改进的前提，教学评价体系应以实现学生学习成果为导向，结合教师、学生等教育利益相关者的观点予以确定。在课程教学结束后，根据这些评价指标对课程做出总体评价，帮助教学者找到教学设计中的不足，形成课程教学设计的持续改进。

三、深圳大学管理学院企业战略管理课程建设的挑战及思考

（一）课程发展

深圳大学管理学院“企业战略管理”课程自1998年开设至今已有二十余年，课程在持续建设过程中形成了三个鲜明特色：一是企业战略管理课程形成了与课程特点适配的现代教学理念，关注西方战略管理理论和中国企业现实的融会贯通、学生在知识理论学习和实践行为结果的统一；二是注重整合公司理财、市场营销、人力资源管理等职能管理知识，训练学生从综合管理高度掌握企业战略管理的实质及运作，提高学生战略思维能力；三是课程建设了一支学历层次高、知识结构良好、勇于改革、团队合作、教学科研水平较强的教师团队，课程质量得到了不断提升。课程经过多年发展，已成长为课程体系完善、内容丰富、教学团队优良、教学方法手段多样、具有鲜明特色的“广东省高校精品课程”（2009）、“广东省精品资源共享课程”（2013）、“广东省本科高校线下一流课程”（2020）。

课程内容体系由四部分构成，分别是企业战略管理概论、企业战略分析、企业战略选择和企业战略实施与控制（如图1所示）。

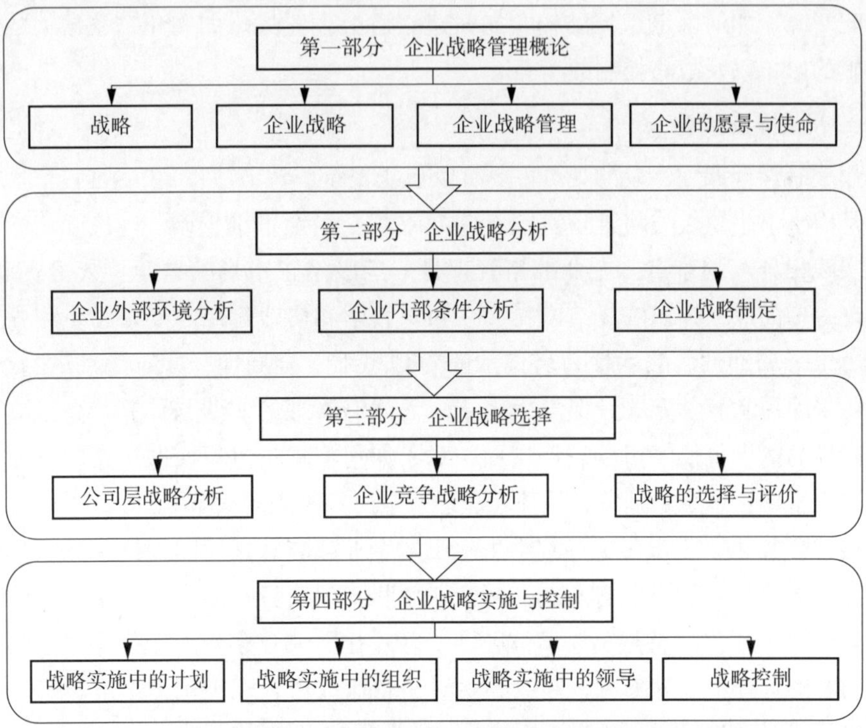

图1　企业战略管理课程内容体系

第一部分是企业战略管理概论。该部分内容从战略的起源、发展对战略的内涵进行了阐释，并根据企业战略的定义、构成要素和层次综合阐述企业战略是什么，进一

步引出企业战略管理的含义，以及企业愿景与使命的概念和作用，帮助学生对企业战略管理形成初步认识。

第二部分是企业战略分析，内容主要涉及企业外部环境分析、内部条件分析和战略的制定。由于企业外部会对企业经营的宏观、中观、微观环境造成影响，因此需要对企业外部环境进行深入分析，明确企业战略制定时潜在的机会和威胁，一般包括宏观环境和行业环境分析。而企业内部条件分析主要是根据企业自身所拥有的资源、能力和核心竞争力对企业的优势和劣势进行判断，帮助企业在进行战略制定时发挥长处、避开短板。企业的战略制定则是指依据前面对企业所面临的宏观环境、行业环境中的机会和威胁，及企业自身优劣势进行综合分析，制定最适合企业发展的竞争战略。

第三部分是企业战略选择。企业为实现预定战略目标，通过拟定、评价备选战略方案，最终制定合适的战略方案的过程即企业战略选择。这部分内容会介绍公司层战略的类型，在不同情况下如何确定公司层战略，企业竞争战略的类型、适用条件、建立途径、风险与误区等，以及企业战略选择指出需要重点考虑的因素和常用的战略选择工具。

第四部分是企业战略实施与控制。该部分内容通过对战略方案实施过程中的计划、组织、领导和控制四种职能活动的阐述，帮助学生了解并掌握企业在战略实施过程中，如何分配资源、如何确定组织结构、如何建立适合企业战略的文化、领导人的风格对战略实施的影响以及战略控制的步骤。

（二）课程建设难点

企业战略管理课程建设的难点主要有以下几方面。

一是由于学生缺乏战略管理实践经验导致其全局性思维较差、理论知识学习与战略管理实践相分离的难点。企业战略管理是一门吸纳了市场营销学、人力资源管理、运营管理等多门课程知识的复杂学科，在知识教学和实践运用时要求学生将先前的职能管理思维（局部性、战术性）转向战略管理思维（全局性、方向性），在教学模式方面主要采用课堂教学方式，但学生由于缺乏战略管理的实践与体验，导致其一方面对战略管理的认识仅仅停留于理论层面，对于如何将理论进行实践运用不甚了解，另一方面缺乏全局性思维的训练，往往无法进行全面、深入的战略分析。

二是“碎片化”学习习惯导致学生缺乏对企业战略管理课程理论的深入理解和体系构建。随着移动互联技术的发展，网络课件和知识内容不断丰富，学生课外学习习惯逐渐呈现“碎片化”特点。而学生进行“碎片化”阅读多数出于娱乐放松目的，且在阅读内容的选择上较为随意，导致学生对于企业战略管理理论的了解较为浅显和零散，难以形成对理论的深刻认识、构建系统的课程知识体系。

三是企业战略管理课程作为高年级课程，开课时间较晚，此阶段学生面临就业难题，且近年经济环境不稳定性提高、就业群体持续扩大，学生面临就业压力不断增强。因而学生为保证顺利就业，实习、面试等活动占据了该阶段学生的多数时间，导致其课程学习动力不足、课程参与积极性较低。要解决上述课程建设难点需对企业战略管理课程的教学方式与方法、课程评价体系、开课时间等方面进行优化，以激发课堂教学活力，提高学生的战略思维能力、战略决策及创新创业能力，促进课程教学效果和学生学习成果提升，推动课程改革和建设。

（三）OBE 理念下企业战略管理课程建设的思考

针对企业战略管理课程建设存在的难点，一线教学者要改变原有教育观念，引入OBE 理念，并构建“学生学习成果—教学内容设计—教学评价体系”的新教学模式。首先，学生学习成果应根据学生、学校、社会等教育利益相关者需求进行制定，并据此明确战略管理课程的教学目标。其次，教学内容设计应以学生学习成果为导向，对教学内容进行重构[10]。同时，借助信息技术的便利性，探索多种教学方式和方法，打造新型课堂；关注学生个体差异，适当调整教学目标和方法，以实现不同学生的学习目标。此外，教学评价体系应针对教学目标制定特定考核方式，多维度、系统性评价教育结果，采用过程性评价与结果性评价的结合，避免教学目标与学生实际学习成果的偏离。最后还应调整课程开设时间，保证学生的课程参与度，促进学习成果实现；优化评价主体，激发学生学习动力。

通过基于成果导向教育理念的改革，可以解决企业战略管理课程建设中存在的难点，并帮助学生系统掌握未来工作所需的战略管理基础理论和知识，学习战略制定和实施的方法，提高其分析和解决企业实际问题的能力，提高课程对管理人才的培养效率，满足企业组织对战略创新人才的需求。下面将根据成果导向教育理念对企业战略管理课程提出具体建设思路。

四、基于成果导向教育理念的企业战略管理课程建设思路

（一）反向设计，以 OBE 理念重塑教学体系

OBE 理念强调基于学生预期的学习成果对课程内容和教学安排进行合理设计，该成果应根据“需求”制定，包括国家和社会需求、学校办学思路需求及学生自身持续发展需求。

1. 明确学生学习成果，确立教学目标

学生的学习成果是课堂教学的起点，亦是终点，合理制定学习成果是运用成果导向教育理念进行课程改革的第一步。在进行课程体系设计前，要充分考虑学生、学校、企事业单位等教育利益相关者的需求，对其开展充分调查研究：首先，要对企业战略管理课程所依托的工商管理专业对口的工作岗位及用人单位进行需求调研，根据该需求进一步确定企业战略管理课程具体可帮助学生实现的学习成果，如学生战略思维、战略决策、创新创业能力的培养；其次，对工商管理最新培养方案进行充分研究，了

解人才培养目标和方向，确立企业战略管理课程在整体教学体系中的定位；最后，立足于本专业、本校、本阶段学生的现实需求，了解学生对该课程教学的期望，可采用问卷调查等方式对学习者的学习预期进行摸底调研。

基于以上对教育利益相关者需求的调查分析，可从知识、能力及素养三个层面构建起企业战略管理课程教学目标。一是知识理论学习目标，学生应熟悉企业的战略分析、选择、控制和实施的基础理论和方法，并依据以上知识做出简略的战略方案；二是实践能力培养目标，通过企业战略管理课程的学习，学生的战略意识和战略管理能力应得到提升，在面对具体管理案例时能对其战略方案进行综合分析与评价，实践操作中能够从全局性思维出发进行战略分析与制定；三是素质目标的培育，即学生的企业管理综合素质的培养，学生不仅要熟悉战略管理的过程，也要具备沟通协调、决策执行等能力，做好企业管理者角色。

2. 重构教学内容，规划学习路线

以学生为中心的 OBE 理念并不否定“教”的重要性，相反，其对“教什么”提出了更高要求。为促进企业战略管理课程教学目标的实现，应依据学生的初始能力和信息接受能力，并以贴近行业前沿、符合学生实际、激发学习兴趣为原则对教学内容进行重新建构。将企业战略管理课程内容分为理论知识与框架、实践案例与应用两大模块，整体上设置多个主题单元，循序渐进，保证内容的深度与广度，对课程目标的实现形成全方位支撑。

理论知识与框架主要介绍企业战略管理的基本理论框架和相关概念。包括战略管理的定义、战略规划和制定、环境分析、竞争战略、组织资源和能力、战略实施和控制等内容。在教学上应采用从陈述性的低阶知识向策略性的高阶知识递进的方式，帮助学生建立起对企业战略管理的基本认知和深入理解，形成系统的理论知识体系。实践案例和应用主要通过企业战略管理案例和具体应用深入探讨企业战略管理理论框架在实践中的运用。通过真实企业案例分析、模拟经营决策和课堂交流讨论，促进学生理解战略管理在不同行业和组织中的应用，以及在实践中面临的各种挑战和机遇，提升学生战略思维、战略决策及创新创业能力。此外，企业战略管理课程教学者可通过教学内容的安排适当提升课程难度、拓展课程深度，促进课程目标实现，提高课程质量。

（二）正向实施，改变教学方式与方法

1. 多种教学方式并用，打造开放课堂

企业战略管理课程普遍采用以“课上讲述+课后作业”为主的授课模式，部分穿插管理案例讲解，学生处于被动输入状态，无法深入了解企业战略管理理论如何进行具体实践与应用。根据 OBE 理念对企业战略管理课程进行优化，该课程可采用“线上+

线下”“课上+课外”结合的学习方式。在线上学习方面，教学者通过对多种网络课程资源的开发，在校内精品课程网站上共享，并定期在线上教学平台发布作业及讨论问题，充分利用学生的碎片化时间强化其对企业战略管理知识的理解运用，避免娱乐性的碎片化学习导致学生战略管理知识体系零散、学习内容浅显。线下学习通过“课上+课外”的学习方式实现，课上引导学生参与小组合作活动，借助学生之间的协作学习，深化对知识理论的理解，强化对要点的实践运用；课外可通过企业家面对面交流、企业实地参访、企业沙盘模拟比赛等实践活动，提高学生运用企业战略管理知识进行实际战略管理的能力。多种教学方式并用能够充分利用学生的学习时间，促进管理知识的高效教学，提高学生对战略管理理论的应用能力。

2. 优化多种教学方法，活跃课堂氛围

深圳大学企业战略管理课程组在课堂教学上已探索出案例式学习、体验式学习、研究式学习及协作式学习相结合的教学方法。结合成果导向教育理念，以上四种教学方法应围绕“以学生为中心”的理念对方法的具体实施进行进一步优化。首先，案例式学习可根据每堂课的知识要点，甄选最具新颖性、代表性的管理案例，深化管理实践要点；教师也可根据不同要点发布讨论主题，要求学生自主选择案例并开展课堂讨论与分析。其次，教师可通过不同课堂活动的设置推进体验式学习教学方法的实施，如设置情景模拟、问题讨论等活动，提升学生在自主思考过程中对企业战略管理的深刻认识。此外，教学者要善用启发式问题引导学生参与讨论，根据启发—提问—引导的逻辑，掌握课堂节奏，促进学生的研究式学习。最后，通过团队合作任务设置帮助学生进行协作式学习，并借助团队积分等课堂激励机制激发学生的课堂参与热情。

（三）课堂赋能，深化自主创新学习

1. 根据个体差异，运用个性化教学

OBE 理念关注学生的个体差异，在制定学生预期学习成果时也要依据学生个体差异进行差异化设定，并在时间和资源上保障每个学生都有达成其预期学习成果的可能。企业战略管理课程涉及公司理财、市场营销、人力资源管理等多个学科的复杂知识体系，在实际企业管理中也包含了多个工作岗位，对应不同的技能要求。学生可根据自身特长和意愿，结合课程要求，在教学者的帮助下确定要达到的预期学习成果，如部分学生对数字运算较为敏感，可在企业财务管理中发挥自身特长；部分学生擅长从整体看待问题，可以选择制定适合某企业长远发展的整体战略作为预期目标。还要根据不同学生的预期学习成果制定不同的学习方案，帮助不同学生通过差异化的学习途径和方式取得学习成果。此外，教学者应当注重企业战略管理课程所蕴含的价值观及其他情感目标的实现，并将其渗透于教学设计、实施的全过程，提升学生个人综合素养，思考人生价值观和发展战略，关心国家与社会发展。

2. 优化开课安排和考核方式，激发学生学习动力

目前深圳大学企业战略管理课程面向本科 3～4 年级学生，是一门高年级课程。而此阶段学生临近毕业，面临就业难题，学生精力集中于参与面试、实习等就业活动上，课程参与度低、学习动力不足。为解决该难点，应将企业战略管理课程调整至本科 2 年级开设，原因是：一方面学生已通过前一阶段的学习对管理形成初步认识，具备理论知识基础和充足的学习时间，可以保障学生课程参与度和教学目标的实现；另一方面课程可以培养学生战略思维能力、决策能力及创新实践能力，为学生后续就业夯实基础。

此外，在学生学习成果考核上，OBE 理念聚焦在以能力为导向的多元化学习成果上，尤其注重学生在应用和创造层面的成果达成[12]。故企业战略管理课程应从多个维度对学生学习成果和教学目标进行系统、全面的评价，保障课程教学与学生学习在过程和结果上的吻合。在考核方式上，运用过程性评估与结果性评估相结合的方式[13]。过程性评估采用案例分析、课堂提问以及项目报告、课程报告、模拟实训成绩、模拟报告等多种考核方式进行，注重对学生实际运用战略管理知识能力、战略思维构建的过程性考核，动态跟踪学生的阶段学习成果，并及时反馈，改进教学实施过程。结果性评估则采用考试的方式进行，采取闭卷方式，题型涉及判断对错、简答、综述及案例分析，对学生的知识框架、战略决策、创新能力进行综合评价。在评价主体上，目前深圳大学企业战略管理课程考核主要由教师进行，学生参与较少。而成果导向教育理念下的企业战略管理课程强调评价主体的全员化，即教师、学生、其他教育利益相关方均可以参与评价。因此，考核方式应采取以教师评价为主体，结合其他主体评价的考核方式。针对团队完成的项目，增加学生评价比重，不仅可以更加真实地反映学生在团队项目上的参与度，也能够提升学生参与的积极性，激发学生自主思考、自主实践的动力，整顿团队合作任务中“搭便车”现象。

五、结语

“以学生为中心、以学生学习成果为导向、持续改进”的成果导向教育理念对于推进企业战略管理课程建设有着极大的借鉴意义。在企业战略管理课程建设的探索中，OBE 理念的贯彻与落实是一个长期且持续的过程。基于该理念，要实现知识课堂向能力课堂的转变，需要持续根据学生基础、社会需求的变化对教学目标、教学方式及评价体系进行调整与优化，也需要教育者不断增强专业技能、完善自身知识结构。以上对于企业战略管理课程建设的优化方案一方面对原有授课模式进行了改进和优化，另一方面也能够加强对学生战略管理思维、战略决策和创新实践能力的培育，进而为社会、为用人单位培养出更多创新人才。

参考文献

[1] 黄俊锋，郑申茂，李容，等 .OBE 视域下应用型本科信息素养课程教学改革设计 [J]. 大学图书馆学报，2022，40（3）：96-104.

[2] 朱静 . 基于 OBE 理念的中职商品摄影教学设计与应用研究 [D]. 广州：广州大学教育学院，2022.

[3] 曹姣仙，唐莹，张莉，等 .OBE 理念下的物理化学线上线下混合教学模式构建与实践 [J]. 中医教育，2022，41（3）：64-67.

[4] 邵友元，黎慧红，李永梅，等 . 基于“学习产出”（OBE）教育理念的化工原理教学改革与建设的初步探索 [J]. 东莞理工学院学报，2018，25（5）：109-114.

[5] 童建华 . 基于 OBE 理念的宪法学课程教学：设计与实施 [J]. 嘉兴学院学报，2022，34（3）：115-119.

[6] 申天恩，斯蒂文·洛克 . 论成果导向的教育理念 [J]. 高校教育管理，2016，10（5）：47-51.

[7] 康汉真 .OBE 理念下微观经济学混合式教学改革探索 [J]. 对外经贸，2023（8）：131-135.

[8] 陆晓雪 . 基于成果导向教育理念的高职在线开放课程建设与管理研究 [J]. 天津职业院校联合学报，2023，25（7）：60-64+70.

[9] 李志义，朱泓，刘志军，等 . 用成果导向教育理念引导高等工程教育教学改革 [J]. 高等工程教育研究，2014（2）：29-34+70.

[10] 王永泉，胡改玲，段玉岗，等 . 产出导向的课程教学：设计、实施与评价 [J]. 高等工程教育研究，2019（3）：62-68+75.

[11] 伍大清，张伟华 . 基于成果导向的应用型本科专业课程改革——以《现代物流信息管理》课程为例 [J]. 高教学刊，2020（19）：136-138+142.

[12] 王春美 . 基于 OBE 理念的新闻实践课程教学设计与改革——以音视频节目制作为例 [J]. 传媒，2020（3）：81-84.

[13] 吴海华 . 基于 OBE 理念的财务管理课程混合式教学改革 [J]. 中国农业会计，2023，33（14）：100-102.

基于 OBE 理念的国际市场营销教学课程改革

杨翩翩　陈彩妮　胡　慧
（深圳大学管理学院市场营销系）

【摘要】 随着经济全球化的不断发展，跨国企业在不同国家和地区间的营销活动日益频繁，如何根据迅速变化的国际市场环境制定恰当的营销策略变得尤为重要。“国际市场营销”是提高高校学生分析国际市场营销环境、增强跨文化交流能力的核心课程，能够帮助跨国企业培养国际营销人才，提高其国际竞争力。然而，在实际授课过程中，“国际市场营销”的本科授课存在教学内容滞后、学生参与率和积极性低、考核方式单一、双语能力不足等问题，“国际市场营销”课程本科教学急需对此进行教学改革。本文基于 OBE 教学理念，以结果为导向，从教师和学生两个角度出发将“国际市场营销”课程的教学全流程进行优化，提出翻转课堂、虚拟营销商战、线上+线下的融合教学方式，以加强学生对专业知识的理解和掌握，培养学生实际问题解决能力。

【关键词】 国际市场营销；OBE 教学理念；课程改革

一、引言

随着经济全球化不断加强和巩固，国际贸易也不断发展，市场营销活动延伸到其他国家和地区。目前，高校为了培养国际市场营销人才，开展了一系列的课程教学。学好国际市场营销知识可以让企业凭借杰出的营销方案在国际市场中占据一席之地，因此，国际营销相关岗位对从业者的实践和综合能力要求较高。但是，大多数高校毕业生对国际营销的基础理论一知半解，缺乏在实践中锻炼的机会，导致在进入该领域工作时不能及时发现问题、分析问题和解决问题。因此，国家和高校培养相关人才，增强学生对国际市场营销知识的掌握以及在课堂上提高学生的实践能力刻不容缓。

“国际市场营销”是市场营销专业学生必修的核心课程，该门课程融合了国际市场营销学中所包含的国际市场领域和国际市场竞争的研究。虽然该门课程开设已久，但是仍然未从根本上解决高校课程学习转化率低的问题。本文基于 OBE 教学理念，以结果为导向，从教师和学生两个角度出发将“国际市场营销”课程的教学全流程进行优化，提出翻转课堂、虚拟营销商战、“线上+线下”的融合教学方式，以加强学生对专业知识的理解和掌握，培养学生实际问题解决能力。

二、OBE 教学理念

美国学者 Spady 最早提出 OBE 教学理念，该理论强调学生的学习成果和实际应用能力的培养[1]，不仅关注教学过程，而且以学生的学习结果为导向，以此开展高校教师和学生的产学研活动。为确保学生在学习过程中真正掌握专业知识、技能，并能够将所学知识应用到实际生活和职业中，OBE 教学理念提出学生系统掌握课程的学习目标和结果，进而通过教学和评估来帮助学生达到教学目标（黄俊锋等，2022）[2]。这要求教师首先要明确学生学习的目标，并设计适合学生学习的任务和活动。与此同时，评估也是教学理念的重要组成部分，被用于评估学生是否达到预定的学习目标。

OBE 强调学生主动参与和自主学习，鼓励学生提升批判性思维、问题解决能力和合作能力。它也促进了跨学科的学习，鼓励学生在不同领域中应用所学的知识和技能。该理念强调学生的学习结果和能力的培养，激发学生的学习动机，提升参与度，以及培养学生的终身学习能力。然而，OBE 教学理念也面临一些挑战，如目标的设定和评估的难度，以及教师需要更多的时间和资源来实施这种教学理念。

三、国际市场营销课程教学存在的问题

“国际市场营销”课程是市场营销专业课程体系中的必修课程之一，在学科体系中地位举足轻重。该课程以“市场营销”为基本理论框架，融合“国际贸易学”“跨文化沟通学”“社会学”等课程，将有意开拓海外市场的本国企业以及拓展国内市场的外国企业作为研究对象，通过课堂授课、案例分析和讨论、布置课后作业的方式，让学生了解国际市场上的消费者、理解不同文化下的深层含义、学会与拥有不同文化背景的人进行交流、帮助学生拓展国际视野。教师通过传授国际市场营销基础知识和相关理论，提高学生自主思考的能力，从而有利于学生未来职业发展规划及实践应用。然而，随着国际市场营销的不断发展，在实际教学中仍存在部分问题亟须解决。

（一）行业发展迅速，教学内容相对滞后

首先，国际市场营销目前正处于快速发展的阶段。随着新兴技术的迅猛发展，如人工智能、大数据分析、社交媒体和电子商务等，传统的市场营销方法正在发生变化，国际市场营销正迎接许多新的发展机遇和挑战。由于市场的快速变化和新兴技术的涌现，教学内容应及时反映最新的市场趋势和有效的营销策略，然而实际上教学内容在设计和更新上可能缺乏灵活性和适应性。例如，教材无法实现实时更新，教学内容未能充分涵盖与互联网、社交媒体和电子商务等交叉领域的相关知识和技能，导致学生在实践应用方面存在滞后。

其次，课程较依赖传统的理论模型，如马斯洛需要层次理论等。这些理论模型在讲解市场定位、营销组合和消费者行为等方面虽然有一定的参考价值，但不能完全涵盖快速变化和多样化的市场环境，无法跟上市场发展的脚步。

最后，在案例讨论中，国外案例占多数，中国案例相对较少。学生无法及时了解国际市场营销在国内的实践经验，国际市场营销教学应该更广泛地涵盖各个国家和地区的市场特点，考虑不同文化、法规和消费者行为的差异。教学内容在强调国际市场营销的全球性特征的同时，也应注重本土市场，才能帮助学生深入理解跨文化沟通和树立全球化思维，以更好地在国际市场中发挥自身才干。

（二）“灌输式”教学，学生参与率和积极性低

首先，在以往教学模式中，由于一些教学方法和模式可能过于传统和正式，导致教师在教学过程中缺乏与学生之间的互动，学生难以参与其中。目前，教师主要采用讲授模式，学生的角色被限制在被动接受知识的状态。这种教学模式难以激发学生的参与性和主动思考，可能导致学生的参与率低，缺乏互动和讨论的机会。

其次，教师可能过于专注于自己的知识和经验，而忽视学生的创新性观点。教师在课堂教学中与学生的互动和交流非常重要。如果教师未与学生进行良好互动，未能充分倾听和回应学生的问题和观点，学生可能缺乏表达自己观点的机会，导致学习的被动性和乏味感。

再次，国际市场营销是一门实践性强的学科，如果教学内容主要以理论知识教学为主而缺少实践机会和案例分析，学生可能感到理论与实际应用之间的脱节。缺乏实践机会和与实际案例的互动，这会限制学生将理论知识应用到实际情境中的能力。

最后，部分教师在教学过程中忽视了团队合作的重要性。教师与学生以及学生与学生之间的互动和团队合作机会较少，缺乏相互交流和合作的机会可能会限制学生从不同角度思考问题和培养跨文化沟通能力。一些教师花费较多课时让学生汇报，易激发其懒惰心理。如只顾认真准备个人汇报所涉及的单元知识，而在其他同学汇报期间不能集中精力、三心二意，并且进行课堂互动的意愿较低。

（三）考核方式单一，激励效果不尽人意

在国际市场营销教学中，考核方式过于单一可能导致教学的不充分，如仅仅通过传统的笔试考试来评估学生的学习成果。

其一，考核方式单一让学生丧失学习的动力和兴趣。如果学生知道他们的学习成果仅仅通过传统的笔试考试进行评估，他们可能缺乏动力和兴趣去深入学习和探索该学科。因为他们可能认为只要记住和理解考试所需的知识即可，而不用真正地将所学知识应用于实际情境。

其二，由于考核方式单一，学生可能过度关注记忆考试所需的信息而忽略对知识的深入理解和应用，他们可能更倾向于机械地记忆而非灵活地运用所学的概念和技能。然而，国际市场营销教学需要学生具备创新和批判性思维，以应对复杂多变的市场环境。因此，单一的考核方式可能会限制学生对问题的创新性解决方案和不同观点的思考。学生可能更倾向于机械地复制老师的答案，而不是提出独立的和富有创意的解决方案。

其三，国际市场营销的实践能力对于学生的职业发展至关重要。然而，单一考核方式可能过于强调学生对国际市场营销理论知识的记忆和理解能力，使教学内容偏重于理论性，难以全面评估学生在实践方面的发展。学生可能将重点放在应试上，忽视了实际应用和解决实际问题的能力的培养。

（四）双语能力不足，教学质量不高

“国际市场营销”课程一般采用双语教学的方式，这要求师生能够熟练掌握英语，将其运用于课堂互动中。而在教学过程中，学生的英语水平存在较大差距。当进行问答环节时，英语基础好的同学参与度更高，而英语较差的同学通常因为口语表达能力较差而不愿意参与课堂互动。此外，也会因外语能力的局限性增加其对专业知识的理解难度，甚至造成对内容的误解。整体而言，学生双语能力不足可能导致课程的教学质量不高。

四、国际市场营销课程教学模式改进措施

OBE 教学理念下的“国际市场营销”课程教学重点是结合现代国际营销实践中需要的知识和技能制定相应的教学目标，根据教学目标定制针对性教学内容、教学组织形式和考核指标，使得“国际市场营销”的教学活动形成一个有机的闭环，支撑教学目标的实施和优化，促进教学成果产出以及提高学生对专业知识的掌握和运用能力[3]。本节将从授课前、授课中和授课后三个方面提出五点建议，以帮助教师优化“国际市场营销”课程的整体教学模式。与此同时，“国际市场营销”课程将在 OBE 教学理念的指导下培养学生的知识、技能和态度，为他们能够在国际市场中成功地应用营销理论和实践提供强有力的支持。

（一）制定国际市场营销学课程目标

根据 OBE 教学理念，教学目标是保证教学计划实施的基石。在课程教学目标制定中，要深入调查和理解企业和市场对从事“国际市场营销”行业的人才需要拥有的素质能力要求，针对现实所需制定针对性的培养计划，并且在制定的时候考虑到能力的主次，按照重要程度划分教学时间与考核重点。

根据从事国际市场营销的岗位职责分析可知，国际市场营销的总体目标确定为以基础理论学习为基础，在不断变化的国际形势和市场环境中，掌握国际市场分析能力，市场运营能力，产品开发、运营、销售和售后问题处理能力，决策能力，跨文化沟通能力以及团队合作和领导能力[4]。

总之，该目标包括三个层次：首先，学生要理解国际市场营销的概念和原理等基础理论。学生应该了解国际市场营销的基本概念、原则和理论，包括市场定位、市场分析、市场策略等，以便能够应用于实际情境中。其次，要培养学生跨文化沟通和商务技能以及分析和解决国际市场营销问题等实践应用能力。在国际市场环境中，跨文

化沟通和业务谈判的能力至关重要，它包括理解不同文化背景下的商务礼仪、跨文化沟通技巧等。与此同时，学生应该能够分析和解决国际市场营销问题，包括市场调研、竞争分析、产品定位、市场推广等方面的问题，以便能够在实践中应对挑战。最后，需要培养学生的通用素质能力，其中最突出的就是团队合作和领导能力。团队合作和领导能力能帮助从业者在国际市场团队中有效地协调合作、领导团队，实现共同的目标。国际市场营销人才素质要求见图 1。

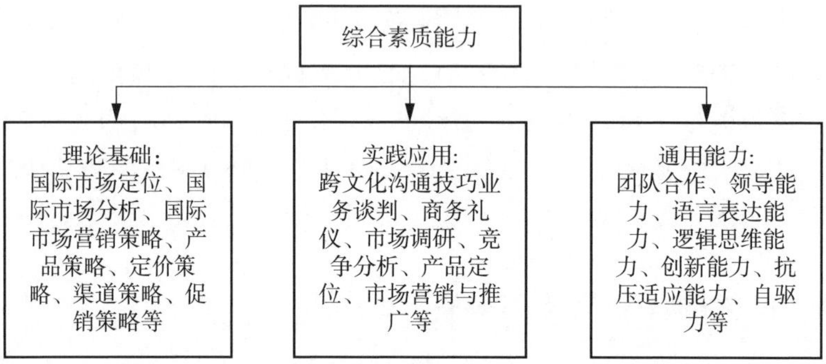

图 1　国际市场营销人才素质要求

（二）结合运用翻转课堂

在 OBE 教学理念中，教师要以学习产出为最终目标。若想要获得不同以往的教学效果，必须打破传统的授课方式。翻转课堂起源于美国，该教学模式提倡学生在上课前自行观看教学视频；师生在课堂上一起完成作业答疑、主题研讨等活动；最后，学生在课后通过视频回看或预习。它的优势在于将学习的主动权交给学生，塑造学生的自驱力和问题思考力，实现从被动学习到主动学习的转变[5]。

在国际市场营销课程中使用翻转课堂可以将课堂的主动权从教师转移到学生手中，充分发挥学生学习的主动性和积极性，改变了以往“教师讲，学生听”的传统的教师单向讲课的教学模式。在国际市场营销课堂中，教师让学生作为课程内容的主导者，教师作为引导者，让学生在课堂展示中深刻了解专业知识。在课堂展示的过程中，学生以小组为单位面向所有学生和教师进行展示，教师在此过程中加以引导和补充，并根据学生的语言表达能力、案例分析内容、对专业理论的掌握程度进行总结，同时将此次展示的表现作为平时成绩的参考指标。通过让学生花大量时间阅读、搜集资料、了解理论知识，让学生学会主动学习，同时锻炼理解能力、专业理论的运用和团队合作精神，实现个性化教学[3]。

（三）虚拟国际营销商战

实践是检验真理的唯一标准。学生获得专业知识只是从事相关行业岗位的第一步，最重要的还是要学会如何将这些知识巧妙地、合理地运用到瞬息万变的国际市场环境中以解决实际问题。在校学生由于资源受限，实战经验较少。因此，教师可以通过情景模拟进行虚拟国际营销商战。该方法可以用一种创新的方式帮助学生在课堂上实践国际市场营销知识和技能。

虚拟国际市场营销商战开展可以包括以下部分。第一，分组竞争：将学生分成几个小组，每个小组代表一个虚拟的国际营销商。每个小组需要选择一个特定的产品或服务，并在虚拟市场中进行销售和推广。第二，虚拟市场研究：要求每个小组进行市场调研，了解目标市场的消费者需求、竞争对手和市场趋势。他们可以使用互联网、社交媒体和其他在线资源来收集信息。第三，营销策略制定：每个小组需要制定一个全面的营销策略，包括定位、定价、产品推广和渠道选择等。学生可以利用市场调研数据来支持他们的决策，并考虑如何利用数字营销工具来推广产品。第四，虚拟销售和推广：学生可以使用虚拟平台或在线模拟工具来展示他们的产品，并通过虚拟广告、社交媒体宣传和在线销售渠道来推广产品。他们可以使用创意的方式来吸引消费者的注意力，并增加销售量。第五，评估和反馈：在活动结束后，由教师或其他学生来评估每个小组的表现。他们可以根据销售数据、市场份额和创意等因素来评估每个小组的成功程度，并提供反馈和建议。

通过虚拟国际营销商战的方式，学生可以在实践中学习国际市场营销的理论和技巧，提高他们的团队合作能力和创新思维。这种活动还可以激发学生对国际市场的兴趣，并为将来的职业发展做好准备。

（四）结合线上资源采用最新国际营销案例教学

在现有的教学体系中，案例教学是课程教学必不可少的部分。但是，由于国际市场环境瞬息万变，市场所采用的营销策略也不断创新，而教材编撰或更新的速度远远落后于现实，因此学生从案例中接受的知识不足以应付现实情况中的问题。因此，教师应采用与时俱进的案例进行案例分享。

由于互联网的普及和发展，教师和学生获取相关资源变得越来越方便。教师和学生可以利用互联网搜索权威的国际营销资源，如学术研究论文、行业报告和专业网站。这些资源可以提供最新的国际营销案例和实践经验，为学生提供真实且有价值的学习材料。此外，教师和学生也可以使用在线课程平台。在线课程平台可以为教师和学生提供丰富的国际营销课程，其中包括最新的案例研究和实践案例。教师可以选择合适的在线课程，将其作为教学资源，引导学生进行学习和讨论。不仅如此，学生还可以以小组为单位，通过情景模拟以最新国际营销案例中所提及的企业管理者的视角去进行案例分享，并让其他学生参与到讨论中，这种更具有实践性和现实性的教学方式可以帮助学生更好地理解和应用国际营销理论，培养学生的分析和判断能力，并为将来的职业发展做更充分的准备。

（五）考核指标改革

构建良好的考核指标体系是 OBE 教学理念得以贯彻实施必不可少的部分。OBE 教学理念以结果为导向，因此衡量教学效果最好的指标就是学生的成绩。但是，传统的考核指标更注重学生期末对知识的掌握情况。这种评价对教学指标的衡量较为片面，也无法督促教学计划的优化和改革。

基于 OBE 教学理念的国际市场营销课程强调教学目标的达成与市场营销实践能力的提升，因此考核维度和指标应该更多元化。比如扩大实践训练、小组展示的成绩占比，在不同时间段对学生的课堂表现和知识掌握情况进行考核，从而可以使学生学习到更多的解决现实问题的方法并且根据不同时间段的考核结果调整自己的学习状态和方式，最大化地将所学的知识和技能内化到自己的知识体系中。此外，为了更好地实现教学计划的优化，教师的授课方式也需要不断地调整，这就需要学生对教师在日常教学活动中的表现进行评分和建议。建立双向沟通的渠道，可以确保教师和学生之间存在的问题得到及时的解决，有利于提升教学成果。

五、结语

总而言之，国际营销市场正经历着巨大的变化，课程教学面临挑战的同时也迎来了众多机遇。国际营销市场教学应该关注理论与实践中的差距，深刻反思实际教学中存在的问题。

教师应明确学生的学习目标，提高其参与课堂互动的兴趣和热情，注重学生学习成果和实际应用能力的培养。只有不断完善教学方法，才能让学生深刻理解当下的国际市场环境，辨析企业在跨国经营中遇到的难题并制定有效的市场营销战略。高校通过教学改革可以让教师和学生们学习更多的专业知识和技能，为中国企业培养跨国经营和管理人才。这不仅可以提高我国企业在国际市场的竞争地位，而且为学生提供更多的就业可能性。

参考文献

[1] Spady W G. Outcome-Based Education: Critical Issues and Answers [M]. Arlington: American Association of School Administrators, 1994.

[2] 黄俊锋，郑申茂，李容，等 . OBE 视域下应用型本科信息素养课程教学改革设计 [J]. 大学图书馆学报，2022，40 (3)：96-104.

[3] 于军胜 . 基于 OBE 理念的市场营销学课程改革探索 [J]. 上海商业，2022 (9)：180-182.

[4] 陈伟 . 市场营销专业人才能力培养教学改革的研究 [J]. 黑龙江高教研究，2005 (4)：147-148.

[5] 李怡飞 . "项目+翻转课堂" 教学模式的课程改革与探索——以 "酒店市场营销" 为例 [J]. 教育教学论坛，2022 (12)：51-54.

跨学科背景下大数据与人工智能课程教学设计研究

王晓康

（深圳大学管理学院工商管理系）

【摘要】随着信息化程度的提升，计算机科学成为当下社会的热点。为了适应社会的需求，各学科纷纷将计算机科学与本学科知识进行融合，期望将学生培养成为复合型人才。工商管理专业下的大数据与人工智能课程是一门将计算机科学和工商管理专业知识相融合的交叉学科课程，其目的是使工商管理类学生掌握基础的编程能力并初步了解大数据和人工智能领域。本文从跨学科教学模式面临的问题切入，从教学思路、课程内容和考核要求三个方面，对基于“1+X”的跨学科教学模式进行了深入思考，探索工商管理专业下的大数据与人工智能课程的教学新思路。

【关键词】跨学科教学模式；工商管理专业；计算机科学；教学模式探索

一、跨学科模式的内涵及研究现状

未来社会的发展，需要具有坚实基础知识和灵活运用知识创新型人才。2021 年，国务院办公厅对进一步支持大学生创新创业提出指导意见，依靠课程、教学及培训等多种形式，促进大学生创新能力的培养。创新离不开多门学科知识的融合及应用，单一学科知识在一定程度上固化了学科界限和思维，不利于学生综合运用多学科知识解决实际问题。因此，跨学科教学的推行，对学生跨学科素质的培养及实际问题决策能力的提高是不可或缺的。

（一）跨学科模式的内涵

“跨学科”最早于 20 世纪 20 年代由哥伦比亚大学著名心理学家伍德沃斯（Woodworth）提出，用于描述具有不同学科背景的科研人员间开展的合作性研究，而后被用于强调不同学科间的交叉融合、综合性发展以解决现实中的复杂问题。随着通识教育改革浪潮的兴起，跨学科教学成为一种重要的实践模式。

跨学科教学不是将不同学科的知识简单地拼接，而是以实际问题为导向，对不同学科所包含的知识进行删减和融合，并将加工后的跨学科知识传授予学生，提升其解决实际问题的能力。跨学科教学具有以下特点：

（1）实用性。跨学科教学突破传统教学中着重关注理论知识而弱化利用新型技术解决实际问题的局限性，更多地培养学生使用新型技术的能力，从不断解决问题的过程中收获成就感，以提升对知识进一步学习的渴望。

（2）倾向性。跨学科教学的倾向性在于对授课知识的选择。由于教学时长的限制，跨学科教学中所传授的知识仅能突出重点，难以覆盖全面。因此，突破传统的教学内容，根据学生兴趣和接收程度，不断调节教学内容和教学模式，以提升学生对知识的掌握程度，保证学生的学习热情。

（3）综合性。跨学科教学需要在多学科知识和方法的基础上，进行知识的深度融合，弱化不同学科中知识的边界。教学过程中，不再将单一学科知识独立分割，而是通过主体或问题将这些知识进行有机关联，进而消除不同学科知识间的独立感。通过这种教学模式，有助于帮助学生构建学科交叉的知识框架。

（4）互动性。跨学科教学鼓励学生充分发挥主观能动性。与传统老师授课不同，提倡边学习边实操，根据具体的授课内容，学生在课堂上进行复现。遇到问题，及时与老师沟通，或以学习小组的模式，同学间相互帮助，以促进知识点的掌握。

（二）跨学科模式研究现状

国内关于跨学科教学的研究较为丰富，多集中在以下 3 个方面。

一是跨学科教育的理论研究。刘家呈和庄玉昆[1]讨论了基于国际竞争的国家需求、基于真实问题解决的社会需求和基于核心素养育人需求的三重动因，分析跨学科教学存在的观念、能力和评价的三重困境，整合课程资源和更新教学形式，力求突破“唯分数论”的教育困境，推动跨学科教学在新背景下的落地生根。

二是以各学科为中心展开的跨学科教学。王薇等[2]分析了美国芝加哥大学工商管理与计算机科学联合学位的培养大纲，深入解读跨学科的人才培养模式，并针对性地为我国探索和发展跨学科教学提出相关建议。宿连政等[3]以培育医学生的全面能力为目标，充分考虑信息素养教育和学科课程融合的可行性，提出了以医学为主、信息素养教育为辅的跨学科教学方案，以增强医学生的知识框架，进一步提升医学生的全面素质。

三是高等院校中的跨学科研究。张建德等[4]在“新工科”建设的背景下，提出了应用型高等院校跨学科教学的动力结构模型，阐述了跨学科课程构建的具体路径，并结合跨学科课程建设的经验，为我国培养跨学科高素质人才提出了建议。根据对研究成果的统计，我国跨学科教学研究多数以高等院校为研究主体并逐步向中小学蔓延。石晓红[5]以跨学科思想指导学生了解裸子植物能够适应严寒、干燥、贫瘠环境的形态结构特征，在探索实践过程中全面发展学生的生物学核心素养，塑造逆境成才的世界观。

工商管理专业主要包括财务管理、战略管理和运用管理等课程，涉及管理学、经济学和现代企业管理等知识和技能。这些内容多是存在于理论层面，与现实问题联系不够紧密，会让学生误认为课程内容空洞，导致学习积极性不高。随着计算机技术的高速发展，出现了许多新型的技术手段，能大大提升解决传统问题的效率，同时也衍生出一些新问题，是传统方法难以或不能解决的。因此，工商管理专业也开展了本专业知识与计算机专业知识相融合的跨专业教学，例如大数据与人工智能课程。通过传授学生代码编写的能力，增强学生的动手能力和参与感，提升学习知识与解决问题间的关联性，进而强化学生的综合素质。

二、跨学科教学模式面临的问题

大数据与人工智能课程的设置，是为了迎合社会发展趋势和需求，提升工商管理专业学生的综合素质和社会竞争力，帮助学生了解大数据和人工智能领域的基础知识，掌握一定计算机代码编写的能力，辅助解决工商管理领域中存在的旧问题以及当下衍生出来的新问题。考虑到大数据与人工智能属于计算机科学专业的课程，具有较强的专业性，针对工商管理专业的学生，需要选择合适的内容和方式进行授课。在教学过程中，可能面临以下问题。

（一）跨而不合

跨而不合是指在制定课程大纲时仍然沿用计算机科学专业的授课模式。大数据与人工智能课程的知识体系十分庞大，其中包含的知识分支、不同类别的模型和具体的算法更是不计其数。计算机科学专业对大数据与人工智能课程的预期目标是，使该专业的学生了解算法的基础原理和掌握相应的代码编写。解析算法的基本原理需要一定的数学基础，需要熟练地掌握代数、概率论和离散数学等相关知识。相对来说，工商管理专业学生的培养方向倾向于文科，数学基础薄弱，过多地传授与数学相关的理论和知识，不能达到预期的教学效果，会大幅度地降低学习过程中的体验感和兴趣。此外，计算机科学专业的学生具备程序编写的能力，但大部分工商管理专业的学生不具备该能力，因此两者需要不同的授课模式。对于工商管理学生而言，传授基础的编程知识是更加合适的，需要降低课程的预期目标，能熟练调用常用的模型解决实际问题即可。故此，需要寻找一条适合工商管理专业的大数据与人工智能课程的教学模式。

（二）合而不深

合而不深是指制定课程大纲时没有将课程内容与工商管理专业特色相结合。大数据与人工智能源于计算机科学专业，属于其核心课程。计算机科学关注的问题为，如何改进算法并提升模型的准确率。由于培养方向的不同，工商管理专业下的大数据与人工智能课程应该倾向于算法和模型的使用并解决实际问题。工商管理关注的是管理问题，例如企业管理中如何分析客户需求，采用何种市场推广方法，提高营销收入，或运营管理中通过何种资源配置，提高生产效率和质量。因此，在工商管理背景下，该课程的授课内容应该融入具有工商管理专业特色的问题，教导学生如何利用算法优化传统问题的解决步骤，帮助学生构建“旧问题，新方法”解决问题的思维模式。同时，随着大数据时代的到来，也衍生出一部分新问题，使得传统的方法难以解决，需要借助大数据处理手段的辅助。故此，需要对如何将工商管理专业特色问题融入大数据与人工智能课程进行深入思考。

（三）实操不足

抛开专业之间对学生培养方向的不同，大数据与人工智能课程其中的一个目的是培养学生程序编写的能力，学生独自编写代码并运行成为课程重要的一环。工商管理专业课程多数情况下是以老师传授知识为主，重视理论层面的知识，弱化学生动手操作能力。代码编写除了灵活运用之外，也需要扎实的基础。熟练掌握代码编写的底层逻辑与掌握理论知识相似，通过背诵和反复使用等方式，加强知识在脑海中的记忆。在课程上，跟随老师讲解代码，学生进行复现，有助于提升学生的参与感，增强学生对代码的记忆，进而促进其对代码的掌握。但是，由于课时和场地的限制，让“教学与实践同时进行”模式的执行存在一定的困难。基于此，需要探索一种可执行的方式，使学生更多参与到代码编写的过程中，加强实践操作在课程中的比重。

三、基于“1+X”跨学科教学模式的教学设计

在“1+X”跨学科教学模式中，“1”表示载体学科，是不能被模糊的，其他学科“X”是为了实现“1”的教学目标或解决“1”中的研究问题，是为载体学科服务的。以工商管理专业下的大数据与人工智能课程为例，工商管理为载体学科，计算机科学为服务学科，要围绕利用计算机技术解决工商管理专业中的问题展开教学，同时要考虑学生的专业背景，降低课程的难度，多增加动手实践的机会。以下内容从教学思路、课程内容和考核要求三部分展开。

（一）教学思路

工商管理专业下的大数据与人工智能课程定位为一门概念普及和代码编写类课程。在概念普及方面，主要涉及大数据处理方法和人工智能应用场景。在课程中，重点介绍基于交通大数据的、基于医疗大数据的和基于各地区二氧化碳排放量的最新落地研究，以提升学生对前沿研究的敏感性，培养学生的潜在科研兴趣。同时，将人工智能应用场景多聚焦于市场营销、生产运作管理和供应链等领域，使其与学生的知识领域相匹配，增强学生在课堂上的参与感，及学生对课程学习的动力。

在代码编写方面，重点关注编程的基础知识和模型的使用能力，弱化算法的数学推导和模型的复杂结构，力求所传授内容与学生当前的知识水平相匹配。考虑到不同学生对编程知识接收能力存在差异，课堂上采取学习小组的形式，小组成员间互帮互助，以达到学生尽快掌握模型及代码实现的目的，同时也提升学生间的团队协作能力。在课后也会布置适当的小组任务，属于课堂上基础知识的延伸，以推进学生自主学习和共同学习，促进学生对代码的灵活运用。

（二）课程内容

工商管理专业下的大数据与人工智能课程大纲分为三部分，分别为基于 Python 的编程基础、大数据和人工智能。课程授课时长为 18 周，每周 2 课时，共计 36 课时。

第一部分：基于 Python 的编程基础。该部分占 18 课时，其内容主要包括 Python 语言的编程规则，不同数据类型的处理，函数的定义与调用，类的定义与调用和第三方软件包的安装与调用等。该部分的内容是大数据分析和人工智能算法实现的基础，因此分配较多的课时进行讲解。在每个知识点后，提供了一个实例演示，来帮助学生对代码加深理解。

第二部分：大数据。该部分占 12 课时，其内容主要包括基于统计的数据分析方法和基于机器学习的数据分析方法。前者介绍了对数值和文本等数据类型的统计指标，并阐述了这些统计指标的计算过程和如何通过 Python 语言将其实现。后者介绍了回归和分类任务的经典算法，包括线性回归、支持向量机和决策树等，重点阐述了决策树算法和关联规则算法的内部机理。在每个内容后，都设置了一个练习，其背景与工商管理具有一定的关联性，帮助学生熟悉和掌握算法。

第三部分：人工智能。该部分占 6 课时，其内容主要包括人工智能中常见概念的普及和应用领域的介绍。在概念普及中，介绍了人工智能的发展史、神经元的构造、感知机、BP 神经网络、卷积神经网络、强化学习和迁移学习等内容。在人工智能应用领域中，介绍了当前较为成熟的技术，包括知识图谱、模式识别、智能问答、语音识别、机器翻译、机器艺术创作和机器智能设计等，同时也介绍了较为前沿且正在攻克的技术，包括脑机接口、类脑计算、外骨骼机器人、智慧制造、智慧医疗、智慧城市等。

（三）考核要求

由于该课程采用授课与实操相结合的教学方式，课程考核应该从多个维度进行展开。考核过程采用阶段性考核和期末考核相结合，以及知识考核和实操考核相结合的方式，以随堂测试、课后作业、小组任务等形式，立体地对学生知识掌握的程度进行评价。

随堂测试通常位于章节末端，以客观题的形式考察学生掌握知识点的程度，形式便捷，能较为快速且直观地发现学习过程中存在的问题。通过有针对性的习题讲解，强化学生记忆模糊的内容，巩固学生对知识点的掌握。

课后作业属于随堂测试的进阶版，在客观题的基础上添加了主观题和计算题，考察的内容更加深入，包括知识点的变体和延伸，力求调动学生的主观能动性，积极地通过参考书籍和网络了解更多的知识，进而掌握知识获取的途径。

小组任务是一种以团队为单位的考察方式，赋予学生较高的自由度，充分发挥团队分工协作能动性，完成既定的团队任务，例如一个特定功能的函数编写。在任务完成的过程中，不仅能加快学生熟练运用知识，同时也能培养学生间的合作能力。在小组任务完成度的考核环节，可以看见其他小组编写的代码，不仅可以扩展代码编写的思路，也可以对本小组完成情况进行反思。

四、总结

大数据与人工智能作为工商管理专业新开设的课程，是一门与计算机科学高度交叉的课程，其教学内容需要在两个专业间进行平衡，如何确定跨学科教学的内容和方式是一个难点。本文针对跨学科教学模式面临的问题进行了深入的思考和研究，具体内容如下：

（1）跨学科教学模式存在“跨而不合”的情况。针对这种情况，需要充分考虑学生已有的基础，以本专业为主其他专业为辅，把握课程的难易程度，筛选出合适的且适用的知识，进而成体系地授予学生。

（2）跨学科教学模式存在“合而不深”的情况。针对这种情况，需要以本专业的研究问题为导向，将知识点融入其中。同时，对知识进行层次划分，多传授基础知识，并引导学生主动地了解其感兴趣的进阶内容。力求培养学生“旧问题，新方法”和“新问题，新方法”解决问题的思维。

（3）跨学科教学模式存在“实操不足”的情况。针对这种情况，需要强化学生的动手能力。一方面，采用“边教学边实操”和小组任务等方式，增加学生在课堂上和课后的实操次数。另一方面，采用多维度的评价体系，加强实践能力在评价体系中的比重，促使学生主动地提升实操能力。

参考文献

[1] 刘家呈，庄玉昆．新课标背景下跨学科教学的动因、困境及路径［J］．教学与管理，2023（19）：1-4.

[2] 王薇，陈波，王中琪．跨学科背景下教学模式新探索——以芝加哥大学工商管理与计算机科学硕士联合学位为例［J］．河北大学成人教育学院学报，2020，22（2）：123-128.

[3] 宿连政，靳祥云，王夕欣．医学教育中跨学科教学方法的探索［J］．科学咨询（科技·管理），2023（6）：256-258.

[4] 张建德，陈行，吴宗魁．“新工科”背景下应用型高校跨学科课程构建路径研究［J］．工业和信息化教育，2023（8）：50-53.

[5] 石晓红．“逆境成材”的裸子植物跨学科教学设计［J］．生物学教学，2023，48（7）：51-53.

高校教研实践路径探索之“沉浸式”教学

——以“企业信息战略管理”课程为例*

周天薇　张凤娥　牛　奔　王　旸

（深圳大学管理学院管理科学系；深圳大学大湾区国际创新学院）

【摘要】 案例教学是一种“沉浸式”教学方法，通过代入真实的案例和情境，激发学生的兴趣、培养批判性思维和问题解决能力。案例教学与传统教学在教学理念、教学手段和教学目标上存在明显差异。但它不是对传统教学的完全抛弃，而是一种教学理念的转变，将传统的注入式、被动式、封闭式教学方式转向合作式、自主式、探究式、开放式教学方式。本文旨在借助“企业信息战略管理”课程讲述案例教学的重要性、与传统教学的差异以及笔者在授课过程中的探索，给出自身思考总结，进而说明案例教学法在以培养高素质复合型人才为目标的高校课堂教学中能够达到全面提升学生的各项能力和素质的目标要求。

【关键词】 案例教学法；沉浸式教学；高校教研；企业信息战略管理

一、案例教学的重要体现

“企业信息战略管理”是一门旨在培养学生对企业信息系统、技术与管理间关系的理解和运用能力的课程，聚焦于帮助学生了解信息系统如何支持和促进企业的决策制定、战略规划制定以及业务流程优化，致力于让学生了解到企业生命周期各个阶段所面临的战略问题，展开战略管理的“质疑、探思、求解”。让学生通过“质疑”提出战略实践问题，经过“探思”找到解决问题的理论基础，而后以理论为基础“求解”战略实践方法，由此形成战略管理的主体——竞争战略、总体战略、战略实施、评价与变革。通过深入学习信息战略管理的理论知识和实际案例，让学生掌握如何评估信息系统对企业的战略竞争力的影响，以及如何利用信息系统来进行战略规划和决策制定，进而支持企业目标的实现。因此，在“企业信息战略管理”课程的教学过程中，需要注重理论范式构建与实践应用相结合。

* 本研究得到了国家自然科学基金青年项目（项目编号：62103286，71971143）、教育部人文社科研究项目青年项目（项目编号：21YJC630181）、教育部产学合作协同育人项目（项目编号：220902362232318）、深圳大学教学改革研究项目（项目编号：JG2022094）的资助。

以案例嵌入为主要形式的沉浸式教学恰是一种注重学生参与和实践的教学方法。在这种教学方式下，学生深入参与和研究具体案例，沉浸于实际情境中以增强理解和应用知识的能力。在沉浸式教学中，案例被用作学习的核心内容。学生将被要求分析、评估和解决真实的问题情境，并基于所学知识和技能提出解决方案。这种教学方法旨在帮助学生将理论知识与实际问题相结合，帮助学生理解战略管理的理论框架，并在实际情境中进行综合性和实务性的应用，促使学生主动思考、合作学习并获得实践经验，使学生能够通过案例分析和实践项目开展，将所学理论知识应用到实际情境中。

简言之，案例教学是在课堂教学中选取由真实事件改编而成的典型案例为教学素材进行知识传授的一种教学模式，具有明确的目的性、深刻的启发性、较强的实践性等特征，其本质在于平等的师生关系下知识的共同构建[1]。教师在教学中采用案例教学法，使学生能够通过具体案例的讨论和分析，更好地理解和应用所学的战略管理知识。

案例教学法在企业信息战略管理课程中的应用具有以下三大特点：真实性、相关性和启示性。首先，案例教学法引用的教学案例通常都是真实发生的企业战略决策或经济社会行为及现象。这使得学生能够接触到真实的情境，并从中汲取实践经验，提升理论知识的应用性。通过深入分析和讨论案例，学生能够更好地理解战略管理的理论原理，并将其应用于实际问题的解决中。其次，案例教学法与企业信息战略管理课程的教学内容高度相关。教师根据课程的知识点或内容体系，选取与之相配套的案例素材供学生讨论和交流。这种针对性选择确保了案例与课程内容的紧密结合，使学生能够在案例讨论中深入探究和应用所学知识，加深对战略管理理论的理解。最后，案例教学法通过教师引导学生分组讨论的方式，激发学生的思考和互动。学生在案例讨论中形成自己的观点，并通过与同组学生及整个班级的交流与总结，加深对案例的理解和战略管理知识的吸收。这种启发式的教学方法培养了学生的批判性思维能力、团队合作能力和问题解决能力，以及将理论运用于实践的能力[2]。

二、案例教学与传统教学

随着教学年限的增长，笔者也在探索更合适的教学方式的道路上有了一定的感触。理论知识本身固然重要，但是理论与现实的结合应用更加适应社会发展需要。加之受疫情影响的线上授课时期已经过去，课堂成为教学质量提升的重要实验场地，线上的“理论+举例”式传统教学逐渐转向线下的“案例探讨+分析”式案例教学。笔者根据二者在教学理念、教学手段以及教学目标上的明显差异总结出以下内容。

首先，在教学理念上，案例教学注重师生双方的互动。相比传统教学强调的知识传授和记忆，案例教学侧重于对知识的运用和实践。传统教学常以教师为主导，学生扮演被动的听讲者和接受者角色，缺乏积极性和思考能力。而案例教学则将学生置于主体地位，通过角色扮演、小组辩论、情景模拟、案例研讨等，激发学生的学习兴趣和主动性。其次，在教学手段上，案例教学更加丰富多样。传统教学法通常采用单一的讲授方式，难以引起学生的兴趣和互动。而案例教学通过客观描述实际情境和真实事件，呈现给学生一个具体故事，激发学生的求解欲望和求知兴趣。案例教学可以利用各种资源，如网络作品案例、模拟环境和角色扮演等，创设真实感受和沉浸式学习，以培养学生的思考能力和综合素质。最后，在教学目标上，案例教学更加注重学生能力的培养。传统教学法注重知识的传授与记忆，而案例教学强调学生在课堂中的主体作用。通过案例的分析和讨论，学生能够从实践中获得直接经验，提高解决问题和应用知识的能力（见表1）。

表1　传统教学与案例教学的区别

	教学理念	教学手段	教学目标
传统教学	教师主导；知识的教学与记忆；被动的听讲者和接受者	教师讲授的教学模式、形式单一，很难引起学生兴趣	知识单向传递，学生容易形成思维惰性，缺乏思考的动力和提问的激情
案例教学	学生为主体，师生互动；知识的运用与实践；主动求知者	对某一实际情境和发生的真实事件进行客观描述，在沉浸式学习中自主探究课程内容	强调学生在课堂中主体作用的发挥，注重培养学生各项能力和综合素质的提高

总的来说，案例教学强调师生互动、丰富多样的教学手段和学生能力的培养。这种教学方式能够激发学生的学习兴趣和活跃性，提高综合素质和问题解决能力。因此，案例教学值得被广泛应用，为学生的学习和成长提供更有效的途径。

三、案例教学的产出探索

在“企业信息战略管理”课程中，笔者并未仅将案例融合在课程学习阶段，而是同步引导学生在课程产出方面取得实质性的成果，并总结出从课堂中来到课堂中去的教学实践经验。围绕本课程，学生将会经历如图1所示的八个主要阶段。其中不仅涉及理论知识的学习，还包括企业参观以及实地调研等。

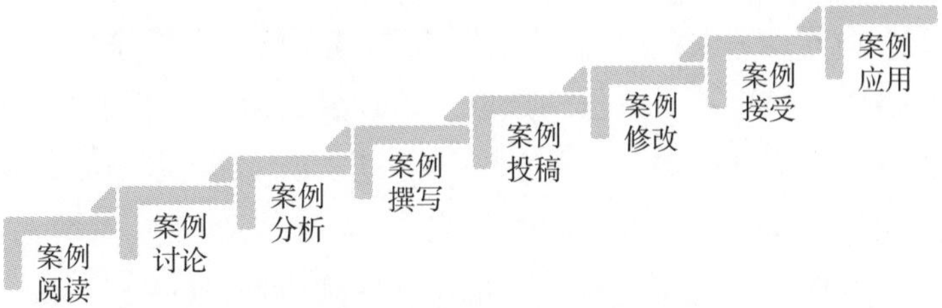

图1　从课堂中来到课堂中去的“案例”

第一阶段，将对应的案例正文及相关辅助信息提前发送给学生，要求学生自主学习，提前预习案例并搜集企业相关信息和资料，并提示学生带着案例思考题来阅读案例，进行初步思考。第二阶段，对学生进行分组，一起回顾案例，从多方面多角度进行案例分析，并针对所涉及的案例思考题展开讨论，期待学生对相关知识点把握得更加深入。第三阶段，由于该门课程的最终考核设计为案例撰写，因此学生将会根据在该门课程中的所见所学所得书写课程案例，给该门课程画上一个句号。在第四阶段前，学生通过参观企业，与企业管理者和从业人员交流，可以获取真实且有价值的案例素材。这为学生提供了深入了解真实企业运营情况和信息战略管理挑战的机会。同时，学生被鼓励自主选择感兴趣的企业或问题，并撰写相关案例报告。这种自主选择和研究的过程培养了学生的自主学习能力。学生需要深入分析所选企业的战略决策、信息系统应用等方面，从不同角度思考解决问题的方法和探索创新的可能性。这种融合了理论与实践的教学方式可以更好地帮助学生将所学知识应用于实际情境中。通过亲身参与和经历，学生能够更加深入地了解企业信息战略管理的挑战和机遇，并将其运用到案例撰写过程中。一份完整呈现的案例大多在其被接受前已经反复修改了数次。严格来说，第六阶段的修改过程贯穿在第五阶段投稿前后，对学生的耐心和毅力无疑也是一场巨大的考验。一篇稿子首先应该要说服撰稿人自己，这样才能有机会说服审稿人，才可以进入第七阶段的被接受，进而进入第八阶段的被应用，实现“从课堂中来到课堂中去”的目标。

四、案例教学的思考总结

首先，案例教学不等于举例教学。虽然两者都使用具体的案例来支持教学内容，但它们在教学方法和目标上存在着明显的差异。举例教学主要是通过给出一些具体的例子或情境来说明一个概念或原理。这种教学方式侧重于向学生展示典型的例子，以帮助学生理解抽象的概念。举例教学通常比较简单直接，注重的是提供具体的事实和信息，让学生能够掌握基本的知识点。与之相比，案例教学更加综合和深入。案例教学不仅限于简单的举例说明，而且将学生置于实际情境中，通过对真实事件或问题进行全面描述和分析，引发学生的思考和探索。案例教学强调学生的参与和互动，在学生与教师之间形成双向的交流和讨论。通过案例教学，学生有机会运用所学知识解决复杂的实际问题，培养批判性思维、问题解决能力和团队合作精神。

其次，案例教学的核心在于案例的选取。选择合适的案例对于案例教学的效果至关重要。一个好的案例应该能够引发学生的兴趣和思考，具备基础的真实性和完整性，涉及实际问题和真实情境。第一，好的案例应该具有代表性及针对性。它应该反映出学习领域中的典型问题或情况，能够代表概念、原理或现象的特点和应用。这样的案例可以帮助学生更好地理解和应用所学知识，将抽象的概念与实际情境相结合。第二，好的案例需具有启发性。通过案例，学生能够从中获得启示和新的见解，激发他们的思考和创新能力。案例应该能够引发学生的好奇心和求知欲望，让他们主动思考问题，并探索不同的解决方案。第三，好的案例还要具备可操作性。学生需要能够在案例中识别出关键问题，并提出解决方案或建议。案例应该能够激发学生的实践能力和创新思维，让他们能够将理论知识应用于实际问题的解决中。

再次，案例教学的关键在于课堂中的运用。虽然选择合适的案例是重要的，但如何在课堂上充分利用这些案例来促进学生的学习和思考才是案例教学的核心。第一，案例教学需要引发学生的兴趣和主动性。在课堂中，教师应该精心设计案例的呈现方式，以吸引学生的注意力和积极参与。可以通过多媒体展示、小组讨论、角色扮演等方式，让学生直接参与到案例情境中，并激发他们的好奇心和求知欲望。第二，案例教学需要鼓励学生的思考和探索。教师针对案例思考题给出指导性的思考方向，引导学生对案例进行分析和讨论。通过开放性的问题，鼓励学生提出自己的观点和解决方案。第三，案例教学还需要促进学生之间的交流和合作。在课堂上，教师是组织者和主持人，组织学生进行小组讨论或团队合作，在案例分析和解决问题过程中共同思考和分享观点。通过互动和合作，学生能够相互借鉴、扩展思路，并培养团队合作和沟通能力。第四，案例教学需要引导学生将案例与理论知识相结合。在课堂中，教师应该帮助学生将案例所涉及的实际情境与相关的理论知识对接，使学生能够把所学知识应用于实际问题的解决。通过引导学生分析案例中的关键要素和因果关系，教师可以帮助学生建立起理论与实践的联系，加深他们对知识的理解和应用能力。

最后，案例教学是在传统教学的基础上教学理念的一种转变，而不是对传统教学的完全抛弃。二者之间体现了教学方式从过去的注入式、被动式、封闭式向合作式、自主式、探究式、开放式转变的思想。传统教学通常以教师为中心，强调知识的传授和记忆。教师通过讲授和演示将知识灌输给学生，学生则扮演被动的接受者角色。这种教学方式在某些情况下可能效果良好，但它往往限制了学生的主动参与和思考能力的培养。相比之下，案例教学采用合作式、自主式、探究式和开放式的教学方式。在案例教学中，学生被视为主体，教师则充当引导者和促进者的角色。学生通过分析和讨论真实情境和案例，积极参与到学习过程中。他们被鼓励独立思考、自主学习，并提出问题和解决方案。这种教学方式强调学生的主动性和批判性思维的培养，培养学生的合作精神和自主学习能力。案例教学不仅关注知识的传授，更注重学生的综合素质和实践能力的培养。通过学生之间的交流合作、开放性问题的讨论和实际情境的应用，案例教学能够激发学生的学习兴趣和动机，并提高他们的问题解决能力和创新思维。这种教学方式鼓励学生参与到真实情境中，从实践中获取经验和启示，使他们能够更好地适应并应对未来的挑战和变化。

五、结语

案例教学法在以培养高素质复合型人才为目标的高校课堂教学中具有显著的优势和价值，能够达到全面提升学生各项能力和素质的目标要求。通过在“企业信息战略管理”课程中嵌入案例教学法，培养了学生将理论应用于新时代管理实践的能力，增强了学生的学习主动性、参与性与积极性，并成功实现了该门课程教学评价满意度的逐年提升。

参考文献

[1] 张坤．案例教学在高校课堂教学中的本真回归与思考［J］．中国成人教育，2023（11）：46-49.

[2] 周惠平，王枫，韩玺．案例教学法在战略管理教学中的提升策略研究［J］．创新创业理论研究与实践，2021，4（11）：23-24+30.

嵌入在线开放课程资源的混合式教学模式探索

——以“宏观经济学”课程为例*

陈 雪

（深圳大学管理学院工商管理系）

【摘要】Z世代的本科生目前基本是2000—2005年出生的，该群体思维活跃，熟悉各类互动网站或者终端应用，并且对于表达自我有着极强的需求，对在课堂中融入线上活动的接受度高。本文介绍了嵌入在线开放课程资源的混合式教学模式探索，并以二年级本科生的专业核心课宏观经济学课程为例，结合教学目标对当前授课模式选择、内容再设计以及课前、课中、课后教学安排进行的一系列探索性尝试，希望能提升教学效果，并对其他商科课程如何嵌入在线开放课程资源开展混合式教学有所启示。

【关键词】Z世代在线开放课程资源；混合式教学宏观经济学

一、引言

现在大学生本科教育的核心对象是Z世代的青年人，他们也被称为Genaration Z，又称网络世代、互联网世代，统指受到互联网、即时通信、短讯、智能手机和平板电脑等科技产物影响很大的一代人。他们是第一代真正的数字原住民，他们与社交媒体生而相连。彼此联系紧密，分享的欲望强烈，给当前的本科教学带来了非常重大的挑战。而现有的课堂教学，在固定的地点和时间里进行，没有足够的空间和时间，为学生提供表达想法的机会。据调查，他们注意力保持的时间较短，需要持续地营造融入式体验，才能获得他们的足够信赖，现有的课堂教学应通过优化设计提高他们的学习专注度。特别对于管理类的本科生来说，他们对以交互、体验为主的新兴事物抱有极大热情。那么在大学课程中如何嵌入他们所熟悉的互联网资源，助力他们学习相关知识并提高学习兴趣呢?

教育部《关于一流本科课程建设的实施意见》也对大学本科课程建设提出了明确的要求，指出在教学内容方面要体现前沿性与时代性，及时将学术研究、科技发展前

* 本研究获深圳市教育科学规划课题“财经素养教育对深圳高校大学生创业意愿的提升机制及优化策略研究”（项目编号：DWZZ21003）和广东省本科高校在线开放课程指导委员会研究课题“在线开放课程驱动高校混合教学变革研究——对管理类课程O2O互动模式的探索”（项目编号：2022ZXKC389）的支持。

沿成果引入课程。教学方法上要体现先进性与互动性，大力推进现代信息技术与教学深度融合，积极引导学生进行探究式与个性化学习，课程设计增加研究性、创新性、综合性内容，让学生体验“跳一跳才能够得着”的学习挑战。严格考核考试评价，增强学生经过刻苦学习才能收获能力和素质提高的成就感[1]。教育部在线教育研究中心副主任于世洁提出，通过线上和线下相结合开展混合式教学，能够把课前、课中、课后甚至实验这样的教学环节都整合在一起，并实现良好的融合，未来将实现更高目标的教育培养和产出。在线教学资源作为一种全新的教学资料，是可以持续动态更新的。现在知识更新迭代速度非常快，学生走出校园后面对的竞争也异常激烈，仅利用课本内容来进行商科知识的讲授是远远不够的，而在课堂中将在线开放课程这种动态更新的教学资料进行有效的混合式教学设计，提供了问题的破解之道[2]。

因此，借助在线课程资源，采用互联网端、移动端的手段，打造线上线下混合式教学场景（Online to Offline，O2O）成为接受Z世代本科生教育挑战的切入点。在教育领域，互动式教学模式将各个教学环节联系起来，实现教学场景、交流场景的多元化，可以大幅提升教学效果。特别是在后疫情时代，随着教师和学生对于线上教学手段和工具的熟悉，在日常开展的线下教学中，对于教师来说，如何在课前、课中、课后有效地通过组织学生在线上开放课程平台的互动参与，提高学生参与兴趣呢？如何引导学生接受并利用线上互动形式提升教学效果呢？这一系列问题值得深入探讨。

二、嵌入在线开放课程资源的混合式教学的特点与意义

近五年来，基于大数据、web平台、手机App、新媒体等网络化教学手段逐步融入课堂教学，为实现混合式教学提供了便利条件。混合式教学是一种以“自主、探究、合作”为特征的新型教学方式[3]。与现有高校课堂教学的差异之处在于：可实现教学资源与教学活动的混合。混合式教学在实现方式上有两种典型的方式，一是基于活动的混合式教学模式，即在教学互动上可实现传统课堂互动与网络教学互动的有效组合。二是基于资源的混合式教学，即在学习资源的设计与应用上，可实现信息化教学资源与传统教学资源的融合[4]。本文探讨的模式主要侧重于后者，嵌入在线开放课程资源的混合式教学模式。它不是单纯强调使用在线课程进行教学，而是利用网络平台上的开放课程，使线下教育与线上教育有机结合，以提高学生的学习深度和广度[5]。

对于嵌入在线开放课程资源模式的探索，对现有教学方式改进的意义主要体现在：其一，教师重在引导，学生重在参与。信息化教学环境融入课堂教学改变了教与学的方式，传统课堂教学结构将“以教师为中心”，而这种新型的授课方式将以“教师主导+学生主体”为导向，通过在线开放课程资源的嵌入对学生参与感的充分调动是全方位的，在课前、课中、课后都可以激发学生学习的主动性和创造性。其二，教学活动的形式产生转变。嵌入在线开放课程资源，不仅是对原有教学资源的丰富，还需要在教学内容、教学方法和学习评价方面进行改革以适应这种新的教学模式。如MOOC+翻转

课堂的混合式教学，要求学生在课程开始前通过在线课程自主学习。还有 MOOC+PBL 的混合式教学，提倡以解决问题为主导的教学方式，基于在线课程完成知识学习和基础知识建构，然后在课堂以小组形式完成问题研究，并在将 MOOC 学习和 PBL 相结合下完成对案例的总结性评价，等等。

三、教学案例：以“宏观经济学”课程为例

“宏观经济学”是面向深圳大学管理学院工商管理学，本科二年级开设的基础课程采用曼昆（Mankiw）编写的《经济学原理：宏观经济学》。该门课程以一国经济为研究对象，结合古典增长与经济周期理论，通过研究经济总量的决定及其变化，揭示一国经济水平变化的根源、一国经济运行中存在的问题、政府经济政策对一国经济的影响。培养学生能够像经济学家一样思考，了解宏观经济规律，提升其运用经济模型分析宏观经济变化及经济政策对一国经济在长期及短期所产生的影响。该课程曾在对工商管理本科毕业生进行的回访调查中，反馈为对毕业后工作帮助最大的课程之一。在疫情期间，课程教学团队完成了在线课程建设，在线上线下混合式教学改革方面已经进行了初步的实践与探索。下面将以该课程为例，就如何嵌入在线开放课程资源进行混合式教学的模式创新进行详细说明。

（一）模式选择与资源准备

当前的线上线下混合式教学模式主要有三种形式：首先，以在线课程资源为主的线上教学，线下互动模式。比如教师利用现有的在线学习平台：UOOC 联盟、中国大学 MOOC、超星学习通等进行线上授课，但是在授课进程中组织线下答疑见面等活动。线下的见面互动时间较为有限，以答疑为主。其次，以在线课程资源为辅的线下教学，线上互动模式。这种模式是在线下教学之后，再辅之以线上平台资源进行补充，线上仅在非课堂时间展开，侧重于非实时互动。最后，线上和线下教学同时兼具和互动。通过线上线下场景的打通，这种方式在市场化的教学机构率先展开了应用，它不同于前两种将线上与线下教学在时空上分割，而是在同时开展线上和线下的教学场景中互动，打造 2×2 的教学体验。由于“宏观经济学”课程强调学生在对于宏观经济运行规律知识理解的基础上，还要求能够注重中国经济运行与发展，并放眼全球，使学生通过学习具备初步判断中国及世界经济发展趋势的能力，所以对学生在理论联系实际现象、对现象进行理论分析和推演的能力要求较高，在讲解理论的同时，也需要及时对当前最新的宏观现象、事实与数据进行分析，所以计划选择第三种模式进行尝试性的探索。

在学期授课开始前可以准备的教学资源包括在线开放课程资源和线下资源两部分。线下资源主要是指教材、辅导性学习资料、作业练习题等。在线开放课程资源比较丰富，宏观经济学作为经济管理类的基础课，共建设 80 个知识点教学内容，在众多在线开放课程平台上，都有可以呈现的完整章节内容的教学资源，针对知识点包含多媒体

课件、教学动画、教学视频等，主要供学生课前预习、自主学习以及课后复习使用。另外借助在线课程平台或者其他信息通信工具，可以产生形成性资源并非课程固化资源，是在课中和课后交互教学活动中动态产生的，包括线上线下教学互动大数据记录、学生的作业及学习问题反馈、讨论互动数据、过程性评价数据等。在学期开始前，可以有计划地设计组织这两类资源及呈现方式，如选择学习通或者 UOOC 的在线课程，另外考虑整个学习过程要实施线上互动的平台，可以选择学习通、QQ 学习群或 Blackboard 等平台进行互动。

（二）教育内容的再设计

宏观经济学课程以“讲清经济学道理，理解经济规律”为教学目标进行培养，可分解为“知识+能力+素养”的三位一体模式，可以分别考虑采用不同的方式进行在线开放课程资源的嵌入。

首先，培养学生对于宏观经济运行规律的理解。针对基础知识的理解可以将线上对知识点进行讲解的视频资源嵌入课前预习，并在课后练习、对知识点进行测试时借助线上课程的习题进行练习。

其次，强调学生关注中国经济运行与发展，并放眼全球，使学生具备初步判断中国及世界经济发展趋势的能力。采用基于问题的教学（Problem-Based Teaching，PBT）——让学生成为学习的主体，通过教学视频案例引入问题，让学生在线下（非授课时间）与线上（授课时间）论坛上分享具体理论分析和观点，满足学生的表达欲望，提高学生之间的交流效率及积极性。

最后，在这两者的基础之上，提升学生的认知素养，理解中国在全球开放经济的宏观背景下，在融入国际化竞争中，如何实现生产力持续发展、综合国力增强、人民生活水平提高，如何在遵循经济运行基本规律的基础上进行道路探索的。对于这类开放性思考的问题，不能完全发散任学生去思考，需要在课堂教学中进行逐步引导。具体宏观经济事实可以提前让学生进行了解，通过在线课程平台的学习进行初步思考和引导，在课堂上对理论进行讲解后，再引导学生去理解中国经济发展的道路探索是基于怎样的原理形成的。部分章节的教学活动设计详见表 1。

表 1　部分章节教学活动设计示例

教学基本知识点	嵌入在线开放课程资源	期望达到的教学效果
GDP：一国收入的衡量	阅读在线案例：GDP 3000 亿，深圳粤海为何能成最牛街道。课上在在线平台实时发表自己的观点	通过解读粤海街道 GDP 构成及增长，粤海街道是观察深圳特区 40 年成长的一个窗口，见证改革开放、深圳创新 40 年的产业升级史
生产与增长	观看在线视频：疫情后口罩生产率的国际比较；课上在在线实时平台发表自己的观点	新冠疫情之后中国企业的口罩生产率缘何高于发达国家？受到哪些驱动因素的影响

续表

教学基本知识点	嵌入在线开放课程资源	期望达到的教学效果
开放经济的宏观经济学：基本概念	课前在线平台上了解中国进出口及贸易顺差的变化，并在课前在线平台进行统计分析	了解中国改革开放以来，在全球市场中影响力逐年提升，成为重要的出口大国是我国发展外向型经济的道路
开放经济的宏观经济理论	观看亚洲金融危机期间中央政府对挽救港币的教学视频，并进行线上讨论	理解我国政府在稳定区域经济发展，避免国际资本对香港发起冲击的决策，结合经济学理论与政策制定的出发点进行正确解读
总需求与总供给	阅读在线案例："一带一路"倡议下及"双循环"等对总需求的动态变化，并进行相关统计数据的搜集以及在线呈现	理解总需求变化对中国经济短期均衡的影响，理解我国稳定经济政策举措的重要意义

（三）教学活动开展的基本步骤

开展教学活动时，可以分为课前准备、课中教学与课后提升三个步骤：

第一，课前准备阶段，在线下授课开始前，使用在线开放课程的客观问题或者案例阅读来回顾以前讲授的知识，以激发学生对所学知识体系承前启后的理解，并且在在线课程平台上加入最新的宏观经济事实的相关文字或者视频资料。

第二，课中教学阶段，通过线上互动，让每个同学对于答案或者针对实时宏观问题的观点都可以同时在在线课程的互动平台进行展示。允许同学讨论并发表自己对问题的看法和理解，增强学习能力。

第三，课后提升阶段，通过在线开放课程的短期（即时测验）与阶段性考试等快速测试的方法，掌握学生对于知识的理解程度，适时调整授课进度与内容。

四、总结与启示

Z 世代的本科生目前基本是 2000—2005 年出生的，该群体思维活跃，熟悉各类互动网站或者终端的应用，并且对于表达自我有着极强的需求，对在课堂中融入线上活动的接受度高。本文介绍了嵌入在线开放课程资源的混合式教学模式的探索，并以宏观经济学课程为例，结合教学目标如何进行教学安排进行了举例说明，这种线上线下融合教学方法的推广应用不仅可以为教师精练课堂讲授内容、实时捕捉授课效果、培养学生对知识体系衔接和应用的能力，还能充分尊重学生对知识及信息的接受与再表达的意愿。也便于学生之间以及学生与教师在课堂有限的时空里进行更深层次、更丰富的交流互动。

参考文献

［1］教育部关于一流本科课程建设的实施意见（教高〔2019〕8号）［EB/OL］. https：//www. gov. cn/gongbao/content/2020/content_ 5480494. htm.

［2］于世杰 . 慕课："书本升级""课堂革命"的未来［EB/OL］. https：//m. gmw. cn/baijia/2019-04/09/32725003. html.

［3］金晨 . 混合式教学中课程考核模式的研究［J］. 高教学刊，2019（25）：130-132.

［4］赵增辉，付彦坤，马静敏，等 . 基础力学线上线下多维混合式教学模式构建与实践［J］. 高教学刊，2020（27）：4.

［5］罗映红 . 高校混合式教学模式构建与实践探索［J］. 高教探索，2019（12）：48-55.

“项目管理”实践性课程内容的设计与优化

豆国威

（深圳大学管理学院管理科学系）

【摘要】近年来，基于互联网的教学模式使教学变得更加便利和多样化。疫情之后，随着线下教学的回归，新的教学模式在线下课堂有了更多的应用。然而，对于实践型的课程来说，教学工具和模式更大的意义体现在为教学带来的便利性，实践性的课程内容仍是最为核心和根本的课程构成要素。针对特定的实践型课程，在优化教学模式的基础上优化教学内容是提升课程价值的关键。本文以“项目管理”课程为例，根据近年来的教学实践，探索提升课程内容价值的实践型教学内容和模式，通过进一步分析教学“瓶颈”、教学痛点等优化融入更多实践性元素的教学内容，以提升该课程的教学质量和教学效果，提升学生对项目管理知识和实战技能的掌握程度。

【关键词】项目管理；项目管理实践；教学设计

一、引言

本科阶段的人才培养不仅需要对理论基础进行全面扎实的训练，对于实践型的课程同样需要有重要的实践技能的培养，在普通基础知识训练的基础上，实现对学生的专业性和实践能力的培养。那么在教学过程中，如何将理论和实践技能更好地结合，切切实实可以将理论应用到实践教学中是实践型课程要解决的重点教学问题。同时，在理论教学的基础上，如何更好地设计实践性课程内容，让学生真正实现学有所值，能够更好地将课堂训练的技能衔接应用到日后的实际工作中是教学设计需要全盘考虑的核心问题。

一般来说，实践型课程内容的设计通常包括分组实践、小组工作报告、实践讲座、实践工具等教学内容。在这些常规设计方案的基础上，想要进一步优化课程内容的设计和实践性课程内容的质量，则需要解决一些较为关键性的问题。具体包括以下几个方面：首先，由于学生在本科阶段通常需要修满特定的学分，学习任务繁重，在特定的时间段内很少能接触到企业的实际项目管理工作。尽管有部分同学参加创业创新等比赛项目，但从事的项目距离真正的工作实践仍有一定的差距，所遇到的难题在复杂性和人际沟通等方面挑战性稍显不足。因此，课堂分组报告和分组实践缺乏真正具有锻炼价值的素材，学生自身呈现的实践报告多集中于与生活学习相关的较为简单的操作性项目。其次，企业实践的讲座虽然能够让学生了解更多新的实践案例，但受制于课堂时间，企业讲座通常无法为学生提供较为完善的对实际案例的思考和相应的解决问题的训练。以“项目管理”课程为例，企业讲座通常只能局限于单次课程时间范围内，而项目管理是一项较为复杂的系统工程，尤其对于大型项目来说更是如此。如此一来，虽有企业实际案例的分享，但难以用单个或少数实际案例贯穿整个教学过程，从而为学生提供横跨项目管理基础准备至项目计划、执行、控制及收尾的全过程的训练。因此，企业实践讲座的价值需要进一步提高。最后，实践工具的教学所占有的比重仍有待提高。互联网技术的发展极大地推动了工作方式的转变，新的工具不断出现，尤其以目前火爆的生成式 AI 正在以革命性的方式改变人们工作和学习的方式。本课程设计了对 Project 软件的教学，但除了传统的实践工具，更多新的项目管理工具也应该纳入教学内容中。

可以看到，提升实践型课程的教学质量、提升学生的实践操作技能需要在课程内容、教学模式等方面做出进一步深入的优化，如何从根本上提升课程内容的实践价值仍需要不断探索。基于此，本文以“项目管理”课程为例，根据该课程的特点和不同章节的内容及其教学需求，探索突破以上几方面难题的教学内容和教学方案的优化措施，力求以在更大程度上提升实践性课程教学的效果，提升学生从事项目管理的工作能力。

二、文献回顾

现有研究对于实践型高校课程的教学模式已有丰富的探讨。高艳华等研究了工程项目管理课程的案例教学[1]。然而该研究聚焦的是线上教学案例，针对如何用校企合作线上案例的教学方法进行教学模式的改革提出探索，对于实践型的课程而言，除线上课程外，线下的教学对于实践型课程的教学质量具有更为重要的意义。郭永成、雷进生针对专业培养体系以及工程项目管理课程教学中存在的忽视实践环节问题，基于专业特色和学科优势，提出了案例教学、实践环节创新等改革建议[2]。同样针对工程项目管理课程，李龙等探讨了工程管理专业项目全过程实践教学环节构建[3]。通过对哈尔滨商业大学工程管理专业实践性教学环节的剖析，对该专业实践教学环节进行详细的拆解分析，验证了全过程的实践性教学环节有利于学生实践能力培养。何水龙等从教学内容重构、强调自主探索和优化教学方法三个方面提出了课程教学策略，希望能够使机制专业教学达到“金课”建设的要求[4]。李炯标基于服务学习的理论视角，服务学习模式下课程实践教学存在资源不够、评价体系不明和组织管理不足等问题，提出在资源上进行内外整合，建立相对客观和标准的课程实践体系以及进一步完善课程的组织管理等相应的解决方案[5]。于舜等针对“软件项目管理”课程，提出案例驱动与跨校修学分相结合的课程教学模式，在现有案例驱动和跨校修学分两种教学模式基础上，分析了二者存在的不足之处，提出了一种以案例教学为主、跨校修学分为辅的融合教学模式，以解决课程理论覆盖面广、相关计算复杂、学生理解困难等问题[6]。类似地，徐晓峰等基于成果导向教育（OBE）理念，从课程目标、理论教学、实验教学和课程评价体系等四个方面对软件项目管理课程进行教学改革研究[7]。李志明等提出基于项目驱动的软件项目管理课程教学模式和以团队完成项目任务为主线构建的“六位一体”教学体系，介绍各教学环节的实施细节，并说明了实施效果[8]。袁继雄等针对工程项目管理课程，教学中采取理论联系实践、引入增值概念与全过程咨询、学生直接参与课堂教学、创新检验教学效果、引入思政教育等若干举措进行教学改革，通过实践验证了教学效果的提升[9]。唐金辉针对会展项目管理相关课程，探索构建多层次闭环式教学模式，以学生创新创造能力为中心，形成“项目任务安排—自主知识建构—任务成果评价—学习情况反馈”的闭环反馈链[10]。以培养适应会展市场需求的技能型、应用型、复合型专门人才。

从以上文献可以看出，现有关于项目管理相关课程的教学研究多集中在课程体系的构建、基于特定理念的教学模式的改进等，对项目管理的实践性内容和实践技能训练体系关注的较少。据此，本文针对项目管理课程的实践性要求，提出探索构建实践性教学内容和教学方式的改进方案，着眼于如何从根本上提升实践性课程内容的质量、培养学生实践技能和软件工具的应用能力。

三、“项目管理”课程概况

“项目管理”课程包含的主要内容有项目管理的基本概念的介绍、项目管理的范围、项目管理的人员和组织、项目的时间成本以及质量管理等。所用教材是第五版《成功的项目管理》，是关于项目管理最新的实践和教学经验，它结合《PMBOK 指南》（第七版），从实践的角度通过大量事例解释概念、技能，说明如何技术性地运用这些知识进行项目管理。以管理为导向，剖析了项目生命周期各阶段的管理要点，生动刻画了项目经理、项目团队的职责和作用，深入研究和分析了有效组织与沟通的各种方法。依据该教材的内容，将课程内容划分为不同部分，架构及进度安排见表 1。

表 1 课程内容架构及进度安排

周次	学时	主要教学内容	习题课或实验课内容
1	2	课程主要内容简介、考核方式介绍、项目管理的概念等基本知识介绍	—
2	2	项目管理概论，包括项目和项目管理的定义、项目管理的发展等	—
3	2	项目干系人管理和项目管理的组织形式及其各自的优缺点	—
4	2	项目的启动和项目的需求管理	—
5	2	项目的范围管理	—

续表

周次	学时	主要教学内容	习题课或实验课内容
6	2	项目的时间管理	项目时间管理课后练习
7	2	项目的成本管理	项目成本管理课后练习
8	2	项目的质量管理	—
9	2	项目的人力资源管理，项目的风险管理	—
10	2	Project 基础操作及核心应用 1	Project 的环境要求和基本功能；了解常用的项目管理工具；创建项目范围
11	2	Project 基础操作及核心应用 2——项目进度计划	进度计划，熟悉时间管理工具，WBS，网络图等；项目进度优化
12	2	Project 基础操作及核心应用 3——项目资源计划	资源计划，建立项目资源库，熟悉资源管理的过程
13	2	项目成本及优化	调配资源分配过度的方法，优化项目
14	2	项目跟踪和报告	进行项目跟踪管理，通过项目管理软件输出各类报表
15	2	项目综合实训	利用项目管理相关理论及 Project 工具，以团队为单位，完成一个项目的设计
16	2	学生分组报告	—
17	2	学生分组报告	—
18	2	课程内容的复习、答疑	—

四、实践性课程内容的组织及优化

（一）根据案例来组织更为贴近实际的分组实践

由表 1 可见，“项目管理”课程内容的前半部分以基础理论为主，在讲授基础理论的同时，从案例数据库中选取更新、更具有实践锻炼价值的案例供学生学习。在理论教学阶段，加强最新的案例与理论知识的联系，以高质量案例为素材展开理论知识的讲解，展示如何将理论知识应用于项目管理实践。同时，选取代表性较强的案例作为学生后期进行分组实践的选题参考，促进学生对选题进行深入细致的思考，促使学生所选的项目主题更贴近企业项目管理实践，避免出现所执行的项目过于生活化，促进所选项目能够落到实处。

理论教学后期，根据内容进度，适时地按总体班级规模进行分组，每个分组由 3～5 人组成。每个小组根据案例或自身创业实践设定项目主题，根据理论知识编制项目进度计划和成本预算，并按教学进度跟进项目，了解成本支出等情况。定期将项目进度和成本支出与初始计划进行对比，找出问题并分析造成问题的原因，同时给出控制或解决方案，每个小组及时反馈本小组问题并总结。

（二）提升企业项目管理讲座对实践能力锻炼的延续性

项目管理实践能力的提升离不开企业真实的项目管理场景，然而由于教学周期和课堂时间的限制，企业讲座通常只能以经验分享的形式展开。如此一来，讲座的价值便局限于项目管理经验的分享，对学生从事项目管理能力的培养稍显不足。针对这一问题，本课程在完成基础知识的教学后，邀请业界具有丰富管理经验的项目经理为学生分享企业项目管理工作，和分享嘉宾共同选定分享主题并开展互动和分组实战。基于嘉宾的分享主题，如智能语音产品、智能家居产品等，针对实际项目管理过程中出现的各方面的问题，时实互动、讨论并分组执行，和分享嘉宾共同寻找解决方案，包括项目资源的调配，项目的沟通协调，项目进度和成本的控制等。

教学实践表明，将教学融入实际项目管理的场景中，可有效提升学生参与性、提高学生对理论知识的掌握程度和解决问题的能力，教学效果得到了明显的提升。

近年来，本课程的教学测评排名从10%上升到6%，再上升到3%。由此可见，以更具有落地性的实践性课程内容调动学生对课程的兴趣和投入的积极性对提升实用型课程的教学效果具有显著的推动作用。

（三）增加前沿项目管理工具的教学内容

从事项目管理工作，必不可少的是软件工具的使用。Project 软件在项目管理中被广泛应用。本课程除基础理论知识外，设计了6周 Project 软件工具的教学。结合理论讲授阶段的案例，每个小组根据其所选的项目主题按章节内容和项目管理的顺序利用工具逐步执行对项目的管理，包括项目管理计划的编制、资源的分配、时间进度和成本的控制等。除了 Project 这一较为传统的工具之外，本课程探索设计学习其他项目管理软件的课程内容。以 Project 软件学习的底层知识为基础，加强学习如 PingCode、Worktile 等其他重要软件工具，以适应不同规模和成本需求的项目管理。同时，密切关注 AI 在工作场景中的应用（如微软开发的基于 AI 的一系列软件和应用），适时地将 AI 驱动的软件工具融入教学体系，保持教学的先进性。

五、总结

实践性课程内容质量的提升对于项目管理的教学来说具有重要的价值，其不仅是提升教学效果的关键，使项目管理知识点的讲解更加具有落地性，同时也是提升学生项目管理技能的重要手段。经过近几年的不断探索，本课程的教学效果有了长足进步，学生对课程教学的满意度不断提升。项目管理实践性课程内容的优化真正促进了从理论到实战的转换，促进课堂教学与项目管理工作的衔接。未来，本课程仍有进一步优化的空间，例如如何针对不同领域项目管理的特殊性和对管理工作的要求，在课程内容上平衡项目管理的一般性和特定领域项目管理的特殊性；如何更好地将思政元素融入项目管理课程及实践中；等等。本课程后续教学将继续优化教学内容，从课程内容实用性的本质出发提升教学质量。

参考文献

［1］高艳华，张卫华，皮德江．工程项目管理课程校企合作线上案例教学方法研究［J］．北京城市学院学报，2023（S01）：71-77.

［2］郭永成，雷进生，吴秀仪，等．基于实践能力培养的《工程项目管理》课程教学模式改革研究［J］．高教学刊，2020（19）：147-149.

［3］李龙，杨晓庄，张丽丽．工程管理专业项目全过程实践教学环节构建［J］．四川建材，2023，49（2）：248-249.

［4］何水龙，鲍家定，何玉林．“金课”体系下机制专业《项目管理》教学策略探索［J］．教育教学论坛，2020（15）：198-199.

［5］李炯标．服务学习视角下社会工作专业课程实践教学的研究——以《社会服务项目管理》课程为例［J］．韩山师范学院学报，2023，44（4）：67-75.

［6］于舜，郭朋伟，张聿博，等．案例驱动与跨校修学分相结合的“软件项目管理”课程教学模式探索［J］．沈阳工程学院学报（社会科学版），2023，19（1）：115-120.

［7］徐晓峰，包象琳，戴家树，等．基于 OBE 理念的软件项目管理课程教学改革研究［J］．电脑知识与技术（学术版），2023，19（1）：178-180.

［8］李志明，沈秀敏，李季辉．基于项目驱动的软件项目管理课程教学模式［J］．计算机教育 2019，（05）：81-85.

［9］袁继雄，杨永民，陈智敏．面向产出的《工程项目管理》课程教学改革探讨［J］．中国科技经济新闻数据库教育，2023（8）：178-181.

［10］唐金辉．基于 OBE-PBL 的《会展项目管理》多层次闭环式教学模式探索［J］．中文科技期刊数据库（全文版）教育科学，2023（3）：161-164.

BOPPPS 模式在混合式课程教学中的过程设计与实施

——以“社会化媒体营销”课程为例*

刘雁妮[1]　**袁靖波**[1]　**刘新燕**[2]

（1. 深圳大学管理学院市场营销系；2. 中南财经大学工商管理学院）

【摘要】本文以深圳大学创新创业课程“社会化媒体营销”线上线下混合式教学为载体，探索分析了 BOPPPS 教学模式在课程教学中的课程设计与应用实践。首先回顾了社会化媒体营销课程的教学现状，然后以该课程为例，阐述了社会化媒体营销课程的教学设计，并且以教学模块为例进行应用实施，最后总结了课程教学效果及实施保障要求。

【关键词】BOPPPS 模式；社会化媒体营销课程

BOPPPS 是一种强调以教学目标为导向，以学生为中心，以有效课程设计为主线的教学模式。它将课堂划分为 6 个模块：在“引入”（Bridge-in）环节将新知识点的导入与学生的日常生活和熟知事物紧密相连，从而激发学生的学习兴趣；“教学目标”（Objective/Outcome）模块强调将教师的教学目标转化为学生的学习目标；通过“前测”（Pre-assessment）了解学生的学习基础；基于“参与式学习”（Participatory Learning）培养学生参与教学实施、合作学习的学习习惯；通过“后测”（Post-assessment）得知学生的学习效果；借助“总结”（Summary）环节再次加深学生对关键知识的印象。

本文阐述了 BOPPPS 模式应用在创新创业课程混合式教学流程中，从常规的一次课程内部设计拓展为一门课程全局的系统化运用，并且以教学模块为例，具体探索创新创业线上线下混合式这一特殊的课程性质和该教学模式之间的融合。有助于进一步丰富和完善该模式的理论基础和具体内容，对进一步探索混合式课程教学模式改革有着重要的理论指导意义。也有助于实现新型课堂模式改革，为展开线上线下混合式教学摸索出一套更体系化的教学设计方式，从而有效提升学生的学习体验，真正为培养学生核心能力和素养的生成提供支撑机制。

---

* 本研究受广东省高等教育教学改革项目“全流程 BOPPPS 模式在创新创业课程混合式教学中的实践探索——以《社会化媒体营销》为例”（项目编号：JG2021095）资助。

一、“社会化媒体营销”课程教学及 BOPPPS 教学模式现状

“社会化媒体营销”不仅是市场营销本科学生的专业主干课程，也是深圳大学工商管理类本科学生的专业选修课。以往该课程设计以案例教学和知识点讲解为主，同时课外依托相关比赛，如营销好点子大赛、市调大赛等“以赛促学、以赛助教”，课堂上教师面对面讲授与学生小组研讨相结合。

自 2021 年 1 月该课程在优课联盟上线，教学团队利用学校的 Blackboard 平台，开始在“社会化媒体营销”本科课程（36 学时）中探索线上线下混合式教学模式。在混合式课程的整体设计、综合评价方案、课程模块建设方面已经取得了阶段性成果，因此，尝试将 BOPPPS 教学模式应用于“社会化媒体营销”作为实践探索课程具有很好的资源优势。

综合知网的相关文献发现，目前 BOPPPS 教学模式在我国线上线下混合式课程建设中主要有以下三个特点：

第一，课程所属的学科覆盖面较为集中。主要涉及工科类，如电工技术基础课程、计算机学科的模拟电子技术课程、管理类如网店推广与运营课程、医学类如中医骨科技能实训课程、建筑类如建筑 CAD 课程等；

第二，课程内容对实践要求相对较高。例如：“中医骨科技能实训”“建筑 CAD”“计算机程序设计 VC++”，这些课程本身都包含需要学生实操的内容；

第三，BOPPPS 教学模式采取分割式应用策略，混合式课程中的教学单元设计成线上线下混合进行，常见的做法是将导入、目标以及前测等模块通过线上的方式完成；在接下来的参与式学习过程中以师生之间的线下交互为主，辅以智慧课堂等线上教学工具；后测和总结这两个模块则灵活采用线上线下相结合的方式。线上资源和线上辅助教学工具在这种设计中常常和线下课程的内容混合在一起。

而本文中“社会化媒体营销”课程的教学运用 BOPPPS 模式，采用线上线下一体化的教学设计。

二、“社会化媒体营销”课程的教学设计

线上线下的深度融合是本课程的教学理念，在课程过程中采用一体化的教学设计。线上部分侧重对基础知识、基本理论与原理、应用进行讲解以及将企业实践问题引进课堂等。线下部分是对线上内容的进一步补充和延伸，包括对于社会化媒体营销理论的延伸、应用讨论、企业问题实战以及企业高管点评，最终帮助同学们借助理论进一步完善相关营销活动。

（一）教学目标设计

（1）引导学生认识中国社会化媒体发展历程，以及具有中国特色的商业实践，培养时代感和使命感。

（2）通过线上课程全面了解掌握社会化媒体营销的基本知识点、基本理论与原理和应用后，在线下课能够掌握相关理论在社会化商务领域中的实践应用。

（3）区别传统的市场营销理论、数字化营销理论，深刻认识 Web3.0 环境下社会网络关系的建立及作用；能够运用理论对新产品的传播、影响力模型的建立以及管理实践作出综合分析；提升学生运用理论分析现实问题以及创造新模式的高阶能力。

（4）讲述我国企业的社会化媒体营销实践活动，结合经典案例，增强学生对中外市场差异的辨析能力和理解认知。

（二）教学内容设计

与“社会化媒体营销”课程配套的线上教学资源是专职教师参与制作的慕课“社会化媒体营销”，包含 76 个教学内容视频（音频），每个时长在 8~12 分钟。在混合式课程中，课程组会为选修的学生建立学习专区，这些教学视频按照课程的知识结构，被划分为“社会化媒体环境”“社会化媒体营销战略”“社会化消费者”“社会化媒体中的关系网络结构与群体影响”“社会化媒体的四大区域”与“社会化媒体数据管理与测量”6 次线上教学单元，每个教学单元由 10~13 个教学视频（音频）组成。在线上课程教学单元，学生需要在 Blackboard 专区中自主观看、聆听相应的教学视频或音频，并完成相应的作业和测试。

将 18 周 36 个课时划分为线上 8 个教学单元和线下 10 个教学单元，每个教学单元都按照 BOPPPS 的模块进行重新设计，且两部分内容穿插进行，强调线上课和线下教学之间的相互融合与支撑；在线下部分设计了针对学生能力塑造和素质培养的教学内容模块设计，分为 8 次课堂讲授、1 次专题讲座、1 次实地调研、2 次小组调研展示，外加教师团队 3 次课外辅导。

（三）教学过程设计

构建在“社会化媒体营销”线上线下混合式课程全流程中系统性应用 BOPPPS 教学模式的整体框架，教学过程设计的结构如表 1 所示。

表 1 教学过程设计的结构

线上教学（知识点讲解）	教学内容分解	交互式学习	着重知识点分析
	教学形式（视频+音频）		理论应用讲解
			企业案例背景及行业介绍
线下教学（认知及运用能力培养）	教学内容分解		知识点回顾
			理论延伸分析
	教学形式（面授+互动）		企业实际问题的分析讨论及点评
			企业高管入课堂

（四）教学评价设计

构建多元化的评价体系，通过学生线上学习总结、头脑风暴及小组课堂讨论效果、课堂展示案例分析的成果、老师和企业高管点评结果等方面，对教学效果和学生的综合学习水平及能力进行全方面评价，也对学生的综合学习水平和能力进行评价。培养学生“能够应用、能够分析、能够综合”等高阶能力。

三、“社会化媒体营销”课程教学实施

（一）实施内容

其一，针对线上主导课时和线下主导课时分别设计 BOPPPS 教学模式应用的实施方案；组建微信群，并利用本校的 Blackboard 在线互动功能支持强化学生的参与式学习过程。线下课堂讲授中以案例材料中校企合作企业的案例分析作为学习目标，增加头脑风暴、课堂讨论等形式。

其二，构建将 BOPPPS 教学模式应用于一门线上线下混合式课程全流程的系统性应用框架。不再根据课程章节内容讲授，而是重组课程模块，优化教学内容；善用信息技术，改进评价方式并即时反馈，素质、能力并重。

BOPPPS 教学模式将课堂划分为六个主要的教学模块：B，导入；O，学习目标；第一个 P，前测；第二个 P，参与式学习；第三个 P，后测；S，课后总结。国家线上线下混合式一流课程评选的过程中，要求课程线上教学的内容在整个课时安排中的比重必须达到 20%~50%。这就意味着在线上线下混合式课程的整体设计中，需要将某些教学单元设计成主要以学生自主学习线上课程内容为主；有些单元课时则是以教师课堂教学为主的线下课程。

（二）“社会化媒体营销战略”教学实例

以“社会化媒体营销战略”为例，实施中以五个教学模块来展开：

模块一：线上内容回顾。帮助学生快速回顾线上学习的内容，总结要点并提出问题，社会化媒体营销战略与一般的营销战略区别在哪里？挑选一两位学生回答问题，并让其他学生加以补充，最后老师进行点评。

模块二：线上内容拓展（基于 BOPPPS 模式）。B 导入（Bridge-in），引入课程案例，分析 1883 年成立的高质量高档油漆和抛光剂的品牌公司本杰明·摩尔在面临严重的房地产和建筑业衰退，油漆和抛光剂的销量大幅下降，市场需求下降时，将如何拟定一份社会化媒体营销战略计划。与此同时，要求学生通过线上学习，找出国内类似困境的企业案例。比如针对国内中端酒店市场的需求现状，通过数据分析和相关资料，了解亚朵酒店等破局之道。O，学习目标（Objective/Outcome），理解和掌握社会化媒体营销战略的基本概念、理论及应用，抛出问题从而理解亚朵酒店的发展策略。P，前测（Pre-assessment），回顾市场营销中完整的战略规划、实施和控制过程。P，参与式学习（Participatory Learning），课堂主体部分讲授，社会化媒体营销的三个阶段，社会化媒体营销战略规划的七个步骤：

（1）进行形势分析并识别关键机会（内外部环境、SWOT 分析）；

（2）确定目标并制定预算（促销目标、服务目标、零售目标、调研目标）；

（3）深刻了解目标受众（目标市场、细分市场；细分市场的媒体习惯，特别是社会化媒体习惯）；

（4）选择社会化媒体区域和工具（四个社会化媒体区域）；

（5）基于所选择的区域制定体验策略；

（6）建立一项实施计划（人员、预算、保障计划）；

（7）执行和测量结果（实际绩效）。

关键知识点、课堂头脑风暴及教师总结、学生讨论及互动、知识点应用介绍及分析。S，课后总结（Summary），教师归纳小结，简单归纳社会化媒体营销战略的应用及实践。

模块三：企业实践问题进课堂。教师简要介绍本模块教学安排（线上课程中由某家政公司提出两个实践问题）你认为该家政公司处于社会化媒体营销的哪个阶段？所使用的组织结构是什么？新形势下，该家政公司是否应实施开设实体店计划？

模块四：社会化媒体营销战略中的体验策略设计与解决方案。本模块要求学生基于理论分析中的需求，进而产生灵感，并构建出起始问题以及可能的解决方案。组织学生进行分组讨论，相互采访，分享所思、所想、所做、所感。

课堂互动中，请 1~2 位小组代表分享小组绘制思路图和方案构思。基于此分享，课堂讨论如何利用三种类型的媒体开展营销活动，该家政公司的消费者心态发生了什么变化？

模块五：课程总结及评价。教师对本课程的学习内容进行总结、归纳要点，并借助慕课堂发布课后复习大纲、下次课程课前须知，收集同学们对本课程的评价及建议。

四、“社会化媒体营销”课程教学改革成效

其一，实现了教学实践的创新探索。以课程组已经具有前期建设基础的混合式课程为载体进行教学改革创新，结合 BOPPPS 教学模式的理论基础，探索其在混合式教学中的融合应用。

其二，通过目标导向、标准设定、措施激励、行动聚合等综合措施，体现 BOPPPS 教学模式激发学生构筑群体自主性学习的核心内涵。将混合式课程层面所要求的思政育人、知识传授、能力培养和素质提高等综合目标细化分解到每一个教学单元的目标设置上。

其三，课程团队教师授课效果和科研能力得到提升。课程团队在教研方面也取得了一些成果。

五、结语

以创新创业课程“社会化媒体营销”为例的教学实践证明：BOPPPS 教学模式的

应用确实能增强学生的学习主动性，提高其学习成效，值得在教学中尝试。同时，实践探索也让我们认识到，未来想要实现可持续应用，并取得更大的绩效，需在以下几方面进一步努力：

（一）师生双方投入及能力要求

在混合式课程中引入企业参访和调研、专家讲座以及对学生的课外辅导，不仅要求教师具备更多的技能、投入更多的精力，甚至要求教师具有更广的社会资源。这意味着未来课程的内容设计将有更多相关方参与进来。与此同时，学生需要放弃轻松获得学分的打算，那些愿意在课外投入更多的时间和精力，真正参与到课程中的学生才能真正从此类课程中有所收获。

（二）系统性优化课程全流程的教学设计

不仅要在教学单元层面实施 BOPPPS 教学模式的模块化，还要在课程的实施过程中，通过目标导向、标准设定、措施激励、行动聚合等综合措施，体现 BOPPPS 教学模式激发学生构筑群体自主性学习的核心内涵。将混合式课程层面所要求的思政育人、知识传授、能力培养和素质提高等综合目标细化分解到每一个教学单元的目标设置上。

（三）教学方法和教学手段的有效组合

除了在课堂内利用各种教学平台提供的技术服务和智慧教学工具外，教师还需要在课堂外利用学生日常生活中最为熟悉的信息化工具，如 QQ 群、微信群、微信公众号加强与师生以及生生之间的沟通。因为互动与反馈是 BOPPPS 模型最突出的教学特点。教师在教学中必须借助信息化手段及时、准确、有针对性地了解学生的学习效果，从而相应调整和改进教学。

“Python 程序设计”课程教学研究与实践*

金　波
（深圳大学管理学院电子商务系）

【摘要】在新文科建设的背景下，将现代信息技术融入传统文科专业是高等院校提高学生综合素质和竞争力的必然趋势。本文以深圳大学电子商务专业“Python 程序设计”课程为研究对象，从专业培养方案的课程体系出发，结合应用型专业人才的培养目标，重新梳理了 Python 语言教学的知识体系和教学流程，提出一套基于教学里程碑的阶梯式教学方案，并对该课程的教学实践效果进行综合评估。

【关键词】Python 程序设计课程；教学研究；教学实践；阶梯式教学；混合式教学

一、引言

随着互联网、大数据和人工智能等新兴信息技术在全球范围内的蓬勃发展，数字化与智能化正迅速渗透并深刻改变着当今社会的方方面面。这场技术革命不仅带来了前所未有的机遇，同时也带来了新的挑战。在这个快速变化的时代，各行各业都在积极推动数智化转型，希望通过广泛应用数据分析、人工智能以及其他信息技术手段，来优化业务流程、提高生产效率以及改善决策过程，从而保持竞争优势。数智化的浪潮不仅在产业层面催生着创新的商业模式，也深刻影响着高等教育的教学模式和人才培养方式。在大数据背景下，传统人文社科专业人才的培养体系已经无法满足以“数据驱动”为代表的新研究范式的需求[1]。因此，越来越多的高校以培养具备创新思维和信息素养的专业人才为首要任务，推动学生深入了解数据分析、人工智能等前沿技术，并鼓励他们运用这些技术来解决实际问题，确保学生掌握应对快速变化世界的知识和技能。

2019 年 4 月，教育部、中央政法委、科技部、工业和信息化部等 13 个部门在天津联合启动“六卓越一拔尖”计划 2.0，强调全面推进新工科、新医科、新农科和新文科建设，深化高等教育的内涵式发展，打赢全面振兴本科教育攻坚战[2]。其中，新文科强调把现代信息技术融入传统文科的课程中，为学生提供综合性的跨学科学习，以提

* 本研究受深圳大学教学改革研究项目“基于‘Blackboard+Python123 平台+微信群’的《Python 程序设计》课程混合式教学研究与实践”（项目编号：JG2022088）资助。

高学生的综合素质和竞争力。深圳大学电子商务专业积极响应国家新文科建设的倡议，自 2021 级起新开设“Python 程序设计”课程，目标是让学生掌握基本的程序设计技能和数据处理技术，培养学生的计算思维和数据思维，为后续的商业数据分析类课程奠定扎实基础。

Python 语言是由 Guido van Rossum 于 1989 年在荷兰设计开发的高级编程语言，其设计特点是简单易学、代码可读性高和拥有丰富的标准库。相比其他编程语言，Python 的语法更加简洁清晰，代码量更少，因此编程效率更高。这对于初学者尤其有利，能够快速上手，更专注于解决问题而不是纠结于复杂的语法。Python 社区的开源文化也是其成功的关键因素之一。开源社区的贡献者们为 Python 不断更新和完善第三方库和框架，使得 Python 持续发展并适应不断变化的技术需求。特别是在数据科学和人工智能领域，Python 语言因其强大的数据处理和分析库，如 NumPy、Pandas 和 Matplotlib，以及成熟的机器学习和深度学习框架，如 Scikit-learn 和 TensorFlow，已经成为这些领域的首选开发语言。

Python 语言以其简单、优雅、明确的特点著称，并被誉为“最接近人类语言的高级编程语言”，但对于以文科生为主的电子商务专业学生来说，学习起来仍然存在一些困难。首先，文科生在编程领域缺乏相关的数学和计算机基础，对编程概念和算法理解上可能有一定难度。其次，文科生通常习惯使用自然语言进行表达和思考，而编程语言则需要遵循严格的语法规则和逻辑思维，这对于一些学生可能产生较大的认知负担。最后，编程过程中的调试和错误处理也需要较强的耐心和坚持，是一个需要持续努力的过程，有时候可能会让学生感到挫折。此外，电子商务专业对于 Python 编程技能的要求主要集中在商业数据分析和挖掘等领域的应用层面，并不需要过多涉及 Python 语言中一些深奥的计算机底层原理。因此，面向电子商务专业的“Python 程序设计”课程教学应当充分考虑到学生特点和专业需求，不能简单照搬其他专业的教学方式。

本文以深圳大学电子商务专业“Python 程序设计”课程为研究对象，从专业培养方案的课程体系出发，结合应用型专业人才的培养目标，重新梳理了 Python 语言教学的知识体系和教学流程，提出一套基于教学里程碑的阶梯式教学方案，并对该课程的教学实践效果进行综合评估。希望本研究可以进一步推动电子商务专业 Python 语言教学的优化和改进，提高学生的数据处理和分析能力，促进电子商务专业人才培养的质量和水平。同时，本研究也可为其他类似专业的 Python 语言教学提供借鉴和参考。

二、课程基本情况

（一）课程背景

深圳大学电子商务专业紧扣新时代电子商务核心技术前沿，以“数字化、智能化”为基本，面向粤港澳大湾区创新发展的人才需求，依托既有学科优势与地缘优势，致力于培养具有“数智思维、国际视野、双创能力”的新型电商人才。专业涵盖电商大数据分析、电商平台运营管理和电商供应链管理三大专业方向。在电商大数据分析方向，学生将接触多门数据分析类课程，例如“电商大数据分析”和“商务智能”，这些课程要求学生处理真实的商业数据分析案例，并进行数据处理、分析、挖掘以及结果的可视化展示。

然而，学生在学习这些课程之前并未接触过 Python 这类面向数据科学的编程语言，导致他们只能从互联网上拷贝代码，勉强修改以应付课程考核。这种拷贝和修改代码的做法使得学生对程序设计的学习不够全面和系统化，缺乏对代码逻辑的深刻理解。因此，他们可能会在短期的自学过程中陷入误区，错失深入掌握 Python 语言的机会。另一部分学生会选择借助 SPSS、Weka、RapidMiner 等图形界面软件来完成课程项目。虽然这类软件在一些情况下能够提供快速解决方案，但在处理复杂、灵活和高度自定义的数据分析与挖掘任务时存在一些不足。首先，这些图形界面软件通常提供一些预定义的功能模块，但在处理复杂的数据分析和挖掘任务时，功能可能相对有限，从而限制了分析的深度和广度。其次，虽然图形界面软件可以简化一些任务，但在自动化和批处理方面的能力通常较弱，导致学生需要手动重复执行一些操作，降低了效率。此外，尽管这类软件对初学者较为友好，但对于一些高级功能和特定任务，仍然需要学习和掌握软件的高级使用方法，学习曲线可能更为陡峭。

为了解决这些局限性问题，深圳大学管理学院电子商务系 2021 年调整电子商务专业的培养方案，于大二上学期开设“Python 程序设计”课程，作为后续数据分析类课程的前置基础。该课程共有 72 个学时，分为 18 周进行，每周包含 2 个理论学时和 2 个实践学时。该课程于 2022—2023 学年第一学期首次开课，由笔者担任授课教师。

（二）学情分析

尊重文科教育特点和人才成长规律是新文科建设高质量推进的基本前提[3]，进行有效的教学设计必须基于课程特点，遵循学生成长规律，充分了解学生的学业情况、认知规律和心理特征[4]。为了更加精准、有效地设计和规划“Python 程序设计”课程，并深入了解电子商务专业学生的特点和学习需求，笔者在 2020—2021 学年第二学期开设了一门名为“Python 与机器学习入门”的创新短课。在教学过程中，通过问卷调查和座谈等多种形式，全面收集了学生的真实想法和反馈。调查分析发现学生在学习程序设计类课程的过程中普遍面临以下困难和问题：

（1）缺乏学习动力和主动性：学生初学程序设计时充满兴趣，但随着课程难度和知识量的增加，他们的学习主动性和自觉性逐渐减弱，导致学习效果不佳，甚至产生厌学情绪。

（2）缺乏逻辑思维能力：程序设计类课程对学生的数学能力和逻辑思维能力要求较高，文科生和理科生之间的差距随着课程的进行逐渐显现，一些学生缺乏独立思考和多样化的编程思路。

（3）对程序设计重视不足：部分学生认为市面上已经有许多现成的计算机软件可以用于数据分析，因此对学习程序设计的要求不高，缺乏对其重要性的认识。

（4）学习信心不足：学生对计算机本身缺乏了解，导致对程序设计产生神秘感，难以认识到学习程序设计的实际应用和意义，从而对学习产生畏难情绪，对编程产生抵触情绪。

因此，在教学过程中，需要有针对性地指导和帮助学生克服这些困难，以提高学生的学习效果和学习体验。例如，可以通过生动有趣的生活例子激发学生的学习兴趣，设计启发性的编程练习，提供多样化的学习资源，以及鼓励学生在实践中培养解决问题的自信心，从而促进学生在程序设计领域的学习成长。

（三）课程目标

“Python 程序设计”课程践行“三位一体”教育理念[5]，将知识传授、能力培养和价值塑造有机融合，旨在激发学生的学习兴趣与动力，深入掌握 Python 语言的核心构成，建立 Python 程序设计的基本思维，掌握灵活高效的 Python 编程方法，并培养学生具备解决实际问题的编程能力与计算思维。

（1）知识传授方面：系统性讲授 Python 语言的基础知识，涵盖 Python 语法规则，简单数据类型（包括整数、浮点数、字符串等），组合数据类型（包括列表、元组、字典、集合等），程序控制结构（包括判断、循环等），还有输入输出、函数、模块、类、文件操作和异常处理等重要内容，引导学生了解 Python 标准库（包括 time、random、math、json 等）和常用第三方库（包括 NumPy、Pandas、Matplotlib 等），为后续数据分析类课程打好基础。

（2）能力培养方面：通过理论与实践相结合的教学模式，培养学生良好的编程习惯和逻辑思维能力，引导学生掌握独特的 Python 编程思维、灵活的编程思路与技巧。通过课堂练习和项目实践，培养学生的问题解决能力，让他们能够独立分析和解决实际问题，并在团队合作中学会有效地交流与协作。

（3）价值塑造方面：通过了解国内外人工智能技术的发展现状，激发学生的爱国情怀，坚定科技强国的信念，增强民族自信心和社会责任感。强调代码编写的规范性和可读性，培养学生注重代码质量的意识，加强团队合作意识和责任担当。培养学生勤于动手的劳动品质，培养不畏困难的科学精神，鼓励勇于探究的创新意识和自主学习的能力。引导学生树立正确的计算伦理和法治意识，建立正确的世界观、人生观和价值观，培养严谨、认真、细致的工作作风。

三、基于教学里程碑的阶梯式教学方案设计

（一）传统 Python 语言教学的缺陷

笔者对市面上现有的 Python 语言教材和 MOOC 在线课程进行调研后，发现传统

Python 语言教学存在如下缺陷：

（1）教学顺序不合理。传统的 Python 语言教材和课程通常遵循以下编排顺序：首先介绍语法规则，然后讲解数据类型与运算符，接着介绍程序控制结构，最后才涉及完整的编程实践。然而，这种教学顺序需要学生在实际编程之前死记硬背大量琐碎的知识点，导致学习过程枯燥难懂。更严重的是，某些关键概念脱离实际应用，使学生难以理解其用途和意义，只能被动接受。举例来说，某畅销 Python 入门教材在第一章就介绍了布尔类型、比较运算符和逻辑运算符这些与判断语句紧密相关的知识点，却将判断语句的内容安排在第三章。在第三章，该书讲解了 for 循环语句，该语句主要用于遍历组合数据类型，然而组合数据类型的详细介绍却被推迟至第四章。实际上，这类教材更适合已掌握其他编程语言的读者，他们能够通过书本堆砌罗列的知识点找到与自己已掌握语言的联系。然而，对于编程零基础学习者而言，这种教材则不够友好。

（2）缺少综合应用训练。尽管传统教材为每个知识点提供了演示示例，但教师通常只注重解释各个命令的功能，而往往忽略了引导学生综合运用已学 Python 知识解决问题的思维方法。这种教学方式的局限性导致学生只能在狭隘的例子中理解语法，难以将知识灵活运用于真实场景。真正掌握 Python 编程的精髓需要及时地结合具体的项目案例进行综合性训练，以培养学生的实际应用能力。然而，现有的实验课程往往止步于简单验证理论知识点，学生只是机械地复制并运行代码，缺乏对这些知识点在实际应用场景中的认识，更无法将这些知识用于具体项目中。当学生需要自行实现具体任务时，往往无从下手，频繁出现语法问题。

（3）教学模式单一。传统 Python 语言教学常倾向于采用单一教学模式，以教师为主导，学生扮演被动接受者的角色。然而，这种教学方式导致教学过程缺乏富有成效的师生互动，学生在知识获取过程中缺少主动的思辨和探索，其对教学内容的掌握仅停留在表面，无法将所学知识灵活运用于实际场景。这种教学模式抑制了学生的学习热情与积极性，使得学生缺乏参与感和成就感。为了培养学生的抽象思维能力，使其能够自主构思解决问题的思路，教师应更多地采用互动式教学和启发式教学方法，营造多样化的学习环境，让学生更深度地参与到教学过程中。

（二）阶梯式教学模式

结合电子商务专业的培养方案和学情分析，本文提出了一套基于教学里程碑的阶梯式教学方案，旨在应对传统 Python 语言教学的缺陷。阶梯式教学的核心理念在于将教学内容分解为多个连贯的阶段，每个阶段都设定了明确的学习目标和任务。这种教学模式与传统的一次性教学模式不同，强调逐步推进教学内容，以确保学生在学习过程中建立坚实的知识理解和应用能力。阶梯式教学的独特之处在于，它以学习内容的难度和内在联系为导向，有计划地引导学生循序渐进地从基础知识出发，逐步向更深入、更高级的概念和技能迈进。在这种教学模式下，学生能够更好地理解知识的演化和相关性，从而更有效地应用所学内容。此外，阶梯式教学非常注重知识的回顾。每次引入新知识都会对旧知识进行回顾，从而实现不同阶段知识的有机串联。通过不断重温和深化旧知识，学生能够更好地理解和应用这些知识，同时也为他们的学习过程提供了一种自我检验的机会。

教学里程碑是阶梯式教学中的关键概念。它是学生在学习过程中的关键节点，标志着学生完成了某个阶段的学习目标。教学里程碑的作用体现在以下几个方面：

（1）明确目标：教学里程碑清晰地定义了每个阶段的学习目标，帮助学生了解他们的学习方向和目标。这有助于学生集中精力，更有针对性地学习和练习。

（2）衡量进展：通过教学里程碑，教师能够精准地评估学生的学习进展，了解他们是否掌握了必要的知识和技能。这种精准的评估也有助于教师灵活调整教学策略，以满足学生的需求。

（3）个性化引导：通过判断学生是否达到里程碑，教师可以为每名学生提供个性化的学习引导，及时地弥补学习中的不足。这种个性化的指导有助于每位学生充分发挥自己的潜力，避免掉队。

（4）激发自信：每次达成教学里程碑都会带给学生成就感和自信心，激励他们继续积极学习。这种正向的情感体验可以促使学生更积极主动地投入学习，并保持对学习的热情。

（三）教学计划和学时安排

笔者遵循阶梯式教学理念，将“Python 程序设计”课程的教学内容拆分为六个阶段，并为每个阶段设定了详细的教学里程碑。课程的教学计划和学时安排见表 1。

表 1　教学计划和学时安排

章节与学时	教学内容	核心知识点	拓展知识点
第 1 章：准备就绪 第 1 周：4 学时（2+2）	1. 1. Python 简介 1. 2. 搭建编程环境 1. 3. 运行程序	Python 的特点 Python 的用途 Python 的下载和安装 Python 程序的运行方式	机器语言和编程语言 编译器和解释器 程序流程图
第 2 章：简单数据类型 第 2 周：4 学时（2+2）	2. 1. 变量 2. 2. 整数和浮点数 2. 3. 字符串 2. 4. 注释 2. 5. 输入和输出	变量的命名与赋值 整数和浮点数的运算 格式化字符串 input 函数和 print 函数 整数、浮点数和字符串的相互转换	Python 关键字 字符串拼接的多种方式 代码规范
第 3 章：列表 第 3 周：4 学时（2+2）	3. 1. 列表简介 3. 2. 列表操作 3. 3. 列表排序	列表索引 正索引和负索引 访问、修改、添加和删除元素 sort 方法和 sorted 函数的区别	错误和调试 变量和对象的关系 赋值操作的本质 列表的加法与乘法 字符串的字典序

续表

章节与学时	教学内容	核心知识点	拓展知识点
第4章：循环 第4~5周：8学时（4+4）	4.1. for语句 4.2. 缩进 4.3. range函数 4.4. 切片 4.5. 元组	单层循环 嵌套循环 利用range函数创建整数序列 利用切片产生新列表 列表与元组的转换	利用type函数观察range函数的返回值类型 复制列表的多种方式 二维列表的创建、修改和复制 列表解析式 拆包赋值
里程碑A：“小试牛刀” 第6周：4学时（2+2）	利用循环解决实际问题	打印实心长方形 计算路线总长度 打印矩阵 计算阶乘 计算均值和方差 ……	逻辑思维
第5章：判断 第7周：4学时（2+2）	5.1. 条件测试 5.2. 布尔类型 5.3. if语句 5.4. while循环	关系运算符 逻辑运算符 if-elif-else结构 break和continue语句	浮点数的精度问题 运算符优先级
里程碑B：“渐入佳境” 第8周：4学时（2+2）	综合运用循环和判断解决实际问题	打印空心长方形 身份证号码校验 数值列表的最大值和最小值 水仙花数 ……	创新思维
第6章：字典 第9周：4学时（2+2）	6.1. 字典简介 6.2. 字典操作 6.3. 遍历字典 6.4. 集合	创建字典 通过键访问和修改值 添加和删除键值对 遍历所有键值对	字典解析式 哈希表和哈希函数 时间复杂度
第7章：函数 第10周：4学时（2+2）	7.1. 定义函数 7.2. 形参和实参 7.3. 函数调用 7.4. 返回值 7.5. 模块	形参默认值 位置实参和关键字实参 任意数量的实参 将函数封装在模块中	抽象思维 random库 math库
里程碑C：“炉火纯青” 第11~12周：8学时（4+4）	选择合理的数据类型，编写简洁清晰的程序解决实际问题	猜数字游戏 判断质数 寻找因数 寻找质因数 成绩排名 列表去重 打印空心三角形 用户名检查 统计出现最多的字符 ……	模块化设计思想 代码自解释性

续表

章节与学时	教学内容	核心知识点	拓展知识点
第 8 章：类 第 13 周：4 学时（2+2）	8. 1. 定义类 8. 2. 创建类对象 8. 3. 类的继承	创建和使用类 类的方法和属性	类的魔术方法
第 9 章：文件 第 14 周：4 学时（2+2）	9. 1. 读取文件 9. 2. 写入文件 9. 3. 异常处理	读取整个文件 逐行读取文件 写入新文件 附加到文件	json 库 pickle 库
里程碑 D：“登峰造极” 第 15～16 周：8 学时（4+4）	合理利用类和函数对程序进行逻辑拆分，提高代码可读性和可维护性	RFM 分析 八数码问题 五子棋游戏 中超积分榜 旅行商问题 ……	面向对象编程思想
第 10 章：数据分析基础 第 17～18 周：8 学时（4+4）	10. 1. Numpy 库 10. 2. Pandas 库 10. 3. Matplotlib 库	创建和使用 ndarray 从表格文件中读取 DataFrame 绘制折线图、散点图、饼图、条形图	向量运算 数据可视化 Jupyter Notebook

（1）第一阶段（第 1 周）：此阶段是课程的开端，旨在引导学生了解课程大纲并做好学习编程的心理准备，掌握 Python 编程环境的搭建以及 Python 程序的运行。此外，本阶段还将介绍机器语言、编程语言、编译器、解释器等相关知识，以加深学生对计算机的认识。

（2）第二阶段（第 2 周到第 6 周）：这一阶段涵盖 Python 的基础知识，包括变量、整数和浮点数、字符串、输入和输出、列表和循环等。教学里程碑“小试牛刀”要求学生掌握利用循环解决实际问题，并重点培养他们的逻辑思维能力。

（3）第三阶段（第 7 周到第 8 周）：学生将学习判断语句。教学里程碑“渐入佳境”鼓励学生综合运用循环和判断解决实际问题。尽管这个阶段的新知识相对较少，但与第二阶段的循环语句相结合，产生了丰富的组合方式，极大地提升了编程的灵活性。此阶段着重培养学生的创新思维，帮助他们理解问题分解、抽象和将解决思路转化为编程语言的过程。通过本阶段教学里程碑的训练和考核，学生将逐渐体会到编程能力在课程进程中逐步夯实，知识体系正在有序延伸，而非被动地、零散地接受理论知识。

（4）第四阶段（第 9 周到第 12 周）：这一阶段将介绍功能强大的字典类型以及抽象思维的核心概念——函数。教学里程碑“炉火纯青”不仅要求学生能够运用恰当的数据类型和合理的程序控制结构解决实际问题，还注重培养学生的模块化设计思维，提升他们对代码可读性和规范性的认识，使他们能够从功能和美学的双重角度审视程序代码。

（5）第五阶段（第 13 周到第 16 周）：本阶段涵盖面向对象编程的核心概念——类，以及文件的读写操作。教学里程碑“登峰造极”要求学生在编写解决问题的完整程序后，能够巧妙地使用类和函数对程序进行逻辑拆分，以进一步提高代码的可读性和可维护性。

（6）第六阶段（第 17 周到第 18 周）：在这一阶段，学生将学习数据分析领域中最重要、最基础、最核心的三个第三方库，即用于科学计算和数值操作的 Numpy 库、能够便捷处理和操作结构化数据的 Pandas 库，以及绘制高质量图表和可视化数据的 Matplotlib 库。学生需要在此阶段完成多个商业数据处理、分析和可视化任务，从而为电子商务专业后续课程的学习奠定坚实的应用能力基础。

（四）教学方法与策略

实施阶梯式教学方案需运用多样化的教学方法与策略，以确保学生全面理解和掌握 Python 编程技能。以下是详细的教学方法和策略，旨在有效地引导学生在每个阶段获得更丰富的学习体验和学习成果。

（1）混合式教学方法：在理论课中采用互动式教学法，在讲授知识点时提出问题，引发课堂讨论，激发学生思考，创造积极活跃的学习氛围。在实践课中采用引导式教学法，引领学生从零开始编写代码，在逐步构建解题思路的过程中，培养学生的计算思维和抽象能力，使学生深刻理解编程概念，而不是死记硬背。在教学里程碑环节采用任务驱动式教学法，提供实际问题并引导学生从中探索解决方案。

（2）跨学科知识关联：将 Python 编程与其他学科、课程知识关联和融合。引入相关领域的知识，拓展学生的思维和知识面。例如，教师可以适当介绍数据结构和算法复杂度，帮助学生更好地理解 Python 基础数据类型的内部实现，加深对不同实现方式的认识。

（3）贯穿全过程的教学案例：教学案例可以帮助学生将知识点应用于实际问题，加深他们的理解和记忆。以斐波那契数列为例，在不同阶段逐步引导学生扩展解决方案。第 4 章学习循环时，通过递推公式探索规律，使用循环计算第 k 个数列元素。第 7 章学习函数时，将计算第 k 个数列元素的代码封装成函数，方便主程序的多次查询。紧接着，引导学生思考多次查询造成的重复计算，引入“以空间换时间”工程思想，通过预计算数列的前 n 项，并存储在一个全局列表中。这样，函数调用时只需查询列表，避免了重复计算，提高了运行效率。第 8 章引入面向对象编程思想，将斐波那契数列的预计算和查询功能封装在一个类中，提升程序的内聚程度。

（4）激励学生提问：教师在鼓励学生自主解决问题的同时，也要鼓励学生善于发现问题和积极提出问题。学生的疑问不仅能引发课堂深入讨论，还能促进同学之间的相互交流和营造和谐的学习氛围。在这个过程中，学生逐渐建立起批判性思维和自主探究的能力，学会从多个角度思考问题，拓展认知范围。

（5）个性化辅导和支持：教师的个性化支持在学生学习过程中至关重要。通过微信、邮件等途径及时回答学生问题，不仅消除了学生困惑，还鼓励学生保持积极学习状态。对于一些简单问题，及时的解答能够迅速解决学习障碍，避免学生陷入死角。对于涉及知识盲区或易混淆的问题，教师应将其纳入下次课程中进行详细解答，以丰富教学内容。

（6）录制教学视频：教学视频的录制为学生提供了随时随地回顾和复习的机会，特别是对于那些关乎解题思路的部分。通过反复观看视频，学生可以深入理解和吸收教学内容，从而加强对知识点的掌握。录制的教学视频还能够满足不同学习节奏的学生需求，促进个性化学习。

（7）在线评测平台和工具的应用：利用 Python123 等在线评测平台，学生能够进行自主练习，巩固所学知识。这种实践有助于加深对理论的理解，培养独立编程能力。Python Tutor 等教学辅助工具能够以动画演示形式展现程序执行过程，帮助学生更好地理解代码的运行机制，使抽象概念变得具体易懂。

四、教学实践与效果

“Python 程序设计”课程于 2022—2023 学年第一学期首次开课，吸引了 58 名学生，其中有 7 名学生属于“方案外选课”。笔者还在同一学期承担了“商业分析与管理决策”微专业“Python 数据分析基础”课程的授课任务，这门课程共有 29 名学生，另有十余名学生选择旁听并坚持完成了整个学期的学习。这些“方案外选课”和旁听的学生均来自管理学院、经济学院的大三、大四，他们愿意在繁重的学业之余投入时间学习 Python 编程，表明 Python 语言对经管类专业学生具有很强烈的吸引力。

通过课程的开展和学生的参与，能够观察到阶梯式教学方案对学生的学习效果和编程技能提升所产生的影响。

（1）显著的学习效果：阶梯式教学方案强调教学难度的循序渐进，引导学生在每个阶段掌握关键概念和技能。通过逐步推进教学进度，学生的知识体系逐渐完善，使他们能够更好地将所学知识应用于实际场景。实践课的引导式教学方式帮助学生培养从零开始构建解决问题的思路，培养了他们的计算思维和动手能力。从课程的教学里程碑和学生的作业表现来看，学生在每个阶段都取得了显著的进步。

（2）积极的学生参与：阶梯式教学方案引入了多样化的教学方法，如互动式教学、引导式教学和问题驱动式教学等。这些方法有效地激发了学生的兴趣和积极性，提高了课堂的学生参与度。学生在课堂上更加活跃，不仅勇于回答问题，还展开了丰富的讨论，分享彼此的解题思路。通过与同学的互动，学生不仅仅是被动接受知识，还能够在互动中深化对所学内容的理解和应用。

（3）课堂评测和学生反馈：“Python 程序设计”和“Python 数据分析基础”两门课程都受到了学生热烈的欢迎，课堂测评在全校范围内的相对排名分别为 2.86 和 0.95。学生也对课程教学方法给予了正面的评价，以下节选了一些学生的评语：

- “老师总会在课程之外分享很多学习渠道、学习方法给我们，例如 Python123、Python Tutor 等。而且在课堂上，老师总是把看起来非常冗长的代码深入浅出地分段讲解，并采用更多的方法对源代码进行改善，并为我们提供最容易理解的问题和最 Python 式的表达。”
- “老师很负责，课后会给我们布置练习以及认真解答同学们的疑惑。”
- “老师上课都是干货，课后也很鼓励学生积极提问，老师也很耐心地回答，还会引导我们一步步地得出答案。”
- “通俗易懂，清晰明了，虽然布置的实战题有点难，但是老师都很认真地回答讲解，并对书本外的知识进行拓展。”
- “老师很耐心，很用心，讲得也很清楚，而且老师会经常鼓励学生。”

五、结语

在教学过程中，笔者深刻体会到爱尔兰诗人威廉·巴特勒·叶芝（William Butler Yeats）说的“教育不是灌满一桶水，而是点燃一把火”。这句警句道出了教育的本质远非简单的知识灌输，而是在学生心灵深处激发兴趣、培养能力、塑造价值观的过程。在 Python 语言教学中，培养学生的兴趣是首要任务。只有让学生在轻松愉悦的学习氛围中发现知识的趣味，才能激发他们持续的学习动力，不断提升编程能力。而这种兴趣，往往是教师智慧和热情的结晶，是对知识的生动演绎，使得抽象的概念变得具体有趣，从而点燃学生内心的求知欲望。然而，培养兴趣和能力并非孤立存在，它们必须根植于正确的价值观之上。教育不仅是知识的传递，更是为人处世的道德修养。在课程教学中，我们应当秉持着培养学生健康人格、正确价值观的使命，引导他们成为有担当、有情怀的社会成员。

参考文献

［1］王菲，范昊．面向“新文科”大学生的 Python 课程教学研究［J］．中国教育信息化，2021（17）：80-84.

［2］中华人民共和国教育部．“六卓越一拔尖”计划 2.0 启动大会召开［EB/OL］．［2019-04-29］http：//www.moe.gov.cn/jyb_xwfb/gzdt_gzdt/moe_1485/201904/t20190429_380009.html.

［3］中华人民共和国教育部．新文科建设工作会在山东大学召开［EB/OL］．［2020-11-03］．http：//www.moe.gov.cn/jyb_xwfb/gzdt_gzdt/s5987/202011/t20201103_498067.html.

［4］陈洁．基于首要教学原理的文科专业 Python 课程教学设计［J］．计算机教育，2022（8）：161-165.

［5］杨斌．践行“三位一体”教育理念，全面建设一流人才培养模式［J］．清华大学教育研究，2018，39（3）：1-6.

案例行动学习法在人力资源管理教学中的应用与创新

——以专业英语为例*

陈　蕊　黄秋惠

（深圳大学管理学院人力资源管理系）

【摘要】基于管理实践和人才培养需求，人力资源管理专业英语已经成为人力资源管理专业的一门必修课程。然而，传统的讲授式教学法不适用于专业英语教学。案例教学法也存在一定的缺点，无法实现专业英语的教学目标和满足企业对人力资源管理人才的需求，亟须有效的教学方法推动专业英语教学实践。案例行动学习法有效整合案例教学法和行动学习法的优势，能够帮助学生实现多重能力构建。因此，本研究提出将案例行动学习法运用于人力资源管理专业英语教学中，并基于BOPPPS模型积极探索案例行动学习法的教学流程设计，以期指导教师的教学活动，提高案例行动学法的教学效果。

【关键词】案例行动学习法；BOPPPS模型；案例教学法；行动学习法；人力资源管理专业英语

一、引言

随着全球化的发展，企业组织的国际化进程加快，对人力资源管理人才提出了更高的要求。越来越多的企业希望人力资源管理从业者具备国际视野，能够运用英语进行交流和开展工作。人力资源管理专业英语课程应运而生。专业英语本质上仍是专业课，不仅要能够培养学生通过英语进行专业知识交流的能力，还应该有助于提高学生运用专业知识解决实际问题的能力。然而，目前人力资源管理专业英语仍以传统的讲授式教学为主。这一教学模式缺乏对知识的实际运用，忽略学生学习的主动性和创造性，难以帮助学生真正理解和掌握专业知识。实际上，人力资源管理专业英语的教学内容多为隐性知识，难以被结构化表达，需要在教学过程中嵌入管理情境。基于此，已有教师运用案例教学法开展专业英语教学。尽管案例教学法能够基于案例情境提升学生利用理论知识分析现实问题的能力，但在培养学生的问题解决能力方面仍存在不

* 本研究受深圳大学教学改革与研究项目（项目编号：JG2021056）资助。

足[1]。因此，采取何种教学方式能够有效实现人力资源管理专业英语的教学目标和培养企业所需的人才，是本研究关注的首要问题。

案例行动学习法结合了案例教学法和行动学习法的优势，能够破解人力资源管理专业英语教学面临的困境。具体而言，案例行动学习法是一种情境化教学模式。学生置身于具体的管理情境中，通过对案例问题进行分析而提高问题分析能力，进一步深化对理论知识的理解。同时，案例行动学习法融合了行动学习法“干中学”的思想，要求学生针对决策型问题制定具备操作意义的问题解决方案，从而提升学生的实践能力，真正实现理论与实践结合。此外，案例行动学习法也是一种启发式、开放式和互动式的教学形式，重视师生互动和生生互动，鼓励学生运用英语进行知识和经验交流，能够培养学生运用英语进行人力资源管理沟通和从事相关工作的能力。因此，本研究旨在探讨如何将案例行动学习法运用于人力资源管理专业英语教学中，为解决专业英语教学面临的难题，推动人力资源管理课程教学改革创新和提升人力资源管理人才培养质量做出一定贡献。

二、案例行动学习法的内涵及基本特征

案例行动学习法将案例教学法与行动学习法的优势进行有机结合，要求学生对凝练了企业管理实践的决策型微案例进行深入分析并提出具有操作性的问题解决方案，最终能够提升学生分析和解决问题的能力并且帮助学生完成理论知识和实践能力的建构的教学方法[2]。因此，我们可以认为“案例行动学习法=案例教学法+行动学习法”，但案例行动学习法能够发挥“1+1>2”的协同作用。

案例行动学习法有三个重要特征。

首先，案例行动学习法主要以决策型微案例为学习载体[1]。一方面，相比于呈现事件发展全过程的描述型案例，决策型案例在实现案例行动学习法的目标方面更具优势。学生在阅读决策型案例时会发现若干个矛盾问题，促使他们不知不觉地代入管理者角色，批判性分析案例呈现的事实信息并努力寻找解决问题的方法。同时，决策型案例呈现的管理问题往往是多因性的，即受企业内外部多重因素的影响。因此，问题往往没有最优解，有利于学生进行开放性讨论。另一方面，相比于长案例，微案例在教学实践中也更受青睐。微案例篇幅短小，内容精练，知识点聚焦。学生能够快速梳理和归纳案例的背景信息并抓住关键问题和对应的理论知识。对于教师而言，使用微案例更容易把控课堂节奏并调整案例关注点，引导学生真正深入到课堂讨论中。因此，采用决策型微案例进行案例行动教学更合适。

其次，案例行动学习法要求以多层次形式组织学习，包括个体和小组两个层次。案例行动学习法非常重视个人学习和小组的力量。案例行动学习法能够实现个体层面理论知识、能力和经验的构建[3]。依据案例行动学习法，学生个体在获得待讨论的决策型微案例后要先独立分析案例并提出问题解决方案，然后在课堂上进行个人分享，

接受老师的质疑并进行个人反思。同时，案例行动学习法能够帮助学生获取团队智慧。学生需要以小组为单位进行案例讨论，在小组内分析各自的观点，求同存异，形成小组层面的问题解决方案。组间汇报和在此过程中的教师提问进一步增加观点碰撞。全体学生和教师最终探讨出最具操作价值的方案。

最后，案例行动学习法能够实现多重能力构建，包括分析问题和解决企业实际问题的能力。案例教学法倾向于鼓励学生在案例情境下运用理论工具对仿真问题进行深入分析。因此，案例教学法能够极大增强学生分析问题的能力。而行动学习法重视实操性，要求学生围绕问题寻找解决方案，并在实践中检验解决方案的效果，不断修正。因此，行动学习法能够培养学生解决问题的能力。案例行动学习法汲取了以上两种教学方法的优势，从而能够帮助学生同时构建分析和解决问题的能力，将理论运用于实践。

三、案例行动学习法教学过程的理论基础

尽管案例行动学习法在实现专业英语教学的目标方面具有巨大优势，但教学流程的设计会影响这些优势的实现。因此，进行合理有效的教学流程设计至关重要。BOPPPS 模型是一种基于建构主义的教学模型，强调教学互动和反馈，与案例行动学习法的教学理念相匹配。此外，借鉴 BOPPPS 模型的思想能够有效实现闭环反馈课程设计。因此，本研究提出以 BOPPPS 模型为指导进行案例行动学习法的教学流程设计。

BOPPPS 模型被广泛运用于指导教学设计，主要包括六个模块，依次是课堂引入（Bridge - in），教学目标（Objective），前测（Pre - assessment），参与式学习（Participatory-learning），后测（Post-assessment）和总结（Summary）[4]。其中，课堂引入是指课堂开始时教师进行的吸引学生注意力和增强学生学习动机的教学活动，具体可以表现为播放视频和提问等。教学目标是指预期教学活动能够获得的学习效果，能够指导教学和学习活动及帮助评价教学效果。前测是教师为了解学生的知识和能力基础及学习情况而进行的教学活动，如测验和讨论，有助于教师进行针对性教学设计。参与式学习是 BOPPPS 教学模型的核心，强调师生互动。学生通过角色扮演和案例分析等形式参与到课堂教学中。后测则是通过测验等方式评估学生的学习效果是否达到既定目标。基于此，教师不断调整教学计划。总结是对本次课堂教学知识的梳理、归纳与总结并引出下一堂课的教学内容。总之，BOPPPS 教学模式能够阐释案例行动教学过程的核心环节。二者的结合能够充分地展现案例行动学习法的内在机理和实操步骤。在实践中，教师可以根据教学需求灵活使用 BOPPPS 模型，而不必拘泥于固定形式。因此，由于信息技术的发展，前测和后测不再限于在课堂上进行。教师可以基于教学需要安排学生课后通过线上教学平台完成。

从课堂教学流程来看，首先，在课堂上，教师应该通过视频等有趣的形式引入主题案例，然后明确本次案例行动教学的目标。其次，为了提高课堂讨论的效率，教师应该在课前通过线上教学平台发布学习任务，督促学生进行理论知识学习和案例预分

析。再次，进入案例行动学习法的核心环节，即参与式学习，在课堂上，教师引导学生通过个人分享、小组讨论和班级分享不断进行反思，最终形成具备操作性的问题解决方案；教师进一步通过线上教学平台在课后评估学习效果和教学效果。最后，教师引导学生共同对课堂讨论进行总结。具体教学流程设计见下节。

四、案例行动学习法教学流程分析

（一）课堂引入

引入是线下课堂案例讨论的第一步。教师进行课堂引入的方法是多样化的。课堂引入可以采取情境式引入，即通过播放视频等多媒体手段呈现企业案例背景信息，进而根据案例素材引出分析题。教师也可以直接邀请学生进行案例内容回顾并提出思考题，唤起和强化学生对案例素材的记忆，为正式讨论做准备。此外，通过问题导入也是一种常用的方式。教师一开始直接呈现案例问题，向学生提问，促使学生进入思考状态。

（二）明确教学目标

教学目标是教师教学活动和学生学习活动的指南和评价标准。BOPPPS 模型的其他模块围绕教学目标展开。教学目标包括三个层次，分别是理论知识获取、能力培养和价值体系塑造[5]。理论知识获取是指学生要先掌握概念、理论、分析框架和工具等基础知识，为知识的运用与创造奠定基础。人力资源管理是一门重视实践的学科。人力资源管理专业英语本质上也是一门专业课，而非语言课，因此仍要重视实践能力的培养。教师通过引导学生发现、分析和解决企业实践问题来提升他们的实践能力。价值体系塑造则是教学活动通过引导学生思考与实践，影响学生关于人力资源管理学科和人力资源管理实践活动的认知，如关于职业道德和社会责任的信念等。

在明确案例行动教学的目标时，教师首先要确定人力资源管理专业英语教学的总体目标。运用动名词描述目标能够使目标更加具体与可衡量[4]。基于人力资源管理专业英语的教学大纲和教学内容，总体教学目标包括：熟悉人力资源管理的基本职能和流程；能够运用英语进行人力资源管理理论知识和实践经验的交流；提高运用英语从事人力资源管理工作的能力；了解实践中人力资源管理的运用，将理论运用于实际；能够追踪人力资源管理国际前沿，思考并形成独立见解；等等。

根据总体目标，教师再明确基于具体模块知识的案例行动教学目标。以招聘与选拔模块为例，案例行动教学的目标包括明确招聘与选拔的基本流程与渠道，掌握筛选人才的工具（理论知识）；能够针对特定岗位进行招聘方案设计（实践能力）；和思考招聘与选拔过程中的伦理问题（如歧视）（价值体系塑造）等。根据实际教学需要，教师可以基于更细致的知识模块明确教学目标，指导案例行动教学设计。

在明确教学目标后，教师可以在课前和课中向学生强调教学目标。课前通过学习通等线上教学平台发布教学目标。课堂上，教师在完成课堂引入后向学生明确教学目标。

（三）前测

前测是辅助教师进行有效的教学设计和提高课堂讨论效率和效果的重要手段。鉴于课堂时间的有限性，为保证课堂案例讨论的充分性，借鉴翻转课堂教学思想，教师可以借助学习通等工具在课前完成前测。总体而言，教师提前在学习通等教学平台通过发布测验等方式掌握学生的学习基础并发布学习资料，包括视频和案例等，引导学生自主学习理论知识和进行案例预分析，为课堂案例讨论奠定基础。

为了进行针对性教学，明确学生的理论知识和能力基础是前测中一个非常重要的活动。对于人力资源管理专业英语这一课程，学生的专业知识储备和英语能力对教学设计和教学效果有重要影响。因此，教师应该提前通过线上测验和讨论等方式了解学生的基础，明确学生的学习需求，为教学目标的确定和教学案例的选择提供依据。

在案例行动教学中，前测的另一个重要作用是为课堂案例讨论做准备，主要包括理论知识学习和案例预分析。提前准备有利于学生用英语表达想法，增强学生发言的勇气和提高讨论的有效性。一是理论知识学习。教师提前制定教学进度计划表，明确教学活动，准备教学资料，提前在线上教学平台发布理论学习任务，包括观看视频、阅读文字材料和完成测试等。学生在课前登录相关教学平台进行自主学习。二是案例预分析。教师将学生的学习活动设置为闯关模式，在理论知识学习任务之后发布案例素材和讨论题，要求学生进行案例预分析。案例讨论题设置为若干道分析题和一道需要提出解决方案的问题，以帮助学生实现思维的层层递进，逐步挖掘解决问题的方向和要点。学生在正式课堂讨论之前通过充分的个人学习初步形成问题解决方案。首先是熟悉案例。学生通过阅读案例梳理和总结案例背景信息，查阅案例企业相关资料，为分析与解决问题提供事实依据。其次是分析案例。学生依据“是什么→为什么→怎么办”的逻辑深入分析案例。最后是提出问题解决方案和形成个人英文书面报告。学生设计出问题解决方案的框架，并进一步填充和完善方案内容。针对案例中的分析题，教师可以将其设置为线上讨论题，要求所有学生在课前进行讨论。一方面，这确保了每一个学生都参与讨论。另一方面，考虑到英文讨论的难度，提前对分析题进行线上讨论能够将课堂时间聚焦到对问题解决方案的探讨。此外，教师也提前发布分组任务，让班级学生自由组成案例讨论小组并选出一名组长。

（四）参与式学习

课堂参与式学习是案例行动学习的核心部分。在引入案例和明确教学目标后，开始案例讨论。一是分析问题环节，以案例思考题中的前几道分析题为讨论对象。教师通过多媒体技术呈现学生在线上发布的讨论，然后邀请部分学生进行英文分享，尤其是鼓励边缘学生发表观点[6]。教师针对学生的回答进行选择性追问并对每一道分析题进行小结。在个人分享过程，教师要注意把控个体的发言时间，从而使尽可能多的学生在课堂上用英文交流观点。二是提出问题解决方案环节。首先进行小组讨论。在教师明确分组讨论时长后，各小组组长开展小组讨论。组员们基于课前准备的方案各自分享解决问题的思路，接受其他组员的质疑。小组成员在观点碰撞中不断反思、讨论与总结，快速达成共识，最终形成小组层面的行动方案，然后进入小组汇报环节。各小组代表进行小组方案陈述。在这一过程中，教师对小组方案的焦点和存在的问题进行追问，不断深化讨论，最终引导学生设计出最具有实践意义的问题解决方案。

在参与式学习过程中，教师需要抛弃在传统课堂上的权威形象，担任倾听者、引领者和评价者的角色，把控课堂讨论的节奏并推动课堂讨论的发展。具体而言，教师需要努力营造自由和开放的课堂讨论氛围，引导学生勇敢发言，鼓励学生大胆质疑，允许存在观点差异甚至冲突并支持多种问题解决方案。在讨论过程中，教师要认真倾听学生的观点并通过持续的开放式提问模拟企业管理情境中可能出现的问题追问情景，从而引发学生更深层次的思考。让学生成为课堂讨论的主角，通过案例学习实现个人理论知识、能力和实践经验的构建。学生个体通过个人分享、组内讨论、组间分享和教师点评不断接受他人的质疑，获得群体智慧，最终形成个人反思。

（五）后测

后测是评估学生学习效果和教师教学效果的有效途径，课后通过线上教学平台进行。针对学习效果检测，学生个人梳理课堂讨论的收获，对问题解决方案进行修改，形成书面报告终稿，线上提交给教师进行评价，以获得反馈。同时，基于行动学习“做中学”的思想，教师鼓励学生在今后的社会实践中将问题解决方案付诸实践。此外，教师课后通过学习通等教学平台发布同类型的案例和主题讨论，鼓励学生进行案例分析并参与在线讨论，实现知识迁移[5]。对于教学效果评估，教师通过教学平台向学生发布问卷，调查学生对选取的案例和课堂讨论等的满意度，询问不足与改进方法，以改进案例行动教学设计。

（六）总结

总结是课堂教学的最终环节，是对课堂案例讨论的总结与提升。教师引导学生归纳和提炼问题解决方案所涉及的知识点及背后蕴含的管理理论并加以补充，从而深化学生对管理知识和理论的认识，提高将理论运用于实践的能力。

基于 BOPPS 模型的案例行动学习法教学流程见图 1。

五、需要注意的问题

为了提高案例行动学习法的教学效果，在教学过程中，教师需要重视以下问题。

第一，合理控制课堂讨论节奏。可以采取中等强度控制原则，最大限度发挥课堂讨论的效用[1]。教师需要通过课前准备合理安排教学活动和分配时间，总体把控课堂讨论进度。教师同时也需要在课堂讨论过程中进行适当干预，如合理打断发言时间过

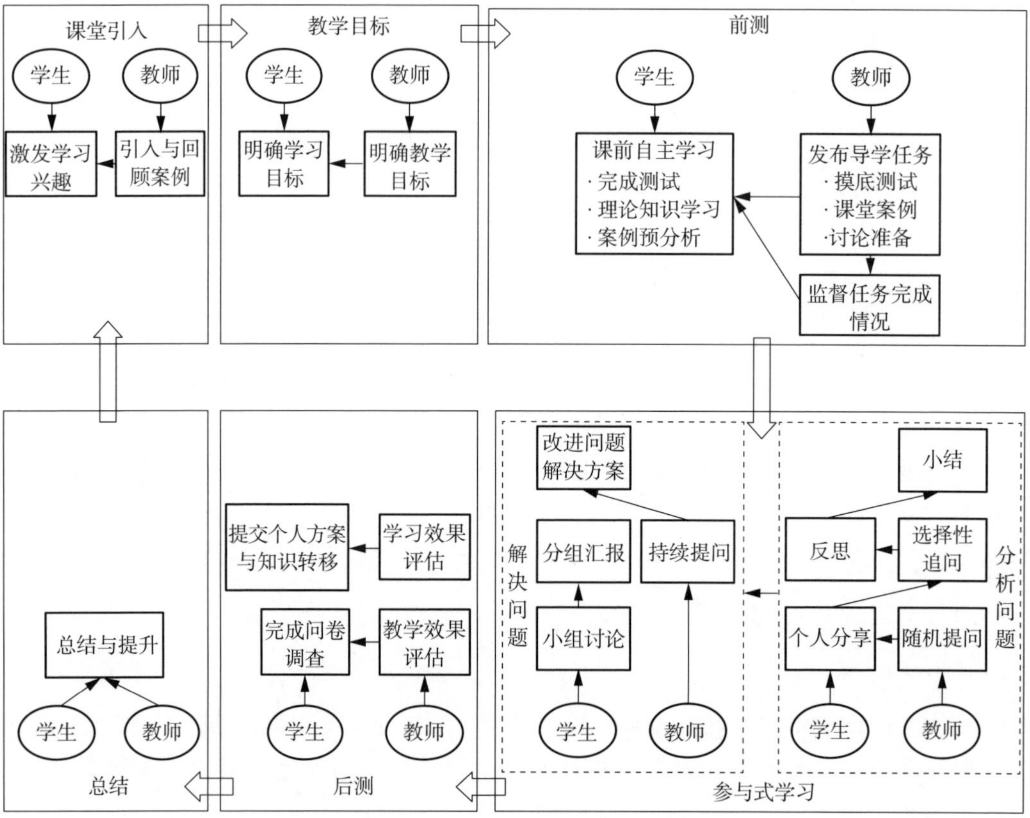

图 1　基于 BOPPPS 模型的案例行动学习法教学流程

长的同学的分享，在讨论偏离主题时及时纠偏，在前面的分析题的讨论时间过长的情况下组织总结以进入对下一题的讨论，等等。

第二，准确评价学生的案例讨论表现并定期给予反馈[7]。评价学生的表现并及时反馈，对学生的发展和教学效果的提升有重要影响。因此，教师首先要采取合适的方式准确记录学生的表现。对于线上讨论，学习通等教学平台能够直接呈现学生的讨论情况，极大便利了教师的评价工作。对于课堂讨论，教师可以采取录像的方式进行记录，课后复盘。基于此，教师可以从学生的发言频率、发言质量和进步情况三个方面开展评价工作，最后定期向学生反馈。

六、结论

人力资源管理专业英语课程对于培养当今时代所需要的人力资源管理人才具有重要意义。然而，人力资源管理专业英语的教学实践却陷入“瓶颈”，无法达到预期的教学目标。本研究提出运用案例行动学习法对人力资源管理专业英语课程进行创新性设计，并探讨了如何基于 BOPPPS 模型将案例行动学习法有效落地，进而推动专业英语课程教学的发展。

参考文献

[1] 苏敬勤，贾依帛．案例行动学习法：案例教学与行动学习的结合 [J]. 管理案例研究与评论，2020，13 (3)：345-355.

[2] 苏敬勤，高昕．案例行动学习法——效率与效果的兼顾 [J]. 管理世界，2020，36 (3)：228-236.

[3] 刘志迎，徐笑悦，胡芬，等．教学案例：写、教、学流程画布和逻辑闭环 [J]. 管理案例研究与评论，2023，16 (2)：239-249.

[4] 姚婉清，佘能芳．BOPPPS 教学模式的教学设计要素分析及案例设计 [J]. 化学教育（中英文），2022，43 (18)：51-57.

[5] 李凌．以学生为中心的混合式案例教学设计 [J]. 对外经贸，2023 (8)：95-99.

[6] 谭畅，石声萍．文化双融视角下案例教学法的创新与实践 [J]. 管理案例研究与评论，2023，16 (3)：370-377.

[7] 宋耘．哈佛商学院“案例教学”的教学设计与组织实施 [J]. 高教探索，2018 (7)：43-47.

数字化教学工具赋能下的“讲授+工作坊”混合式教学设计初探

——以“跨文化管理” 课程为例

尹 珺 丁婉玲

（深圳大学管理学院人力资源管理系）

【摘要】随着数字化时代的全面到来，高校教师的教学方式也应紧跟数字化的潮流。本文将基于“跨文化管理”的课程实践，利用教学设计的基本方法，提出数字技术赋能下的“讲授+工作坊”混合式教学设计，以期解决学生课堂投入学习不足的痛点教学问题。此外，该课程实践构建了数字化时代课堂有效的数字化学习（3E-Learning）模式，不仅对培养学生创新能力和适应能力具有重要的意义，也为高校未来进行数字化教学转型提供了借鉴思路。

【关键词】数字化教学工具；混合教学模式；数字化时代教学设计；教学工具创新；工作坊；创新导向；建构主义

一、引言

习近平总书记在中国共产党第二十次全国代表大会报告中指出：要坚持教育优先发展、科技自立自强、人才引领驱动，加快建设教育强国、科技强国，推进教育数字化[1]。此外，实施教育数字化战略也是2022年教育部重点工作之一[2]。随着大数据、云计算、人工智能等数字技术的快速发展，劳动教育者面临着数字技术带来的挑战。因此，如何以数字技术赋能为抓手，依托数字技术推动教育的创新发展成为当下探究的重要课题[3]。特别是，有关技术的教与学，著名建构主义代表人物乔纳森（Jonassen，1996）曾提出，技术不仅仅是认知工具、社会中介和学习的伙伴，还包括促进学习的任何方法。因此，数字时代背景下的数字技术，可以有效触发学习者思考，帮助学习者表征、建构自己的世界观和理论，从而实现课程育人的功效。

本文基于“跨文化管理”的课程实践，基于以“学”为中心理论的“情境—协作—会话—意义构建”主线，介绍了如何借助数字技术创新教学模式，解决学生课堂投入学习不足的教学痛点问题。首先，笔者提出数字化时代背景下的“3E-Learning”教学设计（见图1），即探索（Explore）、体验（Experience）和投入（Engage），3E合一为有效的课堂数字化学习（E-Learning）。梅瑞尔于1996年提出，教学设计的目的是促进学生学习和运用相关科学理论进行系统策划，创设学习经验与环境，最终解决学习问题。因此，数字化教学工具创设了数字时代背景下新的学习经验和环境。一方面，数字技术提供了多样丰富的数字资源，通过与课程内容巧妙融合，激发学生自主探索（Explore）理论和知识，提高学习注意力和知识点吸收程度。另一方面，数字化教学通过不同的形式，优化学习体验（Experience），充分激发和调动了学生的课堂投入度（Engagement），进而实现学生的"投入式学习"（Engaged learning）。综上所述，本文基于人力资源管理专业的选修课"跨文化管理"，以《跨文化沟通》一章的教学过程为例进行教学设计创新。运用第三章《跨文化沟通》中的理论知识和工具，选取中国管理案例共享中心案例库中的案例《A 公司 M 项目虚拟团队管理沟通困境》作为工作坊（Workshop）教学材料，开展混合教学活动。

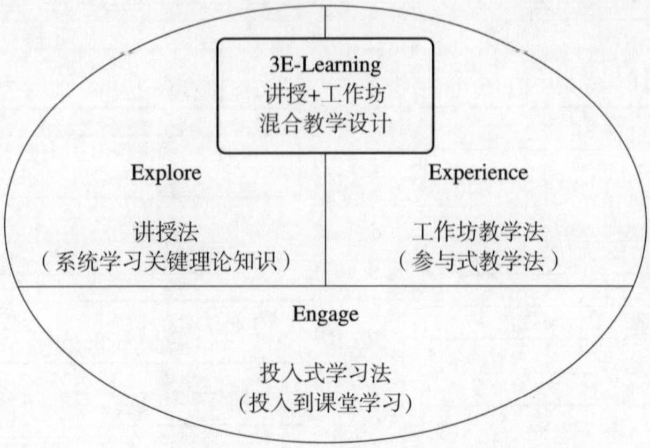

图 1　3E-Learning"讲授+工作坊"混合教学设计

二、基于"跨文化管理"课程的创新教学设计过程——以《跨文化沟通》章节为例

教学系统设计是 20 世纪 60 年代以来逐渐发展起来的一门实践性很强的新兴学科，是教育技术领域的一个重要分支[4-5]。加涅认为教学设计是一个规划教学系统的过程，即将学习理论与教学理论的原理转换成对教学资料、教学活动、信息资源和评价等具体计划的系统化过程[6]。因此，本文基于乔纳森[7]提出的以"学"为中心（Learning-centered Instructional Design，LID）的第三代教学系统设计理论，从设计建构主义学习环境模型要素出发，构建数字化教学工具赋能下的"讲授+工作坊"3E-Learning 混合教学设计（见表 1），以实现学习过程的最终目的是完成意义的构建[8]。此外，图 2 展示了基于以"学"为中心的教学模式创新的过程。综上，本文以"跨文化管理"课程的第三章《跨文化沟通》为例，从以下三个方面展示教学设计的基本方法：教学问题分析、教学问题解决方案的设计和教学问题解决效果的评价。

表 1 基于建构主义创新“3E-Learning”混合教学设计要素

设计建构主义学习环境模型要素	“3E-Learning”混合教学设计要素
问题（包括疑问、项目、分歧等）	管理沟通障碍
相关的实例或个案	案例材料《A 公司 M 项目虚拟团队管理沟通困境》
信息资源	教材；教材提供的课程阅读清单；网络资源；管理沟通的基本理论和分析工具；与 ChatGPT 讨论的结果
认知工具	Quizizz、ChatGPT
会话与协作工具	ChatGPT、派课堂、Notion-AI、Quizizz
社会背景支持	案例创造的模拟工作场景；公司跨文化团队

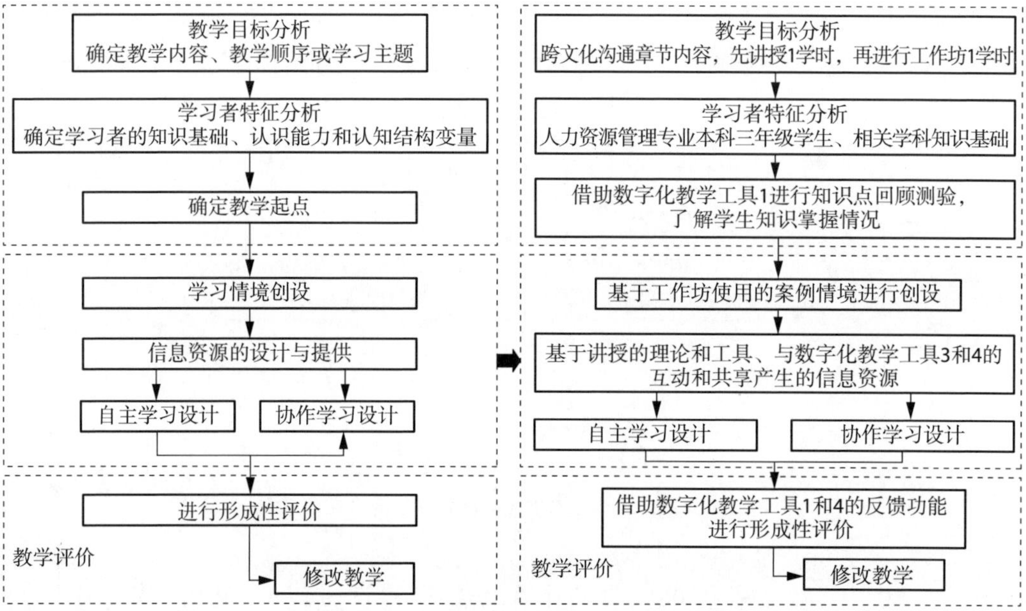

图 2 基于以“学”为中心的教学系统设计创新教学模式的过程

（一）教学问题分析及解决方案

针对本科课堂学生投入学习程度低的教学痛点问题，本课程从数字化教学工具和课程设计两个方面解决问题。首先，本课程运用了四个主要的数字化教学工具：Quizizz、ChatGPT、派课堂、Notion-AI 以解决以下两个“教学痛点”和两个“教学难点”。数字化教学工具与课程的融合情况具体如下：

1. 打破理论知识记忆痛点，激发学生数字化知识主动性

数字化教学工具 1：Quizizz（https：//quizizz. com/）

用途：知识点回顾小测试使用教学场景：每节课开课（学生进行测验）和每节课结束（老师分析测验报告）。

介绍：一个提供在线测试的平台。它最主要的功能是提供包含游戏要素的小测验，为课堂的知识检验环节增加趣味性，在吸引学生注意力的同时巩固已学到的知识。测验的内容由教师根据课堂内容自行设计。

使用流程：首先，全部学生登录并以匿名（起一个昵称）的方式进入答题区域。其次，通过计算“回答正确率和速度”进行积分排名，教室屏幕上同步展示答题的动态积分情况，排名前三的同学平时成绩加分。最后，课后发放题目及其答案供学生复习。

与课程教学深度融合点：每节课的核心概念、理论和知识点，在经过课堂的讲授和学习后，使用 Quizizz 在下一节课开课时进行加强和检查理解。基于数字化工具的知识点回顾小测试不仅可以帮助学生理解每一节课的核心知识点，还可以作为课堂开课后快速引导学生进入课堂学习状态的“破冰游戏”，激发学生的学习兴趣和积极性。

使用情况：学生反响热烈，充分调动了学生的积极性，促进了他们对于知识点的理解。此外，对于教师来说，可以通过该测试平台提供的报告掌握学生的学习情况和动态，为之后的课程设计和调整提供依据。

2. 突破理论知识教学枯燥难点，创设数字教学新场景

数字化教学工具 2：ChatGPT（https：//openai. com/）

用途：概念定义及内涵的讲述和理论的基本介绍，在课堂上创造动态的“教师—学生—ChatGPT”讨论场景，对课堂讲授知识和理论进行辨析和讨论。

介绍：作为一款人工智能聊天机器，ChatGPT 依托背后强大的语言模型，能够根据用户输入的指令，生成自然流畅的语言，完成用户设定的一系列任务。

使用流程：进行概念定义或理论内容的介绍时，由教师在讲台上播放与 ChatGPT 进行交流的屏幕，让学生就 ChatGPT 给出的定义和概念进行讨论、争辩和补充，并继续与 ChatGPT 进行指令交谈，不断重复这个过程。与此同时，教师作为“协调者”，辅助参与到讨论中，把控学生对于概念的理解和掌握程度。

与课程教学深度融合点：通过 ChatGPT 和学生之间的交互，促进学生对于每节课的关键及易混淆概念的理解，加深了学生对知识点的掌握。

使用情况：学生参与度高，突破了对概念和理论知识的枯燥学习过程，充分调动了学生的思考积极性，促进了他们对于概念和理论的理解。此外，通过与学生进行对话、问答和辩论等方式来强化与学生之间的互动，提供实时反馈和帮助。这种具有启发意义的对话式教学可以激发学生的好奇心，培养学生的批判性思维和创新能力。

3. 解决大班级课堂学生参与度不均难点，增进学生“课堂黏性”

数字化教学工具 3：派课堂（https：//ketangpai. com）

用途：课中学生回答问题环节的互动管理；抢答环节以小组为单位进行抢答。

介绍：一个提供课堂在线互动的平台，帮助教师组织课中互动。

使用流程：在案例教学和小组讨论的回答环节，学生登录系统，教师点击“抢答开始”按钮后，学生点击“抢答”，系统产生“抢答学生”，协助教师进行课堂互动。

与课程教学深度融合点：通过设计“抢答环节”推动案例教学讨论后的问答交流环节，充分调动学生课堂参与的积极性，提高大班级学生整体课堂参与率。

使用情况：有效帮助教师组织课堂问答环节，充分调动学生课堂参与的积极性并保证了课堂选择回答学生的公平性，提升了学生的课堂体验感。

4. 打破大班级课堂学生间交流痛点，促进学生合作学习

数字化教学工具 4：Notion-AI（https：//www. notion. so/zh-cn）

用途：课中学生进行问题的讨论，用于小组和全班同学共享讨论结果。

介绍：一个提供在线共享笔记的平台，帮助教师动态掌握学生的小组讨论进展、个体学生的思考结果和全班的参与程度。促进班级学生之间的共享和合作学习。学生可借助在线共享笔记中 AI 的问答功能，提高小组讨论和课堂任务完成效率。

使用流程：在小组讨论环节，同学登录至同一页面进行小组讨论的内容记录。

与课程教学深度融合点：通过创设一个实时动态的数字化讨论平台，学生们可以自由在平台上进行交流，充分调动了每位学生的课堂参与积极性。

使用情况：不仅有效帮助教师了解大班级课堂学生的动态学习情况，激发同学的课堂参与感，促进学生的投入学习；也给学生提供了互相学习和交流想法的平台。

综上，以上四个数字化教学工具的应用，为上述课程提供了实现的手段。该教学设计遵循了以“学”为中心的教学设计基础，通过数字化技术刺激学生主动参与，在工作坊环节提供了学生应用知识的情境，着眼于问题的解决。例如，作为教学设计中认知工具的 ChatGPT，其“积极的、创造性的、学习者控制的”思想，有助于帮助和促进学生的认知提升，更好地表述学习者所知道的知识和正在学习的课题。然而数字化技术的课堂应用和“讲授+工作坊”的混合教学模式的开发与实施是相辅相成的。因此，笔者通过创新“讲授+工作坊”的混合教学模式，突破学生投入学习不足的“瓶颈”问题。

工作坊最早出现在教育与心理学研究领域，指人们就某个特定领域、项目或话题进行共同对话沟通、调查分析，提出方案或规划，讨论并执行从而就项目或问题形成结论的一些过程[9]。工作坊作为一种教育模式的应用，是由包豪斯学院创立的教学、研究、实践三位一体的教育模式，倡导技术与艺术并重的教育理论[10]。“跨文化管理”课程的混合教学实践结合工作坊的教学方式，其设计按照小组形式，成员基于课堂第一部分讲授的理论和主题，针对教师提出的要解决的问题，共同沟通、思考、调查分

析、提出方案并执行，最终形成完整的解决方案，并实现该节课程教学目标的一系列过程。“跨文化管理”课程“讲授+工作坊”是“跨文化管理”实践教学改革的一种创新模式。在数字化工具的辅助下，旨在促进学生对知识和理论的理解与掌握，并通过工作坊的合作和讨论上升到应用层面，培养学生的创新思维能力和协作能力。“跨文化管理”课程的工作坊主要有四种形式，基于案例分析的工作坊、基于辩论的工作坊、基于文献阅读的工作坊和基于跨文化企业及员工一手访谈数据文本分析的工作坊。四个不同形式的工作坊，不仅激发了学生的积极性和创造性，也训练和培养了学生不同的思维和学习能力。

（二）课程实施过程

基于多元化教学理论，以创新为导向，采用“讲授+工作坊”形式。教学实施主题为“学生和老师”。课程设计以学生为中心，教师起辅助作用。通过对跨文化团队的商务实际环境的案例分析，激发学生完成从“被引导学习到自主学习”的飞跃，让学生在模拟的商务案例分析环境中完成学习任务，提供跨文化沟通和理解能力。本课程分为“讲授”和“基于案例分析的工作坊”两节。第一节：介绍跨文化团队的基本理论知识：团队建设中的文化角色、跨文化团队的类型和特征、象征性文化团队、双文化团队和多文化团队。第二节：教师带领学生回顾《跨文化沟通》的管理沟通过程模式、管理沟通理论及十大原则、管理沟通网络、沟通机制和跨文化沟通理论，开展第二阶段的“基于案例分析的工作坊”教学活动。该环节目标为分析案例跨文化团队的管理沟通困境并提出解决对策，完成学习任务。

学生学习过程：主动获取和预习案例、整理案例信息、运用案例信息讨论和发言、总结案例信息、提升能力。

教师讲授过程：面授过程教师发挥“主导+引导”作用。讲授部分发挥“主导”作用，进行重要理论和工具的引入；工作坊部分发挥“引导”作用，翻转课堂，引导学生自主探索、讨论和实践，培养学生自主学习能力和语言、思辨、交际能力。二者混合进行授课不仅提高了教育质量，也极大地增进了“师生沟通”。

课程流程：教师讲授—学生以小组为单位进行案例讨论—抢答回答案例问题—讨论解决方案—解决方案小组展示—全体同学投票—讨论和总结。

基于案例的工作坊时间计划示例：

课前计划：提出启发思考题，请同学们在课前完成阅读和初步思考。

课中计划：简要的课堂前言，明确主题（2~5 分钟）。

分组讨论：告知发言要求（15 分钟）。

小组发言：（每组 5 分钟，控制在 20 分钟）。

引导讨论：引导全班进一步讨论，并进行归纳总结（20 分钟）。

课后计划：交流谈论解决方案（20 分钟）。

综上，基于“跨文化管理”课程的教学模式创新，图 3 为设计依据和教学方法导图，图 4 为教学实施路径图。

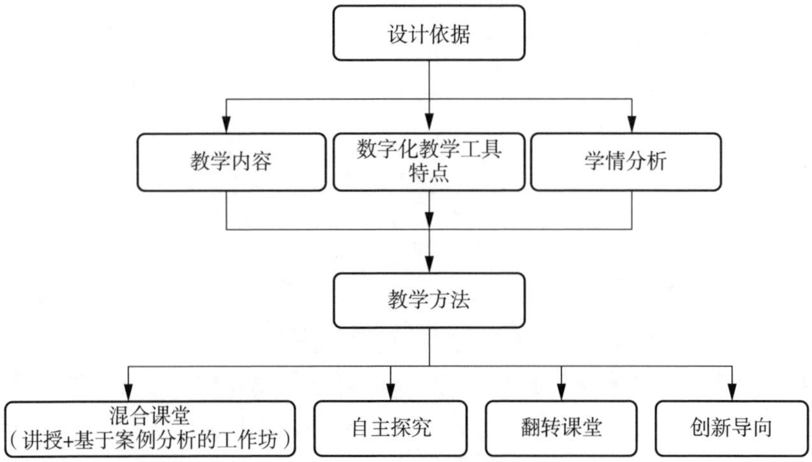

图 3 设计依据和教学方法导图

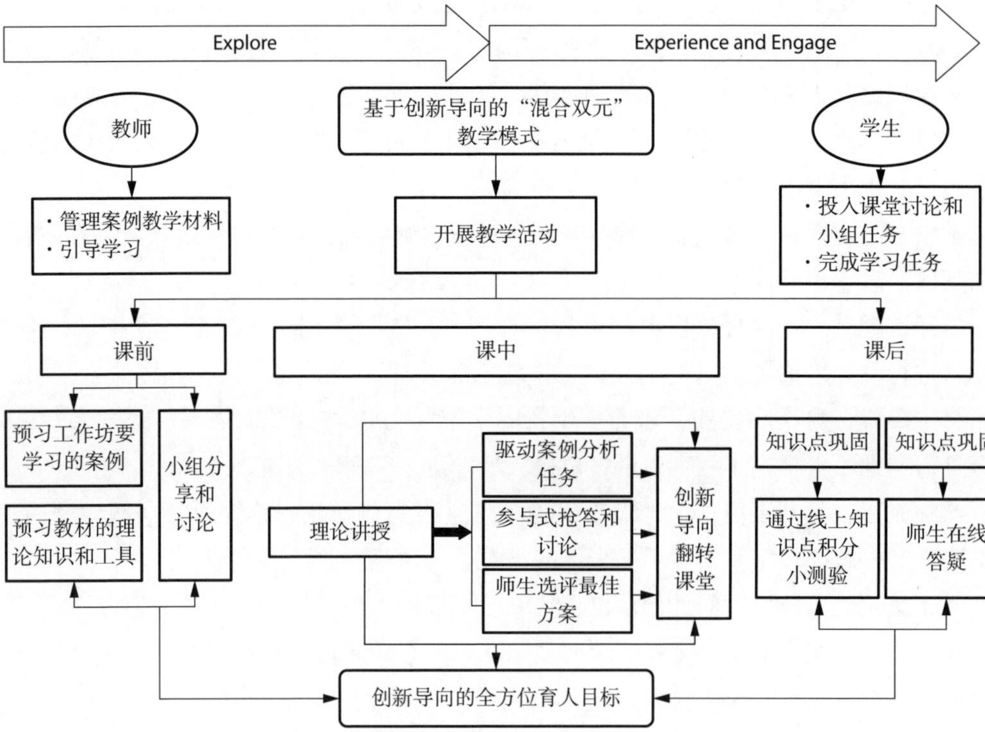

图 4 教学实施路径图

（三）问题解决效果

针对本科课堂学生投入学习不足的问题，借助数字时代快速发展的数字化教学工具，结合课程内容，构建数字化学习环境和“3E”教学设计。一方面，该课程创新通过构建数字化学习环境，让学生在追求学习目标（讲授课堂）和问题解决（工作坊课堂）的活动中可以使用多样的工具（Quizizz 和派课堂）和信息资源（ChatGPT 和 Notion-AI）。另一方面，该课程借助数字化教学工具在课堂的“前—中—后”三个阶段进行教学效果信息的收集。“前”，通过数字化教学工具 1（Quizizz）收集学生答题正确率、参与率、考勤情况和知识点掌握情况；“中”，通过数字化教学工具 2（派课堂）掌握大班级学生小组课堂参与情况和数字化教学工具 4（Notion-AI）实时观测学生讨论交流情况；“后”通过数字化教学工具 1 提供的课堂反馈报告了解一节课的授课情况。综上，数字化教学工具赋能下的混合教学模式助力学生探索知识（Explore）、体验知识的运用（Experience）并在建构知识的过程里投入学习（Engage）。

三、总结

本文基于乔纳森建构主义教学思想，首先，以“学”为中心的教学设计理论，借助数字化工具系统策划教学实施过程，采用“讲授+工作坊”的混合教学模式，创设“师生互动”的数字化学习环境，从而实现了有效的数字化“3E-Learning”教学设计（见图 5），对我国教学数字化改革具有借鉴意义。其次，该教学设计具有多样性、一致性和拓展性等特点，并融合不同学生自我评价手段方式，不仅激发了学生的积极性、创造性，也和教学内容交相辉映，引发学生对课程内容的理解和思考，解决了学生课堂投入学习不足的痛点问题。最后，随着数字化时代的快速发展和普及，数字技术可以提高教育质量、提高学习参与度、拓展实践环境，对培养学生创新能力和适应能力具有重要的意义。

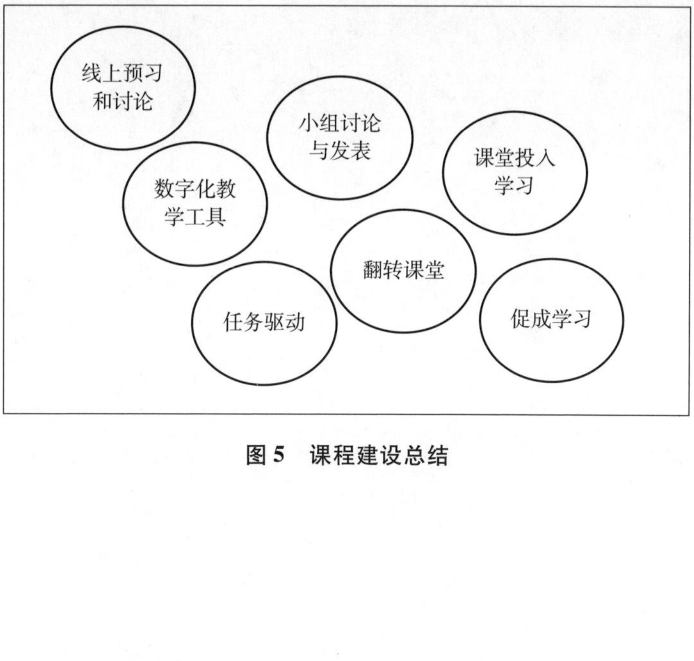

图 5 课程建设总结

参考文献

［1］中国共产党第二十次全国代表大会文件汇编［J］. 山东干部函授大学学报（理论学习），2022（11）：64.

［2］刘宝存，刘崧 . ChatGPT 助推高等教育数字化转型的价值与路径选择［J］. 北京教育（高教），2023（8）：10-15.

［3］李家豪 . 数字化时代高校教学方式变革研究［J］. 互联网周刊，2023（16）：83-85.

［4］倪小鹏 . 以“学”为中心的教学设计研究综述［J］. 中国远程教育，2002（7）：9-12+78.

［5］何克抗 . 建构主义——革新传统教学的理论基础（一）［J］. 学科教育，1998（3）：29-31.

［6］［美］R. M. 加涅，W. W. 韦杰，K. C. 戈勒斯，等 . 教学设计原理（第五版修订本）［M］. 上海：华东师范大学出版社，2018.

［7］［美］戴维 · H. 乔纳森，S. M. 兰德 . 学习环境的理论基础［M］. 高文，徐斌艳，程可拉，等译 . 上海：华东师范大学出版社，2002.

［8］何克抗，郑永柏，谢幼如 . 教学系统设计［M］. 北京：北京师范大学出版社，2002.

［9］王雪华 . 工作坊模式在高校教学中的应用［J］. 当代教育论坛（管理研究），2011（8）：29-30.

［10］刘禹，王来福 . 基于工作坊的高等教育实践教学体系的研究［J］. 东北财经大学学报，2009（1）：93-96.

增强学生的自驱力，让其学会主动学习

——对“管理研究方法论” 课程的思考*

韦　夏　李文慧

（深圳大学管理学院市场营销系）

【摘要】在传统教学模式下，往往以教师作为课堂的中心，以教师讲解知识、学生被动听讲的形式为主，忽视了让学生积极参与互动。同时，在此教学模式下，学生缺乏独立思考和分析问题的能力，形成过分依赖老师、不懂得主动去探索的习惯。“主动学习”的教学模式强调以学生作为教学的中心，侧重激发学生的自驱力，提高学生在课堂学习中的参与度，鼓励学生多进行深入的思考并学会提问，通过“在学中干、在干中学”的方式将理论知识与实践相结合，让学生将“被动学习”的思维模式转化为“主动求学”的思维模式。本文结合本科生的管理研究方法论课程对“主动学习”的相关内容和教学模式进行阐述，旨在探索和推动“主动学习”教学模式的运用。

【关键词】主动学习；课程教学；创新型人才；干与学结合

一、引言

《中国教育现代化 2035》指出“到 2035 年，总体实现教育现代化，迈入教育强国行列，推动我国成为学习大国、人力资源强国和人才强国，为到 21 世纪中叶建成富强民主文明和谐美丽的社会主义现代化强国奠定坚实基础”。培养人才，离不开好的教育。将“教育”二字进行拆解，可以分为“教”和“育”，“教”指的是“教学”，即需要教导学生专业知识和技能，“育”指的是“育人”，即要培养学生成为一个能承担责任和解决问题的人。高校的根本任务是立德树人，是培养人才最重要的地方。同时，大学是学生立志定向的最好时期，此时应当帮助学生扣好人生“第一粒扣子”。

大学的学习与小学、中学的学习有所不同，大学具有相对轻松愉悦的学习氛围，学生具有较多的空闲时间可以自由安排，没有家长和老师时时在身边的督促和要求。较多自由的时间和轻松的学习氛围是为了学生能够根据自身兴趣爱好进行学习，更有

* 本研究得到广东省高等教育教学改革项目（项目编号：JG2021095）、深圳大学教学改革研究项目（项目编号 JG2022130）的支持。

利于学生的多样化成长。然而，在经历高考的“折磨”后，不少学生选择在大学里“躺平”，平时不注重对知识的掌握和运用，到期末考试前才用一两周的时间进行“预习”加“复习”，只为了能够达到期末考试及格要求。这种现象在各大高校里比比皆是，甚至百年前北大校长蔡元培先生就此还进行了探讨。蔡元培先生曾说：“平时则放荡冶游，考试则熟读讲义，不问学问之有无，惟争分数之多寡；试验既终，书籍束之高阁，毫不过问，敷衍三四年，潦草塞责，文凭到手，即可借此活动于社会，岂非与求学初衷大相背驰乎？光阴虚度，学问毫无，是自误也。”是的，如果学生只是为了达到及格分数而“装模作样地学习”，这不过是在虚度光阴，最终自误罢了。此外，在选课的体系下，有些学生以内容是否简单、是否容易通过考试或者获得高分作为选课的标准，对于需要具有钻研精神和克服困难的课程望而却步。如此这般，则难以培养出具有真才实学和解决问题能力的学生，离“培养人才”的目标相去甚远。

究其原因，其中很重要的一点在于学生不懂得为何而学，也不懂得如何去学。这些学生往往还停留在高中“唯分数论”的思想上，以为只要在期末考试中获得高分或者通过期末考试，获得相应的学分，便是达到学习的要求。但是，这与学生求学的目的、与大学办学的使命相去甚远。教师最重要的任务不仅在于“教学”，更在于“育人”，针对以上提及的大学生存在的问题，需要学校与教师深入思考，探索出一条能够解决以上问题并培养出优秀人才的道路。

对于现在普遍存在的“学生不懂得为何而学，也不懂得如何去学”的问题，最重要的应当是让学生明白为何要学习此课程，而不是为了分数和学分，增强学生学习的自驱力，让他们学会主动学习。总的来说，应当让求知欲引领着学生进行自主学习，让真才实学成为学生学习的目的和追求，让学生学会独立思考、具有批判性思维，能够解决遇到的问题。

二、主动学习的相关概念和必要性

（一）主动学习的相关概念

主动学习（Active Learning），又称为自主学习，是针对被动学习提出来的一种教育理念。在被动学习中，教师主要处于教学的主体地位，学生则主要是教学的被动接受者，这一教学模式难以激发学生学习的积极性和增加学生学习的投入度。主动学习的概念由 Bonwell 和 Eison 在 1991 年提出，指的是能够让学生主动参与，并能让学生“行所思，思所行”的教学活动[1]。主动学习是以学生作为学习的中心，需要学生独立地对知识进行分析和探索，参与实践，并鼓励学生敢于质疑和创新。有学者提出主动学习应当是一个“构建知识”和“加深学生参与”的广义的教学过程[2]。美国著名教育家杜威也曾提出，教育并不是一件“告知”和“被告知”的事情，而是一个主动参与建设的过程。大学是培养人才的重要地方，所以大学教育更应当让学生学会自主学习，找到学习的自驱力，明白为何而学，激发学习的积极性，让他们愿意主动投入更多的时间和精力到学习中。

根据著名的学习金字塔（Learning Pyramid）原理可知，通过被动学习的学习内容平均留存率是比较低的，但是通过主动的学习可以使得学习效果大大提升[3]。例如，通过听讲、阅读、视听结合和演示等被动的学习方式，学习者仅能记住30%以下的学习内容。然而，通过小组讨论、实践、马上应用等主动的学习方式，能够将学习内容平均留存率提升至50%，甚至达到90%左右。通过学习金字塔原理可知，应当让学生高度重视主动学习的模式，所以高校提倡和践行“主动学习”的教学理念是十分有必要的。学习金字塔具体学习内容平均留存率见图1。

图1　学习金字塔

在了解了主动学习的重要性后，更为重要的是知道应当如何实现主动学习。迪·芬克提出全面的主动学习应当包括三类活动，即信息习得、实践体验和反思性活动[4]，具体如图2所示。其中，信息习得要求学生不仅停留在信息的接受层，还需要对信息进行深入加工，将新知识进行整合与提炼，即应当对信息进行精细加工；反思性活动指的是学生应当对新知识进行思考和判断，懂得分析其内在逻辑结构和联系，学会提出问题，而不是一味地接受，再通过自我总结的方式将新知识纳入到已有的知识框架中；通过实践体验让学生明白“在学中干、在干中学”的方法，对知识活学活用，在实践中检验知识的合理性和不足之处，同时也在实践的过程中检验自身对于知识的掌握程度。此外，信息习得、反思性活动和实践体验是一个环环相扣的过程，最终让人们将新知识整合到已有知识体系中，并逐步掌握主动学习的本质及要求。

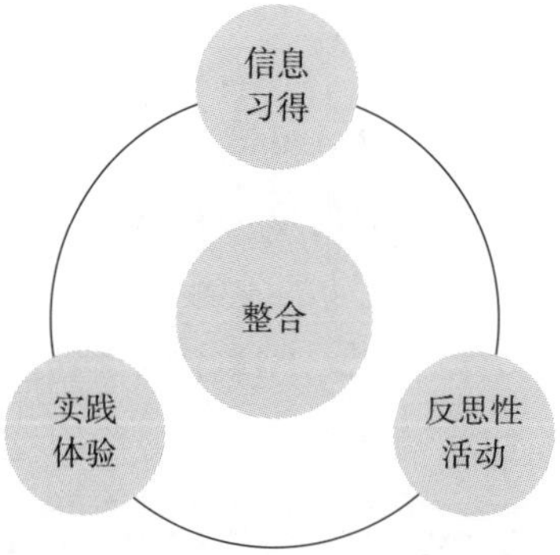

图 2　主动学习包括的三类活动

（二）让学生学会主动学习的必要性

1. 培养创新型人才所需

当今世界正处于百年未有之大变局，市场竞争愈演愈烈，人才领域的竞争也在不断加大。习近平总书记曾指出“人才是第一资源。创新驱动本质上是人才驱动，人才是我们实现民族振兴、赢得国际竞争主动的战略资源”。近年来，我国在一些核心科技领域实现重点突破，这都离不开人才的力量。但是，我国还面临着一些被西方国家“卡脖子”的技术难题等，需要更多创新型人才发挥引领作用。

社会在快速发展，科技在快速迭代，新学习的知识和技术很快也会面临被淘汰的风险。当今世界的人才必须是具有较强学习能力的人，能够懂得自主学习新知识和技能的人，只有这样才能跟上时代的步伐。被动学习难以接触和掌握最新的信息，同时，靠别人来教，靠别人来给，这是不现实的，也是不可取的。例如，大国竞争中一些核心技术是“要不来，买不来，讨不来的”。身为当代大学生，不仅要学习专业知识和技能，更需要养成“自主学习、终身学习”的习惯。学校里学习到的知识和技能在未来的某一天有可能会过时，但是学会了自主学习后，遇到任何困难和挑战，都能通过主动学习的方式去寻找合适的解决办法。

2. 改变传统教学模式形成的被动学习习惯

小学和中学的课堂模式主要以老师讲学为主，一般是老师将梳理后的知识点讲解给学生听，学生大都处于一种被动接受知识的角色。来到大学后，大部分学生依旧保留着以往被动学习的思维，认为只需要在课堂上认真听讲就足够了，甚至有部分学生在平时的课程中不认真听讲，只在期末考试前才“临时抱佛脚”。这些思想和做法都是行不通的，需要让学生认识到在竞争日益激烈的社会中，只会被动学习是远远不够的，需要树立自主学习的意识，需要具有钻研精神和克服万难的勇气，才能更好地适应社会的变化。

此外，被动学习不仅学习效率低下，而且难以提供持久的学习动力。学生容易停留在完成学分的表面功夫上，缺乏动力深入探究知识所涉及的深层理论和实际应用。被动学习只会让学生陷入没有想法、没有分析能力和动手能力的陷阱，但是让学生学会自主学习，在面对困难时懂得主动学习新知识，这才是比知识更宝贵的财富。中国有句古话“授人以鱼不如授人以渔”，说的就是传授给人以知识，不如传授给人学习知识的方法。教导学生学会自主学习，便是“授人以渔”，让他们在面对社会的惊涛骇浪时，仍然能够乘风破浪。

3. 学生常陷入迷茫中找不到学习的方向

从紧张的高中学习氛围到相对轻松的大学环境，不少大学生找不到学习的动力和方向。有部分大学生抵挡不住重重诱惑，把大量的时间和精力花费在玩游戏、看视频等娱乐活动上，等待要期末考试时才开始紧张；有部分学生感到迷茫和焦虑，不知道所学的专业有什么用，不知道将来应该从事什么类型的工作，不知道社会的需求是什么，以为只是简单地完成学习要求就是完成任务；还有部分学生只是盲目地从众，认为不少人选择考公考研，自己也去考公考研，但没有结合自身情况加以考虑，在备考过程中难以找到坚持下去的力量……这些现象都体现了不少大学生不懂得为何学习，更不懂得如何学习，深陷被动学习的旋涡中，同时又难以抵挡现实世界的诱惑，最终导致虚度光阴。然而，社会是快速变化的，知识和理论也在不断更新，就像谚语所说的“学如逆水行舟，不进则退”，当这些学生在享乐、迷茫和从众中浪费时间时，往往也没有形成自身的竞争优势，最终难以跟上社会的脚步。

无论是为国、为党培养优秀的人才，还是让学生能够适应社会的发展，成为一个能够解决问题的人，都离不开让他们学会自主学习，摆脱只会被动学习的思维的牢笼。因此，教学的重点不仅是让学生获得知识，更需要培养学生独立思考和解决问题的能力，让学生重视自主学习，养成自主学习的习惯。

三、“主动学习”的教学模式实施策略

（一）以学生为中心

传统的教学模式以教师为中心，注重的是知识的传授和信息的灌输，学生以为听完课、完成作业和通过考试即是完成学习任务。通过这种模式教导出来的学生一般不具备深入探索的钻研精神，不懂得针对知识的疑点提出有洞察力的见解和问题，更不懂得如何将知识和理论学以致用，只是一味接受灌输，缺乏独立思考的能力和解决问题的能力。这难以培养出能独立解决问题的人才、创新型人才。

美国著名教育家约翰·杜威说，“如果用昨天的方式教今天的学生，我们就毁了他们的明天”。大学教育应该教导学生学会提出问题、分析问题和解决问题，因此必须改变传统的教学模式。现代化的教学模式应当以学生为中心（Students-Centered，SC），

激发他们学习的潜能，让教师成为学生成长道路上的领路人。以学生为中心的教学本质上是要教师更新教育观念、改进教学方法，学生改变以往被动学习的习惯，成为懂得自主学习的当代大学生[5]。

（二）激发学生学习的内在动机

只追求外界强加的目标的人是难以获得源源不断的动力的，容易流于形式追求表面上的完成，而不是有动力去解决一个又一个难题。《内在动机：自主掌控人生的力量》一书的作者德西与弗拉斯特提出自我决定论（Self-determination Theory），他们发现每个人都有三种最基本的心理需求，分别是自主、胜任和联结[6]。只有满足人们的这些需求，特别是自主的需求时，才能持续地激发人们的内在动机，让人们自愿把更多的时间和精力投入某件事情中。因此，课程的学习应让学生意识到他们可以去满足自主、胜任和联结需求，然后鼓励他们尽量去满足这些需求，从而更好地激发他们学习的内在动机。

在自主需求上，教师应当让学生明白为何而学，学习该课程的目的和作用，让学生在思想高度上明白课程的重要性和意义，才能让他们有主动学习的意识和行动。在胜任需求上，教师应当让学生知道个人经过努力学习后，是完全可以掌握课程内容的，增强学生对待困难和挑战的信心。在联结需求上，教师需要给有疑问的学生进行解答，通过引导的方式鼓励学生进行钻研。

（三）提高学生课堂参与度

教学不能只是教师在讲台上进行灌输式教导，而应是教师和学生一起主动构建的过程。如果学生只是通过听讲的形式进行学习，那么学习的效果是十分有限的，同时，教师也不知道学生是否理解知识点，得不到学生的反馈。学习是一个主动参与建设的过程，所以需要提高学生在课堂上的参与度，让他们积极参与到新内容的学习中。应当在课堂上形成一个活跃的学习氛围，让学生敢于参与讨论，积极将问题反馈给老师。如此这般才能更好地让学生成为课堂的中心，让学生明白课堂学习并不只是老师传授知识，更是要自己主动参与学习的过程。

（四）鼓励学生多深入思考和提问

大学教育教导学生学会知识和理论是不够的，更需要让学生学会思考和提问。美国批判性思维国家理事会主席理查德·保罗曾在他的《批判性思维工具》一书中指出“一个不善于提问的人不会是优秀的批判性思考者。答案不能推动思维的发展，真正能推动思维发展的是问题。那些学科（例如物理学或生物学）的奠基人，如果不善于提出问题，那么这学科就不可能发展起来”。他不仅强调了学会提问的重要性，还指出了提问和思维的关系，即“所提出问题的质量决定着你思维的质量。当没有问题时，你便不再思考解决问题的答案”。在应试教育下，不少学生习惯了题目有唯一的标准答案，不敢向权威发出疑问，更别说是挑战权威。

然而，随着时间的推移，权威也可能存在不足之处。而且大部分问题都可以从多元的角度进行探讨，并非只有唯一的思路，有可能从其他角度出发还可以寻找到更合适的答案。所以，让学生学会提问，从多个角度进行思考，培养批判性思维尤为重要。通过让学生深入思考后提问，也是让学生成为学习的中心的有效方法。

（五）通过实践方式让学生学会“在学中干、在干中学”

陆游曾写到“纸上得来终觉浅，绝知此事要躬行”，这句诗告诉我们从书本上获得知识是不够的，如果要深入理解其中的道理，还需要亲自实践才行。实践出真知，只有通过实践的检验才知道是否真的掌握了真才实学。与此同时，“在学中干、在干中学”是一种高效的主动学习方式，学习内容的平均留存率能达到75%左右。通过干与学相结合的方式，才能有针对性地进行学习和提升。

习近平总书记曾寄语广大青年，所有知识要转化为能力，都必须躬身实践。要坚持知行合一，注重在实践中学真知、悟真谛，加强磨练、增长本领。学习的目的是为了更好地解决实际问题，如果学习的知识未能指导实践，那么表明学习还未达到要求。所以，为了让学生学会自主学习，可以利用“在学中干、在干中学”的方式让学生积极参与实践，在实践中学习和成长。

四、“主动学习”的教学模式在管理研究方法论课程中的应用

（一）搭建课程体系，让学生从总体上把握课程框架

“主动学习”的教学模式最重要的是以学生为主，因此在将具体课程内容教导给学生之前，必须让学生明白为何要上这一门课程。即让学生懂得为何而学后，才能更好地激发他们学习的自驱力。管理研究方法论课程是工商管理类学生最重要的基础课程之一，旨在培养学生科学精神、严谨的学术思想、规范的研究范式，提高学生进行学术研究的基本功，为学生开展后续研究提供方法论和工具。通过这门课程，学生应掌握管理研究工作过程的规范和结构，了解进行科学研究的理论知识、基本方法和步骤，并懂得如何科学严谨地开展学术研究。在让学生明白自己为何要学习这门课程后，给学生搭建起该课程的体系，让学生先从总体上了解课程的知识框架，以便于学生可以根据自身需求进行课前学习。

“主动学习”的教学模式最重要的是调动学生的内驱力，让学生清楚知道为何而学，学会为自己学习，所以离不开在课程前期让学生明白学习的目的不只是为了通过考试，更是为了更好地指导实践。例如，学习管理研究方法论课程是在为自己后续开展学术研究奠定基础。

（二）讲解各类管理研究方法，让学生结合文献分享学会深入思考和提问

在管理研究方法论课程学习的过程中，将理论方法的讲解和文献阅读分析相结合，让学生在学习一个管理研究方法后，再通过文献阅读的方式明白该研究方法如何运用。

在此过程中，将全班学生分成多个学习小组，每个学习小组约五人。每个学习小组需要负责分享一篇包含当周学习过的研究方法的文献。通过让学生组成学习小组并分享文献的形式，既可以让他们通过在小组讨论中相互学习，又增加了学习的主动性和参与度，最终有利于提高学习的效果。此外，在分享文献的过程中，各学习小组需要针对文献的不足提出独到的见解，故还可以锻炼学生提出问题、分析问题和解决问题的能力，培养学生形成批判性思维。针对学生在分享文献和分析问题中存在的不足，教师可以更好地对此进行引导和指正。

因此，通过教师传授理论知识加引导、学生高度参与的形式，实现由传统的以老师为中心的教学模式转化为以学生为中心的教学模式，同时达到让学生进行深入的思考和提问的效果。

（三）指导学习小组开展管理研究，让学生学会“在干中学、在学中干”

知识能够转化为能力，才可算真知，因此实践是检验是否真正学到知识的最好的标准。为了让学生更好地掌握各类管理研究方法，在课程的期末考核时要求每个学习小组独立开展一项感兴趣的管理研究，并将研究的成果与老师和同学们进行分享。在课程学习过程中，学生可能会觉得自己已经对知识点有所掌握，然而只有通过实践才能更好地发现问题。通过“在干中学、在学中干”的方式，不仅能够让学生更好地理解和掌握学习的内容，而且还能锻炼学生的动手能力。

此外，通过让学生对感兴趣的管理问题展开研究，能够充分调动学生学习的积极性，在实践的过程中学习更多必备的知识和技能，提高学生对课程的投入度，真正做到让学生学会自主学习。在每个学习小组汇报的过程中，鼓励其他学习小组发现可能存在的问题并进行分析，锻炼其提问和思考的能力。同时，汇报的学习小组需要针对老师和同学们提出的疑问进行解答，并对不足之处进行改进，尽可能地拓宽学生的思维方式。

在此过程中，老师不仅扮演传授知识的角色，更多的是扮演引导学生进行深度参与和深入思考的角色，让学生不是被动学习，而是为了满足求知欲而主动学习。

五、结束语

社会正在快速发展，如果学生只是被动学习则难以跟上时代发展的步伐，更难以培养出创新型人才。在信息爆炸的时代，如果不懂得如何分析问题、如何从纷繁复杂的世界中提取出所需要的关键信息以及如何解决问题，则很可能会在众多的诱惑面前迷失自我。与社会发展的需要相比，已有的知识和技能也存在被淘汰的可能，如果不懂得主动学习增强自身本领，久而久之，则难以在激烈的竞争中脱颖而出，从而被时代淘汰。所以，学生在大学期间不仅需要扎实地学习理论知识和锻炼过硬的本领，更需要培养“主动学习、终身学习”的思想觉悟，做到学、思、用相贯通，知与行相统一。

我国学生在传统的教学模式下，习惯被动学习以及对课堂的参与度不够高，但这种模式下培养出来的学生难以适应快速发展的时代。因此，必须逐步将“以老师为中心”的教学模式转变为“以学生为中心”的教学模式，让学生从“被动学习”的思维模式转变为“主动求学”的思维模式，让他们不仅掌握知识和技能，更学会如何提出、分析和解决问题。好的教育应当让学生懂得为提升自己而学习，而不是为了应付考试，让学生重视主动学习，而不是只会被动地学习，让学生懂得批判性思考，而不是全盘接受权威，如此才能更好地培养符合时代所需的创新型人才。

参考文献

［1］Bonwell C C，Eison J A. Active learning：Creating excitement in the classroom［M］. Washington，DC.：George Washington University ERIC Clearinghouse on Higher Education，1991：2.

［2］Lombardi D，Shipley T F，Astronomy Team，et al. The curious construct of active learning［J］. Psychological Science in the Public Interest，2021，22（1）：8-43.

［3］李红惠．学习金字塔：学术神话建构与解构的博弈［J］. 外国教育研究，2021，48（11）：20-32.

［4］荆洪英，张利，张彦富．MOOC 资源下基于主动学习的混合式教学模式探究［J］. 工业和信息化教育，2023（1）：24-27+44.

［5］刘化龙，崔丽敏．应用型高校“以学生为中心”教学改革的若干思考［J］. 北京教育（高教），2023（8）：94-96.

［6］［美］爱德华·L. 德西，理查德·弗拉斯特．内在动机：自主掌控人生的力量［M］. 北京：机械工业出版社，2020：5-9.

第五篇

创新育人思考

本科拔尖创新人才培养模式浅析

——以“聚徒教学” 为例

王 红　唐志明　彭 洁　牛 奔

（深圳大学管理学院管理科学系）

【摘要】为了更好地培养本科生的科学素养与创新精神，提升批判思维、交流合作与研究创新的能力，高水平大学不断探索培养拔尖创新人才，开展“本科生科研训练”项目。然而，拔尖人才培养是一项系统工程，不仅多样化且受教育模式和社会环境等因素的影响。因此，本文以深圳大学“聚徒教学”创新教育培养模式为研究对象，通过搜集整理并分析“聚徒教学”立项与指导学生获得学科竞赛奖项之间的关系，探索本科生创新人才培养模式和优化方案。研究结果显示：“聚徒教学”活动作为一种精英教学模式，可以明显提升学生的专业素质和学术思维；学生通过自身能力的提升以及聚徒导师的指导，可以提高学科竞赛的获奖概率。最后，本研究通过对比理工科和文科获奖数据发现，理工科学生在技术类竞赛项目中有着显著优势，而文科学生更多参与到创新创业类竞赛项目中。

【关键词】创新人才培养模式；研究性教学；学术素养；“聚徒教学”

一、引言

习近平总书记在党的二十大报告中强调，要“全面提高人才自主培养质量，着力造就拔尖创新人才”。教育部早在《国家中长期教育改革和发展规划纲要》中对基础学科的拔尖创新人才培养做了筹备工作，选择清华大学、北京大学等十多所大学的数、理、化、计算机、生物五个学科率先进行试点，比如北京大学的元培计划、清华大学的清华学堂，致力于创新人才的培养。通过十余年的探索，拔尖创新人才的培养在人才培养模式、课程体系、教学内容、教学方法手段等方面都积攒了丰富的经验。目前，许多高水平大学已经广泛推进本科拔尖创新人才培养计划，比如北京大学“本科生科研训练”、清华大学“科学研究训练”、武汉大学“武汉大学自强创业班”、浙江大学“求是科学班”等。通过讨论、互动、参与等模式的培养和导师的引导，启发本科生的科学探索兴趣，养成探究式学习习惯，为后续学习和终身学习奠定坚实基础。

为了深化拔尖创新人才培养模式改革，深圳大学教务部自2016年提出“聚徒教学”创新教育改革，以拓宽本科生学术视野、学术素养、创新能力为目的，开展以学术能力提升和创新教育为主的课堂外探索性教学活动。据调查，参与“聚徒教学”的本科生，半数以上参加过大学生研究训练，积极参与报告论文撰写、在核心刊物和SCI收录期刊等上发表学术论文、参加学术会议、获得专利、参加“挑战杯”科技作品展及系列赛事活动等。“聚徒教学”项目已经成为研究型学习本科生人才培养的重要平台。

“聚徒教学”创新教育培养项目自提出以来，其教育培养模式和内涵不断优化，但该创新教育模式改革对学生创新能力提高之间的相关性尚未获得深入研究。据此，本文通过研究2017年至今“聚徒教学”立项与指导学生获学科竞赛奖项之间的关系，探索本科生创新人才培养模式和优化方案。

二、研究假设

（一）聚徒项目数正向影响聚徒指导获奖数

“聚徒教学”是深圳大学自2010年以来教学改革的一大创新。“聚徒教学”是一种精英教育模式，是以加强学术交流、思想交流与情感交流为特点，以研究性教学为基础的，小范围、近距离的教学模式。“聚徒教学”通过研究式、专题式的“师带徒”形式，将课堂教学中无法传授的学术知识通过课堂外教学活动教授给“弟子”，从而激发学生专业兴趣和学术兴趣，提高学生创新思维及科研思维能力，培养学生独立思考与解决问题的能力。聚徒项目是指符合申报条件的老师成功申报“聚徒教学”活动的课程，该课程为非课堂教学，不纳入教师工作量，以项目经费的形式给予经费资助。聚徒指导获奖数是指学生在聚徒项目的指导培养期间，参与各种学科竞赛和“大创”的获奖数。对于理工科而言，赵振富等指出“聚徒教学”培养了学生的学术研究能力[1]，通过“聚徒教学”指导的学生课外研究小组申报省级、校级科研项目20余项，5次获得“挑战杯”国家级奖励；林桂淼等将“聚徒教学”与基础医学创新实验课程进行结合[2]，提高了对本科生的指导效率，帮助学生获得不错的科研成绩，取得满意的教学效果。对于文科而言，张又丹通过“聚徒教学”项目“在比赛实践中提高学生的钢琴演奏能力”的开设[3]，指导和培养参加“聚徒教学”的学生在国内外钢琴比赛中共获奖370项。“聚徒教学”活动优化学术氛围，锻炼和提升学生的专业能力，激发学生的创新科研激情，提高学生自主研究性学习的意愿和能力。

据此，本文提出如下假设：

H1a：理工科的聚徒项目数正向影响聚徒指导获奖数。

H1b：文科的聚徒项目数正向影响聚徒指导获奖数。

（二）“大创”项目中，聚徒项目数正向影响总获奖数

“聚徒教学”是一种聚焦于科研及学术交流，以研究性教学为基础的精英教育模式。“大创”中的创新训练项目主要是在老师的指导下，自主完成创新性研究项目设

计、研究条件准备和项目实施、研究报告撰写、学术交流等工作，而“大创”项目主要以创新训练项目为主。“聚徒教学”活动的教学成果可以通过“大创”项目来衡量，因此二者之间存在着较强的关联性。

据此，本文提出如下假设：

H2a：“大创”项目中，理工科的聚徒项目数正向影响总获奖数。

H2b：“大创”项目中，文科的聚徒项目数正向影响总获奖数。

（三）聚徒导师开课次数正向影响聚徒导师指导获奖数

聚徒导师是指有过“聚徒教学”活动经验的老师，聚徒导师指导获奖数是指由聚徒导师作为指导老师，在开课时和未开课时指导学生获奖数。“聚徒教学”活动可以激发学生的专业兴趣，提高学生专业思维能力，同时激发学生对创新创业和科研的兴趣，因此在聚徒项目的指导和培养下，学生参加学科竞赛以及大学生创新创业训练项目的激情更高。无论是理工科，还是文科，聚徒导师开课次数越多，其培养的学生就越多，其对“聚徒教学”活动的经验就为更丰富。

据此，本文提出如下假设：

H3a：理工科的聚徒导师开课次数正向影响聚徒导师指导获奖数。

H3b：文科的聚徒导师开课次数正向影响聚徒导师指导获奖数。

（四）聚徒导师开课次数正向影响聚徒指导获奖数

聚徒指导获奖数是指在聚徒项目开展期间，学生在聚徒老师的指导下参加各种学科竞赛和“大创”的获奖数量。张又丹[1]持续开展“聚徒教学”活动10个学年，指导和培养参加“聚徒教学”的学生在国内外钢琴比赛中共获奖370项，获得国内外钢琴比赛指导教师奖89项（截至2022年）。然而，每个聚徒项目都存在人数限制。因此，聚徒老师开课的次数决定了其总的培养人数，正在接受聚徒项目培养的学生越多，聚徒指导获奖数可能越大。

据此，本文提出如下假设：

H4a：理工科的聚徒导师开课次数正向影响聚徒指导获奖数。

H4b：文科的聚徒导师开课次数正向影响聚徒指导获奖数。

（五）聚徒导师指导获奖数大于非聚徒导师指导获奖数

聚徒导师通过开展“聚徒教学”活动，可以积累更为丰富的指导经验，同时在开展“聚徒教学”活动期间更能近距离地接触到学生在学科竞赛及学术科研上遇到的问题。在“聚徒教学”中，教学相长，老师在创造学术自由氛围的同时，也促进老师自身素质的提高，面对学生在学科竞赛及学术科研上的问题能够更好地指导和解答。

据此，本文提出如下假设：

H5a：“大创”项目中，聚徒导师指导获奖数大于非聚徒导师指导获奖数。

H5b：“竞赛”项目中，聚徒导师指导获奖数大于非聚徒导师指导获奖数。

（六）聚徒导师开课时指导获奖数大于未开课时指导获奖数

“聚徒教学”是一种以研究性教学为基础的精英式教学模式，面向热爱研究且学有余力的少数学生，因此在开课期间，聚徒导师指导的学生是具有一定基础、一定经验的精英学生，这些学生接受新知识的能力相对较强，他们在老师指导下获奖的概率更高。开课期间，老师和学生可以聚在一起，相互交流、相互探讨、相互学习，激发学生对科研的激情，端正科研的态度，老师可以宏观把握接受聚徒项目指导学生的项目进展，及时发现存在的问题并进行修正。

据此，本文提出如下假设：

H6a：理工科的聚徒导师在开课时指导获奖数大于未开课时指导获奖数。

H6b：文科的聚徒老师在开课时指导获奖数大于未开课时指导获奖数。

（七）理工科的聚徒导师指导获奖数大于文科的聚徒导师指导获奖数

理工科的学生相较于文科学生其更注重于理论和实践，更倾向于数据挖掘、数据分析。对于技术类的竞赛，理工科学生更具优势；对于学术科研，理工科的科研思维更为严谨。在本科阶段，理工科的专业知识相对于文科而言更加硬核，更偏向于技术类，对于相关的学术研究和学科竞赛拥有更大的技术优势。同时，理工科在本科阶段可以进行更多的实验研究，从而获取更多的实验数据，发现更多的研究问题。

据此，本文提出如下假设：

H7a：“大创”项目中，理工科的聚徒导师指导获奖数大于文科的聚徒导师指导获奖数。

H7b：“竞赛”项目中，理工科的聚徒导师指导获奖数大于文科的聚徒导师指导获奖数。

三、深圳大学聚徒教学分析

（一）调查对象与数据收集

为了验证之前提出的假设，本文选取 2017—2022 年开展的聚徒项目和所有开展过“聚徒教学”活动的老师作为本次的调查对象。本文通过深圳大学内部网收集了 2017—2023 年共 6 个学年的所有竞赛获奖数据，其中包括各类学科的学科竞赛、大学生创新创业项目等，所有数据均为官方公布的数据，确保了数据的准确性和可靠性。

通过人工爬取的方式，共收集了 6111 份数据，使用 Excel 核查和筛选数据，以深圳大学常设的 26 个学院为基础，剔除不在这 26 个学院中的数据，仅保留 24 个学院，其中理工科学院为以下 11 个学院：材料学院、电子与信息工程学院、化学与环境工程学院、机电与控制工程学院、计算机与软件学院、建筑与城市规划学院、生命与海洋科学学院、数学与统计学院、土木与交通工程学院、物理与光电工程学院、医学部；文科学院为以下 13 个学院：传播学院、法学院、管理学院、国际交流学院、教育学部、经济学院、人文学院、师范学院（教育学部）、体育学院、外国语学院、心理学院、艺术学部、政府管理学院。汇总数据共剔除189份数据，保留有效数据5922份。其中“竞赛”类数据共4749份，“大创”类数据共1173份。“竞赛”指的是各种学科竞赛，包括“挑战杯”“三创”等；“大创”指的是大学生创新创业训练计划项目。

（二）描述性统计和相关性分析

1. 描述性统计

根据表1所示，利用SPSS 25.0将所收集到的学年数据进行描述性统计，2017—2023年期间，各学年的学院获奖均值较为稳定，标准差维持在相对合理的范围之内，并未出现偏离较大的数值。根据表2所示，利用SPSS 25.0对各学院在不同学年的数据进行描述性统计，各学院在2017—2023年的获奖均值相差较大，并且各学院数据的标准差偏差较大。理工科学院的获奖均值相差较小，分布范围处于1~90；文科的获奖均值相差较大，分布范围处在1~109，并且国际交流学院、人文学院、法学院等的年获奖数相对稳定，师范学院、艺术学院、体育学院的年获奖数波动较大。汇总的获奖数据相对比较稳定，但是理工科、文科之间存在一定的差异，说明所收集到的数据具有一定的合理性，因此可以进行后续的研究分析。

表1 各学年描述性统计

学年	N	最小值	最大值	均值	标准差
2017—2018	24	0	128	38.21	36.599
2018—2019	24	0	160	41.67	47.067
2019—2020	24	0	153	33.37	42.470
2020—2021	24	0	226	52.75	55.582
2021—2022	24	0	186	58.54	58.965
2022—2023	24	0	168	22.21	34.346
总计	24	8	651	246.75	207.954

表2 各学院描述性统计

学院名称	N	最小值	最大值	均值	标准差
材料学院	6	4	24	15.33	8.017
电子与信息工程学院	6	18	46	35.67	10.013
化学与环境工程学院	6	8	26	15.00	6.753
机电与控制工程学院	6	40	64	48.67	8.756
计算机与软件学院	6	18	133	79.17	39.194
建筑与城市规划学院	6	5	20	12.67	5.922

续表

学院名称	N	最小值	最大值	均值	标准差
生命与海洋科学学院	6	19	122	51.33	39.647
数学与统计学院	6	6	101	45.83	34.965
土木与交通工程学院	6	11	66	39.00	19.809
物理与光电工程学院	6	18	186	88.83	73.060
医学部	6	17	98	48.50	30.191
传播学院	6	7	150	102.33	49.706
法学院	6	0	11	6.50	4.593
管理学院	6	10	71	46.67	25.680
国际交流学院	6	0	5	1.33	2.160
教育学部	6	4	29	12.67	9.180
经济学院	6	3	49	14.83	17.128
人文学院	6	1	12	6.67	4.179
师范学院（教育学部）	6	0	226	78.00	82.958
体育学院	6	5	160	98.17	66.505
外国语学院	6	5	64	23.33	23.721
心理学院	6	0	12	5.00	4.817
艺术学部	6	19	181	108.50	67.212
政府管理学院	6	0	12	3.00	5.020
总计	6	533	1405	987.00	315.704

2. 相关性分析

根据所收集到的汇总数据，利用 SPSS 25.0 对理工科和文科的相关变量进行相关性分析，即聚徒项目数、聚徒指导获奖数、聚徒导师数、聚徒导师指导获奖数和总获奖数，观察各变量期间的相关性以验证上文的假设，如表 3 和表 4 所示。

表 3 理工科相关性分析

相关变量		聚徒项目数	聚徒指导获奖数	聚徒导师数	聚徒导师指导获奖数	总获奖数
聚徒项目数	皮尔逊相关性	1	0.709*	0.944**	0.245	0.120
	Sig.（双尾）		0.015	0.000	0.467	0.726
	个案数	11	11	11	11	11
聚徒指导获奖数	皮尔逊相关性	0.709*	1	0.696*	0.417	0.325
	Sig.（双尾）	0.015		0.017	0.202	0.330
	个案数	11	11	11	11	11

续表

相关变量		聚徒项目数	聚徒指导获奖数	聚徒导师数	聚徒导师指导获奖数	总获奖数
聚徒导师数	皮尔逊相关性	0.944**	0.696*	1	0.273	0.047
	Sig.（双尾）	0.000	0.017		0.417	0.892
	个案数	11	11	11	11	11
聚徒导师指导获奖数	皮尔逊相关性	0.245	0.417	0.273	1	0.765**
	Sig.（双尾）	0.467	0.202	0.417		0.006
	个案数	11	11	11	11	11
总获奖数	皮尔逊相关性	0.120	0.325	0.047	0.765**	1
	Sig.（双尾）	0.726	0.330	0.892	0.006	
	个案数	11	11	11	11	11

注：*表示在0.05级别（双尾），相关性显著；**表示在0.01级别（双尾），相关性显著。

表4 文科相关性分析

相关变量		聚徒项目数	聚徒指导获奖数	聚徒导师数	聚徒导师指导获奖数	总获奖数
聚徒项目数	皮尔逊相关性	1	0.712**	0.973**	0.744**	0.564*
	Sig.（双尾）		0.006	0.000	0.004	0.045
	个案数	13	13	13	13	13
聚徒指导获奖数	皮尔逊相关性	0.712**	1	0.685**	0.990**	0.682*
	Sig.（双尾）	0.006		0.010	0.000	0.010
	个案数	13	13	13	13	13
聚徒导师数	皮尔逊相关性	0.973**	0.685**	1	0.691**	0.499
	Sig.（双尾）	0.000	0.010		0.009	0.083
	个案数	13	13	13	13	13
聚徒导师指导获奖数	皮尔逊相关性	0.744**	0.990**	0.691**	1	0.717**
	Sig.（双尾）	0.004	0.000	0.009		0.006
	个案数	13	13	13	13	13
总获奖数	皮尔逊相关性	0.564*	0.682*	0.499	0.717**	1
	Sig.（双尾）	0.045	0.010	0.083	0.006	
	个案数	13	13	13	13	13

注：*表示在0.05级别（双尾），相关性显著；**表示在0.01级别（双尾），相关性显著。

根据表3所示，理工科的聚徒项目数与聚徒指导获奖数的相关性为0.709，且P值为0.015，小于0.05，故理工科的聚徒项目数同聚徒指导获奖数存在显著性正相关；理工科的聚徒导师数与聚徒指导获奖数的相关性为0.696，且P值为0.017，小于0.05，故理工科的聚徒导师数同聚徒指导获奖数存在显著性正相关。从上述分析结果可以验证假设H1a的正确性，即理工科的聚徒项目数正向影响聚徒指导获奖数。

根据表 4 所示，文科的聚徒项目数与聚徒指导获奖数的相关性为 0.712，且 P 值为 0.006 小于 0.01，故文科的聚徒项目数同聚徒指导获奖数存在显著性正相关；文科的聚徒指导获奖数与总获奖数的相关性为 0.682，且 P 值为 0.010 小于 0.05，故文科的聚徒指导获奖数与总获奖数存在显著性正相关。从上述分析结果可以验证假设 H1b 的正确性，即文科的聚徒项目数正向影响聚徒指导获奖数。

以“大创”数据为样本，利用 SPSS 25.0 对理工科和文科的相关变量进行相关性分析，即：聚徒项目数、聚徒指导获奖数、聚徒导师数、总获奖数。如表 5 所示，理工科的聚徒项目数与聚徒指导获奖数、总获奖数的相关性分别为 0.757、0.763，且 P 值均小于 0.01，故理工科的聚徒项目数与聚徒指导获奖数、总获奖数均为显著性正相关。据此，可以验证假设 H2a 的正确性，即“大创”项目中，理工科的聚徒项目数正向影响总获奖数。

表 5　理工科“大创”项目相关性分析

相关变量		聚徒项目数	聚徒指导获奖数	聚徒导师数	总获奖数
聚徒项目数	皮尔逊相关性	1	0.757**	0.944**	0.763**
	Sig.（双尾）		0.007	0.000	0.006
	个案数	11	11	11	11
聚徒指导获奖数	皮尔逊相关性	0.757**	1	0.606*	0.942**
	Sig.（双尾）	0.007		0.048	0.000
	个案数	11	11	11	11
聚徒导师数	皮尔逊相关性	0.944**	0.606*	1	0.584
	Sig.（双尾）	0.000	0.048		0.059
	个案数	11	11	11	11
总获奖数	皮尔逊相关性	0.763**	0.942**	0.584	1
	Sig.（双尾）	0.006	0.000	0.059	
	个案数	11	11	11	11

注：*表示在 0.05 级别（双尾），相关性显著；**表示在 0.01 级别（双尾），相关性显著。

如表 6 所示，文科的聚徒项目数与聚徒指导获奖数、总获奖数的相关性分别为 0.753、0.739，且 P 值均小于 0.01，故文科的聚徒项目数与聚徒指导获奖数、总获奖数均为显著性正相关。据此，可以验证假设 H2b 的正确性，即“大创”项目中，文科的聚徒项目数正向影响总获奖数。

表 6　文科“大创”项目相关性分析

相关变量		聚徒项目数	聚徒指导获奖数	聚徒导师数	总获奖数
聚徒项目数	皮尔逊相关性	1	0.753**	0.973**	0.739**
	Sig.（双尾）		0.003	0.000	0.004
	个案数	13	13	13	13

续表

相关变量		聚徒项目数	聚徒指导获奖数	聚徒导师数	总获奖数
聚徒指导获奖数	皮尔逊相关性	0.753**	1	0.668*	0.972**
	Sig.（双尾）	0.003		0.013	0.000
	个案数	13	13	13	13
聚徒导师数	皮尔逊相关性	0.973**	0.668*	1	0.661*
	Sig.（双尾）	0.000	0.013		0.014
	个案数	13	13	13	13
总获奖数	皮尔逊相关性	0.739**	0.972**	0.661*	1
	Sig.（双尾）	0.004	0.000	0.014	
	个案数	13	13	13	13

注：*表示在0.05级别（双尾），相关性显著；**表示在0.01级别（双尾），相关性显著。

利用SPSS 25.0对理工科和文科的聚徒导师数据进行相关性分析，即：开课次数、聚徒指导获奖数、聚徒导师指导获奖数。如表7所示，理工科的聚徒导师开课次数与聚徒指导学生获奖数、聚徒导师指导获奖数的相关性分别为0.401、0.288，且P值均小于0.01，故理工科的聚徒导师开课次数与聚徒指导获奖数、聚徒导师指导获奖数均为显著性正相关。据此，可以验证假设H3a、H4a的正确性，即理工科的聚徒导师开课次数正向影响聚徒导师指导获奖数和聚徒指导获奖数。

表7 理工科聚徒导师开课次数相关性分析

相关变量		开课次数	聚徒指导获奖数	聚徒导师指导获奖数
开课次数	皮尔逊相关性	1	0.401**	0.288**
	Sig.（双尾）		0.000	0.001
	个案数	124	124	124
聚徒指导获奖数	皮尔逊相关性	0.401**	1	0.540**
	Sig.（双尾）	0.000		0.000
	个案数	124	124	124
聚徒导师指导获奖数	皮尔逊相关性	0.288**	0.540**	1
	Sig.（双尾）	0.001	0.000	
	个案数	124	124	124

注：**表示在0.01级别（双尾），相关性显著。

如表8所示，文科的聚徒导师开课次数与聚徒指导获奖数、聚徒导师指导获奖数的相关性分别为0.208、0.187，且P值均小于0.05，故文科的聚徒导师开课次数与聚徒指导获奖数、聚徒导师指导获奖数均为显著性正相关。据此，可以验证假设H3b、H4b的正确性，即文科的聚徒导师开课次数正向影响聚徒导师指导获奖数和聚徒指导获奖数。

表 8　文科聚徒导师开课次数相关性分析

相关变量		开课次数	聚徒指导获奖数	聚徒导师指导获奖数
开课次数	皮尔逊相关性	1	0.208*	0.187*
	Sig.（双尾）		0.013	0.027
	个案数	141	141	141
聚徒指导获奖数	皮尔逊相关性	0.208*	1	0.984**
	Sig.（双尾）	0.013		0.000
	个案数	141	141	141
聚徒导师指导获奖数	皮尔逊相关性	0.187*	0.984**	1
	Sig.（双尾）	0.027	0.000	
	个案数	141	141	141

注：*表示在0.05级别（双尾），相关性显著；**表示在0.01级别（双尾），相关性显著。

（三）假设检验

如表9和表10所示，“大创”项目中，聚徒导师指导学生平均获奖数为3.40，而非聚徒导师指导学生平均获奖数为1.63，聚徒导师是非聚徒导师的2.09倍，因此可以验证假设H5a的正确性，即“大创”项目中，聚徒导师指导获奖数大于非聚徒导师指导获奖数。“竞赛”项目中，聚徒导师指导学生平均获奖数为13.23，非聚徒导师指导学生平均获奖数为6.17，聚徒导师是非聚徒导师的2.14倍，因此可以验证假设H5b的正确性，即“竞赛”项目中，聚徒导师指导获奖数大于非聚徒导师指导获奖数。从上述分析中，可以看出聚徒导师指导学生平均获奖数是非聚徒导师的2倍以上，侧面说明开展聚徒活动有助于提高聚徒导师的指导能力，也可以提高参加聚徒活动的学生的专业技能和学术思维。

表 9　聚徒导师指导获奖

项目名称	聚徒导师数	聚徒导师指导获奖数	平均获奖数
“大创”项目	119	405	3.40
“竞赛”项目	109	1442	13.23

表 10　非聚徒导师指导获奖

项目名称	非聚徒导师数	非聚徒导师指导获奖数	平均获奖数
“大创”项目	471	768	1.63
“竞赛”项目	536	3307	6.17

如表11所示，无论是理工科还是文科，聚徒导师在开课时的指导获奖数都比为开课时的指导获奖数多。相较于理工科，文科聚徒导师在开课时和未开课时的指导获奖数相差较大，存在显著的差异，其开课时指导获奖数是未开课是指导获奖数的3.84倍，说明文科老师在开展聚徒活动期间备受同学们的关注，可以调动参与项目同学的

积极性，促使学生积极参加各种学科竞赛，也说明同学参加聚徒项目期间专业素养和技能得到较大的提升。综上所述，可以验证假设 H6a、H6b 的正确性，即理工科和文科的聚徒导师在开课时指导获奖数大于未开课时指导获奖数。

表 11　聚徒导师指导学生获奖汇总（开课、未开课）

类别	聚徒导师数	开课时指导获奖数	未开课时指导获奖数
理工科	94	686	436
文科	74	745	194

如表 12 所示，在“大创”项目中，理工科聚徒导师指导学生的平均获奖数为 11.72，而文科聚徒导师的指导学生平均获奖数为 7.28，因此验证假设 H7a 的正确性，即“大创”项目中理工科的聚徒导师指导获奖数大于文科的聚徒导师指导获奖数。如表 13 所示，在“竞赛”项目中，理工科聚徒导师指导学生平均获奖数为 12.32，而文科聚徒导师指导学生平均获奖数为 14.57，数据显示的结果与假设 H7b 相矛盾，故假设 H7b 不成立。除此之外，从表 12 和表 13 可以看出，理工科聚徒导师在指导“大创”项目上比“竞赛”项目多，说明理工科老师更热衷于指导“大创”项目。

表 12　“大创”项目理工科、文科聚徒导师对比数据

类别	聚徒导师人数	聚徒导师指导获奖数	平均获奖数
理工科	76	279	11.72
文科	43	126	7.28

表 13　“竞赛”理工科、文科聚徒导师对比数据

类别	聚徒导师人数	聚徒导师指导获奖数	平均获奖数
理工科	65	801	12.32
文科	44	641	14.57

（四）假设检验汇总

假设检验结果汇总见表 14。

表 14　假设检验结果汇总

序号	假设内容	结论
H1a	理工科的聚徒项目数正向影响聚徒指导获奖数	成立
H1b	文科的聚徒项目数正向影响聚徒指导获奖数	成立
H2a	“大创”项目中，理工科的聚徒项目数正向影响总获奖数	成立
H2b	“大创”项目中，文科的聚徒项目数正向影响总获奖数	成立
H3a	理工科的聚徒导师开课次数正向影响聚徒导师指导获奖数	成立
H3b	文科的聚徒导师开课次数正向影响聚徒导师指导获奖数	成立

续表

序号	假设内容	结论
H4a	理工科的聚徒导师开课次数正向影响聚徒指导获奖数	成立
H4b	文科的聚徒导师开课次数正向影响聚徒指导获奖数	成立
H5a	“大创”项目中，聚徒导师指导获奖数大于非聚徒导师指导获奖数	成立
H5b	“竞赛”项目中，聚徒导师指导获奖数大于非聚徒导师指导获奖数	成立
H6a	理工科的聚徒导师在开课时指导获奖数大于未开课时指导获奖数	成立
H6b	文科的聚徒导师在开课时指导获奖数大于未开课时指导获奖数	成立
H7a	“大创”项目中，理工科的聚徒导师指导获奖数大于文科的聚徒导师指导获奖数	成立
H7b	“竞赛”项目中，理工科的聚徒导师指导获奖数大于文科的聚徒导师指导获奖数	不成立

四、结果分析与讨论

研究结果显示，无论是理工科的聚徒项目数还是文科的聚徒项目数，都对聚徒指导获奖数产生正向影响。这意味着聚徒项目对参与“聚徒教学”活动的学生参与相关学科竞赛并获奖具有正向影响作用，“聚徒教学”活动作为一种精英教学模式，针对学有余力的少部分学生，参加活动的学生不仅具有比较扎实的专业基础，而且对学术研究有较大的兴趣。再加上“小班制”的形式，聚徒导师的教学效率大大提升，可以在学生进行受训时指出问题并给予正确的指导，从而促进学生在原有基础上更快、更好地提升自身的专业素质以及学术思维。学生自身能力的提升加上聚徒导师的指导，进一步提高了学科竞赛的获奖概率。

此外，聚徒导师的开课次数对聚徒指导获奖数和聚徒导师指导获奖数产生正向影响。“聚徒教学”的特点是加强学术交流、思想交流和情感交流，聚徒活动可以增进师生感情，聚徒导师的开课次数越多，受到指导的学生就会越多。接受过聚徒指导的学生与聚徒导师的情感更加深厚，接受聚徒指导的学生在之后的学科竞赛中更倾向于寻找他所参加聚徒项目的聚徒导师作为指导老师，而聚徒导师对于受过他指导的学生更加了解，因此也愿意担任指导老师。开课次数越多，接受过聚徒指导的学生基数越大，找聚徒导师作为指导老师的各类项目就更多，从而促进聚徒导师指导获奖数的增加。聚徒导师开课次数越多，其对“聚徒教学”活动越有经验，对于开课期间指导的项目可以快速、准确地发现问题并给予解答，提升聚徒指导项目的获奖概率。

聚徒导师指导获奖数大于非聚徒导师指导获奖数，且开课时指导获奖数大于未开课时指导获奖数。聚徒导师在开展聚徒活动时可以近距离了解到相关学科竞赛的要求和细节，可以更高效地指导学生，同时“聚徒教学”项目为非课堂教学，在课堂之外，学生与老师的接触、交流相对较少，而在聚徒项目中，学生能够近距离地和老师交流，增进师生情感。参加过聚徒项目的学生也会积极推广聚徒导师，提高聚徒导师们的知名度，找聚徒导师作为指导老师的项目增多，聚徒导师指导获奖数也因此增多。聚徒导师开课时的指导获奖项目大多为聚徒学生的项目，参加聚徒项目的学生在专业水平、学术兴趣、自身素质上都有保障，同时项目也经过聚徒导师的指导，其获奖概率大于未开课时。

“大创”项目中，理工科的聚徒指导项目获奖数大于文科的聚徒指导获奖数，而在“竞赛”项目中是相反的。“大创”项目主要是以创新训练项目为主，也就是以学术研究为主，理工科更注重理论的研究。而对于“竞赛”项目，竞赛所需要的报告、PPT以及路演等，都是文科所擅长的，对文科更具有优势。此外，理工科的聚徒导师更注重“大创”项目，“大创”项目中的聚徒导师明显多于“竞赛”项目，理工科在实验研究上更有优势。

五、结论和展望

在推动高校拔尖人才培养战略的众多因素中，创新创业教育是其中一个共同且关键的变量。借助现代信息技术，信息传递不受时间和空间的限制，高校能够及时获得大量创新创业市场趋势、市场需求、人才需求、创新创业政策和支持措施、创新创业教育资源、创新创业成功案例以及创新创业培养方法和教学手段等信息，这些信息有助于高校指导老师制定切实可行的拔尖创新人才培养模式。然而，拔尖创新人才的培养是一项系统工程，需要社会、家庭、学校、用人单位等多主体的协同作用，营造拔尖创新人才脱颖而出的良好氛围，完善政策机制。因此，如何从人才培养系统化角度，提取出符合各高校自身发展理念和发展阶段的关键要素，将其整合和优化，融入拔尖创新人才培养模式中，助力高校教育高质量发展，将成为我们未来可以重点探讨的一个方向。

参考文献

[1] 赵振富，李盟，於秋爽，等. 新时期的“聚徒教学”与医学生创新能力培养［J］. 中国高等医学教育，2012（6）：35-36.

[2] 林桂淼，杨一，王子梅，等. “聚徒教学”与基础医学创新实验课程的融合与实践［J］. 基础医学教育，2022，24：276-279.

[3] 张又丹. 教室和舞台“此也课堂，彼也课堂”——钢琴教学新模式“聚徒教学”［J］. 乐器，2022（6）：34-35.

大学生数据素养培育的课程评价研究*

——基于数据素养理论模型的教学实践

彭运芳[1]　刘乐嘉[2]　余明珠[3]
（1. 深圳大学管理学院电子商务系；2. 香港大学教育学院博士生；
3. 深圳大学管理学院电子商务系）

【摘要】随着大数据时代的到来，各行各业对具有高数据素养的专业人才的需求越来越大。培育大学生的数据素养，提高大学生核心竞争力，具有十分重要的现实意义。本项目从数据素养的内涵出发，以培育大学生数据素养的基础性课程“概率论与数理统计”为例，依据数据素养测评模型的维度和具体指标设计该课程的教学内容，然后利用统计软件对比分析课程学习前后的问卷数据，最终发现学生的整体数据素养发生了显著变化，在数据知识与技能、数据思维两个维度得到显著提升。

【关键词】数据素养；测评模型；概率论与数理统计

一、研究背景和研究内容

随着大数据时代到来，政府、企业纷纷进行数字化转型，各行各业对大数据开发工程师、数据挖掘师、数据分析师等岗位的专业人才的需求越来越大，同时对求职者的数据敏感意识、数据分析能力、数据决策能力等提出了更高要求。众多学者认为，在高等院校的本科阶段，大学生通过相关课程的学习是提升数据素养的最佳途径。

目前一些数据素养培育的课程过于形式化和任务化，学生缺乏主动学习的动力，无法很好地提高数据素养，因此通过对数据素养培育的课程进行评价，希望能够促进其改革创新、真正实现学科融合。“概率论与数理统计”是描述随机现象并研究其数量规律的一门学科，是高校培养大学生数据素养的基础性课程，以该课程为例，进行数据素养培育的课程评价研究具有重要意义。

在梳理相关文献基础上，对大学生数据素养培育的课程评价研究现状进行综述。从数据素养的内涵出发，选择大学生数据素养测评模型，并依据数据素养测评模型设计“概率论与数理统计”课程的教学内容。具体的课程方案设计为：①按数据素养4维度的各个指标设计本课程主要知识点的教学内容。②通过翻转课堂（录制预习小视

* 本研究得到深圳大学教学改革研究项目（项目编号：JG2021010）的资助。

频、课堂讨论、作业打卡等）的教学模式保证教学效果。③通过问卷调查收集学生学习课程前后的各个指标自我评价得分，并利用 SPSS 对比分析前后测数据，总结出该课程对数据素养和能力提升富有生命力的核心主题以及不足等。

二、文献综述

（一）数据素养内涵

国内外对数据素养的定义通常围绕两个方面：思想意识层面和行为能力层面。郝媛玲等人认为数据素养与信息素养存在相互交叉的关系，数据素养是信息素养的重要扩充，批判性思维是它们不可或缺的一部分，但数据素养更强调获取、分析、处理、应用和展现数据[1]。孟祥保等人通过文献综述，归纳总结出数据素养的定义是以提升用户数据素养为目的，同时考虑数据生命周期性（包括数据生产、组织、存储、利用、共享等）特点而确定的[2]。胡卉、吴鸣通过研究国内外图书馆数据素养教育的实践经验，将数据素养的内涵归纳为合理地、批判性地认识、获取、选取和评估数据，规范地管理、分析、利用和共享数据的意识和能力[3]。因此，本文认为数据素养是基于数据意识，利用各种知识和方法规范合理地使用数据以解决问题的能力。

（二）数据素养培育

2012 年，美国从国家层面提出数据素养教育创新计划，采取了一系列数据素养教育措施，强调对国民数据素养教育的重视。随后，欧盟、澳大利亚等组织和国家也将开展数据素养教育提上日程。欧美国家等的部分高校图书馆和知名机构率先搭建数据科学管理导航和数据交流平台，并且高校图书馆针对学生和科研人员进行了系统性的培训和针对性的学科专题教育。

我国也逐渐意识到大数据管理与应用的重要性，并开始重视数据素养对人才培育的重要性。2018 年 1 月，《普通高中信息技术课程标准》[4]中将数据结构、数据管理与分析等纳入了课程模块中以提升学生的信息素养、数字化学习和创新能力等。然后国家相继印发施行《促进大数据发展行动纲要》《科学数据管理办法》，从国家战略层面明确科学数据管理与应用的重大意义[5]。2019 年初，中共中央、国务院提出要全面培育高校师生的数据素养能力，大力推动高校开设大数据相关课程，培育信息时代数字经济复合型人才。

国外学者对数据素养教育研究主要包括探讨教育内容、教学实践应用，以及数据素养教育社会效应等方面，国内的研究则归纳总结国外数据素养教育实践应用，较多聚焦于数据素养培育的内容维度等方面[6]。由于国内数据素养研究起步较晚，虽然有一些高校和图书馆开展数据素养培育的相关课程，但国内数据素养培育和评价体系尚未成熟，而且研究大学生数据素养培育的课程对学生的数据素养具体影响如何也很少。

（三）数据素养的评估指标体系

国内外有关数据素养能力评价的研究还很少[7]，国内隆茜[8]从数据素养的内涵出发，构建了包括数据意识、数据获取、数据处理与分析、数据评价、数据道德这5个维度的数据素养能力评价指标体系。张路路[9]等归纳总结出国内外数据素养评价指标体系是基于数据素养内涵、数据生命周期理论、数据素养的认知评价框架等方法构建具体指标体系的。沈玖玖等根据数据意识、数据获取、数据处理、数据分析利用和数据伦理5个维度构建数据素养培育评估模型[10]。惠恭健和曾磊[11]分析总结国内外14种数据素养能力模型，并依据指标频次和学生数据素养结构模型设计了包括数据意识、数据知识与技能、数据思维和数据道德规范4个维度的学生数据素养的能力指标体系。

三、大学生数据素养测评模型选择和课程设计

基于数据素养的内涵和全面培育学生数据素养的目的，选择惠恭健和曾磊总结归纳的学生数据素养测评模型，结合“概率论与数理统计”课程内容的基本思想、案例、习题等，将课程知识点与学生学习课程后应该具备的数据素养模型中的具体指标进行对应。

（一）数据意识维度

数据意识是开展一切数据活动的前提，是学生在生活、实际问题中关注数据的来源、价值等并利用数据的行为倾向。它包括4个具体指标，课程具体对应情况如表1所示。

表1 数据意识维度及课程对应内容

维度	具体指标	对应课程知识点	内容说明
数据意识	发现和关注身边存在的数据以及来源	古典概型	身边的许多事情都可用数据来解释。例如，赌博或买彩票，如果人们意识到每个人中彩的概率是一样的，而且这种小概率事件在一次试验中几乎是不发生的，那么就不会痴迷
	对于数据的价值和意义有一定的判断	生日巧合问题	50人以上，至少两人生日相同的概率非常大，这颠覆一部分人的传统认识：两人生日相同就比较有缘。实际上，这个观点是荒谬的
	发现问题，并就问题确定数据需求	样本空间	样本空间取决于人们所关心的问题及解决问题的方法，依据问题和方法确定数据范围和需求
		概率的基本性质	依据概率的性质巧妙地选择数据解决问题，如对于正面难以解决的事件，利用逆事件求解却非常简单
	具备利用数据解决问题的行为倾向	随机事件及其概率	了解随机事件的发生概率并做出相应的选择。例如，在英语中，某些字母出现频率远远高于另一些字母，因此战争中利用这种规律来破译密码
		条件概率与事件独立性	抽签公正性原理：多人抽签，单独计算每个人抽中的概率，结果发现中签的概率是一样的，与抽取的次序无关

（二）数据知识与技能维度

数据知识与技能维度包含两个方面：一是数据知识，包括 3 个具体指标；二是数据技能，包括 6 个具体指标。数据知识与技能是开展数据活动的关键核心，学生在学习数学知识、数据科学知识、信息技术知识时，打下扎实的理论基础，才能对获取、管理、分析、应用数据等技能信手拈来，朝着目标高效地完成数据的一系列操作。该维度涉及众多理论知识和方法，“概率论与数理统计”几乎每节内容都会学习相关知识点，课程具体对应情况如表 2 所示。

表 2　数据知识与技能维度及课程对应内容

维度	具体指标	对应课程知识点	内容说明
数据知识与技能	掌握函数与方程、概率统计的计算分析	伯努利概型	某事件在 n 次独立试验中恰好发生 k 次的概率的计算
		离散型随机变量	清楚离散型随机变量的取值以及各个可能值的概率，全面掌握变量的统计规律。常见的有 0~1 分布、二项分布、泊松分布
		随机变量的分布函数	非离散型随机变量的取值不可数，此时关心的是随机变量落入任意一个范围的可能性，而分布函数描述了随机变量的全部统计规律性
		连续型随机变量	认识连续型随机变量的概率密度、概率分布，包括均匀分布、指数分布、正态分布
		二维随机变量	一个随机试验的结果有时需要两个随机变量来表达，并且这两个变量之间存在相互关系，因此需要掌握二维随机变量及其联合分布函数
		随机变量的独立性	利用经验就可以判断
		切比雪夫不等式	对于期望、方差存在的随机变量，不需知其分布，可以估计随机变量落在平均值附近某区域的概率
	掌握数据的内涵、类型、结构与组织形式、数据采集、预处理、数据管理的相关知识	一维随机变量	在随机试验中，可以将试验结果直接或间接表现为数量
	掌握计算机基础知识、信息检索与收集、数据处理软件和工具相关知识	—	—

续表

维度	具体指标	对应课程知识点	内容说明
数据知识与技能	能够进行数据的查找、收集和生产	总体与样本	进行简单随机抽样，以样本数据来推断整体参数，这是数理统计研究问题的基本方法
	能够进行数据的审核、清洗、检索、归纳、存储	—	—
	能够利用统计量描述数据、构建模型分析数据、推断统计和进行可视化表达等	数学期望	反映随机变量的平均值
		方差	利用方差可知随机变量相对于数学期望的平均偏离程度
		协方差与相关系数	协方差在一定程度上描述了随机变量之间的相关性，相关系数可以表征随机变量之间线性关系紧密程度
		样本分布函数	对于一组观察值，用频率分布表和直方图将数据进行可视化表达，能简单而直观地描述总体的分布规律
		常用统计量的分布	认识常用的几个统计量的分布：正态分布、卡方分布、t 分布、F 分布，许多问题的描述数据可认为服从这些分布，以便对数据进行统计分析、分布检验等
		单因素方差分析	难以直接判断随机变量的差异是由某个因素还是随机误差造成的情况下，通过构建数学模型来考察单个因素对该随机变量的影响
		双因素方差分析	同时考虑两个因素对某随机变量的影响
	能够解释数据结论、撰写数据报告	假设检验的基本概念	通过收集数据代替经验来验证想要得到的结论。该过程类似法庭“疑罪从无”的审判过程，只有足够的证据才能证明被告有罪，而不是有足够的证据证明被告“无罪”
	能够根据数据分析结果，制定科学合理的措施，用于解决问题或决策	单个正态总体的假设检验	根据样本提供的信息来检验总体参数具有某些指定的特征
		两个正态总体的假设检验	实际问题中会遇到两个正态总体的比较问题，即均值和方差的比较问题，比较、检验后根据问题情景采取相应的合理的措施
	能够提取、理解和解释以各种方式呈现的数据	—	—

（三）数据思维维度

数据思维是培育数据素养的高阶目标。数据意识、数据知识与技能的锻炼和培养可以促进数据思维的养成，而数据思维会时时刻刻地调控这两个方面，彼此之间互相影响。该维度包括量化思维、关联思维、数据决策、批判性思维 4 个具体指标，主要对应数理统计的重要理论与方法，课程具体对应情况如表 3 所示。

表 3　数据思维维度及课程对应内容

维度	具体指标	对应课程知识点	内容说明
数据思维	对问题进行量化思考，将相关因素与材料进行量化处理	大数定律	在实践中人们发现，大量的、重复的随机事件，其平均值和频率具有稳定性
		中心极限定理	某随机变量受众多相互独立因素的影响，其中任意一个因素的影响都不突出，那么可认为该随机变量和其平均值近似服从正态分布
	将数据与现实相联系并进行关系探索	点估计	应用了大数定律进行替代，以及存在即有合理性
		区间估计	应用中心极限定理，可以给出变量的区间估计
	基于数据基础而生成问题解决策略	一元线性回归方程	对于变量之间的非确定性关系，通过大量的观测数据，利用回归分析的方法进行相关关系的研究，并利用假设检验进行相关性检验
		可线性化的回归方程	很多实际问题的变量之间的关系不是线性的，但可以选择问题中的数据最贴合的回归方程，通过变量置换将非线性回归转化成线性回归
	对获取的数据和分析结果保持辩证批判的态度	估计量的评价标准	同一个参数，用不同的估计方法取得的估计量是不一样的，常用无偏性、有效性、一致性这 3 个标准来评价哪一个估计量更有效

（四）数据道德规范维度

数据道德规范包括的 4 个维度看起来简单，但贯穿于数据活动的整个生命周期，是数据活动的指导准则。该课程教材中并没有设计数据道德规范方面的内容，需要教师在教学过程中进行强调和引导，而学生也应自觉地培养数据道德规范。例如，学生从网络平台、数据资源库等抽取数据时需要合法获取、关注数据真实性、说明数据来源和版权等；问卷调查时不仅要严格遵循随机原则、匿名原则，还要遵循自愿原则，调查者在问卷上清楚说明调查目的，承诺所有调查信息保密，绝不从事非法盈利等活动，不遵守约定将承担法律责任等。具体指标如表 4 所示。

表 4　数据道德规范维度

维度	具体指标
数据道德规范	不能在未经允许的情况下随意公开、泄露数据
	遵守国家相关法律法规和行业规范
	具有数据诚信，保证数据的客观真实性
	尊重他人劳动成果，引用数据会注明来源

篇幅限制，在此省略统计软件 SPSS 对收集的数据进行处理、分析的详细过程。

四、总结与评价

数据素养前后测变化总结如表 5 所示。

表 5　数据素养前后测变化总结

	维度	具体指标	符号表示	前后测是否有显著差异
数据素养	数据意识	发现和关注身边存在的数据以及来源	x1	否
		对于数据的价值和意义有一定的判断	x2	
		发现问题，并就问题确定数据需求	x3	
		具备利用数据解决问题的行为倾向	x4	
	数据知识与技能	掌握函数与方程、概率统计的计算分析	x5	是
		掌握数据的内涵、类型、结构与组织形式、数据采集、预处理、数据管理的相关知识	x6	是
		掌握计算机基础知识、信息检索与收集、数据处理软件和工具相关知识	x7	否
		能够进行数据的查找、收集和生产	x8	否
		能够进行数据的审核、清洗、检索、归纳、存储	x9	否
		能够利用统计量描述数据、构建模型分析数据、推断统计和进行可视化表达等	x10	否
		能够解释数据结论、撰写数据报告	x11	是
		能够根据数据分析结果制定科学合理的措施，用于解决问题或决策	x12	是
		能够提取、理解和解释以各种方式呈现的数据	x13	否
	数据思维	对问题进行量化思考，将相关因素与材料进行量化处理	x14	是
		将数据与现实相联系并进行关系探索	x15	是
		基于数据基础而生成问题解决策略	x16	是
		对获取的数据和分析结果保持辩证批判的态度	x17	是
	数据道德规范	不会在未经允许的情况下随意公开、泄露数据	x18	否
		遵守相关国家法律法规和行业规范	x19	
		具有数据诚信，保证数据的客观真实性	x20	
		尊重他人劳动成果，引用数据会注明来源	x21	

综上，“概率论与数理统计”课程对学生的数据素养的培育具有积极的影响。深入到维度层面，学生的数据知识与技能、数据思维两个维度有所提升，而数据意识和数据道德规范没有显著变化。由于我们学生的数据道德规范原本就比较高，再加上课程没有专门针对该维度的内容，学习该课程后没有发生显著变化也在情理之中，但教师在教学过程中仍应穿插该维度内容，不断提升学生数据道德规范。而数据意识维度对

应内容集中在“随机事件与概率”章节，内容相对浅显，且教学时长较短，而数据意识的形成是无法一蹴而就的，可以针对学生专业背景特征开展相关教学活动，比如，这次实验的学生主要来自工商管理专业，可以将与该专业相关的重要现实数据引入课程教学并开展讨论，引导学生关注和思考生活中的数据。

学生通过课程学习后，在数据知识与技能、数据思维两个维度有显著提升。细化到具体指标层面，数据思维的四个具体指标皆发生显著变化，说明学习该课程对数据思维的培育具有影响力。数据知识与技能的指标 x10，虽然课程不少章节会对其进行学习，但该数据技能为数据素养中的高阶应用，相对复杂，此外，数据知识与技能维度的部分指标对应课程知识点很少甚至没有，课程更多地停留在统计量描述数据、模型了解的层面，缺乏数据处理、动手操作的学习。由此可见，若要全面培育学生数据素养，仅仅学习该课程的教材内容是不够的，教师需在课堂中引入相关实际案例、开展翻转课堂等，不断地改革创新课程教学，让课程跟上时代的步伐。另外，其他课程如 SPSS 软件的应用等，也可弥补该课程在提升数据素养方面的不足。

值得一提的是，深大图书馆已经在开展信息素养的相关课程，可以考虑将数据素养的相关课程也纳入图书馆教育培训体系当中，并通过举办数据素养专题座谈会、线上分享会、数据素养能力竞赛活动等各种形式吸引更多学生主动学习。比如，实证类毕业论文需要进行问卷数据分析，校图书馆可以考虑在学生论文准备期间开展相关讲座，为学生提供系统学习的机会。

参考文献

[1] 郝媛玲，沈婷婷．数据素养及其培养机制的构建与策略思考［J］．情报理论与实践，2016，39（1）：58-63.

[2] 孟祥保，常娥，叶兰．数据素养研究：源起、现状与展望［J］．中国图书馆学报，2016，42（2）：109-126.

[3] 胡卉，吴鸣．国外图书馆数据素养教育最佳实践研究与启示［J］．现代情报，2016，36（8）：66-78.

[4] 中华人民共和国教育部．普通高中信息技术课程标准（2017 年版）［M］．北京：人民教育出版社，2018.

[5] 秦顺．面向一流高校建设的图书馆科研数据管理服务研究［D］．湘潭：湘潭大学，2020.

[6] 梁宇，郑易平．高校博士生数据素养的影响因素及应对策略［J］．情报理论与实践，2021，44（4）：146-152+137.

[7] 王维佳，曹树金，廖昀赟．数据素养能力评价与大学图书馆数据素养教育的思考［J］．图书馆杂志，2016，35（8）：96-102.

[8] 隆茜．数据素养能力指标体系构建及高校师生数据素养能力现状调查与分析［J］．图书

馆，2015（12）：51-56+62.

［9］张路路，张群，贾洁．国内外数据素养评价研究进展［J］．图书馆理论与实践，2020（2）：73-75.

［10］沈玖玖，徐萍，艾文华．高校数据素养教育对大学生数据素养的影响分析——以南昌大学为例［J］．图书馆学研究，2019（7）：2-14.

［11］惠恭健，曾磊．智能时代的数据素养：模型构建、指标体系与培养路径——基于国内外模型的比较分析［J］．远程教育杂志，2021，39（4）：52-61.

在线教育场景下基于社区模型与自决理论的交互与自主学习行为影响研究*

耿　爽　牛　奔　林雨熙　冯元粤

（深圳大学管理学院管理科学系）

【摘要】近几年，在互联网和信息技术的技术支撑下，在线教育规模发展迅速。相比传统的线下教育模式，在线教育有着课程组织结构灵活、课程模式稳定、课程受众广、知识内容更新便捷等优点。然而，在线教育也显示出了许多方面的不足，如学习参与度较低等。疫情过后，国家政策和社会需要都对在线课程规范、学习内容、学习效率提出了更高要求。本文结合学习行为和社区模型理论，从大学生群体入手，研究分析自决理论的自主学习行为、交互学习行为在与社区模型理论的联合作用下对学生学习体验的影响。研究表明，在线教育场景中，学习者的自主学习行为和交互学习行为对探究社区的社会存在、认知存在、教学存在都有积极的影响，同时认知存在、教学存在对学习体验有正向影响，社会存在没有表现出对学习体验的显著影响效应。本文在社区理论模型和学习行为的联合研究领域做出了更加深入的分析和细致的讨论，以希望能对优化课程设计、完善学习平台、深化教学管理、加强学生交流、提升学习体验等方面提供一定的研究参考。

【关键词】在线教育；自主学习行为；交互学习行为；学习体验

一、研究背景

自 21 世纪初以来，互联网取得了巨大的发展和普及，其应用场景变得丰富多样。互联网技术的不断进步推动了信息技术的不断演进，使得远程通信和音视频信息传递的效率不断提高，稳定性逐渐增强，呈现多样化的形式。这些技术进步为在线教育提供了坚实的技术基础。在这一背景下，结合互联网技术的在线教育模式迅速兴起，并成为当前备受关注的话题。特别是在 2020 年的新冠疫情期间，为了应对疫情，各级学校和教育机构纷纷停止了线下课程，全面转向了在线教育。这一变革加速了在线教育的发展，政策支持和需求不断增长，使用户逐渐养成了在线学习的习惯，同时也广泛

* 本研究受广东省教育厅广东省研究生教育创新计划项目（项目编号：2021SFKC074）；深圳大学 2023 年度研究生教育改革研究项目（项目编号：SZUGS2023JG04）。

认可了在线教育的适用性和易用性。疫情过后，教育界对在线教育的重视程度持续上升，各级学校和教育机构积极探索在线教育的机会，致力于将传统的线下教育课程与互联网技术相融合，以推动线上教育或打造“线上+线下”混合教学模式。这一努力旨在实现课程的更广泛推广，在改进教学方法和内容等方面取得更多突破。在线教育不断发展的同时，国家政策和社会各界也提出了更高的要求，包括课程标准、平台监管、教学内容和学习质量等方面的要求，以确保在线教育的质量和可持续发展。

在线教育的研究中，社区模型理论对教学环境的构建提供了有效的理论指导。它着重于学习体验（教学经验），包括认知存在感、教学存在感和社会存在感三大核心要素。这些核心要素为在线课程的结构组织、知识内容呈现形式、学习方法以及思维引导等多方面提供了理论指导。过去，一些学者进行了深入研究，以 MOOC 的混合课程为例，应用相关分析法、线性回归分析法以及结构方程模型法分析和验证了教学存在感、社会存在感和认知存在感之间的相关关系和因果关系[1]。另外，也有学者通过研究课程的分解和在线与线下环境下不同内容的作用，提出混合式教学模式的最终目标是培养学生的元认知意识[2]。还有研究者基于网络学习空间进行混合教学实践，采用多种方法探讨学习存在感与社区模型的结构关系，揭示了学习存在感在社区模型中的作用机制[3]。然而，尽管社区模型理论在在线教育领域进行了一定深度的研究，但随着在线课程种类和学习者规模的不断扩大，传统的社区模型理论已经不能全面反映学习者真实的在线学习体验。

近期，基于自决理论的动机行为研究在教育领域逐渐获得更多关注。一些研究者发现学习行为与学习观念、自我效能感之间存在正相关关系[4]，同时自主学习能力对在线学习效果也有显著的影响，主要通过交互体验来中介传达[5]。此外，还有研究者在系统研究在线学习交互效果的影响因素和交互工具特点的基础上，提出了在线学习中的交互设计概念，并建立了一套以交互结构为核心的在线学习的交互设计方法的四阶段模型[6]。一些研究还将社区模型理论和自决理论的学习行为相结合，揭示了学生学习动机和行为与社区模型理论的部分作用效果和原理[7]。

因此，本文基于前人的研究，深入研究分析社区理论模型和自决理论的动机行为结合作用影响。通过精心的研究设计和实施，从大学生群体出发，以问卷调研为主，分析在线课程中学习者的自主学习行为、交互学习行为与社区模型理论的联合作用对学习体验的影响，旨在提升学习者在在线教育中的学习方式、学习体验和学习成果，为教育创新、优质课程的设计和学习环境的改善提供有益的参考和理论积累。

二、理论基础

（一）自决理论

自我决定理论（SDT）是由美国心理学家 Richard 和 Edward 等于 20 世纪 80 年代提出的一种研究人类心理动机与成长发展的元理论[8]。该理论从宏观层面上研究了人类动机、发展和健康，涉及人格发展、自我调节、普遍心理需求、人生目标和愿望、精力和活力、非意识过程、文化与动机的关系以及社会环境对动机、影响、行为和福祉的影响等基本问题。与以往的动机理论不同，自决理论强调了动机的多元性，对动机进行了类型划分并将其作为预测因素来研究幸福、关系、绩效、行为结果等人类社会行为。

自决理论的研究在20世纪末才真正如雨后春笋般涌现，在自决理论的基础上，分别衍生了多个分支理论。尽管自决理论的分支众多，但贯穿这些分支理论的核心概念是三个基本的共同心理需求：自主性（一种控制感）、能力（感觉对任务和活动称职）和相关性（感觉包括他人或与他人有关联）。

自决理论的研究框架同样适用于在线学习环境。已有研究将自决理论应用于不同领域，如外语学习研究、教育环境研究和体育学习研究，以探究内在动机和外在动机对学习效果的影响[9][10][11]。在在线学习中，学习者的学习行为主要源于其自主动机，强调了自主性的重要性。因此，本文将自决理论的自主动机概念应用于在线学习者的研究，探讨学习者的自主学习行为和交互学习行为对其学习体验的影响。

（二）自主学习行为与交互学习行为

自决理论中，自主性、能力和相关性是三个基本的共同心理需求。自主性指个体对自己行为的控制感，能力指感觉自己在任务和活动中表现良好，相关性指感知与他人的联系和关联。在线学习与传统线下课程的主要区别之一是学习者缺乏外部监管，因此更需要学习者具备自主学习能力，其学习行为主要受自主动机驱动。自主学习行为包括内在动机和外在动机类型，理想情况下，这种动机会内化为学习者的自我认知。

交互学习行为在在线学习环境中也至关重要，学习者需要通过与教师和同学的互动来获取支持、分享观点和解决问题。已有研究在在线学习中研究了自主学习能力和交互体验对学习效果的影响[4][5][6]。然而，将自决理论的自主动机行为与社区模型理论相结合的研究相对较少，本文旨在联合这两个研究框架，探讨自主学习行为和交互学习行为对在线学习者学习体验的影响因素和作用原理。

（三）社区模型理论

社区模型理论由加拿大学者兰迪·加里森（R. Garrison）和特里·安德森（Terry Anderson）等于2000年提出，最初用于研究网络平台虚拟社区的开发[12]。随后，它在在线学习和混合式教学设计领域得到广泛应用。

社区模型理论的核心要素包括认知存在、社会存在和教学存在[12]。这三大要素相互影响，共同构建了学习参与者有效协作建构知识的理论框架，被认为是在线学习和混合学习环境中一个有效的教学理论，其理论框架如图1所示。认知存在涵盖了学习者在探究学习社区中通过批判性反思和对话来构建意义的过程。社会存在强调了学习者在社交媒体上真实性的展现和信任关系的建立。教学存在包括教学设计与组织、促进对话和直接指导等方面，旨在实现富有个人意义的学习效果。

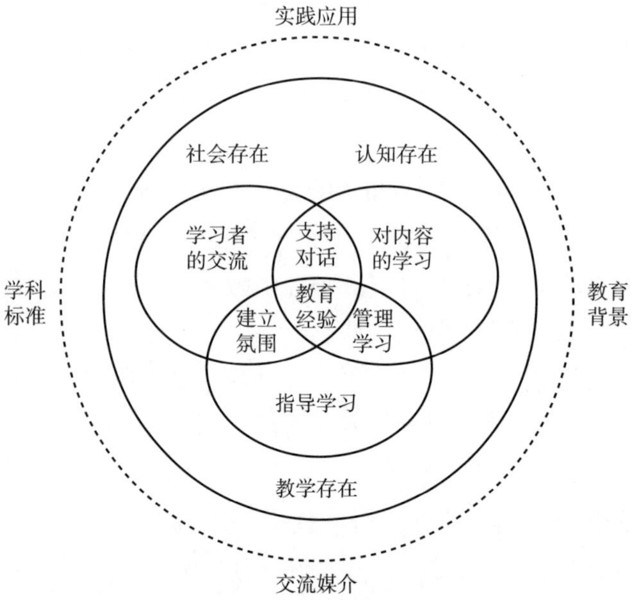

图 1　社区模型理论框架

社区模型理论中的三个存在共同指向教学管理（学习体验）的构建，同时，社区模型理论中三个存在也各自划分出了具体的组织成分和构建步骤，综合兰国帅对社区理论模型的内容分类[13]和对理论在在线教育中的应用情况调研，将探究社区模型理论的内容进行划分，如图 2 所示。

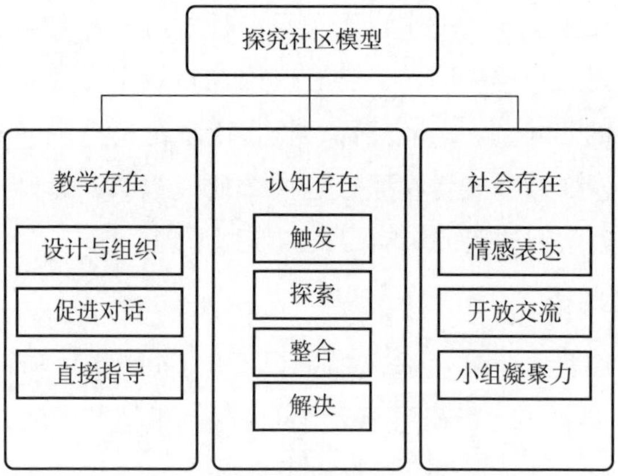

图 2　社区模型理论要素

这些理论框架和概念为研究在线学习提供了有力的理论支持，并帮助我们理解在线学习的复杂性和影响因素。通过将自决理论的自主动机行为与社区模型理论相结合，我们可以更好地探究在线学习中学习者的学习体验，为在线教育的改进提供有益的理论指导。

三、研究模型

在之前的研究中，王先桃对虚拟学习社区中的学习行为特征的研究[14]和 Law 等对混合教学环境下社区存在感和学习行为影响的研究[7]都强调了学习行为对探究社区感知的正向作用。具体而言，他们指出基于自主动机的自主学习行为和交互学习行为对探究社区感知的认知存在、社会存在和教学存在都有积极影响。兰国帅等[13]对自我效能、自我调节学习与社区模型关系的研究和白雪梅等[1]在 MOOC 的混合课程中对教学存在、社会存在及认知存在关系的研究也强调了社区存在感的核心直接指向学习体验，同时这三个存在感知也都受到学习行为的积极影响。

基于这些文献分析和对自决理论、学习行为、社区模型理论以及在线学习领域的其他相关研究的综合理解，本文的研究模型构建可分为三个关键阶段。首先，以学习行为为出发点，将在线课程中学习者的学习行为划分为自主学习行为和交互学习行为，这两种行为受到自主动机的驱动，包括内生动机和外在动机。然后，在社区感知方面，根据社区模型理论的核心要素，将社区感知分为认知存在、社会存在和教学存在。最终，构建的模型如图 3 所示。

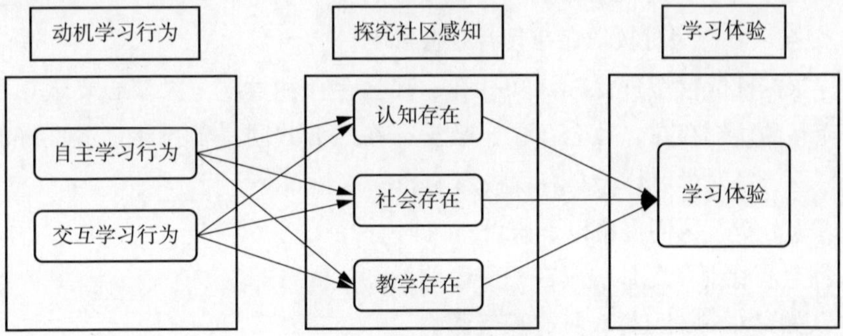

图 3 研究模型示意图

学习者的自主学习行为是出于自主内生动机的学习行为，学习者认同并坚持这种行为，这有助于加深他们对在线课程知识的理解和掌握。通过自主学习行为，学习者积累更多的知识，提高了他们的思考水平和基础知识。在探究学习社区中，他们能够更有效地进行批判性思考和对话，更深刻地纠正和实现学习的意义，从而提高了他们的认知存在感。此外，通过自主学习行为，学习者与他人的交流和互动也得到了支持，他们更容易在探究学习社区中展示真实的自我，从而提高了社会存在感。另外，自主学习行为满足了学习者的自我实现需求，这有助于提高他们对教学存在的感知。最后，自主学习行为学习技能的提高激发了学习者的学习动机，增强了他们的学习信念，从而改善了他们的学习体验。

基于以上分析，我们提出以下假设：

H1：自主学习行为对认知存在具有积极影响。

H2：自主学习行为对社会存在具有积极影响。

H3：自主学习行为对教学存在具有积极影响。

学习者的交互学习行为是出于外在动机的自主学习行为，即学习者认同交互活动的价值和意义，自愿参与并积极融入学习社区。这种行为有助于加深学习者之间、学习者与教师、学习者与课程内容之间的沟通联系。通过交互学习行为，学习者之间的沟通和交流得到了加强，思想和观点在互动中碰撞和展示，真实的自我和完整的人格也得以展现，这提高了社会存在感。此外，通过交互学习行为，学习者与教师和课程之间的沟通和互动也更加频繁，他们更容易感受到教学的巧妙设计和老师的专业指导，从而提高了教学存在感。此外，通过交互学习行为，学习者在沟通和探索课程知识的过程中，互相借鉴、批判和辩证地反思学习的理解和认知，有助于更深刻地实现学习的意义，因此，交互学习行为也有助于增强认知存在感。最后，通过交互学习行为，学习者对学习过程的理解和认知更加深入，这提高了他们的学习动机和信念，从而促使他们更积极地参与学习探究，改善了他们的学习体验。

基于以上分析，我们提出以下假设：

H4：交互学习行为对认知存在具有积极影响。

H5：交互学习行为对社会存在具有积极影响。

H6：交互学习行为对教学存在具有积极影响。

同时，根据社区模型理论，认知存在、社会存在和教学三大核心要素相互联合共同作用，完整的认知存在、社会存在、教学存在三者共同具备才能打造良好的学习体验。因此，三者都对学习体验具有积极影响。

基于以上分析，我们提出以下假设：

H7：社会存在对学习体验具有积极影响。

H8：认知存在对学习体验具有积极影响。

H9：教学存在对学习体验具有积极影响。

通过上述模型构建，我们将探究学习者的学习行为如何影响他们对在线学习社区的感知，以及如何共同塑造他们的学习体验。这个模型将有助于更深入地理解在线学习环境中的学习动机和行为，为在线教育的改进提供理论指导。

四、方法

（一）数据收集

数据收集采用在线问卷的方式，使用问卷星平台进行设计、发布和收集。调查对象主要为深圳地区的大学生。问卷包括多个部分，分别涵盖了个人基本信息、社会存在、认知存在、教学存在、学习体验、自主学习行为和交互学习行为。问卷总共包含 41 个问题。

总共收集到 166 份问卷数据。数据收集的过程中，为确保数据的准确性，我们设置了反向甄别问题，并在数据收集结束后对数据进行了初步筛选和清理，删除了明显错误的数据。随后，使用 SPSS 统计软件对数据进行了进一步的异常数据筛选，最终得到了 103 份有效的问卷数据。

（二）变量测量

本研究涉及多个变量的测量，下面对各个变量的测量方式进行说明：

自主学习行为：自主学习行为的测量采用了黄振中和张晓蕾等的量表[5]。这个部分包括 9 个问题，用于评估学生在在线学习中采取的自主学习行为的程度，如自主学习的频率、深度、广度等。

交互学习行为：交互学习行为的测量同样采用了黄振中等的量表[5]。这个部分包括 4 个问题，用于评估学生在在线学习中的交互学习行为，包括与同学、教师的互动，参与讨论等。

社会存在、认知存在和教学存在：这三个变量的测量借鉴了 Law 等[7]以及兰国帅等[3]的量表。社会存在包括学生对课程中的交流环境的感知，认知存在包括学生的学习状态和学习反思，教学存在包括课程结构和课程工具等方面的感知。这些部分分别包含 6、7 和 5 个问题，用于评估学生对这三个存在感的感知程度。

学习体验：学习体验的测量包括学生对在线课程的满意度评价，涉及 4 个问题，用于评估学生的学习体验。

五、结果

（一）模型检验

为了验证研究模型的有效性，我们进行了一系列的模型检验，包括 ANOVA 检验、信度检验以及效度检验。通过一系列模型检验，我们验证了研究模型的有效性和可信度，为进一步的数据分析提供了坚实的基础。

1. ANOVA 检验分析

我们使用单因素 ANOVA 检验来探究不同性别、年级和 GPA 的受调查者在学习行为、学习感知和学习体验方面是否存在显著性差异。结果显示，不论是在不同性别、年级还是不同 GPA 的学生中，均未观察到在认知存在（SP）、社会存在（CP）、教学存在（TP）、学习体验（LE）、自主学习行为（SLB）和交互学习行为（ILB）方面存在显著性差异。

2. 测量模型的信度检验

在测量模型的信度检验中，我们对社会存在、认知存在、教学存在、自主学习行为、交互学习行为和学习体验六个分量表的信度进行了评估。结果显示各分量表的 α 系数值在 0.797 和 0.857 之间，均大于 0.70，表明各分量表具有较高的内部一致性，信度较高。此外，组合信度在 0.855 和 0.877 之间，均大于 0.80，表明潜在变量的组合质量也较高。综合来看，该测量模型的总体信度较好。

3. 测量模型的效度检验

效度检验方面，我们采用 KMO、巴特利特球形检验、因子载荷值以及解释提取平方和载入值等指标来评估测量模型的效度。结果显示各潜在变量的因子载荷值在 0.399 和 0.738 之间，表明它们能够很好地解释观察变量的变异。KMO 值在 0.710 和 0.851 之间，且巴特利特球形检验的显著性值均小于 0.000，表明数据在因子分析方面是适合的。此外，解释提取平方和载入值在 51.81%和 70.08%之间，均大于 50%，说明测量模型的总体效度较好。

（二）假设检验

为了验证研究模型中的假设，我们采用 SEM-PLS（结构方程建模—偏最小二乘）方法进行建模和分析。通过模型的验证，我们深入分析了自主学习行为、交互学习行为、社会存在、认知存在、教学存在以及学习体验之间的影响和相互作用关系，结果如图 4 所示。

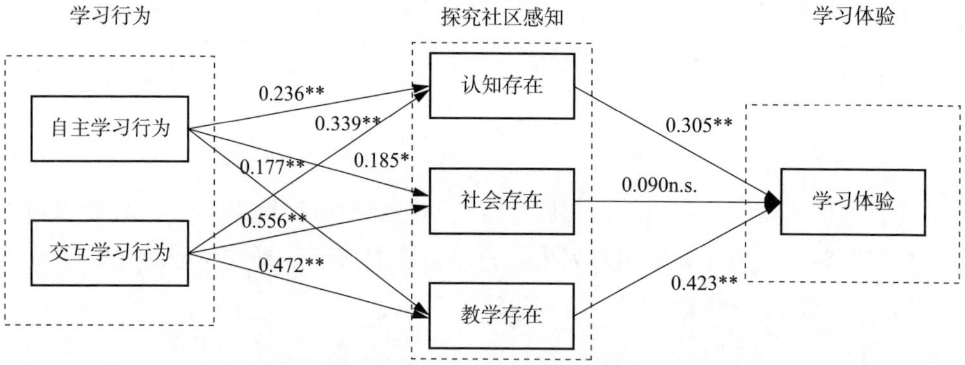

注：*代表 $p<0.05$；**代表 $p<0.01$；***代表 $p<0.001$；n. s. =不显著

图 4　假设检验结果

1. 自主学习行为的影响

结果显示，自主学习行为对认知存在有显著正向影响（$\beta=0.236$，$p<0.01$）。这表明，学习者通过积极参与自主学习行为，能够更好地理解和掌握在线课程的知识，同时也能够促使他们对学习过程进行反思和批判，从而对认知存在产生积极影响。自主学习行为还对社会存在有积极影响（$\beta=0.185$，$p<0.05$）。这意味着学习者的自主学习行为可以增强他们在学习社区中的交流能力和情感体验，从而对社会存在产生积极影响。此外，自主学习行为也对教学存在有积极影响（$\beta=0.177$，$p<0.05$）。这表示学习者通过自主学习行为能够更好地评估和反思教学设计、课程组织和内容呈现，对教学

存在的感知产生积极影响。

2. 交互学习行为的影响

结果显示，交互学习行为对认知存在有显著正向影响（$\beta=0.339$，$p<0.01$）。这表明，在线教育中，学习者通过积极的交互学习行为能够提高对课程内容的理解和知识吸收，从而对认知存在产生积极影响。此外，交互学习行为对社会存在有显著正向影响（$\beta=0.556$，$p<0.01$）。这意味着学习者通过积极的交互学习行为，能够更好地与他人进行交流和沟通，从而对社会存在产生积极影响。同样地，交互学习行为也对教学存在有显著正向影响（$\beta=0.472$，$p<0.01$）。这表示学习者通过交互学习行为，能够更好地感知到教学的指导和支持，对教学存在的感知产生积极影响。

3. 社会存在、认知存在、教学存在对学习体验的影响

结果显示，认知存在对学习体验有显著正向影响（$\beta=0.305$，$p<0.01$）。这表明，学习者通过认知存在的建构，能够更好地理解课程内容，满足个人需求，从而提高学习体验。但是，社会存在对学习体验的影响不显著（$\beta=0.090$）。这可能是由于在线学习环境中社会存在感知受到了一定限制，包括信息压力和沟通方式的单一等因素，从而对学习体验的影响较小。此外，教学存在对学习体验有显著正向影响（$\beta=0.423$，$p<0.01$）。这表明，学习者感知到教学的指导和支持，对学习体验产生积极影响。

六、总结

本研究以自决理论的动机行为和社区模型理论的教学社区感知存在为理论基础，深入探讨了自主学习行为、交互学习行为、社会存在、认知存在、教学存在以及学习体验等在线教育环境中的关联因素和作用机制。我们的分析结果显示了在线教育环境中不同变量之间的关系，从而对在线教育的实践管理和模型构建提供了重要洞见。

首先，我们强调了交互学习行为在在线学习中的关键作用。相对于自主学习行为，交互学习行为对学习效果和学习体验的积极影响更为显著。学习者通过积极的交互学习行为能够加强对课程内容的理解和吸收，提高学习的趣味性和灵活性，进而获得更好的学习效果。此外，交互学习行为也有助于学习者之间的互相借鉴、纠正、批判和反思，推动了深层次的学习思考。因此，在在线教育中，鼓励和支持学习者之间的积极交互具有重要意义。其次，在线教育过程中社会存在的实现比较缺失。因此，未来的在线教育设计和管理应更加注重促进学习者之间的社交互动和情感表达，以提高社会存在感的质量和程度。

总之，本研究为在线教育领域提供了有益的理论洞见和实践建议。在线教育的成功不仅依赖于学习者的自主学习行为，还需要注重促进积极的交互学习和社会存在感知，以及提供有益的教学存在。这些因素的协同作用有望提高学习者的学习体验和学

习效果，为在线教育的进一步发展和改进提供坚实的基础。

参考文献

[1] 白雪梅，马红亮，吴海梅. 教学存在，社会存在及认知存在关系研究——以基于 MOOC 的混合课程为例 [J]. 开放教育研究，2016，22 (4)：71-78.

[2] 杨璨. 基于探究社区模型的“线上+线下”混合式教学模式研究 [J]. 广西广播电视大学学报，2020，31 (5)：50-55.

[3] 兰国帅，钟秋菊，吕彩杰，等. 学习存在感与探究社区模型关系研究 [J]. 开放教育研究，2018，24 (5)：92-107.

[4] 陆少兵. 学习者学习观念与自主学习行为研究——基于上海五所高校大学英语学习者的调查 [D]. 上海：上海外国语大学，2016.

[5] 黄振中，张晓蕾. 自主学习能力对在线学习效果的影响机制探究——兼论在线学习交互体验的中介作用 [J]. 现代教育技术，2018，28 (3)：66-72.

[6] 曹良亮. 在线学习中的交互设计——以交互结构为核心的交互设计方法 [J]. 中国远程教育，2010 (1)：38-43.

[7] Law K M Y，Geng S，Li T. Student enrollment，motivation and learning performance in a blended learning environment：The mediating effects of social，teaching，and cognitive presence [J]. Computers & Education，2019，(136)：1-12.

[8] Deci E L，Ryan R M. Intrinsic motivation and self-determination in human behavior [M]. Springer Science & Business Media，2013.

[9] 王锐俊. 自决理论及其对外语学习的启示 [J]. 荆州师范学院学报，2001 (1)：110-113.

[10] Reeve J. Self-determination theory applied to educational settings [J]. Handbook of self-determination research，2002，2：183-204.

[11] 胡小清，唐炎，黄霞，等. 基于自我决定动机理论视角下的体育学习效果研究进展 [J]. 体育科学，2020，40 (4)：67-77.

[12] Anderson T，Archer W，Garrison D R. Critical inquiry in a text - based environment [Z]. 2000.

[13] 兰国帅，钟秋菊，郭倩，等. 自我效能、自我调节学习与探究社区模型的关系研究——基于网络学习空间中开展的混合教学实践 [J]. 中国电化教育，2020 (12)：44-54.

[14] 王先桃. 虚拟学习社区中的学习行为特征研究 [D]. 长沙：湖南师范大学，2011.

新工科背景下基于实践社群的新型双创项目式学习互动机制与成长路径探讨*

牛　奔[1]　廖嘉蔚[1]　张雅琪[2]

（1. 深圳大学管理学院管理科学系；2. 深圳大学大湾区国际创新学院）

【摘要】近年来，新工科建设战略为新时代高校双创教育改革带来了新方向和新要求。为进一步解决当前双创教育“瓶颈”问题，本研究以管理科学与工程（数字智能创新与创业管理）专业为例，探讨基于实践社群的新型双创项目式学习互动机制与成长路径。研究总结了既往两年的教学实践经验，深入剖析了产教融合协同育人背景下学术导师、行业导师和学生之间的互动机制，及其对学生从边缘参与到核心参与、从初级项目到高级项目、从新手到专业人士的成长路径中关键转变的影响，从而揭示了这种机制对培养研究生创新能力、丰富学校双创生态、减小双创教育改革推进阻力、发展更公平包容双创教育的重要意义。

【关键词】项目式学习；实践社群；双创；互动机制；成长路径

一、引言

随着新工科建设战略的不断推进，新时代研究生教育改革被赋予新内涵，以创新创业为导向的新型人才培养模式备受关注。项目式学习作为高校双创人才培养的一种重要手段，强调学生在团队项目中掌握专业知识、运用实践技能、发挥创新思维来解决现实问题。考虑到新工科建设战略的重点要求、高校双创教育的培养目标以及研究生创新能力培养的核心内容，双创项目式学习的成功运行不仅依赖于教学体系的指导和教学方法的实施，还与产教融合协同育人机制下导师和学生之间的互动机制息息相关。实践社群作为一种在产业界行之有效、在教育界崭露头角的互动性实践模型，能够有效呈现双创项目式学习下形成的互动机制，深入分析学生在这一机制推动下的成长路径。本研究将聚焦于管理科学与工程（数字智能创新与创业管理）专业，探讨基于实践社群的新型双创项目式学习下导师和学生之间的互动关系，及其如何影响学生的全流程专业培养。此研究旨在为新工科教育的实践创新提供有益的启示，培养更多学生成为具备较强双创能力的高端复合型人才，为大湾区创新创业格局增益赋能。

---

* 本研究受深圳大学2023年度研究生教育改革研究项目（SZUGS2023JG04）资助。

二、新型双创教育机制研究背景

（一）新工科背景下高校工程教育的改革要求

自教育部提出新工科建设以来，高校工程教育迎来重大变革[1][2]。基于国家发展战略对工程技术人才多元化培养与工程教育体系国际化接轨的双重需求，新工科建设形成了四大主要变革方向：产出导向的教学理念变革、创新导向的教学目标变革、融合导向的教学内容变革、实践导向的教学过程变革[3][4]。多年来，教育部与广东省教育厅大力支持新工科建设，坚持以实践创新能力培养为中心，强化学科交叉、产教融合的研究生培养机制[5][6]。2022 年，教育部与国务院国资委联合发布的《卓越工程师培养北京宣言》提及，要推动工程教育完成三大根本转变：办学方式从学科专业单一性、独立性向学科大类交叉、校企深度融合模式转变，培养目标从重视理论传授向重视工程创新能力转变，评价标准从唯论文奖项论向考察实际创新贡献为主转变[7][8][9]。

广东省教育厅随后宣布将加快落实“创新强校工程”，引导高校进一步建立以创新创业为导向的新型人才培养模式，将创新创业教育改革作为广东省教育改革的重要关注点[10]。广东省教育厅副厅长朱超华曾就新工科改革发表重要讲话：“围绕全省科技发展战略以及产业转型升级急需领域方向共建研究生联合培养基地，引导研究生把论文写在产品上、研究做在工程中、成果转化在企业里。”[11]综上，新工科建设在新时代有了更鲜明的改革方向与更具体的改革要求，为高校工程教育带来了新挑战与新机遇。

（二）高校双创教育面临的“瓶颈”问题

自 2015 年起，创新创业教育研究进入了高速发展阶段，相关主题集中在教育体系构建和运行机制探索上[12]。当前我国高校创新创业教育模式可以分为四类：科研项目孵化模式、政产学研金介用合作模式、专业实践模式和综合模式[13]。然而，此中还存在许多“瓶颈”问题，如专业师资薄弱，缺乏真实的创业实践经历和跨学科背景；支撑体系不完善，学生缺乏创业资金、场地设施、商洽渠道等信息与资源，制约成果转化；教育界与产业界之间缺乏高效协同合作育人机制，缺少产业界参与，学术导师与行业导师的指导意见脱节，甚至冲突等[14][15]。

针对上述共性问题，国内外有较多探索，目前较为流行的解决方案是将创新创业教育与专业教育深度融合。但无论是国外高校形成的三大模式——由管理学院、商学院与工程学院统管全校创新创业教育的磁石模式、由各学院创新创业教育中心自管的辐射模式、分阶段分形式结合前两者的混合模式[16]，还是国内高校形成的三大模式——以中国人民大学为代表的“竞赛+社会实践”转化模式，以北京航空航天大学、浙江大学为代表的“校园教学+创业园实践”商业模式，以上海交通大学、清华大学为代表的“资金+技术咨询”护航模式[17]——都把组织重心放在高校，弱化了行业企业的参与角色，从而对高校组织变革提出了较高的要求，未能完全发挥出产教融合的协同育人优势。

（三）项目式学习：从理论模式构建到教学实践探究

项目式学习（Project-based Learning）是一种基于建构主义教学理论（Constructivism）的教学模式。建构主义区别于传统教学法中被动接受知识的角色，认为应该鼓励学生积极充当主动参与的角色，结合先验知识和现实经验来构建自己的知识体系和学习过程，从而更好地理解和解释事物的性质、规律以及事物之间的内在联系[18][19]。项目式学习强调动手实践和团队协作，通过开放性、启发式的现实问题情境，推动学生以项目的形式进行自主性、建设性的科学探究与展示，并在这个过程中掌握专业知识，提高职业技能，培养创新思维、问题解决、人际沟通等高阶能力和素养[20][21]。项目式学习是高校创新创业人才培养的经典教学模式之一，有助于打破产学研用壁垒，促进科创项目成果的转化[22]。

我国关于项目式学习的教育研究有长期坚实的基础，自 2006 年起高速增长，自 2015 年起迎来爆发式突破，同时也暴露出许多不足之处[23]。第一，超过 60%的研究集中在理论模型构建上，如教学流程设计，从而忽略了教学实施过程中的一些细致方面，如教学互动及其影响。第二，将近 50%的研究集中在外国语文字学科或特定的工程技术学科上，缺少与多学科教学有效融合的应用案例。第三，教学评价局限于教师与学生，缺少来自领域专家、企业人士等多方面视角[24]。对于适应协作式环境、融合多学科背景、重视产业界影响的创新创业教育而言，项目式学习研究视角的缺乏将长远制约教学过程的完善和教学效果的提升——因为难以对学生通过跨学科合作、根据产业界反馈快速迭代优化项目方案以解决现实问题的可能性和有效性进行深入、广泛的探究和应用。

（四）深圳大学双创育人生态系统

深圳作为大湾区创新创业的先锋，在创新创业领域有雄厚的支撑基础和丰富的实践案例，同时为深圳大学在创新创业教育改革研究领域提供了重要支持，孵化出许多独创性的理论成果，其中以基于 ARTG 的双区双创双循环育人生态系统为代表。2021 年，在教育部积极推进新工科建设以及深圳市作为“双区”建设改革试点的背景下，深圳大学以培养高素质双创人才为使命，以解决当前国内双创教育痛点为目的，提出了新工科背景下基于 ARTG 的双区双创双循环育人生态系统——覆盖双创行动实践（Action）、过程回顾反思（Reflection）、经验提炼推广（Theorization）、全面能力提升（Growth）的全流程创新创业教育，形成了一套完善的全覆盖课程培养体系和全链条创业服务体系，构建了“校内—校外”协同型双循环育人生态系统，为学生创新创业教育提供一体化的服务，实现各方增效赋能、共生共存[25]（见图 1）。

承继既有的 ARTG 双创育人生态系统理论模型，总结近两年基于项目式学习的教学实践经验，本研究由宏入微，旨在关注双创教学实施过程中各参与方的互动机制。正如自然界生态系统中各生物所处的“生态位”以及生物之间存在的“食物链”，本

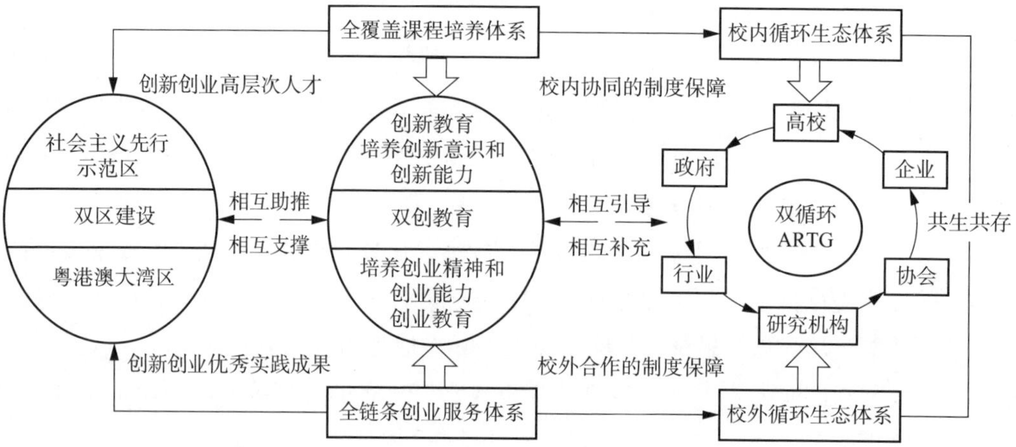

图 1　基于 ARTG 的双区双创双循环育人生态系统

研究将延续这一科学隐喻，将参与者在双创育人生态系统中的角色视为“生态位”，将参与者之间的互动视为“食物链”，探寻产教融合协同育人背景下学术导师、行业导师以及学生之间的互动机制，及其对学生从新手到专业人士的成长路径的影响。为创设一个具体的、小型的、可供观察的双创育人生态系统范本，本研究创新性引入“实践社群”的概念来呈现互动机制。

（五）基于实践社群的创新能力培养机制

实践社群（Community of Practice）是建构主义教学理念的一种基于社群的实践形式，被定义为对所做事情有共同的爱好或关注，并在定期互动过程中学习如何把事情做得更好的一群人所形成的社会结构[26]。实践社群区别于普通社群的三个关键特征分别是：

（1）领域（Domain）：领域创造了共同基础，为实践社群的成员赋予了一个被共同兴趣、目标、愿景所定义的身份。这种领域可以是某种专业知识。

（2）社群（Community）：社群创造了社会结构，即实践社群的成员如何通过与他人的关系和互动来促进学习。这个过程是持续性的、定期的。

（3）实践（Practice）：实践创造了一致愿景，促使实践社群的成员参与到共建实践中，朝着一个方向迈进。参与实践的形式与实践产出的成果是识别和定义实践社群的关键。参与形式有问题解决、资讯请求、主题研讨、教程编写、拜访参观等。

实践社群理论由珍妮·拉弗（Jean Lave）和埃蒂纳·温格（Etienne Wenger）于1991 年提出，最早源于对学徒制作为一种学习理论的探索。早期的实践社群理论聚焦于初学者和专家之间的互动，以及初学者向职业身份转变的过程。后来经过多次演变，理论重心转移至个人在群体中的社会化学习与成长路径，尤其是从边缘参与到核心参与的转变过程[27]。

目前我国对学习型实践社群的研究有明显的局限性。多数研究集中探讨企业知识型员工之间的知识管理、知识转移、知识扩散、知识网络等组织学习中的互动现象[28][29]，高校教育领域的实践社群研究则多依托于外国语文字学科[30][31]。但无论是在企业组织背景，还是在高等教育背景下，实践社群均表现出对参与者创新行为的显著促进作用[32][33]。由于创新创业教育的培养目标、项目式学习的运行模式、实践社群的互动机制与研究生创新能力培养的核心要求之间具有深刻的关联性和紧密的契合度[34]，本研究拟在实践社群的生态环境、项目式学习的培养过程中观察学术导师、行业导师和学生之间的互动机制，及其对学生从新手到专业人士的成长路径的影响，具有充分的合理性和内在的一致性。

三、新型双创教育互动机制与成长路径

本研究选取深圳大学大湾区国际创新学院管理科学与工程（数字智能创新与创业管理）专业为考察对象。该项目以问题导向、基于项目的教学模式为特色，以“学术导师+行业导师”产教融合协同育人机制为引领，以技术创新为核心驱动力，以智慧医疗、智慧城市、商业智能为典型应用，探索开发多元化创业场景，研究数据驱动的智能解决方案。本研究通过学科专业背景设立了实践社群的共同领域基础，通过产教融合协同育人机制设立了实践社群的社群互动结构，通过项目式学习成果设立了实践社群的共建实践目标。

经过两年的教学实践发现，在单次项目中，导师之间、导师与学生之间、学生之间通过自主协调或自发适应形成了核心参与和边缘参与两个频繁交互的嵌套圈层。而在多次项目中，单个学生的参与程度不断加深，识别到从边缘参与到核心参与的关键转变。

（一）互动机制：“学术导师+行业导师”协同育人创新赋能

在单次项目中，按照活动类型划分，识别存在核心参与圈层和边缘参与两大圈层，在两大圈层内存在学术导师、行业导师、核心参与学生、边缘参与学生四大社群成员。

两大圈层活动类型和四大社群成员特征如表1、表2所示。

表1 实践社群成员特征

成员类型	成员特征
学术导师	来自高校学院的教师和研究人员，始终位于核心参与圈层
行业导师	来自行业中与学院有合作关系的科研机构和医院，如深圳市卫生健康发展研究和数据管理中心、深圳大学附属华南医院、深圳市康宁医院等，始终位于核心参与圈层
核心参与学生	作为开发主力的高年级学生，在本次项目前应已有一次及以上的完整的创新创业项目开发经验，能够领导边缘参与学生进行创新创业项目开发
边缘参与学生	作为辅助人员参与开发的低年级学生，在本次项目前无完整的创新创业项目开发经验，或仅有不完整的创新创业项目开发经验，基础相对薄弱

表 2　实践社群活动圈层

活动圈层	活动主体	活动类型
核心参与圈层	学术导师、行业导师、核心参与学生	以战略会议为主，常用于把握创新创业项目的总体思路与执行路线
边缘参与圈层	学术导师、行业导师、核心参与学生、边缘参与学生	以头脑风暴会议与工作会议为主，前者常用于激发创意、集思广益，后者常用于商议操作细节与互通具体环节的开发进度

根据两大圈层和四大社群成员的识别和划分，图解实践社群互动机制（见图 2），并据此识别存在的 6 种交互关系（见表 3）。学术导师和行业导师始终位于核心圈层，与核心参与学生商讨把握整体的创新创业项目思路。边缘参与学生可与学术导师、行业导师和核心参与学生频繁交互，落实项目的具体技术操作和转化步骤，辅助完善项目细节。

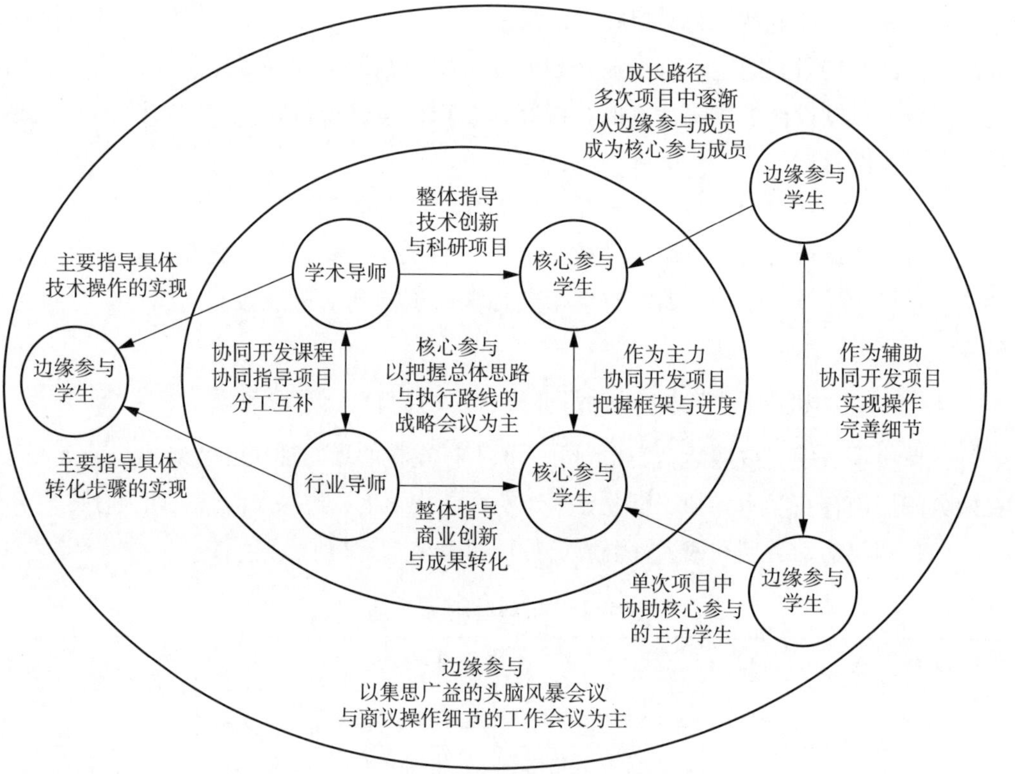

图 2　基于实践社群的产教融合协同育人互动机制

表3 实践社群交互关系

圈层	交互配对	交互关系
核心参与圈层	学术导师—行业导师	协同开发创新创业课程体系、指导学生开发项目与参加竞赛，双方应以友好协商、分工互补为原则定期沟通学生培养、技术与商业创新等事宜
	学术导师—核心参与学生	整体指导关于技术创新与科研项目的事宜
	行业导师—核心参与学生	整体指导关于商业创新与成果转化的事宜
边缘参与圈层	核心参与学生—边缘参与学生	边缘学生应在单次项目经历中协助核心参与学生完成项目开发，并经多次项目经历后，逐渐从边缘参与学生成长为具有成熟项目思路与完备开发技能的核心参与学生，能够承担项目责任，推进项目开发
	学术导师—边缘参与学生	主要指导具体技术操作如何实现
	行业导师—边缘参与学生	主要指导具体转化步骤如何实现

在这个交互机制中，核心参与学生是学术导师、行业导师与边缘参与学生之间的桥梁，但不等同于隔绝边缘参与学生接受来自学术导师、行业导师的直接指导。学术导师、行业导师对核心参与学生与边缘参与学生的交互差异主要取决于两者的开发基础与任务类型。对核心参与学生，主要培养其项目大局观与管理思维；对边缘参与学生，主要培养其项目实现能力与团队意识，进而推动每一位学生走上同水平项目从边缘参与到核心参与的中心靠拢型成长路径，以及从初级项目的核心参与到高级项目的边缘参与的平台跃升型成长路径。

（二）成长路径：从边缘参与到核心参与的学生角色

学生的成长路径是基于多门结构成熟、衔接完善的专业课程项目式学习实现的。管理科学与工程（数字智能创新与创业管理）专业搭建了针对性、实用性、包容性强的专业课程体系，紧密结合学生从初级项目到高级项目、从边缘参与到核心参与的成长路径。

在初级项目里，通过课堂讲授、案例讨论等环节，培养学生基本科研理论与技术方法，使边缘参与学生掌握实现具体技术操作与转化步骤的能力，核心参与学生掌握整体把控项目框架与开发进度的能力。在高级项目里，通过案例讨论、创业比赛实践等环节，培养学生的实践能力、管理素质和协作精神。由于高级项目涉及的学科内容深度、开发技术难度、项目管理与成果转化复杂度都比初级项目高，能够为经历过初级项目的学生带来新的成长契机。

与此同时，课程培养体系的各个阶段都倡导学以致用，不断增强学生的项目实现能力与团队意识，让学生在积累多次项目经历后，逐渐从边缘参与学生成长为具有成熟项目思路与完备开发技能的核心参与学生，能够承担更高级项目的责任，推进项目开发，最终将每一位学生培养成为科研创新能力与管理实践能力双优的一流拔尖复合型人才。

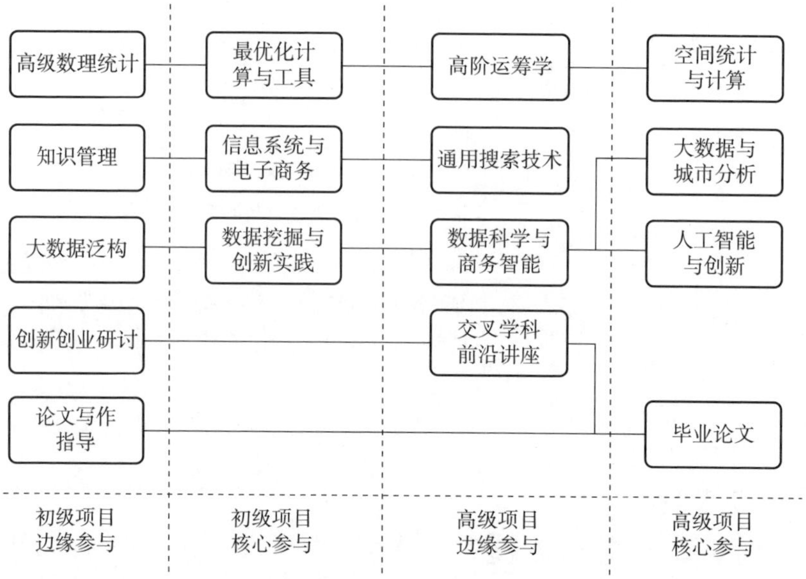

图3　专业课程与成长路径结合点

基于从初级项目到高级项目、从边缘参与到核心参与、从新手到专业人士的成长路径，依托课程结构搭建的多学科交叉融合的协同学习环境，通过系统的理论学习、多样的课程实践和高水平的专题研究，学生不断迎来新的技能要求与管理挑战，始终处于积极向前的协同式学习与实践环境中。

四、基于实践社群的新型双创教育机制应用意义

（一）有利于细化拔尖人才培养思路，扩大创新型、复合型人才规模

实践社群的共同领域有利于扩大群体基础，互动机制可以产生持续的群体动力，共建实践能够提供明确的群体目标，在此基础上构建的高效协作式教学与实践环境，促使参与主体自发朝着成长路径推进。学生从初级项目边缘参与到高级项目核心参与，全程参与各水平项目的各个环节，使其在具体场景中锤炼实际操作技能，激发学生的创造能力和创新韧性。基于实践社群的互动学习模式可以促进不同学科之间的交叉融合和合作，有利于锻炼学生跨学科的思维能力和综合素质，培养具有多学科交叉的知识结构、较强研究能力以及创新创业实践管理能力的一流拔尖人才。

（二）有利于促进创新创业成果转化，丰富学校双创生态

基于实践社群的项目式学习能够完善已有的产教融合协同育人机制，在积极利用高校创业比赛的环境制度、开展以科研成果为导向的创业实践活动的同时，紧密结合学生自身成长路径，以课程项目为实践平台，帮助学生逐步从新手过渡到专业人士的身份，切实提高学生创新创业实践能力。学生可以借助实践社群形成的合作网络，获

取来自多个领域的经验借鉴和资源支撑，有助于提高创新创业项目实施效率，丰富学校双创育人生态基础要素。

（三）有利于减小双创教改推进阻力，提高育人效率

教育变革范围因实践社群的引入落实到了个体与群体的交互机制上，减少产教融合创新创业培训体系对学校级与学院级组织变革的依赖，降低教育改革对组织变革与导师领导的硬性要求。在师生共建实践的过程中还可以总结过往项目经验、工具等资源，形成共享资源库，供未来导师教学、学生实践参考，推动创新创业教育走向不断积累、自我完善的道路，使得创新创业教育改革具备易于转向、便于适应、宜于实验的执行特点。

（四）有利于发展公平包容的双创教育，提高教育改革普惠性

实践社群模式中对边缘参与学生的定义，可以扩大创新创业教育的覆盖范围，允许更多学生通过边缘参与的方式参与到创新创业项目的开发中来。打破传统教育的壁垒，号召不同年级、背景的学生在同一个创新创业实践环境中协作工作、共同进步，构建高年级带低年级、熟手带新手的友好互助氛围，给予更多学生体验创新创业的机会，提升教育改革效益，使得优质双创教育能够普惠到更广泛的学生群体。

五、总结

通过对管理科学与工程（数字智能创新与创业管理）专业中新型双创项目式学习实践社群的探讨，本研究揭示了双创教育、项目式学习、实践社群以及研究生创新能力培养之间的内在关联，从而得出，学术导师、行业导师和学生之间的互动机制在促进学生从边缘参与到核心参与、从低级项目到高级项目、从新手到专业人士的成长路径中发挥重要作用。这一研究发现为新工科背景下的研究生双创教育提供了有益的参考案例和清晰的培养路径，为培养新时代具备卓越创新思维、专业实践能力和高级管理素养的一流拔尖复合型高端人才提供了全新视角和坚实基础。在未来的教学实践中，更应注重实践社群的建设和互动，进一步推动双创项目式学习的有效实施。

参考文献

[1] 闫玺玺，张静，赵宗渠．我国新工科建设研究现状的可视化分析［J］．计算机时代，2023（4）：147-151.

[2] 钟登华．新工科建设的内涵与行动［J］．高等工程教育研究，2017（3）：1-6.

[3] 吴爱华，杨秋波，郝杰．以“新工科”建设引领高等教育创新变革［J］．高等工程教育研究，2019（1）：1-7+61.

[4] 赵路华，李想．新工科建设环境下的高校教学改革［J］．教育科学探索，2023，41（2）：34-41.

[5] 中华人民共和国教育部. 教育部 国家发展改革委 财政部关于加快新时代研究生教育改革发展的意见 [EB/OL]. [2023-05-08]. http: //www. moe. gov. cn/srcsite/A22/s7065/202009/t20200921_489271. html.

[6] 广东省教育厅. 广东省教育厅 广东省发展改革委 广东省财政厅关于加快新时代研究生教育改革发展的实施意见[EB/OL]. [2023-05-08]. http: //edu. gd. gov. cn/zwgknew/gsgg/content/post_3429914. html.

[7] 中华人民共和国教育部. 18 家国家卓越工程师学院建设单位联合发布《卓越工程师培养北京宣言》[EB/OL]. [2023-8-28]. http: //www. moe. gov. cn/jyb_xwfb/gzdt_gzdt/s5987/202209/t20220927_665486. html.

[8] 教育部学位与研究生教育发展中心. 2022 年中国研究生教育十大热点 [EB/OL]. [2023-05-08]. https: //www. cdgdc. edu. cn/info/1027/2504. html.

[9] 张骏. 科教兴国视域下中国特色世界一流大学建设的本质要求及建设路径 [J]. 南京理工大学学报（社会科学版），2023，36（1）：1-8.

[10] 广东省教育厅. 广东省深化高校创新创业教育改革培植“双创”人才成长沃土 [EB/OL]. [2023-05-08]. http: //edu. gd. gov. cn/ztzlnew/jycy/dt/content/post_4078209. html.

[11] 广东省教育厅. 给力！广东多项科创指标全国第一，“新工科”改革获显著成效 [EB/OL]. [2023-05-08]. http: //edu. gd. gov. cn/jyzxnew/tpxw/content/post_3945183. html.

[12] 张丽琼，何婷婷，江激宇. 我国高校创新创业教育研究热点及趋势——基于 CiteSpace 的可视化分析 [J]. 哈尔滨学院学报，2023，44（1）：132-136.

[13] 王焰新. 高校创新创业教育的反思与模式构建 [J]. 中国大学教学，2015（4）：4-7+24.

[14] 李家华，卢旭东. 把创新创业教育融入高校人才培养体系 [J]. 中国高等教育，2010（12）：9-11.

[15] 马永斌，柏喆. 大学创新创业教育的实践模式研究与探索 [J]. 清华大学教育研究，2015，36（6）：99-103.

[16] 黄兆信，王志强. 论高校创业教育与专业教育的融合 [J]. 教育研究，2013，34（12）：59-67.

[17] 胡桃，沈莉. 国外创新创业教育模式对我国高校的启示 [J]. 中国大学教学，2013（2）：91-94+90.

[18] Hein G E. Constructivist learning theory [J]. Institute for Inquiry. Available at: /http: //www. exploratorium. edu/ifi/resources/constructivistlearning. htmlS，1991.

[19] Bada S O，Olusegun S. Constructivism learning theory: A paradigm for teaching and learning [J]. Journal of Research & Method in Education，2015，5（6）：66-70.

[20] 刘景福，钟志贤. 基于项目的学习（PBL）模式研究 [J]. 外国教育研究，2002（11）：18-22.

[21] Guo P，Saab N，Post L S，et al. A review of project-based learning in higher education: Student outcomes and measures [J]. International journal of educational research，2020（102）：101586.

[22] 许朗，贡意业. 大学生创新创业教育模式探索——项目参与式创业教育 [J]. 学术论

坛，2011，34（9）：213-217.

［23］刘育东．我国项目学习研究：问题与趋势［J］．苏州大学学报（哲学社会科学版），2010，31（4）：182-187.

［24］李志河，张丽梅．近十年我国项目式学习研究综述［J］．中国教育信息化，2017（16）：52-55.

［25］牛奔，耿爽，刘敏．新工科背景下的双创教育改革探索与总结［C］//马卫红．我们的天职是求知［M］．北京：中国经济出版社，2021：137-143.

［26］Wenger E. Communities of practice：A brief introduction［EB/OL］. 2011［2023-05-08］. https：//scholarsbank. uoregon. edu/xmlui/handle/1794/11736.

［27］Li L C，Grimshaw J M，Nielsen C，et al. Evolution of wenger's concept of community of practice［J］. Implementation science，2009（4）：1-8.

［28］骆静，廖建桥．基于提高知识员工组织嵌入度的实践社群研究［J］．科研管理，2006（2）：133-139.

［29］李柏洲，王丹，赵健宇，等．基于B-Z反应的企业实践社群知识流动演化研究［J］．管理工程学报，2019，33（3）：84-92.

［30］葛忆翔，李基安．基于实践社群理论的英语语法多媒体教学研究［J］．外语电化教学，2009（4）：53-57.

［31］秦丽莉，戴炜栋，赵永青．再论实践社群理论框架下外语学习自主能力与身份之间的关系［J］．现代外语，2018，41（1）：66-77+146.

［32］刘翔宇，李新建，孙燕群．学习实践社群参与对员工创新行为的影响研究——论反馈寻求倾向和组织支持感知的调节作用［J］．科技管理研究，2016，36（20）：130-136+189.

［33］孙天慈，沈伟．虚拟实践社群中高等教育教学知识的共享与创新［J］．高教发展与评估，2022，38（2）：105-116+122.

［34］崔慧广．研究生创新能力培养中的实践社群［J］．教育评论，2014（11）：60-62.

以双创赛事为切入的管理和新医科双驱发展专创人才培养模式的探索

柴语鹃　张江乐

（深圳大学医学部生物医学工程学院，深圳大学现代管理教学实验中心）

【摘要】双创赛事是高校创新创业教育的一部分，也是形式较为特殊的一部分。本文以双创赛事为切入点，介绍在竞争激烈的赛事活动中对管理和新医科双驱发展专创人才培养模式的初步探索。这项教学探索包含了对理工科和医科技术在创赛中的参与度分析，交叉团队组成形式和优势的分析，以及在几年的开展过程中遇到的问题和挑战。如何更充分地发挥我校综合性大学的多学科优势，特别是新医科与强势学科管理学的联合专创人才培养，是在有限的资源内拓展创新创业教育范畴，实现高效、可持续的协同发展的关键。

【关键词】专创人才培养；医管交叉；双驱发展；双创赛事；实践模式

自时任总理李克强于2015年提出“大众创业、万众创新”号召以来，高校就掀起了创新创业教育高潮，各种各样的“双创”教育思路、模式、实践此起彼伏。创新创业基地、中心、学院应运而生，各类相关支持项目与赛事也极大地激发了广大师生的热情，一批批创业项目路演，让原本单纯的运营、管理知识备受其他专业关注并得到普及。近年来，创业课程体系也逐渐走出试验田，成为高等教育的重要组成部分。在双创活动开展的早期，高效师生对创新创业活动的理解多半是传统意义的做生意，经管专业的学生首先成为这一活动的“宠儿”，而医学、工程类专业学生往往“坐地观景”[1]。因此，在较长的一段时间里，双创教育在不同学科之间是难以打通的，更不用说跨越文理科、医工科的取长补短了。

深圳大学是最早开展“双创教育”的国内高校之一，也是教育部创新创业示范学校之一。学校深受深圳这所创新创业之都熏染，2012年面向全校招收跨专业“创业精英班”。2016年创新创业课程模块广泛嵌入课程体系之中，随后创新思维、创业导论成为管理学院必修及全校公选课。同期，“创新创业”被列为医学部生物医学工程学院学科建设考核指标，积极引导新医科技术型人才向专创型人才发展。如何给予那些有创新创业热情的学生更深层次的专创融合学习支持，是摆在我们面前的新课题[2]。换句话说，我们迫切需要探索一条让创新创业知识和精神作为“堂前燕”，飞入全校各个专业学生心中的路径。

新医科作为国家提出的“四新”之一，是我国科技兴国大业最为重要的组成部分，也是近年来与工程、数理、人文等学科不断深入融合的学科[3-4]。新医科的飞速发展体现了“大健康”理念和新科技革命的内涵，充分体现了跨学科整合的优势。然而，如何借助双创教育，将管理学领域的运营、组织和决策知识与新医科进行融合，并探索基于管理和新医科双驱发展的专创人才培养模式，是对现有教学体系的重大挑战[5-6]。

在本文中，我们将从一个具体且特殊的视角——双创活动为切入，介绍本校双创教育的发展历程与管理和新医科双驱发展专创人才团队的组建形式。随后，我们将根据前期经验，深入探讨医管交叉专创团队的特点、优势，及面临的挑战。无论是双创教育还是交叉融合的专创人才培养，最终目的都是促进人才的可持续发展和高校成果的成功转化。双创活动的开展只是创新创业教育的切入点而并非结果，如何对双驱发展成果进行落地，将是高校和社会需要共同解决的问题。

一、高校双创赛事的发展现状

（一）全国双创比赛的发展趋势

我国大学生双创赛事的发展时间长短不一，从几年到十几年不等。其中以“互联网+”全国大学生创新创业大赛（简称“互联网+”）和挑战杯中国大学生创业计划竞赛（挑战杯分为学术科技作品竞赛和创业计划竞赛两类）的规模和影响最为重要，已经被列为学科竞赛中的Ⅰ类赛事。此外，在Ⅱ类和Ⅲ类赛事中也有一些细分领域的创新创业比赛，例如已经举办了十三届的全国大学生电子商务“创新、创意及创业”挑战赛、“学创杯”全国大学生创业综合模拟大赛、“创新创业”全国管理决策模拟大赛、全国大学生创新创业训练计划，等等。在这些比赛模式的基础上，深圳大学管理学院也联合校友及校外资源开展了各类双创活动，如2023年成功举办的“深大校友杯”IPP创新精英大奖赛，更是校企联合创新人才培养的一种新模式，直接对接了校内创业团队和广阔的校友资源。经过十余年的发展，创新创业教育和人才培养模式变得越来越广泛，我校不同专业学生的参与程度也已大幅提升，进入了专创融合时代。

（二）深圳大学近期取得的双创赛事成果分析

基于双创赛事的专创融合人才培养发展和成果体现在多种方面，以深圳大学承办的第九届中国国际“互联网+”大学生创新创业大赛广东省复赛为例，我校共有23支高教主赛道代表队、8支红旅代表队、8支产业赛道代表队合计39支代表队。在这39支代表队中，我们可以看到以土木与交通工程学院为代表的理工科学院团队占到了所有省赛队伍的61.5%，以管理学院为代表的文科类团队占到了25.6%，而生物医学类的5个团队分别来自高等研究院和生命与海洋学院。除了团队来源的多样化，我们也看到团队组成的多样化，即管理学、经济学和其他工程、医学等技术团队的交叉融合。从实际的省赛获奖来看，具有明确新医科和医用材料特性的5个项目全部获得金奖或银奖，而基于人工智能、VR、抗菌材料等新技术的大健康应用类6个项目也全部获奖，彰显了多学科驱动专创团队在双创赛事中的巨大优势。

二、管理与新医科双驱发展的专创团队形式

在过去4年的医管交叉创新人才培养工作中，我们发现双创赛事是一种很好的切入方式。对于学科背景较远的管理学和医工科学生而言，即便有创新创业的想法和实践兴趣，也难以产生实质的交集。然而在高校众多的双创赛事中，有相关意向的同学需要自主组成交叉团队，或在老师和师兄师姐的推荐下组成交叉团队，可以有意识地筛选与自己知识和能力互补的团队成员。目前，管理与新医科双驱发展的专创团队有以下两种形式：

（1）项目来自管理学院，但具有明显的新医科或新材料技术属性，需要更加准确的应用定位和持续的技术积累。这种情况下，项目组的大部分成员在组织、路演和商业策划方面具有较为丰富的经验，对技术领域的少数团队成员学术背景有着较为明确的需求。

（2）项目来自新医科领域的相关学院，长期深耕某项技术并有较高的转化价值，需要在双创赛事的参与过程中完善市场和商业部分。这种情况下，项目组的大部分成员在技术和应用方面具有较为丰富的经验，对商业策划、PPT制作和路演经验丰富的经管专业团队成员有较为明确的需求。

无论交叉团队为何种形式，从双创教育和专创人才培养的角度而言，都是十分有利的。

三、以双创赛事切入的医管交叉专创团队特点与优势

（一）交叉专创团队赋予项目新医科，新管理属性

随着高校双创赛事参与人数的增加，项目的丰富程度越来越高，也就意味着每一个项目的市场定位、技术内容、商业逻辑和推广方式都需要有不同程度的创新。在这个过程中，来自不同背景的学生便需要共同查阅资料，互相讲解，促进对整个行业现状和项目技术本身的理解。尽管大部分创赛项目并不会真正进行转化，但这样的思维训练无疑是值得鼓励的。从最终的创赛项目呈现中，我们可以明确地感受到新医科和新管理的属性，符合当代教育发展和人才培养的需求。

（二）学生的自学和主观能动性大幅增强，节省教师资源

由于知识和能力的互补，参与创赛的交叉团队降低了内部的竞争，非常乐于互相分享知识，在项目工作的分配上也可以很快达成一致。这对于创新创业教育中综合能力的培养是非常重要的。高校教师虽然是教育的主体，但是我们不得不承认，在教师主导的课堂式人才培养模式中，合适的优秀教师和教师的整体资源都是极为有限的[7]。在这种资源有限的情况下，发挥医管交叉团队学生成员的主观能动性，解决大部分实

践活动中的常规问题，大大提升了专创人才培养的效率。而老师则更多以提升为目的进行指导，反而实现了更加灵活高效的教学方法。

（三）高强度高获得感促进持久的创新精神

“后劲不足”是高校双创教育的普遍问题，原因包括学生科研实验与双创活动、常规课程与双创活动、考研与双创活动的时间协调问题，个人能力在双创活动中不足的问题，以及难以从常规创新创业课程中获得成就感的问题。双创赛事作为管理和新医科双驱发展的专创人才培养切入点，具有高强度、高获得感的特点。在学生本身具有参与意愿的基础上，双创赛事的时间节点有助于交叉团队分工合作，快速完成团队磨合和互补知识的积累。与被动的上课和听讲相比，有具体时间节点和竞争压力的双创赛事对参与的学生团队起到了培养+筛选的作用。在一轮一轮的路演比赛中，团队可以持续从指导教师、评委甚至其他团队中获取经验，形成阶段性成果，并从活动中获得奖励和社会的认可。即便无法获得奖项，在高强度的创赛准备工作中，同学们也磨炼了意志，加强了协作，有了更加开阔的思维方式，培养了持久的创新精神。

四、以双创赛事切入的医管交叉专创团队面临的挑战

医管交叉专创团队和人才的培养是个长期的过程，目前尚处于起步阶段。因此，我们仅以双创赛事为切入点来探讨这种人才培养模式在学生端和教师端面临的挑战。

（一）医科专业的融入深度和广度不足

随着新医科教学改革的推进，我们在各类创赛中看到了越来越多的归属于生物医学及大健康领域的专业技术和学生专创团队，这也是双创教育在新医科领域积极开展的成果。然而，如果我们详细分析这些技术或学生队长的所属学院就会发现，来自材料学院和高等研究院的项目较多，而传统医学领域的成果和学生参与深度和广度较为不足。这些现状与医学专业人才培养周期长、转化过程复杂、技术风险高等因素都有关系，使得新医科专创人才的培养更为艰难而漫长。因此，如何借助于管理学专业交叉团队组建和双创赛事的参与进行双驱动的人才培养，或选取较为适合的新医科专业进行合作，深度探索，是本项工作中面临的挑战。

（二）教师团队跨专业指导认可程度不高

创赛团队的搭建不仅需要交叉团队的学生成员，也需要来自各个领域的教师进行配合，组成指导教师团队。在教师的传统工作中，主要的教学对象还是本专业的或研究方向较为接近的学生。然而在双创活动中，教师也需要面对专业方向差异较大的其他老师以及学生成员，这与常规的教学和科研合作有着明显差异。此外，在双创赛事中团队队长与教师所属学院不同时，教师的指导工作认可度将会有所下降。虽然这种情况较为罕见，但是并不利于鼓励多学院的老师进行合作，或选择在双创赛事中最有组织能力的学生成员。因此，在以双创赛事为切入的交叉学科双创教育中，指导教师的团队属性和跨

专业认可还需要有一些体质上的方案，来减少不同学科学院之间的隔阂[7]。

（三）尚未形成连贯的培养机制

目前，我们已经初步尝试了以创赛为切入、大创项目为承接、科研活动为提升的管理和新医科双驱发展专创人才培养模式的探索，在交叉学生团队合作共赢的2年多时间里实现了持续的相互促进。管理学院的同学们对大健康领域产生了浓厚的兴趣并在研究生申请中有意识地朝这一方向重点考虑，新医科背景的学生也对技术的应用市场、本领域企业的经营模式有了更深刻的了解。然而，能够持续合作的医管交叉团队毕竟是少数，真正能够实现技术创业的专创团队和人才更是稀少。在脱离了创赛和大创项目等为高校学生团队“量身定制”的创新创业活动以后，如何更有效地利用校友和外部资源对早期团队进行支持，形成连贯的专创人才的培养机制，将是未来创新创业工作的重点。

五、未来展望

综上所述，在多年的实践中我们发现以双创赛事为切入的管理和新医科双驱发展专创人才培养是较为可行的，也是一种效果较好的创新创业教育形式。这种模式虽然与真正的创业活动有较大差异，但是可以很好地促进不同专业的学生对课堂上学习的基本“双创”知识和技能进行模拟实践，更为重要的是形成学生之间的交叉协作和能力的共同提升。相信这些教学工作能够持续促进医管交叉专创人才的培养，为社会输送更多具有专业知识、团队意识和创新精神的复合型人才。

参考文献

[1] 国务院办公厅关于加快医学教育创新发展的指导意见［EB/OL］.（2020-09-23）［2021-04-13］. http：//www. gov. cn/zhengce/content/202009/23/content_ 5546373. htm.

[2] 王林雪，李怡，沈红霞．高校双创教育与专业教育融合机制研究科技与创新［J］. 科技与创新，2022（1）：10-13.

[3] 郭晓奎．对新医科的理解与认识［J］. 中国大学教学，2023（7）：4-10，51.

[4] 李隽，吴永刚，李亚军．新医科背景下加强医学人文教育的路径研究［J］. 中国医药导报，2023，20（19）：77-80.

[5] 卢佳，崔志伟，成功．医学院校大学生双创工程的现状与对策［J］. 教育教学论坛，2021（42）：41-44.

[6] 李昆益．“产教创赛”一体化高职大学生双创能力培养模式研究——基于双创项目开发的视角［J］. 职业技术教育，2022，43（23）：52-57.

[7] 裘洪梅，丁宁，李东霞，等．新医科背景下强化专创融合的医学双创教育研究与实践［J］. 中国继续医学教育，2023，15（15）：19-22.

大学生学习倦怠影响因素研究

柯年满　萧雁怡

（深圳大学管理学院人力资源管理系）

【摘要】本研究采用问卷调查法对来自深圳大学的221名大学生的学习倦怠现状及影响因素进行调查。研究结果显示：①当前大学生存在一定程度的学习倦怠现象，大学生的学习倦怠水平在性别、年级以及专业上存在显著的差异性；②专业兴趣、考试压力、学习自我效能感、学习态度与大学生学习倦怠各个维度（情绪低落、行为不当、成就感低）呈显著负相关关系。在此基础上，本文从学习态度、教学方法、社会环境等5个方面提出了降低学习倦怠的措施。

【关键词】学习倦怠；专业兴趣；学习自我效能感；学习态度；考试压力

一、导言

大学生正处于人生发展的黄金阶段，大学时光是他们的人生观和价值观形成的关键时期，学习是他们生活的重心和主要内容。但是目前大学生的学习情况并不乐观，学生的学习态度和学习热情有所下降。《中国青年报》的一项调查显示，高校中大学生基础课逃课率在25%以上，专业逃课率在20%左右。由此可见，大学里相当一部分学生的学习状况是不理想的，出现了学习倦怠的现象。所谓学习倦怠是一种在学习的过程中出现的不健康的心理状态，主要表现有：生理上的疲惫、经常感到自己精力不足、学习的时候特别容易疲劳；情绪上缺乏热情与活力、对学习失去兴趣、消极被动、情绪容易波动、感到压抑和焦虑、自我评价降低、缺乏自信心、学习成就感下降、觉得学习没有价值；行为上学习效率低、纪律松懈、对学习敷衍了事、态度散漫、经常逃课、迟到、早退、不交作业等[1]。

高校作为培养人才、输出人才的重要阵地，培养出全面发展的高素质大学生对于推动整个社会的进步有着重要的意义。探讨影响大学生学习的积极和消极的心理，对于促使大学生加强自我认识，促进大学生自身素质的全面发展有着重要的意义。特别是对大学生学习倦怠状况及其影响因素进行调查研究，能帮助大学生及时发现自己在学习活动中出现的学习倦怠现象从而采取积极有效的措施进行缓解，让学生重获学习热情的同时，还能为高校针对影响大学生学习倦怠的因素进行有效辅导和帮助提供有效的依据。

二、文献综述

（一）学习倦怠的定义

“学习倦怠”（learning burnout）是 Pines 等在以大学生和助人职业工作者为对象的比较研究中发现的，他们得出了大学生在校求学期间的学习倦怠程度要高于助人专业工作者在工作期间的工作倦怠程度的结论，并首次提出“学生倦怠”（student burnout）的概念，其意指学生在学习过程中出现的倦怠现象[2]。

连榕认为学习倦怠反映了大学生消极的学习心理，当大学生对学习没有兴趣或缺乏动力却又不得已而为之时，就会感到厌烦，从而产生一种身心俱疲的心理状态，并消极地对待学习活动，这种状态称为学习倦怠[3]。

（二）学习倦怠影响因素的研究

1. 个体因素

个体方面的研究主要集中在如下几个方面：①学习自我效能感。连榕等认为学习自我效能感和学习倦怠存在显著的线性关系，学习自我效能感及其各维度可以负向预测学习倦怠[4]；②学习态度。陈雅娟等提出大学生的成就动机与学习倦怠之间呈 U 形关系，即当成就动机过低或成就动机过高时，学习倦怠较明显；适度的成就动机所表现出的学习倦怠较微弱[5]；③学习焦虑。张婷婷认为外语学习焦虑、学习倦怠与自我效能感均存在显著负相关，而外语学习焦虑与学习倦怠存在显著正相关[6]；④学习压力。大学生最主要的学习压力是考试压力，考试压力会在一定程度上促使学生出现焦虑情绪，主要表现为备考期间过分担心、紧张、不安、恐惧等复合情绪障碍，还可能伴有失眠、消化功能减退等症状。许多大学生由于不能承受大学阶段的学习和考试压力而引发各种各样的心理障碍，学生的心理健康和学习质量都受到严重的影响[7]。学生的学业压力越大越容易出现倦怠情绪，身心耗竭、行为不当的出现频率也会随之提高[8]；大学生的学习压力能显著正向预测大学生的学习倦怠；心理韧性是学习压力对学习倦怠产生影响的中介变量[9]。

同时也有学者综合考虑多种因素进行研究。孙晓莉的研究认为学习主动性、专业兴趣、学习态度、焦虑、自我效能感等因素对学习倦怠的影响极为明显[10]。崔岩的分析发现，学习态度、专业兴趣、考试压力、学习自我效能感等四个因素对大学生学习倦怠的影响最为显著[11]。

2. 环境因素

叶志锋提出，社会环境和学校环境是影响学生身心健康的环境因素。社会环境因素包括社会不良风气、大众传播媒介的不良影响、日趋恶化的社会生活环境、根深蒂固的传统文化观念以及现实中偏颇的社会认知。学校环境因素包括：学校物质环境、卫生安全管理、学校的教育管理、学校精神环境的不良因素、学生群体、生活方式等[12]。其中学校的教育管理包括教学方法与管理，如教学内容枯燥乏味或者严重与社会发展和实际生活脱节；培养目标的偏差滋生过重的学习负担与过大的压力导致学生长期处于紧张的状态；教学方法简单、教学方式随心所欲，甚至变相体罚学生；校园活动匮乏等。这一系列在教学管理当中可能出现的问题都将影响学生的身心健康。

陈燕的研究发现，个人及人际因素对大学生的学习倦怠影响最为显著，学校因素、社会因素和家庭因素是除人际因素以外对大学生的学习倦怠影响最为显著的因素[13]。

叶钰侨等提出，学习倦怠与社会支持和生活满意度显著负相关。社会支持与生活满意度和经济状况显著正相关；在控制了性别后，社会支持对学习倦怠有直接预测作用，同时通过生活满意度的中介作用间接影响学习倦怠[14]。

孙刚成和杨婳婳融合了个体和环境因素，认为大学生学习倦怠程度与其专业满意度、专业承诺度、对学校管理和社会公平的满意度等呈现明显的负向变化关系，且家庭环境对大学生学习倦怠有直接的影响[15]。

三、研究方法

（一）被试

本研究实行随机抽样调查，选择了深圳大学的学生作为研究被试。本次研究共发放问卷 240 份，剔除一些无效问卷后（有某些重要信息没有填，或者问卷中所有的题都选同一选项，或者按照某一规律进行选择的都被视为无效问卷），共回收有效问卷 221 份，问卷有效回收率为 92%。样本的基本情况如下：①在被试中，男生 92 人，占总体 41.63%；女生 129 人，占总体 58.37%。女生被试人数明显大于男性被试。②在被试中，大二学生为 60 人，占总体 27.15%；大三学生为 105 人，占总体 47.51%；大四学生为 56 人，占总体 25.34%。大三年级被试人数最多，其次是大二年级被试人数，大四年级被试人数最少。③在被试中，文科生 142 人，占总体 64.25%；理科生 79 人，占总体 35.75%。文科生人数明显多于理科生。

（二）研究工具

（1）大学生学习倦怠量表。本研究采用连榕等编制的《大学生学习倦怠调查量表》。该量表分为情绪低落、行为不当以及成就感低 3 个维度，共有 20 道题目，其中情感低落维度包含 8 个题目，总分 40 分；行为不当维度包含 6 个题目，总分 30 分；成就感低维度包含 6 个题目总分 30 分。量表采用李克特 5 点计分法，“完全不符合”计为 1 分，“完全符合”计为 5 分，整个量表共计 100 分，得分越高，则表示被试学习倦怠程度越严重。总量表的 Cronbach α 系数为 0.865，情绪低落维度为 0.812，行为不当维度为 0.704，成就感低维度为 0.731。

（2）大学生学习倦怠影响因素量表。本研究采用崔岩所编制的《大学生学习倦怠影响因素调查问卷》。该量表包含23道题目，包含社会环境、专业兴趣、教学方法与管理、考试压力、学习自我效能感、学习态度等6个因素。其中社会环境包含6道题目，专业兴趣包含4道题目，教学方法与管理包含3道题目，考试压力包含4道题目，学习自我效能感包含3道题目，学习态度包含3道题目。量表采用李克特5点计分法，“完全不符合”计为1分，“完全符合”计为5分。该量表的内部一致性系数为0.837。

四、研究结果

（一）学习倦怠个体差异分析

描述性统计分析结果显示，大学生的学习倦怠平均得分为58.43，属于中等程度的学习倦怠。

表1的数据显示，不同性别的大学生在学习倦怠中的情绪低落、成就感低两个维度上具有显著的差异性，男生在学习倦怠及其各维度（情绪低落、行为不当、成就感低）的平均得分均高于女生。

表1 大学生学习倦怠的性别差异

	男		女		t
	M	SD	M	SD	
情绪低落	23.55	5.347	22.88	4.171	3.011**
行为不当	18.92	4.209	18.55	3.476	0.277
成就感低	16.82	4.294	16.35	2.831	3.472***
倦怠总分	59.29	12.177	57.78	8.267	4.512***

注：**表示 $p<0.01$，***表示 $p<0.001$。

从表2可以看出，不同年级的大学生在学习倦怠中的成就感低维度上具有显著的差异性。大二学生的成就感最低，其次是大四学生，大三学生成就感最高。

表2 大学生学习倦怠的年级差异

	大学二年级		大学三年级		大学四年级		F
	M	SD	M	SD	M	SD	
情绪低落	23.35	4.506	22.43	4.920	23.19	4.407	1.075
行为不当	18.74	3.253	18.23	4.000	18.48	3.934	0.099
成就感低	17.20	2.325	15.74	3.511	16.71	4.210	3.908**
倦怠总分	59.29	7.523	56.40	10.81	58.38	10.831	4.512**

注：**表示 $p<0.01$。

从表3可以看出，不同专业的大学生在学习倦怠中的情绪低落、成就感低两个维度上具有显著的差异性，文科学生在学习倦怠情绪低落、成就感低这两个维度的平均得分显著低于理科学生。

表3 大学生学习倦怠的专业差异

	文科		理工科		t
	M	SD	M	SD	
情绪低落	22.06	4.440	22.83	5.182	2.292*
行为不当	18.27	3.703	18.50	3.971	0.059
成就感低	16.05	3.166	16.12	4.092	2.531*
倦怠总分	57.38	9.108	58.15	11.637	2.425*

注：*表示 $p<0.05$。

（二）学习倦怠影响因素分析

以六个影响因素（专业兴趣、学习态度、教学方法与管理、学习自我效能感、社会环境、考试压力）为自变量，以学习倦怠的三个维度（情绪低落、行为不当、成就感低）为因变量，分别进行回归分析。分析结果见表4。

表4 学习倦怠影响因素回归分析（n=221）

变量	情绪低落	行为不当	成就感低
学习态度	-0.375***	-0.451***	-0.067
专业兴趣	-0.228***	-0.253***	-0.533***
考试压力	-0.270***	0.056	0.193**
学习自我效能感	-0.125*	-0.042	-0.162**
社会环境	0.062	0.017	0.096
教学方法与管理	-0.118*	-0.069	-0.030
ΔR^2	0.505	0.382	0.446
F	38.361***	23.657***	30.535***

注：*表示 $p<0.05$，**表示 $p<0.01$，***表示 $p<0.001$。

其中学习态度、专业兴趣、考试压力、学习自我效能感和教学方法与管理这五个变量与情绪低落之间存在显著的负相关关系。

学习态度和专业兴趣这两个变量与行为不当之间存在显著的线性回归关系，考试压力、学习自我效能感、社会环境、教学方法与管理这四个变量与行为不当之间关系不显著。

专业兴趣、考试压力、学习自我效能感这三个变量与成就感低之间存在显著的线性回归关系，学习态度、社会环境、教学方法与管理这三个变量与成就感低不存在显著性相关关系。

五、研究结论

第一，当前大学生的学习倦怠状况处于中等程度，主要表现为情绪低落和行为不当。虽然现阶段大学生的学习倦怠并没有达到非常严重的水平，但这种苗头的出现及趋势还是应当引起我们足够的重视。

第二，学习倦怠总分及其情绪低落、低成就感两个维度在性别上都存在显著的差异。男同学在学习倦怠及其各维度（情绪低落、行为不当、成就感低）的平均得分均高于女同学，说明男生的学习倦怠情况比女生严重，表现为在学习过程中情绪更为低落，不当行为更频繁，成就感更低。

第三，大学生在学习倦怠及其情绪低落、行为不当、成就感低三个维度的平均得分上，均呈现大二学生平均得分>大四学生平均得分>大三学生平均得分的情况。由此可以看出，大二学生的学习倦怠最为严重。

第四，理科生在学习倦怠及其情绪低落、行为不当、成就感低三个维度的平均得分均高于文科生，说明理科生的学习倦怠程度比文科生高，说明理科生在学习过程中表现出更为低落的情绪，更为频繁的不当行为以及更低的学习成就感。

第五，学习态度、专业兴趣、考试压力和学习自我效能感四个因素对学习倦怠各维度（情绪低落、行为不当、成就感低）的影响力和预测力最为显著。其中专业兴趣与学习倦怠三个维度之间存在显著负相关关系；学习态度与情绪低落、行为不当两个维度之间存在显著负相关关系；考试压力与其情绪低落、成就感低两个维度之间存在显著正相关关系；学习自我效能感与情绪低落、成就感低两个维度之间存在显著负相关关系。

六、建议

本研究的结果显示，大学生学习倦怠的主要影响因素由强至弱排列依次为：学习态度、专业兴趣、考试压力和学习自我效能感。虽然教学方法与管理和社会环境两个因素与学习倦怠之间没有显著性的相关关系，但我们也不能忽视两者对大学生学习倦怠的影响。针对各个因素对学习倦怠的影响，我们可以通过以下途径缓和大学生学习倦怠的现象。

（一）关于学习态度和学习自我效能感

帮助学生以积极的态度和行为对待学习，我们可以从学校和学生个体两个方面进行。在学校方面，教师应该帮助学生客观认识自我，并在学习过程中给予学生有效的指导。学校可以通过心理辅导中心免费为学生提供指导，帮助学生树立积极向上的学习态度。另外，学生自己也应当采取相应的措施，比如有意识地观察自己的学习环境、及时反省自己的学习失误、对自己在学习过程中的成功与失败进行正确的归因、增强自己的学习积极性。与此同时在学习当中不断进行自我激励以提高自己的成就感和自我效能感，在平日活动中，应当主动与朋友、家人、同学、老师沟通，取得他们的理解，与他们分享学习和生活的经验等。

（二）关于考试压力

考试是大学生对自己的学习质量进行检验的方式，但不是唯一的方式。学生应当正确面对考试，当感觉到考试压力大的时候，可以尝试采用“接受—面对—解决—放下”的模式让自己慢慢地从考试压力当中释放出来。特别是在备考期间，不能将自己整日埋入书堆，应当抽取适当的时间进行放松活动，可以是运动、听音乐、唱歌、与朋友聊天或者外出郊游亲近大自然等。当然，对于有明确学习计划并能付诸实践的同学来说，考试前的压力会比平日学习懒惰、有“临时抱佛脚”思想的同学小得多。所以，给自己制定合适的学习计划并付诸实践，也是解决考试压力的有效途径之一。

（三）关于专业兴趣

学校可以从专业选择上的科学指导、专业结构的科学化和合理化、对专业兴趣不高的同学加强指导三个方面入手。通过各种手段对学生进行教育和引导，增加学生对专业的了解，使得学生知道学什么怎么学，明白专业学习的价值。另外，对于那些对所学专业确实不感兴趣的同学，可以帮助他们分析自身的特点并进行适当的指导，从他们的职业计划角度找到学习的兴趣点，通过对其理想职业的发展动态和前景进行阐述，使学生明确从事理想的职业必须具备的知识技能、职业态度和行为特征等，避免他们将精力投入学习以外的事情当中，荒废学业。

（四）关于教学方法与管理

在教学方法与管理方面，我们认为，应当尽可能增加教师教学和授课的趣味性。大力倡导任课老师不断改变教学方法和方式，在课程内容方面尽量体现综合化，在课程结构方面应当多样化。另外，在教学活动中应当以学生为本，主动了解学生对课程的需求。

（五）针对社会环境

学校应当引导学生以正确的态度看待社会中的不良风气，特别是拜金主义、享乐主义、急功近利主义等。与此同时，对于学生非常关心的社会现象，如严峻的就业形势、人际关系等要予以正确的引导，采取一定的措施使学生增强自信心，相信自己以后一定能在社会立足并获得成功。

参考文献

[1] 韩艳荣，夏倩．我国高职学生学习倦怠问题研究［J］．教育与职业，2010（36）：191-192.

[2] Pines A M，Aronson E，Kafry D. Burnout：From tedium to personal growth［M］. The Free Press，New York，1981.

［3］连榕，杨丽娴，吴兰花．大学生的专业承诺、学习倦怠的关系与量表编制［J］．心理学报，2005，37（5）：632-636.

［4］连榕，杨丽娴，吴兰花．大学生专业承诺、学习倦怠的状况及其关系［J］．心理科学，2006，29（1）：47-51.

［5］陈雅娟，赵洪坤，张蕾．学习目标对大学生学习倦怠的影响：学习兴趣与学习自我效能感的链式中介作用［J］．2023（1）：62-69.

［6］张婷婷．大学生自我效能感、外语学习焦虑与学习倦怠的关系实证研究［J］．西南交通大学学报（社会科学版），2022，29（6）：55-64.

［7］洪恬．例谈缓解学生考试焦虑［J］．学问·现代教学研究，2011（9）：75.

［8］司徒巧敏．大学生学业压力对学业倦怠的影响：核心自我评价的调节作用［J］．中国健康心理学杂志，2014，22（5）：758-760.

［9］刘罗，周海花，李思瑶，等．大学生学习压力与心理韧性及学习倦怠的关系［J］．南京航空航天大学学报，2018，20（1）：96-100.

［10］孙晓莉．大学生学习倦怠的现状及成因研究［D］．南京：南京师范大学，2007.

［11］崔岩．大学生学习倦怠现状与影响因素研究［D］．沈阳：沈阳师范大学，2009.

［12］叶志锋．影响学生心理健康的社会环境因素及对策［J］．中国科教创新导刊，2008（9）：16-18.

［13］陈燕．对当前大学生学习倦怠及其影响因素的研究［D］．上海：上海师范大学，2007.

［14］叶钰侨，陆爱桃，张心怡，等．大学生社会支持对学习倦怠的影响：经济状况和生活满意度的有调节中介模型［J］．心理研究，2017，10（4）：79-85.

［15］孙刚成，杨婳婳．基于多元线性回归的大学生学习倦怠实证分析［J］．教育与教学研究，2023，37（4）：86-100.

智慧教育背景下的大学生自主学习能力影响因素研究

于素敏　肖　佳　张晓婷

（深圳大学管理学院电子商务系）

【摘要】当前，数字化技术正引领教育变革和创新的新浪潮，催生了数字教育、智慧教育新业态，这必将深刻影响高等教育的发展。时代进步需要智慧教育的力量，而智慧教育的顺利实施更有赖于学生自主学习能力的提高。因此，探究智慧教育背景下的大学生自主学习能力的影响因素具有重要的现实意义和实践价值。本文以大学生群体作为研究对象，探究智慧教育背景下影响大学生自主学习能力的主要因素，以期为提高学生自主学习能力提出具有发展性的建议，为高等教育教学改革提供有益的借鉴。

【关键词】智慧教育；自主学习；数字化

一、引言

习近平总书记指出，数字技术正以新理念、新业态、新模式全面融入人类经济、政治、文化、社会、生态文明建设各领域和全过程，给人类生产生活带来广泛而深刻的影响。数字化转型已经是时代所趋，各行各业都开始应用数字化技术，教育部也在《教育部2023年工作要点》中提出“实施教育数字化战略行动”，加快推进教育数字转型与智能升级。数字化正在融入各个产业中，教育行业的数字化转型，便是智慧教育。作为教育领域的新形态，智慧教育在不同国家已经形成了适配时代需求的发展框架。在我国这样的人口大国，只有利用数字化技术来构建数字化、终身化的教育体系，才能实现“人人皆学、处处能学、时时可学”的高质量终身学习体系。智慧教育融合跨时空的学习方法，创新教学场景，实现规模化教育与个性化培养的有机结合。据教育部统计，截止到2023年6月，作为世界第一大教育教学资源库的国家智慧教育公共服务平台累计浏览量达260亿次，访问用户覆盖200多个国家和地区，用户量超19.2亿人次，平台共链接52.9万所学校，智慧教育在支撑中小学教育和大学生学习上占有越来越重要的地位。

在智慧教育背景下，智慧课堂是课堂的主要表现形式，是以建构主义学习理论为依据，运用“互联网+”思维和大数据分析等新兴技术实现的高效智能课堂。智慧课堂模式是指借助信息技术手段，变革教学方法，实现信息技术和课堂教学的有机融合，构建个性化、智能化的新型课堂以培养学生的综合能力。在智慧课堂中，课前学生会通过观看教师发布的线上视频课程和文档等资料预习新知识，并通过检测得知知识掌握情况，而教师可以结合检测数据的统计和分析有针对性地备课；课中不同于传统课堂的面授教学，从以教师授课为主转变为以学生参与为主，在智慧课堂上学生能够主动参与课堂，在智慧课堂平台完成例题和提出问题，老师能够把课堂时间花在更有针对性的问题上；课后学生和教师都能够从课后作业的巩固数据得知学习情况，使师生之间的反馈沟通更加快捷。智慧课堂是运用互联网、大数据等数字化技术推进高校课程改革创新的重要途径，其“智慧”在于培养智慧人才、引导学生、培养学生综合能力，推动课堂教学模式由被动灌输转化为学生主动建构，智慧课堂无疑是更有利于提升学生的学习效率和成效的。

智慧教育融合了“互联网+教育”的理念，打破了传统教育的地理限制和时间限制，能够为全国学生提供优质学习资源，缩小校与校之间的差别，有助于提升教育质量，提高教育公平性，是建设教育强国的有力助推剂。但伴随着新的教育模式的应用，学生得到了更多的自主安排课程和时间的权利，名校名师触手可及，如果学生具备良好的自主学习能力，则将会有更好的学习效果与成绩，因此这也对学生的自主学习能力提出了更高的要求，需要学生提高搜集知识和学习知识的能力，合理选择适合自身的课程，安排自主学习时间，并且要求学生做到自律，按时按量自主完成学习任务。因此，智慧课堂一方面依赖学生的自主学习能力，另一方面也可以提升学生的自主学习能力，锻炼思维和克服困难的意志，培养学习习惯和自我反省的意识，树立终身学习的理念。

当前，数字化正引领教育变革和创新的新浪潮，催生了数字教育、智慧教育新业态，必将持续深刻影响教育发展，既给教育事业发展带来了新挑战，也为教育变革和创新提供了难得的机遇。时代进步需要智慧教育的力量，而智慧教育的顺利推行更有赖于学生自主学习能力的提高。并且，对大学生而言，如果仅仅依靠自身已有知识，很难适应社会激烈的竞争和快速的发展，自主学习能力对自身发展至关重要，应积极应用智慧课堂，并在教师的引导下提升大学生的自主学习能力。因此，本文选取大学生群体作为研究对象，探究在智慧教育背景下影响大学生自主学习能力的因素，从而为提高学生自主学习能力提出具有发展性的建议。

二、文献回顾

（一）理论基础

1. 建构主义学习理论

建构主义学习理论是指学习者的学习不是被动的，而是学习者积极主动地对旧知识建构意义，并基于自己已有的知识经验去建构新知识。建构主义学习理论可以从两个视角来理解：认知和社会。认知建构主义是从学习者个体角度来研究学习者的学习心理，包括学习、思考、记忆和遗忘心理，学习者个体会在不同成长时期有不同的认知心理，教师的教学可以根据学生的认知情况进行准备[1]。社会建构主义是从社会角度来研究学习的，根据维果茨基提出的社会认知学习模式，学习是一种社会性的活动，离不开教师和课堂的社会环境，学习者能够从前辈或者更高级的同龄人身上学习到他们无法自行掌握的概念和技能。

在智慧课堂模式下，学生可以用电子设备作为辅助线上学习的工具，学习的主导者从教师变成了学生，教师已经成为学习的引导者和课程的建构者。学生可以在教师的引导下复习旧知识，并基于原有知识建构新知识，这要求学生具备较强的自主学习能力。自主学习能力更强的学生，能够更清晰地在大脑中建构知识，认知水平更高，更容易学会新技能或者新知识。自主学习能力较弱的学生，建构新旧知识会有一定难度，学习进度容易跟不上。因此，在智慧课堂模式下，学生的自主学习能力能在一定程度上决定学生的学习效果。

2. 人本主义学习理论

人本主义强调人的自我价值，从人的本性出发研究人的心理，并主张开发人的创造力。人本主义特别关注学习者的信念、知觉、动机和意图等内部因素，要改变学习者的行为，首先要改变其信念和知觉。人本主义学习理论从人性的发展角度出发，注重启发式教育，引导学习者结合已有的知识经验，开发自身潜能，增强创造力和智慧，从而实现自我价值。人本主义学习理论重点研究如何建构一个以学习者为中心的良好学习环境，让其能够从自身角度思考问题、感知世界，从而达到自我实现的目的[2]。因此，人本主义学习是一种自我启蒙、自我激励、自我学习、自我成长，其特征是创造力的增强、智慧的成长。人本主义心理学代表人物罗杰斯认为，教师的任务不是教授学生知识，也不是教授学习的方法，而是要为学生提供学习的工具和手段，把主动权交给学生，让学生决定如何学习知识。

根据人本主义学习理论，在智慧课堂模式下，学生需要利用电子设备预习知识、做作业、与老师沟通，教师起到引导者的作用，为学生提供了一种自由的学习环境，其目的是激励学生的自主学习，以及在自由的协作学习环境中通过与他人互动来提升认知水平。自主学习能力在这种学习环境中一定程度上会受到多种因素影响，其中最重要的便是学习者个人的内部因素。

3. SOR 理论

SOR（Stimulus - Organism - Response）理论，即刺激—机体—反应理论，由 Mehrabian 和 Russell 提出[3]，其中刺激作为前因变量代表外部环境因素，机体则作为中介变量代表个人情感和认知等内部因素的变化，反应作为结果变量代表个体的态度或行为的表现结果，如趋近或规避行为。SOR 理论认为外部环境会对用户的知觉情感等心理状态产生影响，使个体做出趋近或规避行为。经过多年的发展，SOR 理论被广泛应用于各行各业的相关研究中，刘遗志等[4]将 SOR 理论应用于多渠道零售环境下消费者在线渠道迁徙意愿模型的研究中，探究消费者外部、内部因素和意愿之间的关系；吕倩[5]将 SOR 理论运用到中华老字号转型升级的研究中；张宁等[6]将 SOR 理论应用到数字文旅中，探究在元宇宙视角下数字文旅用户的参与行为。在智慧课堂模式下，基于 SOR 理论的研究较少，同时，学生的自主学习能力会受外界刺激影响，也会受到个体内部因素的影响而做出反应，用 SOR 理论能够很好地解释学生的这一现象。校园、家庭和网络环境等学习环境都能成为外部刺激，对学生的感知有用性、学习效能感和自主学习能力等内部因素产生影响，同时也能在一定程度上成为影响学生表现的因素。因此，本研究将探讨基于 SOR 理论的大学生自主学习能力的影响因素。

（二）学习环境

学习环境指促进学习者发展的各种支持条件的总和，其中包含学习支持和学习的社会结构这两个维度。其中学习支持是指学习者在学习时被提供的一切支持，包括学习资源、学习手段和学习工具等。学习的社会结构是指各个学习要素组成的关系结构，如学习者与同伴的关系、教师与学生的关系等。尹睿等[7]发现学习环境中各要素通过相互作用对大学生的学习效能感产生影响。因此，学习环境是影响学习效能感的重要因素。本研究选取学习环境中的学习支持和学习的社会结构两个维度来验证学习环境和学习效能感之间的关系，提出如下假设：

H1：学习支持对学习效能感有显著的正向影响。

H2：学习的社会结构对学习效能感有显著的正向影响。

（三）感知有用性

感知有用性是由 Davis[8]在 TAM 模型中提出的，指的是个体认为自己使用某种技术为自己工作效果带来提高的程度。在智慧教育背景下，感知有用性指学生认为智慧课堂学习行为帮助自己学习的程度。TAM 模型和感知有用性的概念在高等教育领域已有很多应用。张文亮等[9]构建结构方程模型后发现数字青年的感知有用性能够显著影响其付费意愿。宋昊泽[10]也基于 TAM 模型和 TPB 模型发现感知有用性能够直接影响高校师范生的 MOOC 学习意愿。在本研究中，如果学生感知智慧课堂的学习行为能够帮助自己提高学习效率和学业成绩，则学生会认为智慧课堂模式是有价值的，相信使用智慧课堂能够提高自己的学习能力，对自身学习能力更加自信，从而增强学习效能感。因此，本研究将探讨感知有用性和学习效能感的关系，提出如下假设：

H3：感知有用性对学习效能感有显著的正向影响。

（四）学习效能感

学习效能感来源于自我效能感，当自我效能感与学习相关联时，称其为学习效能感。学习效能感是指个体相信自己具有成功完成学习任务的能力的判断。Mulyadi[11]发现学习效能感对大学生自主学习能力有直接的影响，学习效能感高的学生相信自己的能力，学习动力越强，勇于迎难而上，更加自信，学习的兴趣也会相应的提高，从而促进自主学习能力的锻炼及提高。雷浩等[12]发现学生学习效能感在教师的关怀行为和学业成绩间起到了中介作用。李奕萱等[13]通过研究高中生同伴学业支持和学业情绪的关系，发现学习效能感在两者中起到中介作用。由此，将学习者的学习环境作为外部变量，感知有用性作为内部变量会在一定程度上对学习效能感产生影响，学习效能感能够在有关学习者的外部变量和内部变量之间起到中介作用。

（五）自主学习能力

自主学习能力是指学生主动的、有目的的且能动地创造学习活动，实现自主发展的能力。自主学习能力强调学生的独立性和主动性，以及是否具有自主完成整个学习过程的能力。提升大学生的自主学习能力，有助于提升大学生对学习内容的判断，增强大学生毕业后的决断能力，形成终身学习的观念。温耀峰[14]通过剖析学生自我学习能力趋弱的原因，发现学生的主动性和独立性尚未养成，并且社会对学生自我学习能力的培养缺乏重视。邹强珍[15]从学习效能感和自主学习的概念入手，发现学习效能感能够直接影响自主学习行为是否顺利进行，并在自主学习行为进行的同时推进自主学习能力的提高。因此，本研究将自主学习能力作为研究模型的因变量，认为学习效能感与自主学习能力有关，提出如下假设：

H4：学习效能感对自主学习能力有显著的正向影响。

三、研究设计

基于建构主义学习理论、人本主义学习理论、SOR 理论和对相关文献的归纳梳理，本研究构建了智慧教育背景下大学生自主学习能力的影响因素研究模型，见图 1。

（一）研究模型

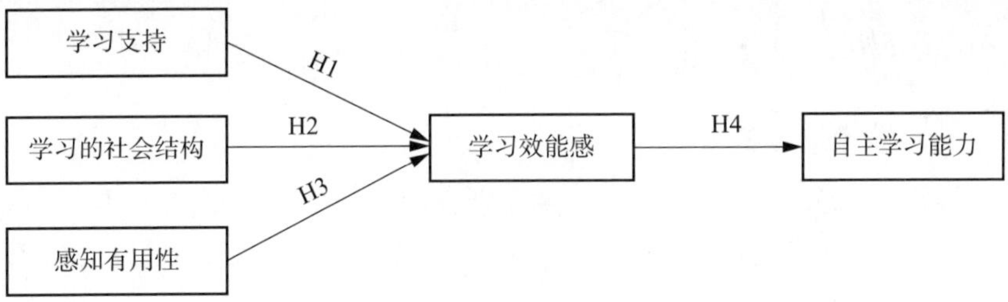

图 1　研究模型

（二）问卷设计

本研究设计问卷量表时参考现有的成熟量表，并修改相关措辞以适应智慧课堂模式的研究情景，具体的量表项目见表 1。

表1　问卷量表

维度	题项	问题描述
学习支持	LS1	智慧课堂平台上各种素材资源丰富多样，能很好地支持我的学习
	LS2	智慧课堂平台上各种素材资源方便下载，能帮助我随时随地地进行学习，提高学习效率
	LS3	智慧课堂平台上的学习资源组织分类有序，能帮助我快速找到需要的信息
学习的社会结构	SS1	教师能否参与学习活动的指导影响我的参与积极性
	SS2	与教师交流能帮助我解决很多学习困难
	SS3	与其他学习伙伴交流与否会影响我的学习积极性
感知有用性	PU1	我认为智慧课堂模式能提升我的学习效果
	PU2	我认为智慧课堂模式对我的学习有帮助
	PU3	我认为智慧课堂模式是有价值的
学习效能感	SE1	我在学习中遇到困难时能够鼓励自己
	SE2	在学习过程中，我认为自己能够很好地理解学习内容
	SE3	无论面对何种学习任务，我都能应对
	SE4	我能向学习目标努力奋斗
自主学习能力	AL1	我知道自己该使用何种策略或方法去学习
	AL2	我会边学习边记笔记
	AL3	我会对自己的学习结果进行自我评价
	AL4	我清楚自己已掌握和未掌握的学习内容
	AL5	我会有意识地监控自己的学习过程

四、实证分析

（一）描述性统计分析

本研究共收集203份问卷，其中，在性别方面，女性有123人，占比为60.59%，男性有80人，占比为39.41%。在年级方面，大一学生占比为4.43%、大二学生占比为45.81%、大三学生占比为23.65%、大四学生占比为26.11%。大部分被调查者在日常学习中已经有搜索线上课程自主学习的习惯，这将有利于智慧课堂模式的推广，见图2。在智慧课堂模式下学习的课程数量为1~2门，占比61.08%，其次有31.03%的学生学习3~5门课程，见图3。智慧课堂模式下常见的课程类似于公共通识课，其次是专业必修课和专业选修课，最后是专业基础课，见图4。

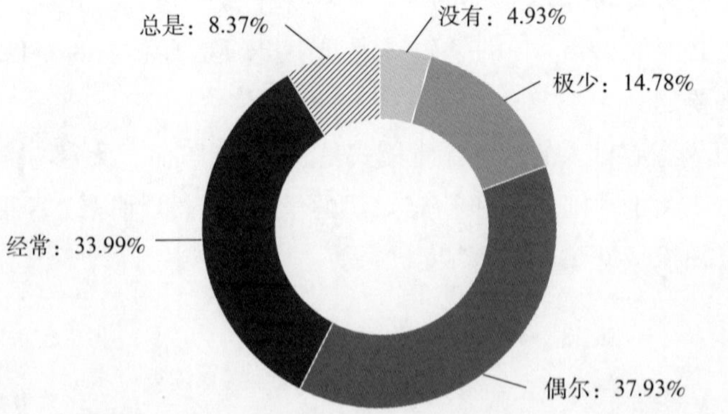

图 2　大学生在日常学习中搜索线上课程自主学习的习惯的情况

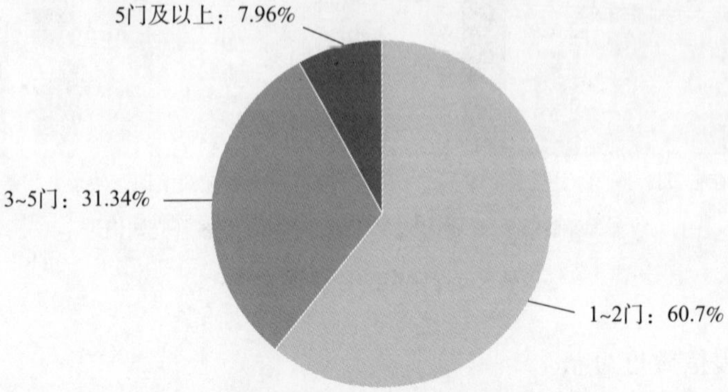

图 3　在智慧课堂模式下学习的课程数量

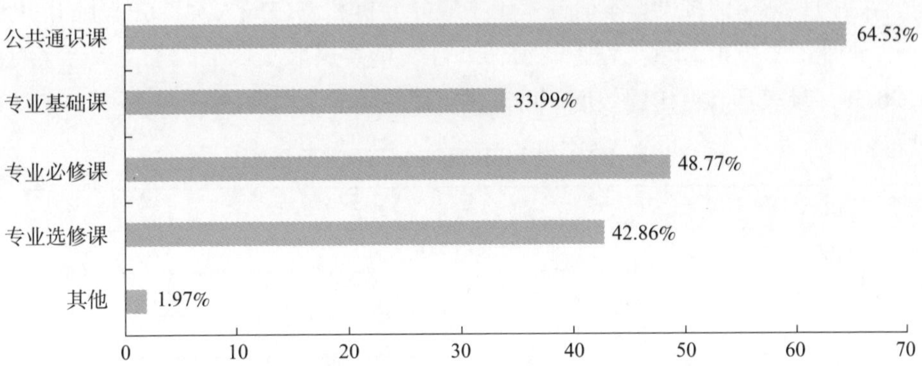

图 4　在智慧课堂模式下学习的课程类型

在智慧课堂模式下需要结合智慧课堂平台开展线下课程，常见的在智慧课堂平台完成的教学互动包括五方面，分别是，课前预习：在智慧课堂平台上提前学习老师发布的资料，并完成预习习题；课中做题：学生参与线下课堂，并根据老师要求在智慧课堂平台上完成例题；课中提问：学生参与线下课堂，老师借助智慧课堂平台随机抽取学生回答问题；课后巩固：在智慧课堂平台上学习老师上传的课后资料，巩固知识点；课后提问：在智慧课堂平台提问问题，老师或其他同学进行回答。78. 82%的学生认为课后巩固是有必要的，66.01%的学生认为课中做题是有必要的，65.52%的学生认为课前预习是有必要的，46.8%的学生认为课中提问是有必要的，42.36%的学生认为课后提问是有必要的。

当被提问到“您心目中的智慧课堂模式是怎样的?”时，大部分学生认为应在智慧课堂平台重点发布关于基础知识和补充知识的学习资料，辅以线下课堂跟着教师学习重点知识和难点知识，见图5。

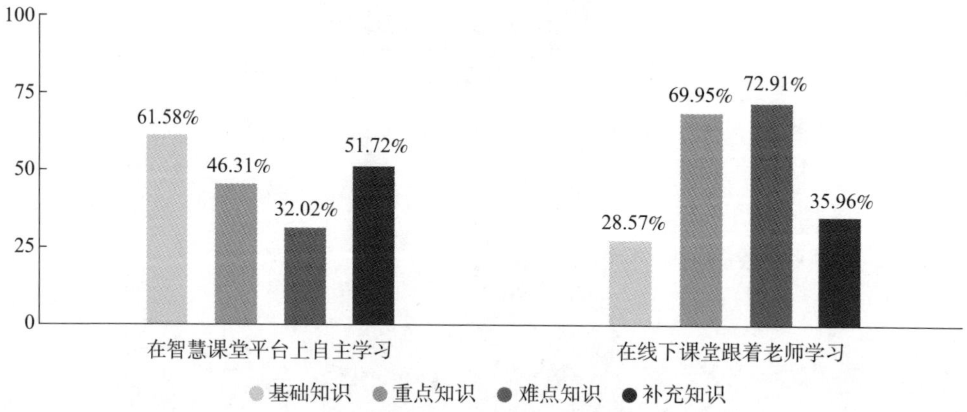

图5　心目中的智慧课堂模式

（二）量表信效度分析

表2显示了变量的KMO值为0.905，显著性为0.000，量表信度较高。为了评估量表的基本结构和结构的维度，本研究基于主成分分析和方差最大旋转法，利用SPSS软件进行探索性因子分析EFA。表3显示三个自变量共提取了三个因子，解释了总方差的71.267%，量表具有一定的效度，可以进行假设检验。

表2　KMO值和巴特利特球形度检验结果

KMO值	0.905	
巴特利特球形度检验	近似卡方	1798.752
	自由度	153
	显著性	0.000

表3　探索性因子分析结果

变量	题项	成分		
		1	2	3
学习支持	LS1	0.533	0.688	0.066
	LS2	0.441	0.667	0.090
	LS3	0.148	0.814	0.249

续表

变量	题项	成分		
		1	2	3
学习的社会结构	SS1	0.011	0.301	0.803
	SS2	0.269	0.210	0.727
	SS3	0.358	−0.105	0.691
感知有用性	PU1	0.777	0.370	0.205
	PU2	0.735	0.310	0.288
	PU3	0.818	0.197	0.227

（三）假设检验分析

在本文选取的测量指标取得较好的信度和效度后，本研究对研究模型进行结构模型分析，具体结果如表4所示。该结果表明学习支持对学习效能感（$p=0.035$）和自主学习能力（$p=0.024$）有显著的正向影响。学习的社会结构对学习效能感（$p=0.012$）和自主学习能力（$p=0.046$）有显著的正向影响。感知有用性对学习效能感（$p=0.000$）和自主学习能力（$p=0.000$）有显著的正向影响。学习效能感对自主学习能力（$p=0.000$）有显著的正向影响。因此，四个假设检验结果为支持，见表5。

表4 结构模型分析结果

	自主学习能力					学习效能感				
	B	标准误差	t	p	β	B	标准误差	t	p	β
常数	1.230**	0.328	3.752	0.000	-	1.311**	0.322	4.072	0.000	-
性别	0.066	0.072	0.927	0.355	0.054	−0.121	0.070	−1.719	0.087	−0.097
年级	−0.063	0.040	−1.574	0.117	−0.095	−0.035	0.039	−0.890	0.375	−0.052
学习支持	0.191*	0.084	2.280	0.024	0.184	0.174*	0.082	2.118	0.035	0.166
学习的社会结构	0.139*	0.069	2.008	0.046	0.140	0.173*	0.068	2.547	0.012	0.172
感知有用性	0.344**	0.089	3.858	0.000	0.344	0.368**	0.088	4.207	0.000	0.363
学习效能感	0.540**	0.062	8.755	0.000	0.548					

注：*表示 $p<0.05$，**表示 $p<0.01$。

表5 假设检验结果

假设	检验结果
H1：学习支持对学习效能感有显著的正向影响	支持
H2：学习的社会结构对学习效能感有显著的正向影响	支持
H3：感知有用性对学习效能感有显著的正向影响	支持
H4：学习效能感对自主学习能力有显著的正向影响	支持

本研究借助中介效应检验法 Bootstrap 进一步检验学习效能感是否在学习支持、学

习的社会结构、感知有用性与自主学习能力的关系中充当中介作用。由表6中数据可知，学习效能感在学习支持、学习的社会结构、感知有用性与自主学习能力的关系中均发挥完全中介作用。

表6　中介作用检验结果

路径	a	b	a×b（95% BootCI）	c'直接效应	检验结论
学习支持≥学习效能感≥自主学习能力	0.174*	0.540**	−0.007~0.185	0.097	完全中介
学习的社会结构≥习效能感≥自主学习能力	0.173*	0.540**	0.008~0.179	0.045	完全中介
感知有用性≥学习效能感≥自主学习能力	0.368**	0.540**	0.103~0.304	0.145	完全中介

注：*表示 $p<0.05$，**表示 $p<0.01$。

五、研究结论与建议

本研究聚焦在智慧课堂模式下，探究大学生自主学习能力的影响因素。研究结果表明，在智慧课堂模式下，学习支持、学习的社会结构和感知有用性对大学生的自身学习能力的肯定程度都有显著的正向影响。若被提供更优质的学习资源或工具时，大学生的学习效能感会更高，这意味着，智慧课堂的功能和学习资源更好更适合大学生学习水平，则其对自己能完成学习任务的信心会提高。并且，如果大学生的老师及其学习伙伴能够给予其更多关注和帮助，满足其社交需求，便能够向他人学习，在遇到困难时勇于克服困难，对自身学习能力更加肯定。智慧课堂相较于传统课堂最大的区别之一在于将学习的主动权交给了学生，因此一个智慧课堂平台让大学生得到切实帮助，也就是让其拥有更多可靠的知识来源，这也会更让大学生相信自己具备能够完成学习任务的能力，即实现学习效能感的提升。此外，如果大学生对自己的学习能力更加自信，则自主学习能力会相应地提高；如果学生面对学习是不自信的，则其自主学习能力会相对较弱。基于上述研究给出以下建议：

1. 强化智慧课堂技术支持，提供舒适学习环境

在智慧课堂模式下，学习支持对学习效能感有显著的正向影响。当智慧课堂提供的是更优质的学习资源和学习工具时，大学生的学习效能感会更高，更加相信自己有能力完成学习任务。因此，学校要提供自主学习支持，提高学校的硬件水平，对教学环境和教学资源进行创新性数字化改造，让学生体验到自主学习的乐趣。应用智慧课堂模式需要教师合理选择学习资源，为学生提供更适合、更优质的学习支持；同时智慧教育平台要强化平台技术支持，为学生营造舒适的学习环境。

2. 鼓励社交与学习交流，营造浓厚学习氛围

在智慧课堂模式下，学习的社会结构对学习效能感有显著的正向影响。通过与教师交流能够帮助大学生解决很多学习困难，与其他学习伙伴交流会在一定程度上影响大学生的学习积极性。有了教师和同伴的帮助，大学生更愿意积极参与学习活动，从而其学习自信心能得到显著增强。因此，教师应该给予学生更多关注，同时鼓励大学生多向上社交，为学生营造良好的学习氛围。教师要从传统的知识传授者转变为学生的引导者，但并不意味着减弱教师的主导作用，仍需要教师发挥课程设计、团队协作、学生咨询和沟通协调作用。在智慧课堂下，教师的工作重点应放在学习引导、监督评价上，带领学生树立合理的学习目标，提高学生的学习效能感，使其愿意并积极主动参与自主学习，帮助学生学会自主学习并领悟其中乐趣所在。良好学习氛围的营造不可或缺，学校应多举办学习研讨会等带有社交属性的学习活动，增加大学生之间的相互交流与学习，促进其学习效能感的提升，进而增强其自主学习能力。

3. 优化智慧课堂学习平台，打造良好使用体验

在智慧课堂模式下，大学生的感知有用性对学习效能感有显著的正向影响。大学生认为智慧课堂学习平台帮助自己学习的程度越高，学习效能感越高，即大学生对自己的学习能力会更加自信。因此，大学生学习效能感的提升还需要智慧课堂具有高实用性，让大学生感知到智慧课堂对其学习有所帮助。此外，学校应加强智慧教育平台的建设，丰富平台功能及课程，优化课程设置，为学生匹配合适的课程和作业，在不超出学生学习能力范围内也让学生能够有获得感。学校要鼓励教师利用智慧课堂平台开展教学，提高教师的技术素养，鼓励教师积极参与智慧课堂教学研究，以便持续更新优化高校智慧课堂平台，为学生提供优质的教育资源。同时，由于大学生需要具备实际应用能力，因此还需要教师将枯燥的理论知识转化为实际工作项目，以提升学生的自主学习能力。

4. 线上线下融合教学，推动课堂优势互补

在智慧教育背景下，智慧课堂平台与线下课堂应相辅相成，共同培育学生的自主学习能力。通过在智慧课堂平台重点发布关于基础知识和补充知识的学习资料，鼓励学生先自学简单知识，辅以在线下课堂教授重点知识和难点知识。这有利于提升学生的学习兴趣和自主学习能力，也保证了教学效果。此外，线下教学时，也可以借助智慧课堂平台开展课堂做题、课堂提问、课后巩固和课后提问等教学活动。

参考文献

[1] 沈映珊．认知建构主义与社会建构主义在学习观的分析比较［J］．现代教育技术，2008，18（S1）：21-23.

[2] 皮欢．罗杰斯“人本主义”学习理论在钢琴教学中的应用［J］．四川戏剧，2021（11）：149-151.

[3] Mehrabian A，Russell J A. An Approach to Environmental Psychology［M］. Cambridge，MA，US：The MIT Press，1974：266.

[4] 刘遗志，胡争艳，汤定娜．多渠道零售环境下消费者在线渠道迁徙意愿研究——基于SOR理论模型视角［J］．大连理工大学学报（社会科学版），2022，43（1）：38-49.

[5] 吕倩．“互联网+”背景下餐饮类商业老字号转型升级研究［J］．商业经济研究，2021（12）：130-134.

[6] 张宁，常帅峰，袁勤俭．元宇宙视域下数字文旅用户参与行为的影响因素［J/OL］．［2023-09-05］. http：//kns. cnki. net/kcms/detail/44. 1306. g2. 20230113. 0939. 007. html.

[7] 尹睿，许丹娜．网络学习环境与大学生学习自我效能感的相关性研究［J］．中国远程教育，2011（10）：50-53+95-96.

[8] Davis F D. Perceived Usefulness，Perceived Ease of Use，and User Accep［J］. MIS Quarterly，1989，13（3）：319-340.

[9] 张文亮，李晶．数字青年数字阅读付费意愿的影响因素与服务改进策略研究［J］．情报资料工作，2022，43（4）：61-70.

[10] 宋昊泽，赵婧，洪阳．高校师范生MOOC学习意愿研究——基于整合的TPB模型和TAM模型［J］．天津师范大学学报（社会科学版），2023（1）：74-80.

[11] Mulyadi S，Rahardjo W，Basuki A M H. The Role of Parent-child Relationship，Self-esteem，Academic Self-efficacy to Academic Stress［J］. Procedia -Social and Behavioral Sciences，2016（217）：603-608.

[12] 雷浩，徐瑰瑰，邵朝友，等．教师关怀行为与学生学业成绩的关系：学习效能感的中介作用［J］．心理发展与教育，2015，31（2）：188-197.

[13] 李奕萱，王泽宇，周铭扬，等．高中生物理和化学学科中同伴学业支持与学业情绪的关系：学习效能感的中介作用和性别的调节作用［J］．心理发展与教育，2023，39（1）：58-67.

[14] 温耀峰．提升学生自我学习能力的策略［J］．教育理论与实践，2020，40（11）：51-53.

[15] 邹强珍．基于自我效能感的自主学习能力发展途径研究［J］．中国成人教育，2016（7）：14-17.

共创未来，班级凝聚力之道

林美燕　李静媛　孙　昊
（深圳大学管理学院电子商务系 2021 级电子商务 1 班、 电子商务 2 班 ）

【摘要】班级团结如家庭，凝聚力犹如巍峨的山岭。大学并不像高中和初中那样容易建立凝聚力，因为大学是一个更加开放和多元化的环境，学生们有更多的选择和自主权。他们可以选择自己的课程、加入不同的社团和参与各种活动。这种多元性和自由度的增加，使得学生们更容易分散在不同的群体中，难以形成稳定的凝聚力。因此，大学凝聚力的建设变得更加困难。为了建立良好的凝聚力，本文将以学院、班主任、班委以及学生个体四个主要角色为基础，探讨如何有效提升班级的凝聚力。

【关键词】班级凝聚力；建设理念；实施操作

一、学院智慧筑就温馨的班级家园

学院在提高班级凝聚力方面扮演着重要角色。作为学生学习和成长的指导者，学院有责任为班级提供良好的环境和支持。学院可以通过各种方式来促进班级的凝聚力，从而为学生的综合发展和学习成果的提升做出贡献。

（一）定期举办院级活动

学院可以为各个专业定期举办院级活动，如学术讲座、学院文化活动、专业展示等。这些活动可以促进学生之间的交流和互动，增强他们对学院的归属感和认同感。

例如管理学院举办的“阳光圳能量”新生跑步激励计划暨管理学院“庆深大 40 华诞”彩色跑活动[1]（以下简称“彩色跑”活动），通过彩色跑的形式激励同学们参与到学院“阳光圳能量”活动之中，增强学生对学院的认同感和归属感。此次管理学院、医学部与彩虹跑团联合举办的“彩虹跑”活动有多位校、院领导及学院多名知名校友在现场参加，总计 600 余人报名参加了活动。彩虹跑活动，不仅仅是提供一种运动形式，更重要的是通过这一活动促进学生之间的交流与合作，增强他们对学院的认同感和归属感，培养其在大学期间的凝聚力和合作精神。

引导班集体参与学院活动，在让班级成员积极融入班集体的同时，能有展现自己特长的机会；在提高班级凝聚力的同时，宣传班级文化，让班级成员感受学院文化，提升对学院、专业、班级的认同感。

（二）提供班级建设经费

学院提供的班级建设经费可以用于各种班级活动的筹备和组织。例如，班级可以利用这些经费开展团队建设训练、班级聚餐、户外拓展活动等，以促进班级成员之间的交流与合作。此外，学院的经费支持还可以用于提升班级学习和创新能力。班级可以利用经费购买学习资料、图书、实验器材等，为学生提供更多的学习工具和机会。学院还可以资助班级参与科技创新竞赛、学术研究项目等，激发学生的创新思维，培养合作精神和团队意识。

为了积极推动班级建设，管理学院每学期为每个班级提供1500元的班级建设经费。通过提供班级建设经费，学院为班级成员营造了一个充满活力和发展机会的环境，鼓励班级充分发挥经费作用，带领班级成员参与爬山、骑车、球类运动等各项团体活动。经费投入不仅有助于提高班级成员的凝聚力，也为他们提供了更多展示才华和发展潜力的平台。班级成员能够带着更多的动力和热情，积极参与班级活动，共同营造一个蓬勃发展的班级氛围。学院将持续提供经费支持，助力班级凝聚力的提高。

（三）积极完善班级荣誉和奖励制度

管理学院设立了一系列的荣誉称号和奖项，用以表彰凝聚力强的班级。荣誉称号如"优秀班干部""先进班集体"等，这些荣誉称号通过评选或学生推荐的方式产生，将成为学生努力学习和积极参与班级管理的动力，也是他们在校园中展示个人能力和领导才华的机会。这样的奖励机制将激励学生们更加积极地参与班级管理工作，提高学习互助和合作的意识，同时也为他们在未来的学习和就业中增添额外的荣誉和优势。

通过开展荣誉和奖励制度，管理学院为学生提供了一个展示自己、发挥才华的舞台，同时也推动了班级管理的积极发展。这种制度的实施不仅能够激发学生的积极性，还能够培养学生的领导能力、团队合作能力和责任感。管理学院将持续关注和支持班级管理工作，为学生们创造更多的机会和条件，共同打造一个优秀的班级学习环境。

（四）加强班级管理和师生关系

管理学院为了鼓励师生之间的良好互动和交流，建立师生间的信任和友好关系，组织了定期的培训课程，针对班委、班主任和辅导员的职责与技能进行系统的培训。这些培训课程涵盖班级管理的各个方面，例如领导力培养、沟通技巧、冲突解决、活动策划与执行等。同时，培训课程也建立了一个良好的问题反馈平台，及时解决各方在班级管理中遇到的问题。通过培训，班委、班主任和辅导员可以提升自身的专业素养和管理能力，更好地履行职责，推动班级的发展和凝聚力的提升。

管理学院为班委、班主任和辅导员提供专业的指导和支持。他们可以寻求学院专家或老师的指导，针对具体问题进行交流和咨询。学院还鼓励班委、班主任和辅导员之间建立交流平台，分享经验和最佳实践，相互借鉴和启发，进一步提升班级管理能力。

二、班主任引领学生灵魂的成长

班主任作为学生的指导者和支持者，在提高班级凝聚力方面扮演着至关重要的角色。他们担负着重要的责任，不仅要关注学生的学习成绩和表现，更要关心他们的身心健康和个人发展。班主任不仅仅是一个教师，更是学生们的导师、朋友和倾听者。他们能够为班级成员提供情感支持、激励和指导，以促进班级的凝聚力和团结。

（一）积极引导班委组织班级活动

引导班委积极组织定期的班会、团建活动等是班主任提高班级凝聚力的主要渠道。班主任在参与班级集体建设过程中，能在班会、开展团建活动、师生见面会和经验分享会等各项活动上引导班委积极组织班级活动。

班会是班级成员之间交流和学习的重要平台。管理学院的班主任协助班委选择合适的主题，组织讨论和分享，会达到事半功倍的效果，增进班级成员之间的了解和互动。除此之外，班主任给予班委指导，帮助他们规划会议内容和设计互动活动，也能确保班会的有效性和参与度。最后，与班委建立良好的沟通，能够最大限度地发挥班委在班级中的领头羊作用，为同学们提供交流分享和增进相互了解的平台，进一步加强班级关系网。

（二）关注个体发展和成就

班主任注重每位同学的个体发展和成就。了解同学们的兴趣、优势和潜力，并鼓励他们参加学术竞赛、实践项目和社会实习等活动。班主任在与班级成员进行面谈之后，可以为他们提供必要的帮助和支持。通过关心关注每位同学，班主任加强师生关系，并促进同学们之间的相互理解和支持，进一步增强班级凝聚力。

在班主任的指导下，同学们被鼓励树立个人目标，并制定实现目标的计划。班主任提供指导和反馈，帮助他们充分发挥自己的潜力，克服困难和挑战，取得个人成就和进步。

（三）引导班级成员积极参与赛事、项目

班主任能够鼓励同学们发挥创新和创造力，以促进班级活力和凝聚力的提升。班主任及时向班级成员发布有关赛事的信息和宣传，包括比赛的时间、地点、内容以及奖项等，能增加学生对赛事的了解和参与的意愿。

班主任通过讲解赛事的意义、价值和关联性，激发学生对赛事的兴趣，与学生进行讨论和交流，了解他们的兴趣和特长，并鼓励他们在相关领域积极参与。前有管理学院班主任组织班级成员共同报名参加各种团队赛事，例如体育比赛、学科竞赛、创业大赛等，同时，还积极鼓励班级成员参与大创项目、实验基金项目等，以提高他们的参与度。这不仅可以增强班级凝聚力和团队意识，还能提供互相支持和合作的机会。

（四）提供充实的学习资源和指导支持

管理学院的班主任能够对接学院资源，提供充实的学习资源和指导支持，以帮助同学们取得更好的学习成绩，有利于个人发展。前有管理学院班主任组织举办“勇敢追梦　推动改变——南山区政协‘青年委员说’深大行活动”讲座[2]，邀请深圳大厂高管为大家分享成长、成才、创业、干事的奋斗故事，积极组织班级成员参加。后有管理学院班主任为班级成员面临的各种问题，例如研究生申请、实习和比赛等，充分发挥学院资源，组织专业师生见面会[3]，邀请同专业的优秀学生来分享他们的经验，并为班级成员提供帮助和指导，帮助班级成员更好地面对各种挑战和困惑。

同时，班主任可以提供个性化的指导和辅导，帮助同学们克服学习困难和挑战，激发他们的学习潜力。这种支持和指导将增强同学们的信心和凝聚力，让他们感受到班主任对他们的关注和关怀。

三、班委集结众多力量筑牢团结之基

班委作为学生代表，起着领头羊的作用，在促进班级凝聚力方面应主动承担起责任。作为班级中的领导者，班委不仅要在日常事务中协调和组织，更要在凝聚班级的过程中发挥积极的作用。他们能够通过采取一系列措施和行动，帮助班级建立和谐、友爱的氛围，激发班级成员的凝聚力与团结力。他们的努力与付出将构筑一个有凝聚力、友爱与团结的学术殿堂。

（一）加强沟通与信息传递

及时有效的信息传递也是良好沟通的重要方面。班委应该通过各种渠道，如班级群、班级公告板、面对面交谈等，及时传达活动信息、学习资源和重要通知，确保每个同学都能够及时了解和参与。同时，班委还可以借助社交媒体等工具，积极推广班级活动和成果，增加班级的曝光度和影响力。此外，与班级成员保持良好的个人关系也是加强沟通的关键。班委应该亲近同学，积极与他们交流，了解他们的生活情况和个人需求。通过这种亲密的互动，班委可以更加贴近同学们的内心，建立起信任和友谊。这种良好的人际关系有助于增强班级凝聚力，使每个同学都感觉到自己属于班级大家庭。

总之，良好的沟通是班委加强班级凝聚力的关键。通过与班级成员保持积极的沟通，班委可以更好地了解同学们的需求和意见，制订相应的活动计划，并及时传递信息。同时，与同学们保持良好的个人关系也能够进一步增强班级凝聚力，营造团结友爱的班级氛围。班委将继续努力与班级成员保持良好的沟通，为班级发展和成员个体发展做出积极贡献。

（二）开展主题活动与社交聚会

班委可以组织各种类型的有趣活动，如户外拓展、运动竞赛、文化艺术交流等，以满足不同班级成员的兴趣和需求。这些活动有助于班级成员增加彼此间的交流与互动，培养友谊和团队合作精神。了解班级成员的兴趣和需求是组织各类活动的基础。班委可以调查问卷的方式收集同学们的意见和建议，从而了解他们的兴趣爱好和期待。

除此之外，班委还可以组织一些特殊的活动，如班级聚餐、生日会等，加强同学之间的情感联系。在遇到班级成员参与活动的积极性较低时，要积极及时了解班级成员的真实需求和原因，班委之间深入沟通响应班级成员需求，提出更好的活动方案。通过组织各种有趣活动，班委能够满足不同班级成员的兴趣和需求，增强同学们的归属感和班级凝聚力。

（三）树立形象发挥带头作用

班委应以身作则，展示积极向上的品质和行为。班委应该积极参与学校和班级的各种活动，展示自己的能力和热情。为了更好地发挥领导者的作用，班委可以在学习、生活、竞赛、就业、社会实践等各方面积极参与并全力投入，激发同学们的参与意愿，为班级树立起积极向上的形象。此外，班委除了主动担当起组织者和协调者的角色，为班级成员提供有效的服务和帮助外，还需要与同学们保持良好的沟通，了解他们的需求和意愿，并在组织活动时充分考虑他们的兴趣和期望。通过有效组织和协调，班委能够提高班级活动的质量和参与度，从而增强班级的凝聚力。

班委作为班级的骨干成员，应该树立良好的形象并发挥带头作用，以提高班级成员的积极性和凝聚力。将激发班级成员的热情和参与意愿、增强班级的凝聚力和向心力视为己任，为班级的发展和成员的成长做出积极贡献。

（四）提供心理辅导和关怀

班委在发挥自己的作用时，也应该提供心理辅导和关怀。通过倾听、提供支持和指导、组织心理健康相关的活动等方式，为班级成员提供心理支持和照顾，促进他们的心理健康和幸福感，营造一个温暖、关怀的班级氛围。

班委与班级成员年龄相近，能更好地理解班级成员的心理，可以像朋友一样，倾听同学们的关注和困扰，并提供恰当的支持和指导，为班级成员排忧解难。在做好基础的班级管理工作的同时，要保持对同学们的敏感度，留意任何情绪或行为上的改变，及时关注和关心那些可能面临心理压力的同学。

四、学生个体共筑凝聚力的坚实堡垒

学生个体是班级多样性的源泉，他们的奉献是提高班级凝聚力的重要因素之一。每个班级成员都有着独特的背景、才华和价值观，这使得班级充满了丰富的多样性。每个学生都能够通过自己的独特贡献，为班级带来新的思想、观点和激情。他们的积极参与、奉献和合作，共同构建了一个团结互助的班级文化，增强了班级的凝聚力。因此，学生个体的奉献是班级凝聚力不可或缺的一部分，也是实现班级共同成长和成功的关键之一。

（一）积极配合班委班级管理工作

个体的积极配合意味着同学们愿意主动参与并支持班级活动和班委的管理决策。班级成员除了遵守班级规定和纪律，以确保秩序和良好的学习环境外，还可以积极参与班级活动，比如聚餐、比赛等。个体的积极配合还体现在关心和支持班级事务上。他们关注班级的议题和问题，并提供帮助和支持。例如，协助班委组织活动、提出建议和意见、参与班级事务的讨论和决策等。

这种积极配合不仅表现了个体对班委的支持，也为班级的凝聚力和活力做出了贡献。他们的共同努力和合作成为班级运作的动力，推动着班级活动的顺利进行。通过共同营造良好的班级氛围、提高管理效果和效率，以及培养核心素养和领导能力，班级能够更好地发展壮大，成员也能够获得更多的成长和受益。班委将继续与个体保持紧密合作，共同推动班级的发展和进步。

（二）关心他人与给予支持

在班级中，个体之间的关心和支持可以建立起一种相互关怀和尊重的文化氛围。通过关心他人的需求和情感，个体能够与班级成员建立起更紧密的联系和友谊。这种关心的表现可以是关注同学的学习进展，关心他们的日常生活，或者主动提供帮助和支持。关心他人不仅能够鼓舞和激励他们，也能够促进班级成员之间的互动和交流。

此外，个体之间的支持也是培养班级凝聚力的重要因素之一。当个体能够给予他人积极的支持和帮助时，可以让班级成员感受到团队的力量和彼此的支持。支持的方式可以是口头上的鼓励和肯定，也可以是实际行动上的帮助和合作。通过共同努力解决问题、共享知识和资源，个体之间能够共同成长和取得更好的成果。这种相互支持不仅能够增强班级凝聚力，也能够促进个体的个人成长和发展。

（三）主动参与班级事务和贡献力量

个体的主动参与也意味着他们愿意贡献力量，为班级的发展做出努力。他们可以通过发挥自己的特长和才能，为班级活动提供支持和帮助。例如，个体可以提供创意和建议，参与活动的策划和组织，协助解决班级问题等。同时，个体也可以充分发挥自己的能力，以示范和激励他人参与班级事务。通过个体的贡献力量，班级能够更加活跃和进步，成员之间的合作和凝聚力也得到加强。

个体主动参与班级事务和贡献力量具有积极的意义。首先，这种参与能够增强班级的凝聚力和团队精神。当个体愿意为班级的发展尽一分力量时，能够凝聚大家的共同目标和利益，形成更加团结的班级氛围。其次，主动参与能够培养个体的领导能力和组织协作能力。通过参与班级事务，个体能够锻炼自己的组织能力、沟通能力和解决问题的能力，提升个人的发展潜力。最后，这种参与和贡献也能够推动班级的发展和进步。个体的参与和贡献能够丰富班级的活动内容，促进班级目标的实现，为班级的长期发展打下良好的基础。

五、结语

总的来说，尽管大学凝聚力的建设可能面临困难，但我们不能气馁，而是要坚持相信通过共同努力，这一目标仍然是可实现的。

每个班级成员都应该意识到凝聚力的重要性，并积极主动地参与其中。通过加强沟通、培养合作精神、营造良好的班级氛围以及共同制定目标和价值观，我们可以一步步增强大学凝聚力。

只要我们齐心协力、持之以恒，相信我们的班级凝聚力必将取得显著的进步，成为我们共同成长和学习的坚实支持，让我们的大学岁月更加难忘而充实。无论遇到何种挑战，我们始终要相信，通过共同的努力，我们能够打造更加团结、融洽和有活力的大学班级。

参考文献

[1] 深圳大学管理学院. 深圳大学管理学院“阳光圳能量”新生跑步激励计划暨管理学院“喜迎深大40华诞”彩色跑圆满成功［EB/OL］.（2023-09-27）［2023-09-30］. https：//ma. szu. edu. cn/info/1048/7828. htm.

[2] 深圳大学管理学院. 勇敢追梦　推动改变——南山区政协“青年委员说”深大行活动成功举办［EB/OL］.（2023-04-16）［2023-09-30］. https：//www1. szu. edu. cn/board/view. asp? id=492889.

[3] 深圳大学电子商务学会. 谱写未来丨深大电商系师生见面会总结［EB/OL］.（2022-11-07）［2023-09-30］. https：//mp. weixin. qq. com/s/Nm8iVfunOshXe4SCBKaPaA.